Anforderungsbereich II
Reorganisations- und Transferleistungen
umfasst das selbstständige Bearbeiten, Ordnen und Erklären bekannter Sachverhalte sowie das angemessene Anwenden gelernter Inhalte und Methoden auf andere Sachverhalte.

anwenden: Theorien, Modelle oder Regeln mit einem konkreten Fall-/Raumbeispiel/Sachverhalt in Beziehung setzen
auswerten: etwas im Hinblick auf Wichtigkeit und Bedeutung für die Fragestellung prüfen
begründen: den Grund für etwas angeben, komplexe Gedanken argumentierend entwickeln und im Zusammenhang darstellen; entscheidend: der schlüssige Gedankengang
belegen: entscheidende Textstellen oder Zahlen aus einem Material unter Angabe der Quelle wiedergeben
ein-, zuordnen: Einzelelemente, vorhandenes Wissen oder Erkenntnisse, die aus dem Material entnommen wurden, in einen vorgegebenen Zusammenhang stellen
erklären: Informationen durch eigenes Wissen so darstellen, dass der Zuhörer/Leser die Zusammenhänge versteht
erläutern: einen (komplizierten) Sachverhalt veranschaulichend darstellen
erstellen: Sachverhalte inhaltlich und methodisch darstellen, z. B. in einer Mindmap
gliedern: Aussagen in eine logische Reihenfolge oder in eine systematische Ordnung bringen
kennzeichnen: typisches oder Auffälliges herausstellen und gegebenenfalls veranschaulichen
nachweisen: etwas mithilfe von Fakten bestätigen oder belegen
vergleichen: Unterschiede und Gemeinsamkeiten gewichtend einander gegenüberstellen

Anforderungsbereich III
Reflexion und Problemlösung
umfasst den reflexiven Umgang mit neuen Problemstellungen sowie das selbstständige Anwenden von Methoden mit dem Ziel, zu Begründungen, Deutungen, Wertungen und Beurteilungen zu gelangen.

ableiten: auf der Grundlage vorhandener oder bekannter Ergebnisse eigene Schlussfolgerungen ziehen
beurteilen: Aussagen, Behauptungen auf ihre Stichhaltigkeit prüfen, eine Aussage über Richtigkeit oder Wahrscheinlichkeit machen
bewerten: zu einem Sachverhalt Stellung nehmen, um darüber angemessen entscheiden zu können
diskutieren: etwas eingehend mit anderen erörtern und dabei Meinungen austauschen
erstellen, entwickeln: einen Sachverhalt strukturiert, in logischer Abfolge sowie unter Verwendung der Fachsprache grafisch darstellen
erörtern: zu einer vorgegebenen Problemstellung eigene Gedanken entwickeln und ein ausgewogenes Urteil fällen
gestalten: sich produkt-, rollen- bzw. adressatenorientiert mit einem Problem durch Entwerfen z. B. von Reden, Modellen oder Ähnlichem auseinandersetzen
interpretieren: einen Sachverhalt beschreiben, ursächlich erklären, Schlüsse daraus ziehen und bewerten
Stellung nehmen: zu einer Behauptung, einer Aussage begründend eine eigene Meinung äußern
überprüfen: vorgegebene Aussagen bzw. Behauptungen an Fakten oder an der inneren Logik messen und dabei eventuelle Widersprüche aufzeigen

→ **Anforderungsbereiche**

→ **Operatoren – Was heißt „beschreiben", „begründen", „bewerten"?**

Impressum

Titelbild: Business Tower, Nürnberg

1. Auflage 1 5 4 3 2 1 | 14 13 12 11 10

Herausgeber: Prof. Dr. Gregor C. Falk, Freiburg i. Br.; Dr. Wilfried Korby, Korb
Autorinnen und Autoren: Marcus Aunkofer, Nördlingen; Dr. Günther Dress, Kempten; Prof. Dr. Gregor C. Falk, Freiburg i. Br.; Helmut Geiger, Sonthofen; Fried-Thorsten Jantzen, Wolfratshausen; Dr. Wilfried Korby, Korb; Jürgen Mackevicius, Kempten
Mit Beiträgen von: Hans-Ulrich Bender, Köln; Dr. Egbert Brodengeier, Lichtenberg; Dr. Thomas Hoffmann, Aachen-Sasbachried; Helmut Obermann, Ettlingen; Norbert von der Ruhren, Aachen; Matthias Scholliers, Konstanz

Redaktion: Jens Bickel
Herstellung: Birgit Jäkel

Gestaltung: pandesign, Büro für visuelle Kommunikation, Karlsruhe
Umschlaggestaltung: pandesign, Büro für visuelle Kommunikation, Karlsruhe
Illustrationen: Bettina Eckenfelder, Wenigenlupnitz; Franz-Josef Domke, Hannover; Rudolf Hungreder, Leinfelden-Echterdingen; Diana Jäckel, Erfurt; Wolfgang Schaar, Grafing
Karten: Klett-Perthes, Gotha (Henry Waldenburger)
Satz: Druckmedienzentrum Gotha GmbH, Gotha
Reproduktion: Druckmedienzentrum Gotha GmbH, Gotha
Druck: Stürtz GmbH, Würzburg

Printed in Germany
ISBN 978-3-623-29120-8

9 783623 291208

Mehr rund um TERRA im Internet unter:
www.klett.de/online
[ONLINE-Link: 29120X-0000]
ONLINE-Link eingeben und Sie gelangen zu passenden Informationen des jeweiligen Themas.

Tipps zum W-Seminar
Weiterführende Materialien und Anregungen für das W-Seminar finden Sie im Internet unter:
www.klett.de/online
[ONLINE-Link: 29120X-0000]

Inhalt

Eine Erde – mehrere Welten – gemeinsames Handeln

Die Eine Erde, die unsere gemeinsame Lebensgrundlage bildet, trägt mehrere Welten. Den wohlhabenden fortgeschrittenen Ländern stehen Staaten mit großen Entwicklungsproblemen gegenüber. Aber auch innerhalb dieser beiden Welten gibt es Armut und Reichtum, Stagnation und Fortschritt. Nicht zuletzt als Folge der weltweiten Ungleichheiten ergeben sich globale Problemfelder und Gefahren. Die Globalisierung und der demographische Wandel führen auch in Deutschland zu raumprägenden Prozessen und sozialen Umbrüchen.
Die zunehmende weltweite Verflechtung macht es erforderlich, die global auftretenden Probleme in gemeinsamer Verantwortung aller Staaten und ihrer Bürger zu lösen.

Die einen sagen, die Globalisierung führt zum Verlust vertrauter Bindungen und zur Schwächung des Nationalstaates – und sie haben Angst davor. Andere feiern, dass die Herrschaft des Marktes und seiner Gesetze bald überall und für alle gilt.
Manchen erscheint all das wie ein unentrinnbares Schicksal, wie ein Verhängnis, anderen wie die Verheißung eines goldenen Zeitalters.
[...]
Aus der Geschichte wissen wir: Nichts, keine technische Erfindung, keine politische Entwicklung, keine gesellschaftliche Veränderung führt automatisch und für alle ausschließlich zum Schlechteren oder Besseren. Auch bei der Globalisierung kommt es darauf an, was wir aus den neuen Möglichkeiten machen.

Johannes Rau: Chance, nicht Schicksal – die Globalisierung politisch gestalten. Berliner Rede vom 13.05.2002. Berlin 2002. S. 8–9

Soziale Gegensätze in New York

Die Skyline wächst und auch die Elendsviertel wachsen:
Mumbai mit seinen 15 Millionen Einwohnern

1 Merkmale und Ursachen unterschiedlicher Entwicklung

Die Fotos und kartografischen Flächendiagramme auf dieser Doppelseite geben erste Antworten auf Fragen: Wie kann man die unterschiedliche Entwicklung der „Einen Welt" messen? Lassen sich Länder nach ihrer Entwicklung klassifizieren? Gibt es grundlegende Ursachen für die Entwicklungsunterschiede? Mit welchen Strategien lassen sich diese Unterschiede verringern?

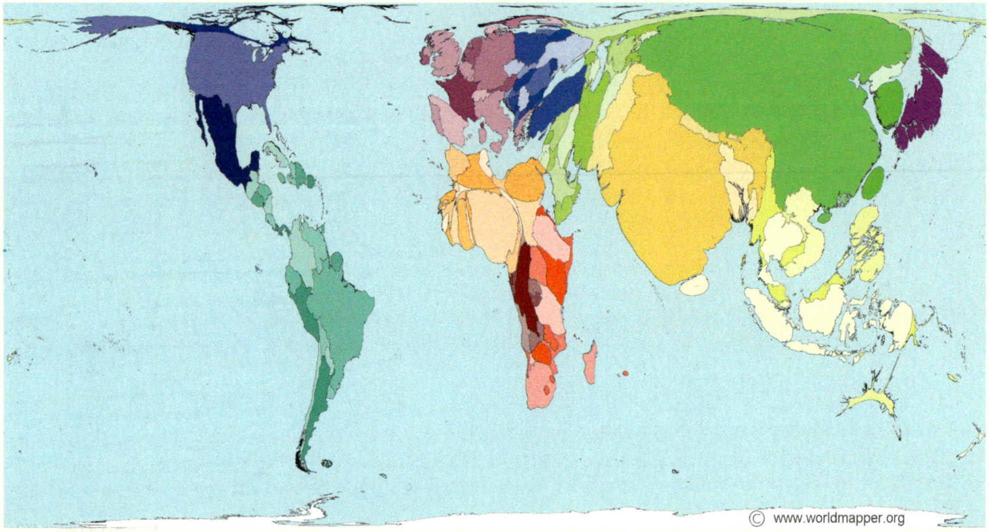

***Alphabetisierung Jugendlicher**: Die Größe des Landes zeigt den Anteil aller dort lebenden 15–24-Jährigen, die lesen und schreiben können, im Jahr 2002 (weltweiter Durchschnitt 88%).*

SASI Group (University of Sheffield) and Mark Newman (University of Michigan) 2006: Youth Literacy, Map 195, unter: www.worldmapper.org

Sonntagsschule in einem Dorf in Ghana

Unterricht in Deutschland

Nord-Süd-Beziehungen

Least Developed Countries

Partnerlände

Dritte Welt

menschenwürdig

***Bruttoinlandsprodukt nach Kaufkraftparitäten**; Die Größe eines Staates entspricht der Höhe seiner Wirtschaftsleistung im Jahr 2002. Dabei wurden die Preisunterschiede zwischen den Ländern einberechnet.*

SASI Group a. a. O.: Map 170

1

Bananenplantage in Costa Rica

Karosseriebau in einem Automobilunternehmen in München

Informeller Sektor

Schuldenerlass

Entwicklungsstrategie

Verantwortung für Afrika

ben

Pro-Kopf-Einkommen

1.1 Merkmale des Entwicklungsstandes

1 **Zwei Länder – drei Welten**

Nehmen wir zwei südafrikanische Kinder [...], beide am selben Tag im Jahr 2000 zur Welt gekommen: Nthabiseng ist schwarz, hineingeboren in eine arme Familie, die in einer ländlichen Gegend der Eastern-Cape-Provinz in rund 700 Kilometer Entfernung von Cape Town lebt. Ihre Mutter hat nie eine formale Schulbildung bekommen. Pieter ist weiß und wächst in einer reichen Familie in Cape Town auf. Seine Mutter hat ein Studium an der nahe gelegenen renommierten Stellenbosch University absolviert.

Für Nthabiseng ist die Wahrscheinlichkeit, im ersten Lebensjahr zu sterben, mit 7,2 Prozent mehr als doppelt so hoch wie die für Pieter geltende 3-prozentige Todeswahrscheinlichkeit, Pieter hat eine Lebenserwartung von 68 Jahren, bei Nthabiseng sind es 50 Jahre. Erwartungsgemäß wird Pieter eine 12-jährige formale Schulbildung erhalten, während Nthabiseng höchstens 1 Jahr zur Schule geht. Nthabiseng wird ihr Leben lang vermutlich deutlich ärmer sein als Pieter. In ihrer Kindheit und Jugend wird sie mit geringerer Wahrscheinlichkeit Zugang zu sauberem Trinkwasser und sanitären Einrichtungen haben oder gute Schulen besuchen können. [...]

Nehmen wir die Chancen, die Sven in die Wiege gelegt wurden – Sven kam am selben Tag als Sohn eines durchschnittlichen schwedischen Haushalts zur Welt. Die Wahrscheinlichkeit, dass er im ersten Lebensjahr stirbt, ist sehr gering (0,3 Prozent), und bei einer Lebenserwartung von 80 Jahren könnte er gut 12 Jahre länger als Pieter und 30 Jahre länger als Nithabiseng leben. Er wird voraussichtlich 11,4 Jahre zur Schule gehen – 5 Jahre länger als der durchschnittliche Südafrikaner.

Weltbank (Hrsg.): Der Weltentwicklungsbericht 2006. Düsseldorf: Droste 2006, S. 1–2

2 Die Idee der Entwicklung [ist ein] auf unwahren Annahmen aufbauendes Konstrukt, das im Interesse der einheimischen Eliten, sowie der Regierungen, Unternehmen und Institutionen der Industrieländer die Herrschaft über die sogenannten Entwicklungsländer und die in ihnen lebenden Menschen rechtfertigt.

Aram Ziai: Entwicklung als Ideologie? Hamburg: Deutsches Übersee-Institut 2004, S. 1

3 Entwicklung ist mehr als der Übergang von Arm zu Reich, von einer traditionellen Agrarwirtschaft zu einer komplexen Stadtgemeinschaft. Sie trägt in sich nicht nur die Idee des materiellen Wohlstands, sondern auch die von mehr menschlicher Würde, mehr Sicherheit, Gerechtigkeit und Gleichheit.

Brandt-Kommission 1977; zitiert nach Uwe Anderson: Entwicklungsdefizite und mögliche Ursachen, in: Informationen zur politischen Bildung, Heft 286/2005, unter: www1.bpb.de/publikationen/IGB69Q,0,0,Entwicklungsdefizite_und_m%F6gliche_Ursachen.html

4 Unter dauerhafter Entwicklung verstehen wir eine Entwicklung, die den Bedürfnissen der heutigen Generation entspricht, ohne die Möglichkeiten künftiger Generationen zu gefährden, ihre eigenen Bedürfnisse zu befriedigen und ihren Lebensstil zu wählen.

Brundtland-Kommission 1987, ebenda

5 ***Entwicklung nach westlichem Vorbild?***

Was versteht man unter „Entwicklung"?

Die Bezeichnung **Entwicklungsland** ist mit Vorsicht zu verwenden, da sie leicht Vorstellungen aus unserem Kulturkreis als Bewertungsmaßstab unreflektiert übernimmt und zu Fehlschlüssen verleitet. Entwicklung wird teilweise nach dem Vorbild der Industrieländer mit Wirtschaftswachstum gleichgesetzt. Angesichts der ungünstigen Voraussetzungen vieler Entwicklungsländer scheint es aber höchst fragwürdig, dass diese in absehbarer Zeit eine Entwicklung zum Industrieland nachvollziehen können. Aber auch unabhängig von der Frage, ob sich diese Zielvorstellung realisieren lässt, muss man angesichts wachsender Umweltbelastungen und anderer Probleme in den Industrieländern bezweifeln, dass diese nachahmenswerte Entwicklungsmodelle darstellen. Des Weiteren ist festzustellen, dass viele der sogenannten Entwicklungsländer in Bereichen Defizite aufweisen, die für die Lebensqualität ihrer Menschen von existenzieller Bedeutung sind. Ein Beispiel ist der Mangel an Chancen und Möglichkeiten vieler Menschen in den Entwicklungsländern. Die Befreiung von Armut, das wesentliche Ziel der UN-Milleniumserklärung, umfasst also mehr, als nur die Einkommensarmut zu verringern.

6 **Auf acht Millennium-Entwicklungsziele für das Jahr 2015 haben sich die UN-Mitgliedsstaaten im Jahr 2000 verständigt:**

1. Bekämpfung von extremer Armut und Hunger
2. Primärschulbildung für alle
3. Gleichstellung der Geschlechter/Stärkung der Rolle der Frauen
4. Senkung der Kindersterblichkeit
5. Verbesserung der Gesundheitsversorgung der Mütter
6. Bekämpfung von HIV/Aids, Malaria und anderen schweren Krankheiten
7. Ökologische Nachhaltigkeit
8. Aufbau einer weltweiten Partnerschaft für Entwicklung

Nach UN-Millenniumkampagne Deutschland: Die UN-Millennium-Entwicklungsziele; unter: www.millenniumcampaign.de/index.php?id=27 (Zugriff vom 08.01.2010)

	altes Entwicklungsverständnis: **nachholende Entwicklung**	neues Entwicklungsverständnis: **nachhaltige Entwicklung**
Was wird als Problem betrachtet?	Unterentwicklung in den Entwicklungsländern	Fehlentwicklung im Norden und im Süden
Perspektive	vor allem ökonomisch	ökonomisch, sozial und ökologisch
Strategie	nachholende Entwicklung der Dritten Welt	gesellschaftliche Neuorientierung im Norden und im Süden
Mittel	ökonomisches Wachstum plus Entwicklungshilfe von außen	ökologischer und sozialer Umbau im Norden und Süden, dabei technologische und finanzielle Hilfe für den Süden
Leitbild	westliche Wohlstandsgesellschaften	ein zu entwickelndes Modell für nachhaltige Lebens- und Wirtschaftsweisen

7 ***Wandel des Entwicklungsbegriffes***

Nach Ragnar Müller: Probleme mit dem Konzept „Entwicklung"; nach Nach Dritte-Welt-Haus Bielefeld, unter: www.dadalos-d.org/nachhaltigkeit/grundkurs_5/entwicklung.htm (Zugriff vom 08.01.2010)

1 *Erläutern Sie den Titel von Text 1: „Zwei Länder – drei Welten".*

2 *Nehmen Sie mithilfe von Text 1 Stellung: Chancengleichheit unter den Menschen – ein sinnvolles Entwicklungsziel?*

3 *Vergleichen Sie die unterschiedlichen Vorstellungen von Entwicklung (Texte 2 bis 4 und Karikatur 5).*

4 *Ermitteln Sie mithilfe des Internets die Indikatoren für eines der Millennium-Entwicklungsziele auf der Internetseite der UN-Millenniumkampagne (Text 6).*

5 *Prüfen Sie den Zusammenhang zwischen der Aussage von Text 1 und den Millennium-Entwicklungszielen.*

6 *a) Erstellen Sie ein bildhaftes Symbol (Icon) zu einem der Millennium-Entwicklungsziele.*
b) Vergleichen Sie mithilfe einer Internetrecherche das selbst erstellte Symbol mit den Icons der UN-Millenniumkampagne.

ONLINE-Link
Millennium-Entwicklungsziele
29120X-0101

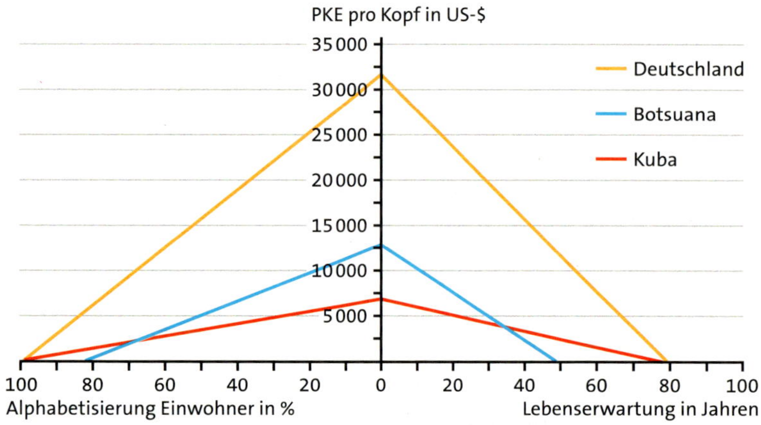

8 ***Ländervergleich anhand ausgewählter Indikatoren***

Nach UNDP Human Development Report Office: Human Development Report 2007/2008, S. 230, unter: http://hdr.undp.org, aktualisiert

Wie misst man „Entwicklung"?

Die Grundlage für die Zuordnung eines Landes zu einem Entwicklungsstand bilden Indikatoren. Umstritten ist allerdings, welche Indikatoren heranzuziehen sind.

Ein Indikator ist ein messbarer Sachverhalt, der in Hinblick auf ein ausgewähltes Phänomen Aussagekraft besitzt. Er sollte zuverlässig und von persönlichen Wahrnehmungen unabhängig sein. Zu beachten ist, dass ein Indikator mehr Aspekte eines komplexen Sachverhaltes anzeigt als er selbst als Maßeinheit messen kann. So misst der Indikator „Lebenserwartung bei der Geburt" nicht nur die durchschnittliche Lebenserwartung, sondern indirekt auch den Gesundheitszustand und die Lebensverhältnisse einer Gesellschaft. Indikatoren sind also in einen theoretischen Begründungs- und Bedeutungszusammenhang zu stellen. Um ein einigermaßen zuverlässiges Bild vom Entwicklungsstand eines Landes zu erhalten, muss man eine Fülle von Indikatoren geographischer, wirtschaftlicher, sozialer, kultureller, politischer und ökologischer Art heranziehen. Aber auch dann ist eine eindeutige Abgrenzung zwischen Industrieländern und Entwicklungsländern einerseits sowie zwischen Entwicklungsländern untereinander vielfach nicht möglich.

9 **Kennzeichen entwickelter Länder**

- relativer Reichtum eines großen Teils der Bevölkerung;
- geringes Bevölkerungswachstum und eine älter werdende Bevölkerung;
- ausreichend Nahrung, teilweise übergewichtige Menschen;
- sehr gute Grundversorgung mit Wasser, Wohnmöglichkeiten und Energie;
- sehr gute Infrastruktur in Bildung, Gesundheit, Sozialwesen und Verkehr;
- mittlere Arbeitslosenquote bzw. Unterbeschäftigung;
- wirtschaftliche, soziale und rechtliche Gleichstellung der Frauen;
- das Vorhandensein gesetzlich geregelter sozialer Netze;
- wenig Beschäftigte in der Landwirtschaft, mittlerer Anteil der Beschäftigten in der Industrie und viele Beschäftigte im Dienstleistungssektor;
- infolge hoher Einkommen und Massenkaufkraft eine starke Binnenökonomie;
- breite Partizipation aller Bevölkerungsschichten an politischen und wirtschaftlichen Entscheidungsprozessen;
- relativ gering ausgeprägte regionale, wirtschaftliche und soziale Disparitäten;
- hohe Produktivität aller Wirtschaftsbereiche und daher hohe Konkurrenzfähigkeit auf dem Weltmarkt;
- relativ große Einbindung in die Weltwirtschaft;
- typische Außenhandelsstruktur mit Abhängigkeit der Wirtschaft von der Einfuhr von Rohstoffen und vor allem Ausfuhr von Investitionsgütern;
- relativ geringe Auslandsverschuldung;
- günstige Kreditbedingungen;
- kontrollierter Verstädterungsprozess ohne Slumbildung;
- ökologische Probleme vor allem als Folge des Massenkonsums;
- politische Stabilität durch demokratisch legitimierte Regierungen.

Wirtschaftliche Indikatoren

Lange Zeit wurde Unterentwicklung primär als wirtschaftliche Rückständigkeit interpretiert. So zog man auf der Suche nach geeigneten Messgrößen fast ausschließlich ökonomische Kriterien heran. Ausgangspunkt ist vielfach die wirtschaftliche Leistung einer Volkswirtschaft, das **Bruttonationaleinkommen** (**BNE**). Die Wirtschaftsleistung, die von In- und Ausländern innerhalb eines Landes erbracht wird, bezeichnet man als **Bruttoinlandsprodukt** (**BIP**). BNE und BIP sind jedoch in Abhängigkeit von der Bevölkerungsgröße eines Landes zu betrachten. Als Schlüsselindikator für den Entwicklungsstand eines Landes gilt daher vielfach das **Pro-Kopf-Einkommen** (**PKE** = BNE je Einwohner). Vielfach werden auch die **Kaufkraftparitäten** (engl. Abk: PPP = purchasing power parity) benutzt, wenn wirtschaftliche Kennzahlen von verschiedenen Ländern verglichen werden sollen. Dabei rechnet man nicht einfach Währungen über die teilweise stark schwankenden Wechselkurse um, sondern bezieht die Kaufkraft der Währungen anhand eines repräsentativen Warenkorbes mit ein.

10 **Das siebente Millenium-Entwicklungsziel fordert den nachhaltigen Umgang mit der Umwelt. Die Sachverhalte dafür sind:**

- Anteil der Flächen mit Waldbedeckung;
- geschützte Flächen zur Erhaltung der biologischen Vielfalt;
- Bruttoinlandsprodukt pro verbrauchte Energieeinheit (als Ersatzindikator für Energieeffizienz);
- Kohlendioxidausstoß pro Kopf, Abbau der Ozonschicht, Konzentration treibhauswirksamer Gase;
- Anteil der Bevölkerung mit nachhaltigem Zugang zu einer besseren Wasserquelle;
- Anteil der Menschen mit Zugang zu besserer Sanitärversorgung;
- Anteil der Menschen mit sicheren Nutzungs- und Besitzrechten;
- Anteil der Menschen, die in Slums leben.

Nach UN-Millenniumkampagne Deutschland: 7. Entwicklungsziel: ökologische Nachhaltigkeit, unter: www.millenniumcampaign.de/index.php?id=27 (Zugriff vom 02.08.2009)

11 **Probleme bei der Verwendung des BNE bzw. BIP als Indikator**

1) Es gibt Bestandteile des BNE, die erst aufgrund Zerstörung anderer Werte entstanden sind (Bsp.: ein Auto wird durch einen Verkehrsunfall beschädigt, die dadurch nötige Reparatur trägt zur Steigerung des BNE bei).
2) Die Höhe des BNE sagt nichts über dessen Verteilung in der Gesellschaft aus.
3) Eine Vielzahl volkswirtschaftlich bedeutsamer Leistungen wird bei der Berechnung des BNE nicht berücksichtigt (Bsp. „Hausfrauen-Tätigkeiten", **Informeller Sektor**)
4) Es bleibt unberücksichtigt, welche Arbeitszeiten für die Erwirtschaftung des BNE erforderlich sind und wie hoch der Anteil der Freizeit (Wohlstandsindikator!) ist.
5) Umweltgüter (natürliche Rohstoffe, Luft und Wasser) gehen mit noch zu geringen Kosten in die betriebswirtschaftlichen Bilanzen und damit in das BNE ein.
6) Aufwendungen für die Beseitigung von Umweltschäden erhöhen das BNE.
7) Es ist schwierig, die Leistungen verschiedener Sektoren der Wirtschaft miteinander zu vergleichen. Während bei Unternehmen die Preise herangezogen werden, lassen sich die Leistungen staatlicher Behörden (Bsp. Schule) nur schwer bewerten.

12 ***Die größten Volkswirtschaften der Erde 2008***

BIP (real) in Mio. US-$	
1. USA	*14 204 322*
2. Japan	*4 909 272*
3. China	*3 860 039*
4. Deutschland	*3 652 824*
5. Frankreich	*2 853 062*
BIP in Mio. $ (PPP)	
1. USA	*14 204 322*
2. China	*7 903 235*
3. Japan	*4 354 550*
4. Indien	*3 388 473*
5. Deutschland	*2 925 220*

International Bank of Reconstruction and Development, The World Bank: World Development Indicators database, Washington: World Bank 2009, unter: www.worldbank.org/data

7 *Vergleichen Sie den Entwicklungsstand der Länder in Diagramm 8.*

8 *Erstellen Sie auf der Grundlage von Text 9 einen Katalog von Kennzeichen für „Unterentwicklung".*

9 *Stellen Sie Zusammenhänge zwischen ausgewählten Merkmalen von Entwicklung (Text 9) in einem Wirkungsgefüge dar.*

→ *Wirkungsgefüge erstellen, siehe Seite 179*

10 *Begründen Sie, warum es nicht sinnvoll ist, das BNE zum alleinigen Maßstab für Wohlstand zu machen.*

11 *Überprüfen Sie anhand von drei Fallbeispielen, ob die in Text 10 aufgeführten Sachverhalte als Indikatoren für das siebente Millenium-Entwicklungsziel gelten können.*

ONLINE-Link
Infoblatt zu den Indikatoren von „Unterentwicklung"
29120X-0102

Statistiken interpretieren und bewerten

Winston Churchills Aussage „Ich glaube nur der Statistik, die ich selbst gefälscht habe" ist ein geflügeltes Wort geworden. Statistische Angaben in Tabellen, Diagrammen, Grafiken, Karten oder Textquellen können beabsichtigt oder unbeabsichtigt Fehler enthalten, unvollständig oder in einem falschen Raum-, Sach- oder Zeitbezug dargestellt sein. Daher ist es bei allen Statistiken notwendig, diese hinsichtlich ihres Aussagewertes kritisch zu prüfen.

Interpretation und Bewertung von Strukturdaten und Statistiken

Wissenschaftliche Arbeiten erfordern umfangreiche statistische Daten. Sie dienen der anschaulichen Darstellung von Sachverhalten.

Statistiken interpretieren und bewerten

1. Schritt: Statistik formal überprüfen

- *Quellenangabe: Ist sie vollständig, amtlich, überprüfbar? Sind Verfasser, Verlag, Erscheinungsort und -jahr angegeben? Ist es eine verdeckte Werbeschrift oder eine Veröffentlichung von Interessengruppen?*
- *Überschrift: Ist der Inhalt eindeutig? Sind die Begriffe verständlich oder erklärt? Sind Maßangaben enthalten?*
- *Tabellenkopf: Ist der zeitliche Rahmen klar? Sind die Zeitabstände der Reihen gleichmäßig? Sind die Daten aktuell? Ist die räumliche Zuordnung eindeutig?*
- *Zahlen: Sind es absolute Zahlen, relative Zahlen oder Indexwerte? Auf welche Bezugsgröße beziehen sich die Prozentwerte?*
- *Vorprüfung: Sind die Angaben plausibel? Haben sich offensichtliche Fehler eingeschlichen?*

2. Schritt: Statistik beschreiben

- *Benennen Sie den Inhalt der Statistik.*
- *Ordnen Sie den Inhalt räumlich und zeitlich ein.*
- *Vermeiden Sie, jede Zahl zu nennen. Heben Sie den höchsten und niedrigsten Wert hervor und beschreiben Sie die Entwicklungen und deren Schwankungen.*
- *Überlegen Sie, ob ggf. eine Umrechnung in prozentuale Werte bei der Verdeutlichung von Anteilen und Entwicklungstendenzen hilft.*

3. Schritt: Statistik erklären

- *Vergleichen Sie nach Raum und Zeit, um Entwicklungen zu verdeutlichen und Zusammenhänge zu erkennen.*
- *Beziehen Sie für eine vollständige Erklärung Vorkenntnisse oder zusätzliche Materialien (Nachschlagewerke, Fachliteratur oder Internet) mit ein.*
- *Beachten Sie, dass eine Erklärung auch die Ursachen für Entwicklungen enthalten soll und unerwartete Resultate ebenfalls verständlich macht.*
- *Formulieren Sie zusammenfassend die wesentlichen Ergebnisse.*

4. Schritt: Statistik beurteilen/kritisieren

Bewerten Sie, ob

- *der Inhalt der Überschrift entspricht,*
- *die Ergebnisse eindeutig sind,*
- *eine weitere Klärung von Sachverhalten notwendig ist,*
- *die Darstellung dem Thema angemessen ist,*
- *ggf. eine Umarbeitung in ein Diagramm empfehlenswert ist.*

Überschrift — Spalten — Tabellenkopf — rspalte — Zeilen

⑬ **Indikatoren des Entwicklungsstandes ausgewählter Entwicklungs- und Schwellenländer (Deutschland zum Vergleich)**

	BNE pro Kopf (US-$, 2006)	Energieverbrauch (pro Kopf in kg Öleinheiten, 2005)	Städtische Bevölkerung (%, 2006)	Lebenserwartung bei der Geburt (Jahre, 2006)	Geburtenrate (‰, 2006)	Kindersterblichkeit (pro 1000 Geburten, 2006)	Ärzte (pro 1000 Einwohner, 2004)	HDI-Rang (Rangfolge unter 176 Ländern, 2007)
Ägypten	1360	841	43	71	24	35	0,54	112
Äthiopien	170	288	16	52	39	123	0,03	169
Bangladesch	450	158	26	64	25	69	0,26	140
Indien	820	491	29	64	24	76	0,60	128
Kolumbien	3120	636	73	73	19	21	1,35	75
Mali	460	k. A.	31	54	48	217	0,08	173
Mexiko	7830	1712	76	74	19	35	1,98	52
Singapur	28730	6933	100	80	10	3	1,40	25
Südkorea	17690	4426	81	78	9	5	3,29	26
Venezuela	6070	2293	94	74	22	21	1,94	74
Deutschland	36810	4180	75	79	8	4	3,37	22

Nach Der Fischer Weltalmanach 2009. Frankfurt a. M.: Fischer Taschenbuchverlag 2009; UNDP Human Development Report Office: Human development indices 2008. New York: UNDP, S. 25–28

Quellennachweis — Trennlinien

⑭ **Beispiele für typische Manipulationen:**
- Scheinexaktheit der Daten, z. B. bei Mittelwerten (nichts überzeugt den Zweifler mehr als eine Zahl),
- unexakte Daten wegen zu geringer Basismenge,
- Definitionen beeinflussen Zahlen (Fallbeispiel: Wer gilt als arbeitslos?),
- Vermischung nicht miteinander in Bezug stehender Inhalte (falsche Korrelationen),
- willkürliche Auswahl des darzustellenden Zeitraumes,
- Prozentanteile darstellen ohne anzugeben, worauf sich die Basis bezieht.

⑮ **Problematik der Aussagekraft von Statistiken:**

a) Eine Familie hat 10 Kinder, eine andere Familie hat ein Kind. Das arithmetische Mittel dieser Basismenge beträgt also 5,5 Kinder je Familie.

b) In einem Ort sei die Geburtenrate sehr gering, ebenfalls die Anzahl der Störche. Dagegen sei es in einem anderen Ort genau umgekehrt: Die Geburtenrate ist sehr hoch und die Anzahl der Störche ebenso. Daraus könnte man schließen, dass Störche die Kinder in die Welt bringen.

c) Angenommen, man bezieht alle arbeitswilligen Menschen in Deutschland über 65 Jahre bei den Arbeitslosenzahlen mit ein, so hätte dies enorme Auswirkungen.

d) Zwei Zeitungsschlagzeilen zu dieser Tabelle: „Die Analphabetenquote bleibt stabil." „Die Zahl der Analphabeten steigt erheblich!"

Jahr	1990	2010	Absolute Zunahme
Einwohner in Mio.	20	30	10
Analphabeten in Mio.	1	1,5	?
Relativer Anteil der Analphabeten an der Gesamtbevölkerung	?	?	

→ *HDI, siehe Seite 14/15*

→ *grafische Darstellungen statistischer Daten, siehe Seite 32/33*

⑯ *Fallbeispiel für einen Indikator, der erst durch Zusatzinformationen (hier die Differenzierung der Alphabetenrate nach Geschlechtern) die wahre Problematik zeigt:*

Niger 2008

Alphabetenrate

insgesamt:	*28,7 %*
Männer:	*42,9 %*
Frauen:	*15,1 %*

Central Intelligence Agency Office of Public Affairs: The World Factbook; unter: www.cia.gov (Zugriff vom 05. 08. 2009)

12 *a) Vergleichen Sie anhand der Tabelle den Entwicklungsstand eines Entwicklungslandes und eines Schwellenlandes mit Deutschland.*
b) Begründen Sie Ihre Wahl des Entwicklungslandes und die Auswahl Ihrer Indikatoren.

13 *Überprüfen Sie die Aussagen der Zeitungen im Beispiel d von Quelle 15, indem sie die Tabelle ins Heft übertragen und fehlende Angaben berechnen.*

14 *Erstellen Sie ein Porträt zum Entwicklungsstand eines Landes. Nutzen Sie dazu weitere Materialien (z. B. Atlas, Internet, Web-GIS).*

ONLINE-Link
Klett-GIS
29120X-0103

Methode

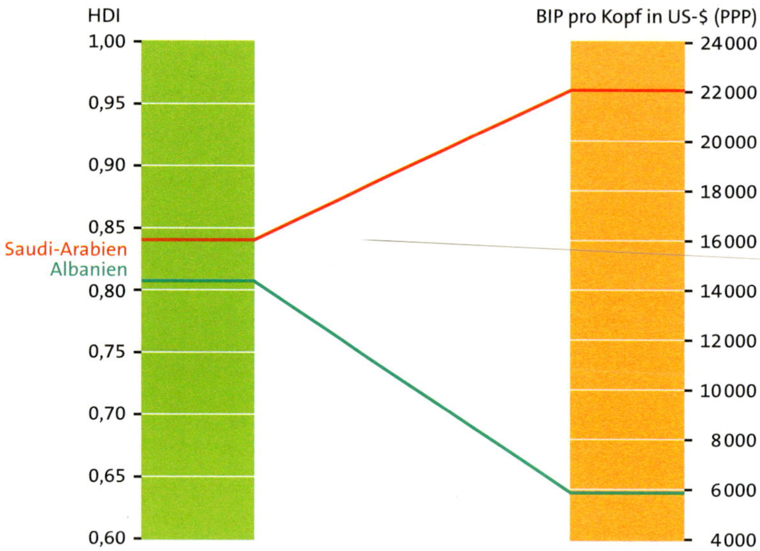

17 ***HDI versus BIP am Beispiel von Saudi-Arabien und Albanien 2006***

Nach UNDP Human Development Report Office: Human Development Report 2007/2008. New York: UNDP 2008, S. 230; unter: http://hdr.undp.org, aktualisiert

18 Der **Human Development Index** (HDI, Index der menschlichen Entwicklung) ist ein grober Anzeiger für den Vergleich der Lebensbedingungen in verschiedenen Staaten. Er wurde erstmals 1990 vom Entwicklungsprogramm der Vereinten Nationen (UNDP) vorgelegt. Bis dahin war es üblich, die Länder nach Pro-Kopf-Einkommen zu klassifizieren.

Das UNDP übernahm dies als Maß für den materiellen Lebensstandard, berücksichtigte aber zusätzlich die Lebenserwartung bei Geburt sowie den Bildungsstand. Als Maß hierfür diente zunächst nur die Alphabetisierungsrate, später ergänzt durch die Schulbesuchsrate. Aus den drei Größen konstruierte das UNDP einen Index, dessen Wert zwischen 0 und 1 liegt (1 ist der bestmögliche Wert). Eine hohe Kindersterblichkeit oder viele Analphabeten führen also zu einem geringeren HDI.

Jährlich erstellt das UNDP eine Rangliste der Länder nach dem HDI. Sie zeigt zum Beispiel, dass Länder mit vergleichbarem Pro-Kopf-Einkommen unterschiedliche Lebensbedingungen im Sinne des HDI erreichen.

Auch die Aussagekraft dieses Index hat jedoch seine Grenzen. Der HDI berücksichtigt nicht, ob man in einem Land von schweren Menschenrechtsverletzungen bedroht ist. Als Durchschnittswert sagt er nichts über soziale Ungleichheit oder die Lage von Randgruppen (dem versucht das UNDP teils mit nach Bevölkerungsgruppen differenzierten HDI-Werten abzuhelfen). Für den Vergleich der Lebensqualität in entwickelten Ländern ist der HDI kaum geeignet, weil Alphabetisierung und Lebenserwartung im Entwicklungsprozess relativ frühe und preiswerte Fortschritte sind.

Deutsche Welthungerhilfe e. V. (Hrsg.): Human Development Index, unter: www.welthungerhilfe.de/1395.html (Zugriff vom 02.08.2009)

„Fast eine Milliarde Hungernde sind eine Schande für die Menschheit“

Ingeborg Schäuble, Vorsitzende der Deutschen Welthungerhilfe, bei der Vorstellung des Welthunger-Index für das Jahr 2008; nach: Süddeutsche Zeitung vom 09.12.2008

Weitere Beispiele für Merkmalsbündelungen sind:

- *Human Poverty Index (HPI, Index für die menschliche Armut)*
- *Gender-related Development Index (GDI, Index zur Entwicklung der Geschlechter)*
- *Gender Empowerment measure (GEM, Gleichstellung von Frauen und Männern)*
- *Gross National Happiness (GNH, Bruttonationalglück)*

→ *GIS zum HDI, siehe Seite 18/19*

Sind Merkmalsbündelungen die Lösung?

Aufgrund der Vielzahl von Indikatoren gibt es scheinbar eine einfache Lösung zur Messung des Entwicklungsstandes eines Landes: eine Bündelung aller messbaren Indikatoren. Mittels einer Faktorenanalyse reduziert man anschließend die Anzahl der Merkmale um diejenigen Merkmale, die statistisch für das Ergebnis keine Rolle spielen. Problematisch bei dieser Vorgehensweise sind die Gewinnung von verlässlichen Daten für jeden Indikator und jedes Land sowie die Komplexität des Verfahrens.

Als Kompromiss hat sich seit rund 20 Jahren die Merkmalsbündelung von circa drei bis sechs sehr unterschiedlichen Indikatoren zu jeweils einem Index durchgesetzt.

15 *Erstellen Sie anhand folgender Kriterien eine tabellarische Übersicht von HDI und WHI: Zusammensetzung des jeweiligen Index, Ziele und Interessen der betreuenden Organisation.*

16 *Charakterisieren Sie mithilfe der Kriterien von Aufgabe 15 einen weiteren Index (Randspalte Seite 14, Internetrecherche).*

17 *Erläutern Sie die Möglichkeiten und Grenzen von Merkmalsbündelungen.*

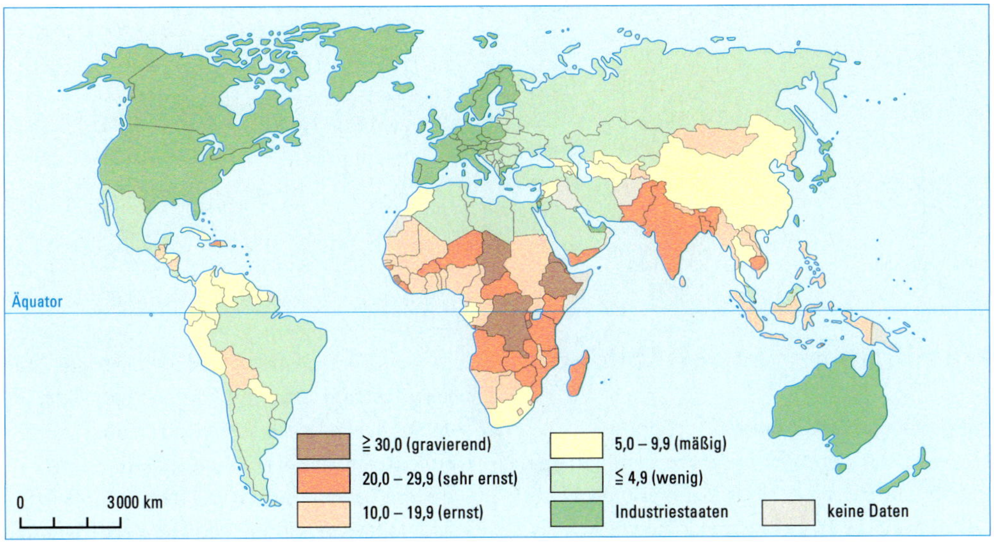

19 **Welthunger-Index 2009**; *Klaus von Grebmer et al.: Welthunger-Index - Herausforderung Hunger: Wie die Finanzkrise den Hunger verschärft und warum es auf die Frauen ankommt. Bonn: Deutsche Welthungerhilfe e. V. 2009, S. 14f.*

Das ***UNDP*** *(UN Development Programme) ist seit 1970 Koordinierungsstelle aller UN-Hilfsprogramme; finanziert aus freiwilligen Beiträgen der UN-Mitglieder (zu 90 % von den westlichen Industrieländern). Seit 1990 legt UNDP einen jährlichen Human Development Report vor, der soziale Entwicklungen in der Welt analysiert und dokumentiert.*

Die ***Deutsche Welthungerhilfe*** *ist eine der größten privaten Entwicklungs-Organisationen in Deutschland. Schwerpunkte der gemeinnützigen Organisation sind die humanitäre Hilfe sowie die Ernährungssicherung und die Landwirtschaft. Sie finanziert sich überwiegend aus öffentlichen Zuschüssen beispielsweise der EU-Kommission oder des Bundesministeriums für wirtschaftliche Zusammenarbeit und Entwicklung.*

20 **Konzept des Welthungerindex (WHI)**

Weil Hunger viele Gesichter hat, genügt es nicht, in einem [Welthungerindex] nur die Nahrungsverfügbarkeit zu erfassen. Unmittelbare Folgen von Hunger wie ein schlechter Ernährungszustand und verringerte Überlebenschancen sollten ebenfalls berücksichtigt werden. [...] Das Konzept des Welthunger-Index beschränkt sich deshalb auf drei wesentliche, gleichgewichtige Dimensionen des Hungers, die einen Bezug zu Vitamin- und Mineralstoffmängeln haben:

- Anteil der Unterernährten in der Bevölkerung in Prozent (Indikator für den Bevölkerungsanteil mit unzureichender Nahrungsenergiezufuhr),
- Anteil der Kinder unter fünf Jahren mit Untergewicht (Indikator für den Anteil der Kinder, die an Gewichtsverlust und/oder zu geringem Wachstum leiden),
- Sterblichkeitsrate von Kindern unter fünf Jahren (Indikator, der teilweise das fatale Zusammenwirken von mangelnder Nährstoffversorgung und einem schlechten gesundheitlichen Umfeld widerspiegelt).

Nach Deutsche Welthungerhilfe e. V. (Hrsg.): Herausforderung Hunger. Bonn: Deutsche Welthungerhilfe e. V. 2006, S. 9f.

WHI: Instrument für wissenschaftliche Beobachtung und seriöse Lobbyarbeit

Nur auf Grundlage von vergleichbaren Fakten und Schlussfolgerungen nach wissenschaftlichen Maßstäben kann Lobbyarbeit seriös gestaltet werden. Insofern ist der WHI für alle Institutionen, die sich mit der Bekämpfung von Hunger befassen, eine wichtige Hilfe, gab es doch bisher noch keine international anerkannte Messgröße zu diesem Thema. Der Vorteil des WHI liegt nicht zuletzt darin begründet, dass der Indikator über die bloße Verfügbarkeit von Energie aus Nahrungsmitteln hinausgeht.

Dennoch ist auch die Verwendung des WHI nicht immer unproblematisch. Der WHI von 2009 umfasst Daten bis zum Jahr 2007. Folgen von aktuellen Entwicklungen wie der Finanzkrise oder der enorme Preisanstieg von Nahrungsmitteln 2007/08 sind nicht enthalten. Die Gründe für diesen Preisanstieg sind einerseits in dem verstärkten Konsum von Fleisch- und Milchprodukten in Schwellenländern wie China und Indien sowie in Industrieländern wie Deutschland zu suchen. Bei der Produktion tierischer Nahrungsmittel wird ein Vielfaches der Energiemenge in Form von Getreide und anderen Futtermitteln benötigt. Weiterhin nimmt in Folge der gestiegenen Energiekosten auch die Nachfrage nach Biokraftstoffen zu.

ONLINE-Link

Informationen und Daten zum HDI

29120X-0104

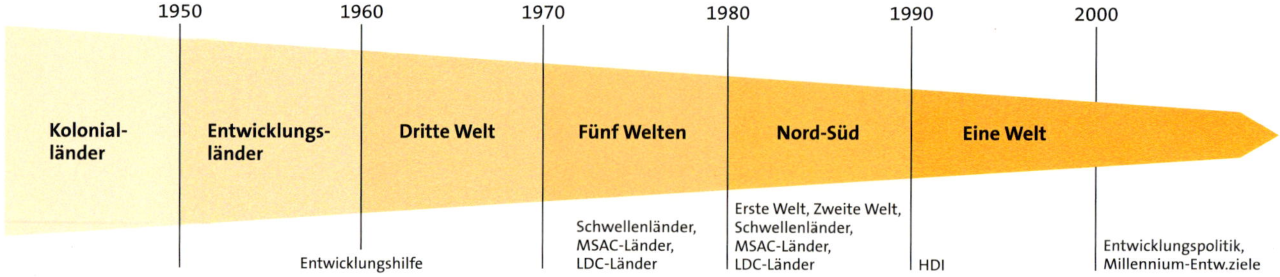

(21) ***Entwicklung der Klassifizierungsbegriffe***

Deutschland vergibt seine Entwicklungshilfe auf der Grundlage einer Liste der Organisation for Economic Cooperation and Development (OECD), die im Wesentlichen auf der Definition der Weltbank beruht. Der OECD gehören fast nur Länder mit sehr hohem Pro-Kopf-Einkommen an.

ONLINE-Link
Infoblatt Entwicklungsländer
29120X-0105

Klassifizierungen von Ländern

Politische Klassifikationen

Mit dem seit den 1960er-Jahren verwendeten Begriff „**Dritte Welt**" wurde ursprünglich die Gesamtheit der blockfreien Staaten bezeichnet, in Abgrenzung zur „Ersten Welt", den westlichen Industrieländern, und der „Zweiten Welt", den kommunistischen Ländern mit sozialistischer Planwirtschaft. Spätestens mit der Überwindung des Ost-West-Konflikts seit Beginn der 1990er-Jahre ist das politische Kriterium der Blockfreiheit unbrauchbar geworden.

Wegen der großen Unterschiede zwischen den einzelnen Entwicklungsländern sprach man lange auch von einer „Vierten Welt". Darunter fasste man rohstoffarme Entwicklungsländer mit einem geringen Industrialisierungsgrad zusammen. Mit der Gruppe der „**Fünften Welt**" wurden Länder auf besonders niedriger Entwicklungsstufe und mit ungünstigen Voraussetzungen zusätzlich ausgewiesen.

Der heute in der Entwicklungspolitik häufig verwendete Begriff „Eine Welt" relativiert die politischen Klassifikationen und steht für ein neues Verständnis der Entwicklungszusammenarbeit in Form der Gleichberechtigung sowie des partnerschaftlichen Umgangs aller Staaten.

Hoch verschuldete Länder

Aufgrund der besonderen entwicklungspolitischen Bedeutung der Auslandsverschuldung vieler Entwicklungsländer und der daraus resultierenden Probleme fasst die Weltbank die Länder mit einer besonders hohen Verschuldung zu einer eigenen Gruppe zusammen. Sie unterscheidet dabei zwischen hoch verschuldeten Ländern mit mittlerem Einkommen (Severely

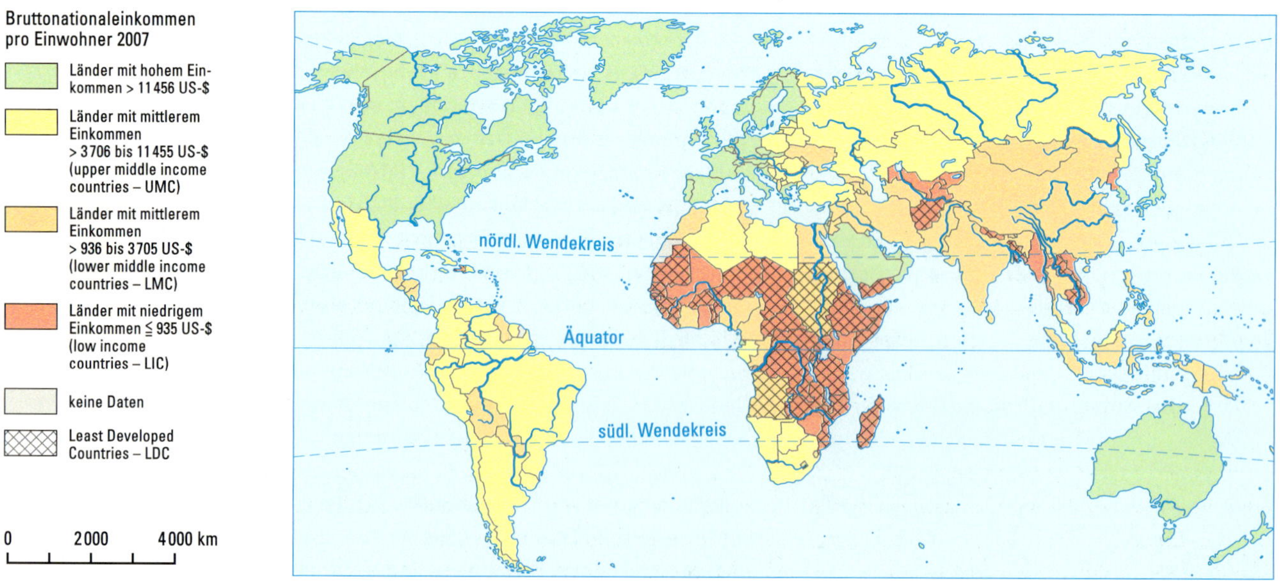

(22) ***Länderklassifizierung der Weltbank und Least Developed Countries****; nach Daten der Weltbank 2009, unter: www.worldbank.org*

23 **Gründe für die Klassifizierung von Ländern**

Klassifizierungen werden von internationalen Organisationen und von wissenschaftlichen Institutionen aus den folgenden Gründen vorgenommen: Erstens unterscheiden sie die höchst heterogene Großgruppe der Entwicklungs- und Schwellenländer nach Strukturmerkmalen und Entwicklungspotenzialen. Zweitens ermöglichen sie, für die unterschiedlichen Ländergruppen mit spezifischen Entwicklungsproblemen gezielte Entwicklungsstrategien zu entwickeln. Drittens begründen sie vor allem für die „Problemländer" besondere Hilfsprogramme und unterschiedliche Bedingungen der Mittelvergabe (z.B. Hilfen oder Kredite).

Nach Franz Nuscheler, emeritierter Prof. für internationale und vergleichende Politik, unveröffentlichte E-Mail vom 12.06.2009

24 ***„Eine Weltsicht?"***

Indebted Middle Income Countries, SIMIC) und hoch verschuldeten Ländern mit niedrigem Einkommen (Severely Indebted Low Income Countries, SILIC). Bei Maßnahmen zur Entschuldung erhalten diese Länder Vorzugsbedingungen durch den Internationalen Währungsfond (IWF) und die Weltbank.

Auch die **Vereinten Nationen** (**UNO**) führten 1974 eine Klassifizierung ein. Die vom Ölpreisschock am meisten betroffenen Staaten wurden unter den **Most Seriously Affected Countries (MSAC)** zusammengefasst. Die am wenigsten entwickelten Länder (**Least Developed Countries, LDC**) werden jährlich festgelegt, um die ärmsten Entwicklungsländer gezielt bei der Vergabe von Hilfsgeldern und der Gewährung von Vorzugsbedingungen unterstützen zu können. Nach mehrfachen Erweiterungen umfasst die LDC-Liste gegenwärtig 50 Entwicklungsländer mit einer Bevölkerung von etwa 500 Mio. Menschen. Die Mehrheit dieser Länder sind afrikanische Staaten südlich der Sahara. Von den Staaten Lateinamerikas gehört nur Haiti der Gruppe an.

Sondergruppen von Ländern

- **Schwellenländer**: Entwicklungsländer bzw. NIC (Newly Industrialized Countries), die in ihrer wirtschaftlichen Entwicklung weit fortgeschritten sind und sich „an der Schwelle" zum Industrieland befinden.
- **Transformationsländer**: Ehemals sozialistische Länder des Ostblocks mit zentral gelenkter Planwirtschaft, die sich im Übergang zu einem marktwirtschaftlichen System befinden.
- **OPEC**: Organization of Petroleum Exporting Countries. Diese deckt über 40 % des weltweiten Erdölbedarfs und verfügt über drei Viertel der weltweiten Erdölreserven. Das Ziel der OPEC ist eine gemeinsame Ölpolitik, um den Ölpreis abzusichern.
- **Ankerländer**: Entwicklungsländer mit großen Volkswirtschaften, deren Dynamik die jeweilige Region maßgeblich prägt und die meist einflussreiche „global players" sind.

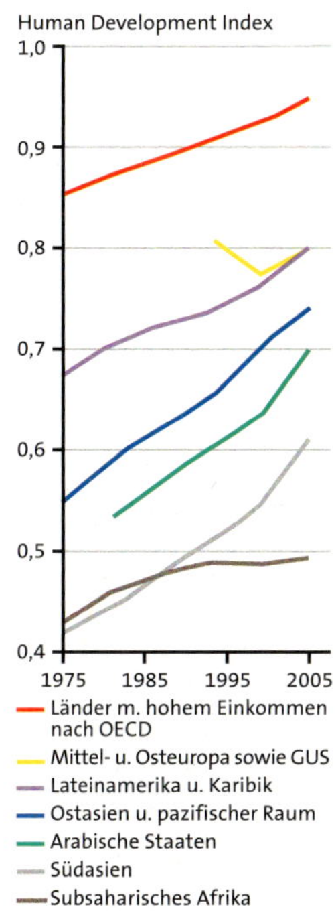

25 ***Entwicklung des HDI nach Ländergruppen 1975–2005***

Nach UNDP Human Development Office: Human Development Report 2007/2008. New York: UNDP 2008, S. 229–232

18 *Erörtern Sie die Aussagekraft der von der Weltbank verwendeten Messgrößen zur Klassifizierung der Länder.*

19 *Erläutern Sie die Entwicklung des HDI nach Ländergruppen (Diagramm 25).*

20 *Erklären Sie, warum der Begriff „Dritte Welt" als globale Bezeichnung für die Entwicklungsländer nur begrenzt sinnvoll ist.*

21 *Diskutieren Sie mit Bezug zu den Materialien dieser Doppelseite den Begriff „Eine Welt".*

26 ***Einstiegsseite zum Welt-Dienst des WebGIS von Klett unter www.klett-gis.de, Juni 2009***

Ein Geographisches Informationssystem (GIS) ist ein Werkzeug, mit dessen Hilfe man sich über geographische Objekte umfassend informieren kann. Darüber hinaus können komplexe Analysen von Daten und deren Visualisierung auf Karten durchgeführt werden. Im Internet steht unter www.klett-gis.de ein solches Web-GIS bereit.

Mit GIS den Entwicklungsstand eines Staates bestimmen

Infowerkzeug

Staaten

Name	Angola	Verheiratete Frauen (15-49 J.), die moderne Familie
Code	AGO	Anteil der HIV-infiz. Erwachsenen Ende 2005 (%)
Kontinent	Afrika	Anteil der HIV-infiz. Erwachsenen Ende 2003 (%)
Einwohner 2006 (Mio.)	15.8	Anteil der HIV-infiz. Erwachsenen Ende 2001 (%)
Einwohner 2005 (Mio.)	15.4	Städtische Bevölkerung
Bevölkerungsdichte 2003 (EW/km²)	11	BSP bei KKP pro EW 2004 (US-$)
Anteil der Einwohner unter 15 Jahren (%)	47	BSP bei KKP pro EW 2003 (US-$)
Webseite		Anteil der Internetnutzer an der Gesamtbev. 2007

27 ***Oberer Teil der Datentabelle zu Angola***

Beispiel: Räumliche Disparitäten messen

Um den Entwicklungsstand eines Landes zu beschreiben, müssen viele Daten recherchiert werden. Vergleiche mit unserem Heimatland oder Ländern gleichen Entwicklungsstandes ergeben meist bereits einen anschaulichen Überblick über den Entwicklungsstand von Staaten und deren Einordnung bzw. Klassifizierung. Dazu kann eine Recherche mit einem WebGIS online durchgeführt werden. Gegenüber den herkömmlichen Methoden der Informationsgewinnung und deren Präsentation kann deutlich Zeit eingespart werden.

Am Beispiel des Entwicklungslandes Angola soll dies verdeutlicht werden. Ausgangspunkt für die nachfolgenden Handlungsanweisungen ist der Welt-Dienst unter www.klett-gis.de. Im Legendenfenster muss das Feld „Staaten" mit einem Haken versehen sein (Screenshot 26).

22 *Wenden Sie die Schrittfolge zur Beschreibung des Entwicklungsstandes eines Landes auf ein selbst gewähltes Raumbeispiel an.*

23 *Diskutieren Sie die Eignung des HDI, um den Entwicklungsstand eines Staates zu messen (siehe hierzu auch Seite 14).*

Mit GIS den Entwicklungsstand eines Staates bestimmen

1. Schritt: Informationen über ein Land gewinnen

Beispiel: Angola

1. *Aktivierung des Info-Werkzeugs* i *;*
2. *Anklicken der Zeile „Staaten" in der Legende (Aktivierung wird durch graue Unterlegung [Screenshot 26] angezeigt);*
3. *Land Angola mit Cursor suchen und anklicken.*

Daraufhin erscheint der gesamte gespeicherte Datensatz zu Angola (Screenshot 27).

2. Schritt: Länder vergleichen

Zum Vergleich Angolas mit Ländern unterschiedlichen Entwicklungsstandes, z. B. mit der Bundesrepublik Deutschland, wird der Suche-Button aktiviert.

Die in Screenshot 29 dargestellte Suchanfrage wird mithilfe der Dialogmöglichkeiten im Suche-Manager erstellt. Zu beachten ist, dass eine zweite Bedingung mit „Bedingung hinzufügen" erzeugt wird und dass die verbindende Relation „oder" ist. Nachdem die Suche gestartet worden ist, erscheint das Trefferfenster (Screenshot 29).

Nun können zur besseren Beschreibung vergleichende Betrachtungen durchgeführt werden. Die Tabelle lässt sich mit einem Klick auch nach Excel exportieren und damit speichern.

Durch Hinzufügen weiterer Bedingungen, verknüpft mit „oder", können auch mehrere Staaten verglichen werden.

3. Schritt: Länder klassifizieren

Zum Vergleich Angolas mit anderen Staaten ähnlichen Entwicklungsstandes kann z. B. der HDI-Wert (2004: 0,439) herangezogen werden. Zur Suchabfrage (Screenshot 30) bieten sich als selbst definierte Schwellenwerte dabei die HDI-Werte zwischen 0,400 und 0,500 an. Die zu wählende Relation ist „und". Auch hier erscheint nach „Suche starten" die exportierfähige Trefferliste (Screenshot 31). Mit einem entsprechenden Klick auf den Button auf Karte zeigen *(Achtung: Alle Staaten mit Haken versehen!) können die gefundenen Länder auch in der Karte dargestellt werden, um sich einen räumlichen Überblick zu verschaffen.*

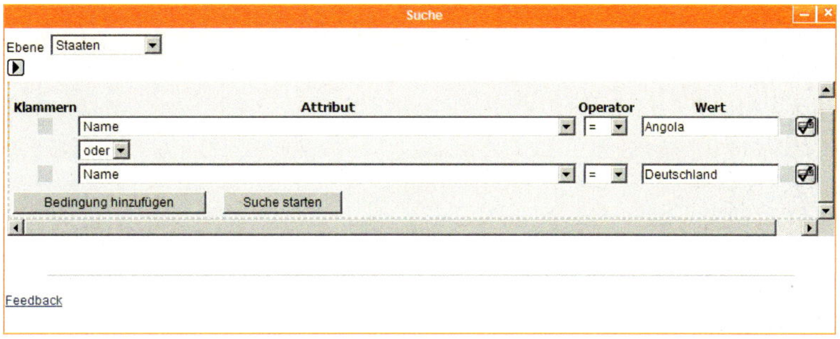

28 ***Fenster nach aktiviertem Suche-Button: Suche Basisdaten zu Angola und Deutschland***

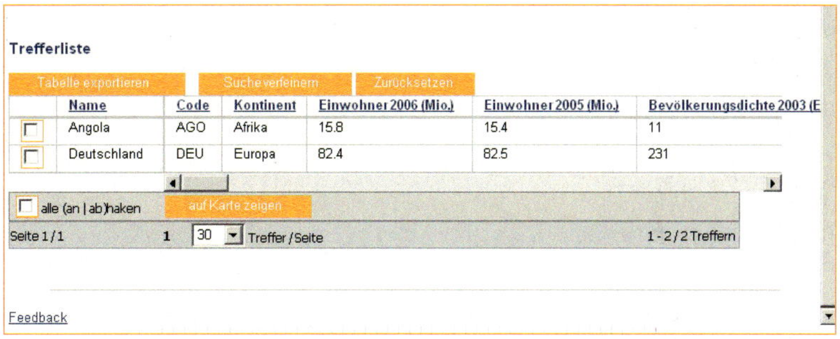

29 ***Teil der Ergebnistabelle zu den Basisdaten von Angola und Deutschland***

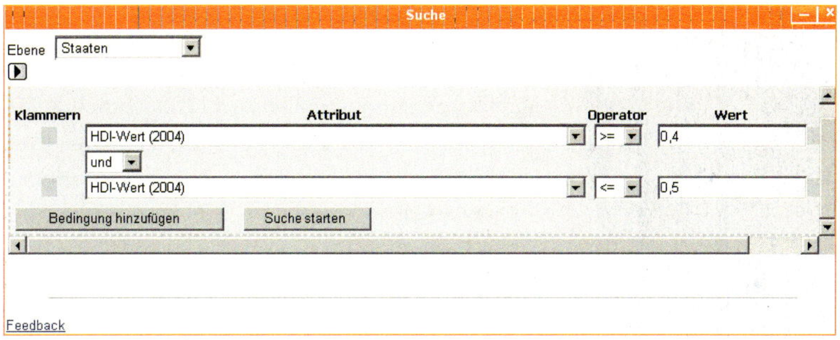

30 ***Suche-Manager mit Abfrage zu den Staaten mit vergleichbarem HDI wie Angola***

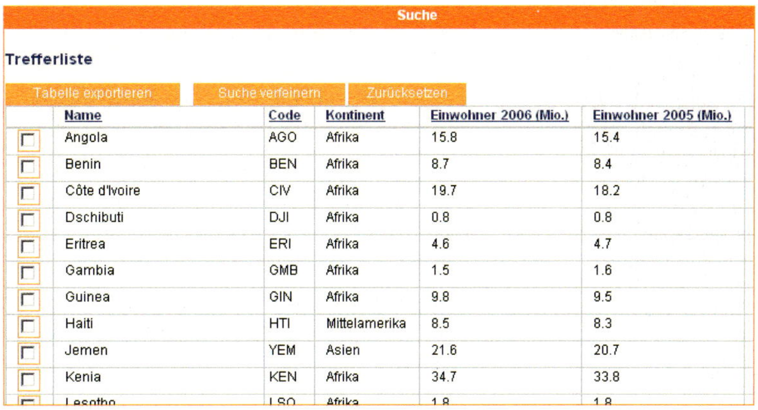

31 ***Teil der Ergebnistabelle zu den Staaten mit vergleichbarem HDI wie Angola***

1.2 Entwicklungstheorien und -strategien

1 „Zweite Indische Revolution“

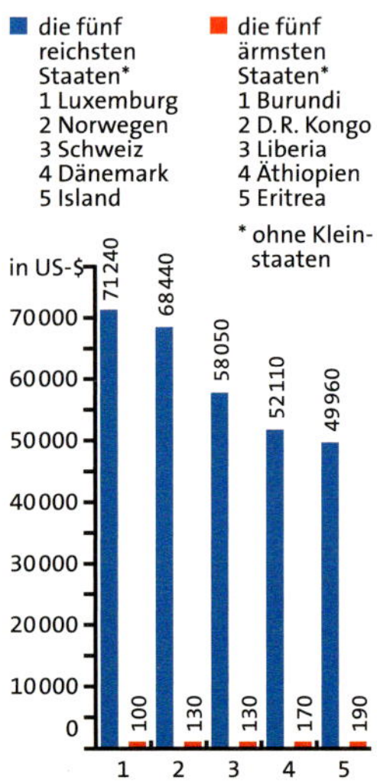

2 ***Die fünf reichsten und die fünf ärmsten Staaten (BNE je Einwohner in US-$ 2006)***

Nach Der Fischer Weltalmanach 2009. Frankfurt am Main: Fischer Taschenbuch Verlag, S. 627

Entwicklungstheorien

Zur Erklärung von Entwicklungsunterschieden werden zwei Gruppen von Theorien angeboten. Für die **Modernisierungstheorien** gelten interne Ursachen als verantwortlich für einen niedrigen oder hohen Entwicklungsstand. Der niedrige Entwicklungsstand soll dabei einer Phase entsprechen, die auch Industrieländer einmal, etwa am Anfang der Industriellen Revolution, durchlaufen haben. Die Theorien gehen davon aus, dass die Beseitigung der Defizite, z.B. durch Kapitalzufuhr, einen dynamischen Entwicklungsprozess einleiten kann.

Zum anderen werden externe Einflüsse für einen niedrigen Entwicklungsstand verantwortlich gemacht. Diese **Dependenztheorien** nehmen an, dass Abhängigkeiten bestehen, sodass durch Fremdbestimmung und Außensteuerung einseitig die wirtschaftlich stärkeren Länder begünstigt und die wirtschaftlich schwächeren benachteiligt werden. Dependenz umfasst dabei auch die politische und kulturelle Abhängigkeit der Länder der Dritten Welt (der Peripherienationen) von den Industrieländern (den Zentralnationen).

4 **Modernisierungstheorie: endogene Ursachen**

Modernisierung solcher Gesellschaften bedeutet aus westlich-liberaler Sicht das Ingangsetzen sozialen Wandels durch ökonomische und kulturelle Maßnahmen (Wirtschafts- und Bildungshilfe). Dabei lag der Schwerpunkt eher auf dem Wirtschaftlichen, weil hier Entwicklung am schnellsten erreichbar schien. Wirtschaftswachstum durch Kapitaleinsatz schien der einfachste Weg. Der Aufbau von Industrien, die Ausweitung von Exportmöglichkeiten und die Teilnahme am Welthandel sollten den Ländern ein gewisses Aufholen, eine Annäherung an die Industrieländer ermöglichen [...].

Schon zu Beginn der zweiten Entwicklungsdekade (Ende der 1970er-Jahre) wurde erkennbar, dass die mit dem Modernisierungskonzept verknüpften Erwartungen sich nicht erfüllten. Als ein Haupthindernis wurde neben der schnellen Bevölkerungszunahme mehr und mehr der Tatbestand deutlich, dass die von oben, über Regierungen und große Projekte, versuchte Entwicklung kaum nach unten „durchsickerte“, sondern eher der ohnedies besser gestellten Minderheit [Elite] zugute kam.

Bernhard Sutor/Joachim Detjen: Politik. Ein Studienbuch zur politischen Bildung. Paderborn: Schöningh 2001, S. 471 f.

3 **Darum sind die Afrikaner arm**

Die absurde Grundannahme [...] ist: Uns geht es gut, weil es euch schlecht geht. Dabei ist das der pure Nonsens. Der Ersten Welt geht es gut, weil sie eine freie Marktwirtschaft betreibt, deren politische Grundlage eine funktionierende Demokratie bildet. Ausnahmen bestätigen allenfalls die Regel, und auch China wird erst beweisen müssen, ob sein Sonderweg langfristig funktioniert.

Die afrikanischen Länder sind die korruptesten und undemokratischsten Länder der Erde. Einträgliche Geschäfte, wie Bergbau oder Telefongesellschaften, sind verstaatlicht, Grund und Boden nur selten privatisiert. Darum sind die Afrikaner arm. Und die Entwicklungshilfe hilft, dass das so bleibt. [...] Ihre Geschäftsgrundlage bleibt so nämlich erhalten: das Elend in Afrika.

Thilo Thielke: Warum Afrika dank Entwicklungshilfe im Elend verharrt. SPIEGEL ONLINE vom 11.06.2007, unter: www.spiegel.de/politik/ausland/0,1518,487746-2,00.html

5 **Dependenztheorie: exogene Ursachen**

Der europäische Kolonialismus wurde als expandierender Kapitalismus gedeutet, der sich in den Kolonien Rohstoff- und Absatzmärkte gesichert habe. Die Kolonialmächte hätten den Kolonien eine einseitige Arbeitsteilung aufgezwungen, die dort vorhandene Konkurrenz von Gewerbe und Kleinindustrie zerstört, die Kolonien auf die Funktion der Lieferung billiger Rohstoffe (aus Monokulturen) und Arbeitskräfte (Sklaven) zurückgedrängt. Was an Infrastruktur von den Kolonialmächten entwickelt wurde (Verkehrsnetz, Verwaltung, Gesundheitswesen, Schulen), sei einseitig den Kolonialmächten und einer Oberschicht mit ihnen kollaborierender Einheimischer zugute gekommen. Damit seien die Gesellschaften der Kolonien deformiert, in Klassen gespalten, ihre Entwicklung blockiert, Unterentwicklung produziert worden, woraus sich gleichzeitig ein Gutteil des Vorsprungs der kapitalistischen Länder erkläre. Mit der Entkolonialisierung nach dem Zweiten Weltkrieg sei die einseitige Abhängigkeit nicht beendet, vielmehr als wirtschaftliche Abhängigkeit weitergeführt worden (Neokolonialismus). Der wachsende Reichtum der Industrieländer wurde von manchen auf die Ausbeutung der Entwicklungsländer zurückgeführt. Entwicklung erschien in dieser Betrachtung als Klassenkampf und Befreiung.

Bernhard Sutor/Joachim Detjen: ebenda

6 **Erblast der Kolonialisierung**

Die kolonialwirtschaftliche Inwertsetzung und „Kulturmission“ bedingte einen „falschen Start“, durch den postkoloniale politische und sozioökonomische Fehlentwicklungen erheblich begünstigt wurden. Die koloniale Zurichtung und Deformierung der Ökonomien und Gesellschaften Afrikas erklärt zu einem beträchtlichen Teil die Anfälligkeit der Ökonomien für externe Schocks (z.B. Preisveränderungen für Ex- und Importe), aber auch interne Faktoren wie zum Beispiel die Herausbildung von patrimonialen Systemen.

Nach Olaf Krems: Der Blackout-Kontinent. Detmold: ohne Verlag 2002, S. 243, unter: http://miami.uni-muenster.de/servlets/DerivateServlet/Derivate-860/09_kapitel_5_blickpunkt_afrika.pdf

7 ***„Jetzt gebe ich dir erst mal Geld, damit ich dir ein neues Pferd verkaufen kann.“***

Beide Gruppen von Theorien wirken zunächst überzeugend, weil sie komplizierte Zusammenhänge einfach erklären und dabei unbestreitbare Tatsachen als Beweise nutzen. Aufgrund der sehr unterschiedlichen Entwicklungserfolge in den Entwicklungsländern und des weitgehenden Scheiterns ihrer entwicklungspolitischen Strategien sind sie jedoch stark relativiert oder widerlegt worden. Zudem haben die gegenwärtigen dynamischen Globalisierungsprozesse mit ihren tief greifenden weltpolitischen und weltwirtschaftlichen Veränderungen sowie der Gedanke von der „Einen Welt“ einen neuen Blick geöffnet: Die Länder mit höherem Entwicklungsstand (Industrie- und Dienstleistungsgesellschaften) haben heute zum Teil mit den gleichen Problemen zu kämpfen wie die Entwicklungsländer, z.B. mit Armut, Arbeitslosigkeit oder Umweltproblemen.

1 *Vergleichen Sie die Modernisierungs- und Dependenztheorien miteinander, indem Sie tabellarisch Unterschiede und Berührungspunkte auflisten.*
2 *Ordnen Sie die beiden Karikaturen begründet einer der beiden Theoriegruppen zu.*
3 *Nehmen Sie Stellung: Sind Entwicklungsländer „unterentwickelt worden“?*

ONLINE-Link
Surftipp Entwicklungstheorien
29120X-0106

8 **Assuan-Staudamm**

9 **Brunnenbauprojekt in Togo**

Entwicklungsstrategien

***Nachholende Entwicklung**: Unter „Entwicklung" verstand man bis zu den 1980er-Jahren in erster Linie wirtschaftliches Wachstum. Erklärtes Ziel der Entwicklungspolitik war es, die Entwicklungsländer möglichst schnell an den Stand der Industrieländer heranzuführen. Dies sollte vor allem durch den Aufbau einer modernen Industrie und Infrastruktur erreicht werden.*

Entwicklungstheorien fragen nach den Ursachen von Entwicklungsunterschieden zwischen den Ländern. Aus diesen Theorien ergeben sich spezifische Strategien. Entwicklungsstrategien sollen mithilfe von entwicklungspolitischen Leitbildern und daraus resultierenden Maßnahmen Entwicklungsunterschiede verringern. Ein Fallbeispiel ist die **Wachstumsstrategie**, die auf der Modernisierungstheorie beruht.

Das Konzept der Wachstumsstrategie bezog sich auf die Annahme, dass „Unterentwicklung" primär auf Kapitalmangel beruhe und dass genügend Kapital (u. a. in Form finanzieller Entwicklungshilfe) zu Wachstum und Entwicklung führe. Ganz im Sinne der Modernisierungstheorie erwartete man von einem starken Wachstum der Wirtschaft und einer modernisierten Infrastruktur auch eine Verbesserung der gesamten Lebensverhältnisse der Bevölkerung. Genügend Wachstum, so die Meinung der Entwicklungspolitiker, würde in rückständige Regionen und Sektoren „durchsickern" und schließlich auch die ärmeren Bevölkerungsschichten erreichen.

Als Mittel diente die Errichtung von Industrien mit Kapital aus den Industrieländern. Die Basis bildeten die niedrigen Löhne und häufig die Verarbeitung heimischer Rohstoffe für den Export. Großprojekte erfordern eine Zuliefer- und Weiterverarbeitungsindustrie, damit eine Wirtschaftsdynamik einsetzen kann. Diese Dynamik soll durch den Ausbau der Infrastruktur zwischen den **Wachstumspolen** und durch **Sickereffekte** schrittweise die regionalen Disparitäten beseitigen und zu einer höheren Entwicklungsstufe des Landes führen.

10 **Staudammprojekte in der Entwicklungspraxis**

Großstaudammprojekte verkörperten in der Phase der Dekolonisation und beginnenden Entwicklungshilfe die Aufbruchstimmung, die mit technischen Mitteln Entwicklungsprobleme zu lösen trachtete. Modernisierungsmaßnahmen in großem Stil versprachen die Natur zu bändigen, Kontrolle über die Wasserführung zu erlangen und Entwicklungsimpulse auszulösen, die das notwendige Wachstum zur Überwindung augenfälliger Entwicklungsdefizite befördern würden. Großstaudämme wurden so zu Symbolen modernisierungstheoretisch inspirierter Wachstumspole, die im Zuge nachholender Entwicklung westliche Technologien in Entwicklungsländer exportieren und implementieren helfen sollten.

Hermann Kreutzmann, in: Geographische Rundschau, 56. Jg., H. 12. Braunschweig: Westermann 2004, S. 4

11 **Bewertung der Wachstumsstrategie**

In einigen Ländern erwies sich die Strategie der nachholenden Entwicklung durch Modernisierung als sehr erfolgreich. Beispielhaft dafür stehen die vier „Kleinen Tiger“ (Südkorea, Taiwan, Hongkong, Singapur), denen in dieser Phase ein großer Entwicklungssprung gelang. Bei der großen Mehrzahl der Entwicklungsländer blieben jedoch die erwarteten Erfolge aus. Und selbst ein statistisch messbares Wirtschaftswachstum in etlichen Entwicklungsländern verbesserte das Los der armen Bevölkerungsgruppen kaum. Langsam reifte die Erkenntnis, dass wirtschaftliches Wachstum allein noch keine umfassende Entwicklung bewirken kann, an der alle teilhaben. Das Verteilungsproblem blieb ungelöst. Die Teilhabe der armen Bevölkerungsmehrheit an den Modernisierungsgewinnen wurde u.a. durch post-feudale Strukturen und durch die geballte wirtschaftliche und politische Macht der Eliten verhindert, zumal in den meisten Kulturen ein westliches Gleichheitsverständnis nicht einmal im Ansatz ausgebildet ist. Zwischen den dualen Wirtschaftsstrukturen – traditionelle Subsistenzwirtschaft und Kleingewerbe einerseits, moderner industrieller Sektor andererseits – vertieften sich die Gräben. Große Prestigeprojekte wie Stahlwerke und Staudämme, die in manchen Ländern errichtet wurden, ohne ihre langfristige Rentabilität und ihre Funktion für das Allgemeinwohl zu prüfen, sowie Luxusimporte für die neuen Herrscher erhöhten das Konfliktpotenzial.

Karl Engelhard: Welt im Wandel. Stuttgart: Omnia 2007, S. 172

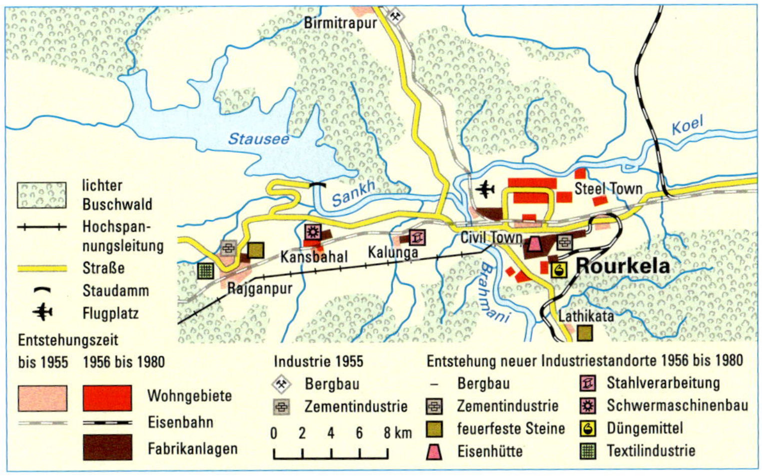

12 ***Hüttenwerk in Rourkela (im Bundesstaat Orissa an der Ostküste Indiens) im Jahr 1980***

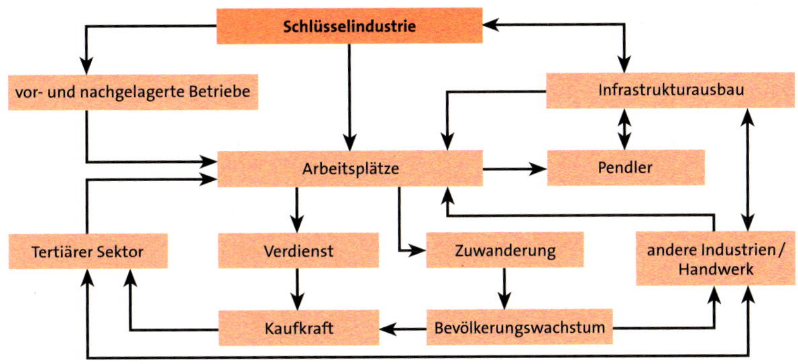

13 ***Wirkungsgefüge zur Theorie der Wachstumspole****; Entwurf Helga Rasch, unveröffentlicht*

14 **Die Adivasi und das Rourkela Hüttenwerk**

1956 begannen mitten im Buschwald unweit von Eisenerz-Abbaustätten Bauarbeiten für eines der modernsten Hüttenwerke der damaligen Zeit. Die Bundesrepublik Deutschland finanzierte mit über einer Milliarde D-Mark den Aufbau. Die Behörden enteigneten 32 Dörfer, 16 davon wurden völlig zerstört. Fast 16 000 der dort lebenden indigenen Einwohner (Adivasi) mussten zwangsumsiedeln. Laut Quotengesetz sollten ein Viertel der Arbeitsplätze im Stahlwerk von Adivasis besetzt werden, was bislang nur bei ungelernten Arbeitskräften erreicht wurde. Das Stahlwerk ist heute ein wichtiger Bestandteil der indischen Wirtschaft. Es beschäftigt rund 35 000 Arbeitskräfte, deren Monatseinkommen im Vergleich zu landwirtschaftlichen Arbeitern drei- bis fünfmal so hoch sind.

ONLINE-Link
Satellitenbild von Rourkela
29120X-0107

4 Beschreiben Sie Vor- und Nachteile des Baus von Großstaudämmen und des Brunnenbaus.

5 Erklären Sie am Beispiel des Hüttenwerkes von Rourkela die Wachstumsstrategie.

6 Vergleichen Sie mithilfe des Online-Links die gegenwärtige Wirtschaftsstruktur Rourkelas mit der in Karte 12.

7 Erläutern Sie anhand des Wirkungsgefüges die Theorie der Wachstumspole.

8 Bewerten Sie mithilfe von Text 14 die Wachstumsstrategie.

15 ***Überleben in Haiti***

17 **Elementare Lebensziele und Grundbedürfnisse**

Elementare Lebensziele	Grundbedürfnisse
Überleben bei Befriedigung materieller und immaterieller Bedürfnisse	Güter, die die Teilhabe an durchschnittlichen Konsumgewohnheiten ermöglichen; Partizipation an Entscheidungen, die die eigenen Lebens- und Arbeitsbedingungen betreffen
Produktives Überleben	Zugang zu Produktionsmitteln, Basiserziehung, zusätzliche Nahrungsmittel, Schutz gegen schwächende Krankheiten
Fortdauerndes Überleben	Hinreichende Wohnungen, Schutz gegen tödliche Krankheiten
Bloßes Überleben	Nahrungsmittel, Trinkwasser

Nach Dieter Nohlen (Hrsg.): Lexikon Dritte Welt. Reinbek: Rowohlt 1994, S. 288

*„Als **direkte Armutsbekämpfung** zählen Vorhaben, die sich gezielt an arme Bevölkerungsgruppen wenden, wie z. B. Selbsthilfeprojekte, eine ländliche Regionalentwicklung, die Förderung von Grundbildung oder einer Basisgesundheit. Unter struktureller Armutsbekämpfung versteht man Vorhaben, die auf strukturelle Veränderungen abzielen, z. B. Agrarreformen oder Infrastrukturförderung.“*

Nach Renate Müller: Armutsbekämpfung, in: Ernst Brunotte (Hrsg.): Lexikon der Geographie. Heidelberg: Spektrum 2001

16 **Kehrtwende in der Entwicklungspolitik**

Als Erstes müssen wir überhaupt Ziel und Zweck von Entwicklung definieren. Es kann sich nur darum handeln, den Menschen, nicht die Dinge zu entwickeln. Menschen haben bestimmte Grundbedürfnisse: Nahrung, Unterkunft, Kleidung, Gesundheit und Bildung. Jeder Wachstumsvorgang, der nicht zur Befriedigung dieser Bedürfnisse führt – oder sogar störend eingreift – ist eine Verkehrung des Entwicklungsgedankens.

Hauptziel des wirtschaftlichen Wachstums sollte es sein, die Verbesserung der Lebensbedingungen dieser Gruppe sicherzustellen. Ein Wachstumsprozess, der nur der wohlhabenden Minderheit nutzt und die Gefälle zwischen den Ländern und innerhalb der Länder noch vergrößert, ist keine Entwicklung. Es handelt sich vielmehr um Ausbeutung [...].

Wir sind nach 30 Jahren der Erfahrung der Meinung, dass die Hoffnung, dass schnelles wirtschaftliches Wachstum [...] zur Masse des Volkes „durchsickern“ wird, sich als illusorisch erwiesen hat. Deshalb verwerfen wir den Gedanken: Erst Wachstum – Gerechtigkeit bei der Verteilung des Nutzens später.

Auszug aus der Erklärung von Cocoyoc. Zitiert nach BMZ (Hrsg.): Entwicklungspolitik. Materialien Nr. 49. Bonn: BMZ 1975, S. 4

Strategien der Armutsbekämpfung

Im Jahre 1994 wurde ein grundlegender Strategiewechsel ausgelöst. Die Erklärung von Cocoyoc, die von einer Gruppe von Wissenschaftlern bei einer Tagung der Vereinten Nationen über Rohstoffnutzung, Umweltschutz und Entwicklung verabschiedet wurde, stellte die bisherige Entwicklungspolitik gleichsam auf den Kopf. Die darin geforderte direkte Armutsbekämpfung unter dem Leitziel „Befriedung der Grundbedürfnisse“ wurde in der Folgezeit von vielen Regierungen, so auch von der Bundesrepublik Deutschland und von internationalen Organisationen, zum Programm erhoben.

Die **Grundbedürfnisstrategie** stieß nicht überall auf Zustimmung. Viele Vertreter in den Entwicklungsländern sahen darin den Versuch der Industrieländer, ihnen moderne Technik vorzuenthalten und damit eine Industrialisierung zu verhindern. Andere vermuteten ein Ablenkungsmanöver von ihren Forderungen nach einer Neuen Weltwirtschaftsordnung.

Im Zusammenhang mit der Grundbedürfnisstrategie tauchten in der Folgezeit zahlreiche Begriffe auf, die bis heute eine Schlüsselrolle in der Entwicklungspolitik spielen: Hilfe zur Selbsthilfe, angepasste Entwicklung, Beteiligung der Frauen oder auch ländliche Entwicklung.

18 **Die ländliche Regionalentwicklung – ein Konzept für die Bekämpfung der Armut**

1) Armutsorientierung: Alle Maßnahmen zur wirtschaftlichen Verbesserung haben in erster Linie jener Bevölkerungsschicht zu dienen, die durch Armut am stärksten betroffen ist.
2) Grundbedürfnisbefriedigung: Entwicklung ist nur über eine sichere Befriedigung der elementaren Bedürfnisse zu erreichen.
3) Zielgruppenbezug: Die Maßnahmen müssen all jene Gruppen zu erfassen suchen, die unter Armut leiden. Ethnische, religiöse, soziale und wirtschaftliche Unterschiede dürfen keine Rolle spielen.
4) Partizipation: Bei allen Arbeitsschritten ist die Zielgruppe aktiv an Planung, Durchführung und Nutzung des Projektes zu beteiligen. Dadurch soll sie lernen, Verantwortung zu tragen.
5) Institutionenbildung: Durch Organisierung der Zielgruppe in selbstverantwortlichen Institutionen, wie beispielsweise für Bewässerung oder Straßenbau, wird sie aktiv an die praktische Abwicklung herangeführt.
6) Ländliches Sparen: Förderlich für eine erfolgreiche Durchführung ist die materielle Beteiligung der Zielgruppe an der Maßnahme. Eigenleistungen in Form manueller Arbeit (Work for cash) und gemeinschaftliche Spar-Programme (Rural Savings) sind dabei probate Mittel.
7) Nachhaltigkeit: Eine Maßnahme ist nur dann erfolgreich, wenn sie umweltschonend erfolgt und über den Förderungszeitraum hinaus wirksam erhalten bleibt.

Fred Scholz: Entwicklungsländer. Braunschweig: Westermann 2006, S. 127f.

9 *Vergleichen Sie eine selbst erstellte Liste von Grundbedürfnissen mit der Tabelle 17.*

10 *Ordnen Sie die Millennium-Entwicklungsziele begründet einer Entwicklungstheorie oder einer Entwicklungsstrategie zu.*

11 *Nehmen Sie Stellung zu der Aussage „Armut geht uns alle an".*

19 ***„Hunger und Durst"***

20 **Nachhaltige Entwicklung**

Beim Scheitern der Millennium-Entwicklungsziele (MDGs) droht der internationalen Zusammenarbeit eine Krise. In der aktuellen Debatte zur Armutsbekämpfung werden Umweltprobleme vernachlässigt, die aber in vielen Entwicklungsländern die Armut verschärfen. Daher sollte sich die Staatengemeinschaft auf die Botschaft der Konferenz von Rio de Janeiro 1992 besinnen: Umwelt und Entwicklung gehören untrennbar zusammen. Deshalb empfiehlt sich:

- Armutsbekämpfung und Umweltpolitik verknüpfen: Ohne Umweltschutz sind die MDGs nicht erreichbar. Umweltpolitik ist daher Voraussetzung für Entwicklung und muss zentrales Element jeder langfristigen Strategie der Armutsbekämpfung werden. Umgekehrt kann ohne Entwicklungspolitik die [...] Umwelt nicht geschützt werden.
- Strategische Partnerschaften mit Ankerländern eingehen: Entwicklungsländer wie China, Brasilien oder Indien spielen aufgrund ihrer Größe und ökonomischen Dynamik eine Schlüsselrolle sowohl für globale Umweltveränderungen als auch für die Bekämpfung der Armut.

Wissenschaftlicher Beirat der Bundesregierung: Globale Umweltveränderungen (WBGU). Berlin: ohne Verlag 2005, unter: www.wbgu.de/wbgu_pp2005.html

→ *Millennium-Entwicklungsziele siehe Seiten 9 und 186*

ONLINE-Link
Surftipp Deutscher Entwicklungsdienst
29120X-0108

TERRATraining

❶ ***Typisches Afrika-Bild?***

❷ **Afrikanische Staaten im Vergleich – HDI 2006**

	Lebenserwartung bei Geburt	Alphabetenrate (in% der über 15jährigen)	BIP pro Kopf (PPP in US-$)	HDI (0–1)
Maghrebstaaten: Tunesien	73,7	76,9	6958	0,762
Ägypten	71,0	71,4	4953	0,716
Subsaharastaaten: Nigeria	46,6	71,0	1852	0,499
Burkina Faso	51,7	26,0	1084	0,372
z. Vgl. Deutschland	79,3	99	31766	0,940

Nach UNDP Human Development Report Office: Human development indices 2008, S. 25–28; unter: http://hdr.undp.org

Wichtige Begriffe

Bruttoinlandsprodukt (BIP)
Bruttonationaleinkommen (BNE)
Dependenztheorie
Dritte Welt
Entwicklungsland
Grundbedürfnisstrategie
Human Development Index (HDI)
Least Developed Countries (LDC)
Millennium-Entwicklungsziele
Modernisierungstheorie
Wachstumsstrategie

1 *Die Situation in Afrika*

a) Vergleichen Sie den Entwicklungsstand der Maghreb- mit dem der Subsaharastaaten (Tabelle 2).

b) Interpretieren Sie die Karikatur 1.

c) Erläutern Sie die Überschrift von Text 3.

d) Beurteilen Sie aus der Sicht des Autors von Text 3 die Karikatur 1.

2 *Millennium-Entwicklungsziele*

a) Nennen Sie die Maßnahmen, die Nelson Mandela in Text 4 von den entwickelten Ländern fordert.

b) Ordnen Sie die Aussagen von Nelson Mandela einer Entwicklungstheorie zu.

c) Beurteilen Sie die Forderungen von Nelson Mandela. Berücksichtigen Sie dabei auch die Person Nelson Mandelas.

d) Interpretieren Sie die Karikatur 6.

3 *Handlungsmöglichkeiten*

a) Skizzieren Sie die Situation der Briefschreiberin (Text 5).

b) Erörtern Sie mögliche Schulprojekte, um in kleinem Rahmen Entwicklungshilfe zu leisten.

❸ **Afrika – eine Zumutung?**

Wer sich mit Afrika befasst, muss zunächst Afrika-Bilder aufarbeiten. Afrika ist in der allgemeinen Wahrnehmung und in der massenmedialen Vermittlung der Kontinent mit den 4 Ks: Kriege, Krisen, Krankheiten und Katastrophen. [...] Das auf diese Weise entstandene Afrikabild ist ja (leider) nicht falsch. Es ist unvollständig, weil es wesentliche Teile der Realität ausblendet, vor allem den Lebensmut so vieler Menschen, die trotz widrigster Umstände es irgendwie schaffen, für sich und ihre Familien das Überleben zu sichern. Diese Fähigkeit zu überleben, zu hoffen und immer wieder neu anzufangen, verdient Bewunderung und Unterstützung.

Georg Krämer: Ein anderes Bild von Afrika. Bielefeld: Gemeinsam für Afrika e.V. 2006, S. 2

4 *Das Hexagon der Entwicklung*

a) Erläutern Sie die einzelnen Indikatoren des Hexagons 8.

b) Erörtern Sie mögliche Bedeutungen des Hexagons für die Entwicklungspolitik.

4 **Make Poverty History**

Like slavery and apartheid, poverty is not natural. It is man-made and it can be overcome and eradicated by the actions of human beings. And overcoming poverty is not a gesture of charity. It is an act of justice. It is the protection of a fundamental human right, the right to dignity and a decent life. While poverty persists, there is no true freedom.

The steps that are needed from the developed nations are clear. The first is ensuring trade justice. I have said before that trade justice is a truly meaningful way for the developed countries to show commitment to bringing about an end to global poverty. The second is an end to the debt crisis for the poorest countries. The third is to deliver much more aid and make sure it is of the highest quality.

Nelson Mandela, Rede am Trafalgar Square in London am 03.02.2005, unter: http://news.bbc.co.uk/1/hi/uk_politics/4232603.stm

5 **Auszug aus einem Brief einer Schülerin aus Ghana an die Partnerschule in München:**

Dear sisters, students and staff,

I am Abigail, a 17 year old girl of Notre Dame girls Senior High School. [...] My mother is the only person who has taken the responsibility to cater for me and my other siblings. We are five children in my family and my mother is a farmer. [...] My father died on 7th October 2006 just after I completed Junior High School. Since then my mother sometimes borrows money to pay my fees and finds it very difficult to return it when the crops fail. [...]

I was amazed when sister [die Direktorin] told me that you will help to provide a scholarship for me. [...] Sister has told us that for many years you have assisted girls who have financial problems and also help the school in so many other ways with equipments and finances. You show by your actions that you care about the poor and needy. I thank you all. May the almighty God bless you all.

Yours faithfully Abigail

6 ***„Millennium Development Goals"***

7 ***Reaktion der Schülerinnen der Notre Dame Senior Secondary School in Sunyani (Ghana) auf Spenden eines Münchner Gymnasiums***

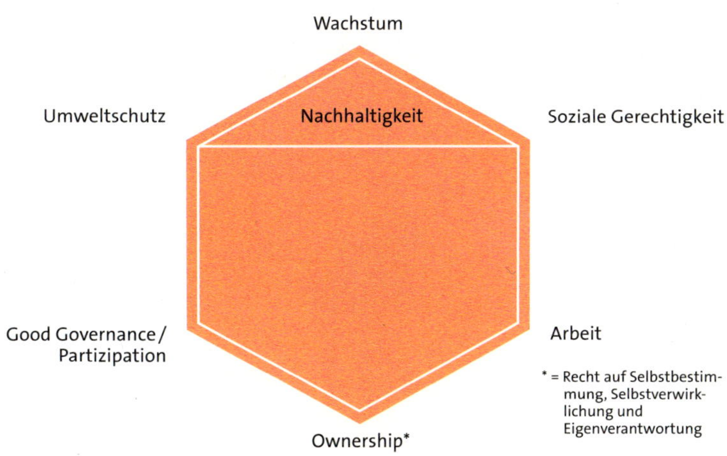

8 ***Das entwicklungspolitische Hexagon***

Nach Franz Nuscheler: Lern- und Arbeitsbuch Entwicklungspolitik. Bonn: Dietz 2004, S. 247

2 Bevölkerungsentwicklung und Verstädterun

Im Jahr 2008 lebte erstmals in der Geschichte der Menschheit die Hälfte der Weltbevölkerung in Städten – mehr als 3,3 Milliarden Menschen.
UN-Angaben zufolge wird sich diese Zahl bis 2050 noch einmal fast verdoppeln, wobei das Wachstum fast ausschließlich in Entwicklungsländern stattfindet.

„The burdens of Earth“

1 ***São Paulo***

er Erde

2

2.1 Globale und regionale Bevölkerungsverteilung

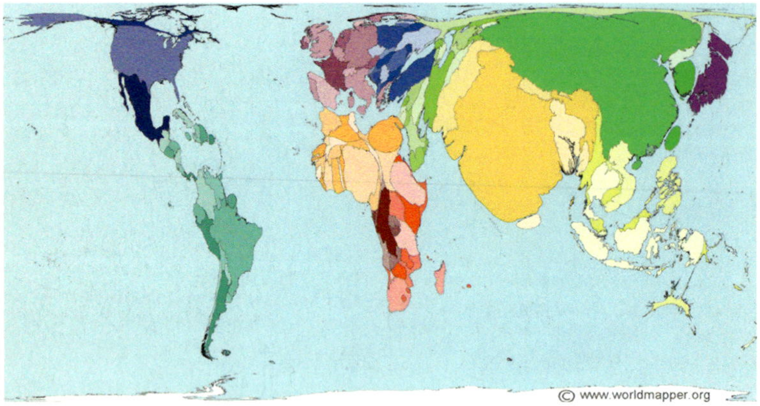

1 ***Demografische Weltkarte (Darstellung der Länder nach ihrer Bevölkerungszahl)***

SASI Group (University of Sheffield) and Mark Newman (University of Michigan) 2006: Total Population, unter: www.worldmapper.org

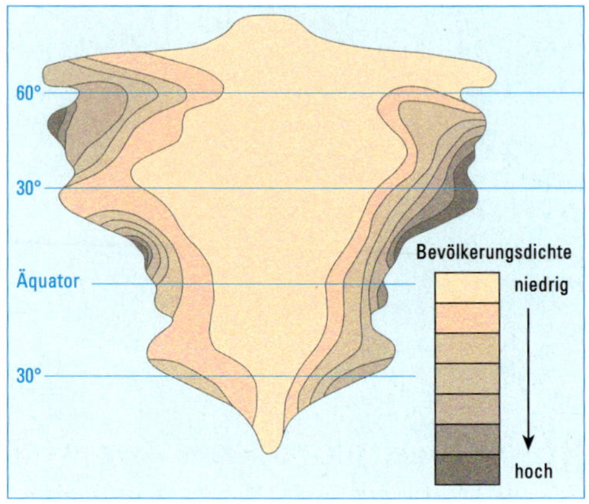

4 ***Bevölkerungsverteilung nach Küstenabstand und Klimaregion auf dem „Idealkontinent"***

Nach Jürgen Bähr, a. a. O. S. 57

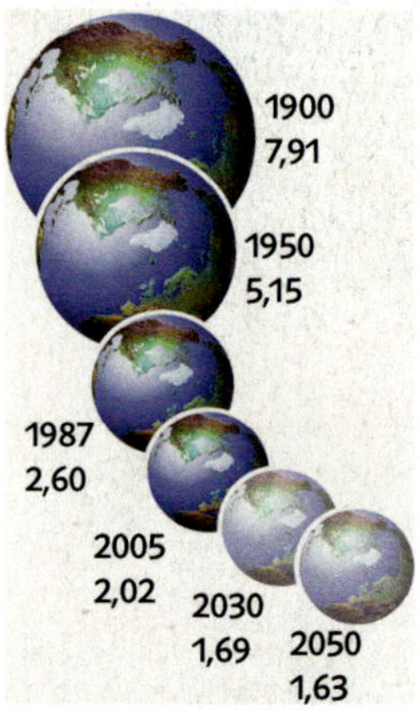

2 ***Unsere „schrumpfende" Erde (ha Land pro Kopf)***

FAOSTAT 2006, unter: www.unep.org/geo/geo4/media/graphics/Zoom/8.01.jpg

ONLINE-Link
Human Footprint
29120X-0201

Der Mensch nutzt die ganze Erdkugel als seinen Betätigungsraum. Sein Siedlungs- und Lebensraum umfasst jedoch nicht die gesamte Erdoberfläche. Die dauernd von Menschen bewohnten Gebiete bezeichnet man als Ökumene, die völlig unbewohnbaren als Anökumene. Dazwischen liegt ein Grenzraum mit nur periodisch bewohnten oder bewirtschafteten Gebieten, die Sub- oder Semiökumene.
Das Klima setzt sowohl durch extreme Kälte als auch durch Hitze und Trockenheit dem landwirtschaftlichen Anbau und damit auch der Siedlungstätigkeit des Menschen Grenzen.

3 **Ökumene – Anökumene**

[Es] lässt sich [...] ablesen, dass neben den Eiskappen der Arktis und Antarktis auch weite Tundrengebiete in Asien und Nordamerika unbewohnt sind und nur von Jägern und Fischern, in Europa auch von einer nomadischen, sich der Rentierhaltung widmenden Bevölkerung zeitweilig aufgesucht werden. Selbst die sich südlich anschließenden borealen Nadelwälder sind größtenteils unbesiedelt geblieben und werden lediglich in Form einer extensiven Holzwirtschaft genutzt. Die wenigen Dauersiedlungen liegen meist entlang der Flussläufe.
Ebenso tritt die Siedlungsleere der großen Wüstengebiete im Kartenbild in Erscheinung. Nur einzelne Randbereiche werden noch periodisch oder episodisch von Nomadenstämmen aufgesucht, und gelegentlich können reiche Vorkommen von Bodenschätzen einzelne Bergwerksinseln inmitten der absoluten Anökumene entstehen lassen. Auf größeren Flächen wird die Menschenleere der Wüsten nur von einigen, z.T. sehr dicht bevölkerten Oasen unterbrochen.
Neben den Wüsten gehören auch Teile der immerfeuchten Tropen zu den dünn oder gar nicht besiedelten Räumen der Erde; im Gegensatz zu den Polar- und Wüstengebieten kommen in den Tropen sämtliche Dichtevariationen vor. Überall dringt der Mensch in die von einem geschlossenen tropischen Regenwald bedeckten Areale ein und vernichtet ausgedehnte Waldbestände durch Holzeinschlag und Brandrodung [...].

Jürgen Bähr: Bevölkerungsgeographie. Stuttgart: Ulmer 2004 (4. Aufl.), S. 54

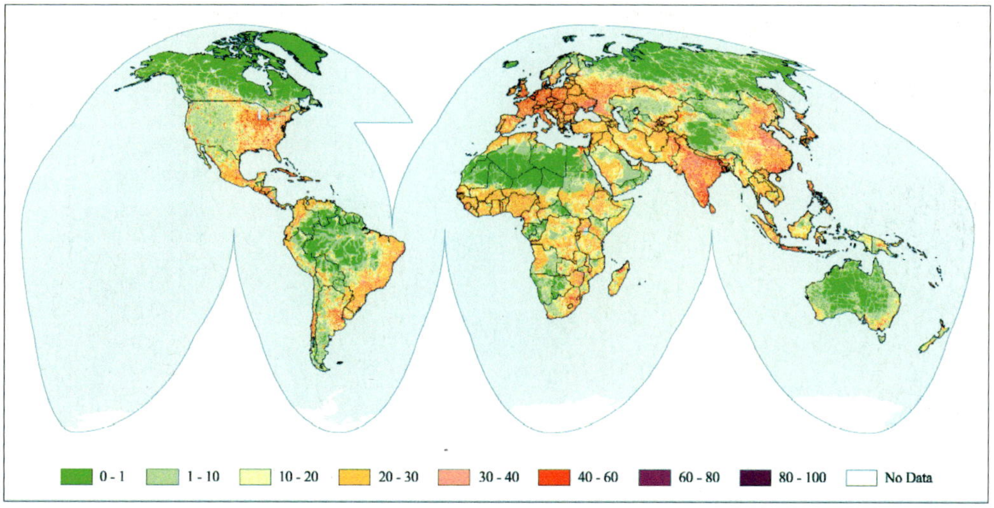

The Human Footprint is a quantitative analysis of human influence across the globe. In this map, human impact is rated on a scale of 0 (minimum) to 100 (maximum) for each terrestrial biome. A score of 1 indicates the least human influence in the given biome.

NASA Earth Observatory: Map of the Human Footprint, vom 25. 02. 2003, unter: http://earthobservatory.nasa.gov/IOTD/view.php?id=3254

5 **Weltkarte „Human Footprint": Einfluss des Menschen (minimal: 0, maximal 100)**; *Michon Scott: The Human Footprint, in: NASA Earth Observatory, vom 25. 02. 2003, unter: http://earthobservatory.nasa.gov/Features/footprint/printall.php*

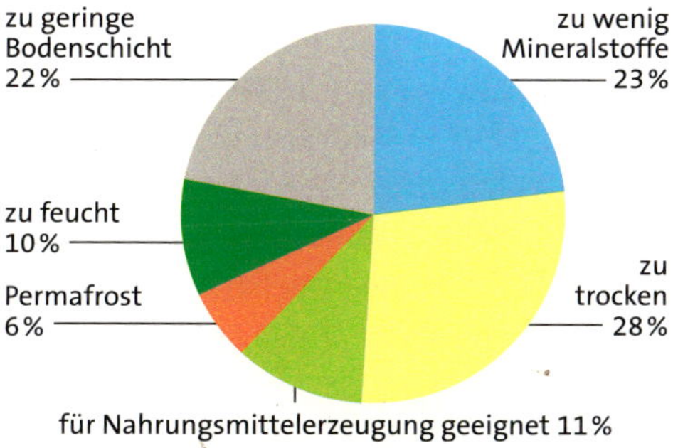

6 **Eignung des Bodens zur Nahrungsmittelerzeugung**

Nach David Waugh: Geography An Integrated Approach; Walton-on-Thames: Thomas Nelson & Sons Ltd, Second Edition 1995, S. 321

7 **Nutzungsunterschiede innerhalb eines Landes: Infrarotsatellitenbild des Nildeltas**

8 **Satellitenaufnahme des östlichen Mittelmeerraumes in der Nacht**

1 Arbeiten Sie die wesentlichen Aussagen aus der Karte 1 heraus.

2 a) Beschreiben Sie die Bevölkerungsverteilung auf einem angenommenen Idealkontinent (Karte 4).

b) Begründen Sie diese Verteilung.

3 a) Vergleichen Sie Karte 5 mit einer Bevölkerungsdichtekarte der Erde im Atlas.

b) Erläutern Sie, wo der menschliche Einfluss sehr gravierend ist und wo weniger.

4 Erläutern Sie mithilfe der beiden Satellitenbilder 7 und 8 sowie geeigneten Atlaskarten die Bevölkerungsverteilung und die landwirtschaftliche Inwertsetzung in Ägypten.

5 Interpretieren Sie die Grafik 6.

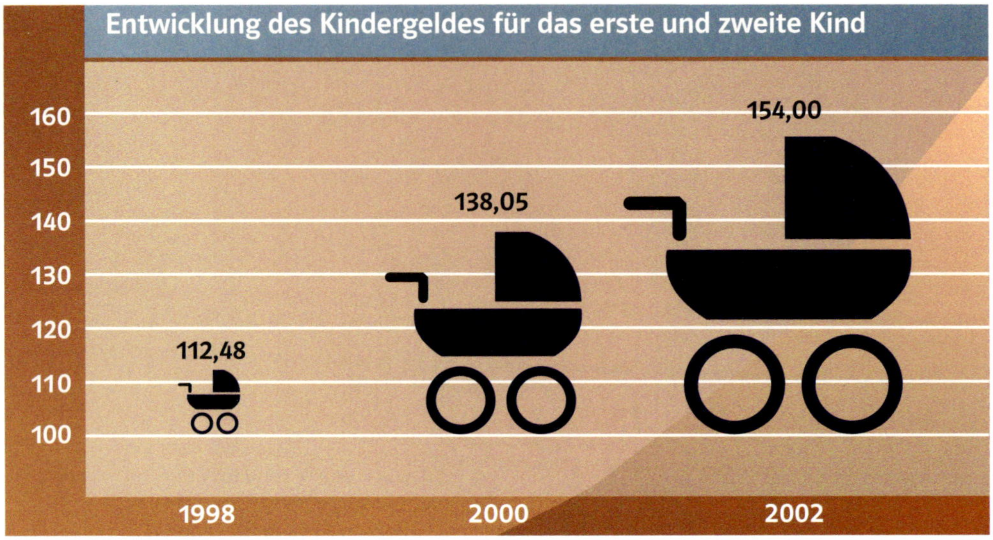

9 **Entwicklung des Kindergeldes**; *Presse- und Informationsamt der Bundesregierung: Antworten zur Agenda 2010 (11/2003), S. 45, nach Quarks & Co: Die unglaublichsten Grafiken und Diagramme, unter: www.wdr.de/tv/quarks/sendungsbeitraege/2006/1017/flash/kap2_flash.jsp*

Unsere Informationsgesellschaft ist auf eine schnelle und zuverlässige Verfügbarkeit statistischer Daten angewiesen. Zu deren Veranschaulichung verwendet man häufig Diagramme (griechisch: diagramma = geometrische Figur, Umriss). Sie können ein bisweilen recht umfangreiches, unübersichtliches Zahlenmaterial in einfacher, übersichtlicher und einprägsamer Form darstellen.

Mit grafischen Darstellungen statistischer Daten arbeiten

Als „gezeichnete Statistiken" weisen Diagramme große Vorzüge auf:
- hohe Anschaulichkeit und Einprägsamkeit,
- Vereinfachung komplexer Zusammenhänge und Akzentuierung zentraler Aussagen durch geeignete Darstellungsart und Maßstab,
- Vergleichbarkeit mehrerer Sachverhalte und Veranschaulichung von Entwicklungen.

Trotz der Vorzüge haben Diagramme aber auch entscheidende Schwächen:
- geringere Aussagegenauigkeit als eine Statistik,
- Gefahr der Manipulation durch eine gezielte Wahl bestimmter Darstellungsarten.

Je nach der Zielsetzung werden unterschiedliche Diagrammtypen verwendet:
- **Kurven- und Liniendiagramme** zur Darstellung von Zeitreihen, vor allem bei einer größeren Zahl zeitabhängiger Daten oder beim Vergleich verschiedener Beobachtungsreihen.
- **Flächendiagramme** (erweiterte Liniendiagramme, mit übereinander angeordneten Kurven und schraffierten oder farbigen Flächen) zur Verdeutlichung, wie sich Gesamtgröße und Teilgrößen in einem bestimmten Zeitraum entwickeln.
- **Säulen- und Balkendiagramme** zur Veranschaulichung statistischer Größen in einer zeitlichen oder räumlichen Folge. Der Unterschied liegt in der vertikalen beziehungsweise horizontalen Anordnung. Bei Zeitreihen wird das Balkendiagramm kaum genutzt.
- **Kreisdiagramme** zur Verdeutlichung der prozentualen Zusammensetzung einer Gesamtmenge. Der Kreis ist in mehrere Segmente eingeteilt, deren proportionaler Anteil den Teilkomponenten der Gesamtmenge entspricht. Um die Gesamtmengen in verschiedenen Jahren nicht nur relativ, sondern auch absolut wieder zu geben, werden Kreise mit unterschiedlichen Maßstäben gewählt.
- **Dreiecksdiagramme** zur Darstellung dreier Komponenten einer Gesamtmenge, die 100 % ergeben. Es lassen sich Gruppenbildungen darstellen oder Entwicklungen aufzeigen.
- **Kartogramme** zur Abbildung eines nach räumlichen Einheiten gegliederten Zahlenmaterials.
- **Netzdiagramme** zur Visualisierung quantitativer Bewertungen und Einschätzungen. Mit ihnen können die Evaluationen festgelegter Kriterien zweier oder mehrerer Gruppen dargestellt und verglichen werden.

Erstellen von Diagrammen

1. Schritt: Festlegen der Form

- *günstige Diagrammform aussuchen*
- *verständliche, einfache, übersichtliche Gestaltung wählen*

2. Schritt: grafisches Darstellen

- *auf saubere Ausführung Wert legen*
- *auf gute Unterscheidbarkeit der Linien, Flächen, Schraffuren und Farben achten*
- *optische Größe der Elemente an Zahlenwerte anpassen*
- *Proportionalität zwischen Zahlenwert und Diagrammdarstellung durchgehend wahren*
- *wesentliche Bestandteile des Diagramms beschriften (Maßstab, Einheiten)*
- *Titel sowie Angabe über die Datenquelle(n) anfügen*

Analysieren von Diagrammen

1. Schritt: Feststellen von Formalem

- *die Diagrammform bestimmen*
- *das Thema erfassen*
- *räumliche oder zeitliche Abgrenzungen festlegen*
- *die Art der Zahlen bestimmen (absolute Zahlen, Indexzahlen)*
- *sich über die Quelle der Daten und das Alter der Quelle informieren*

2. Schritt: Auswerten

- *die wichtigsten Aussagen erfassen*
- *Entwicklungen ablesen*
- *Zusammenhänge feststellen*
- *bedeutsame Details erkennen*

3. Schritt: Erklären

- *die dargestellten Sachverhalte deuten*
- *zusätzliche Informationen zur Erklärung heranziehen*

4. Schritt: Kritisch bewerten

Überprüfen ob

- *die Darstellung dem Thema entspricht,*
- *die Aussagegenauigkeit ausreicht,*
- *Sachverhalte verzerrt oder verfälscht dargestellt sind.*

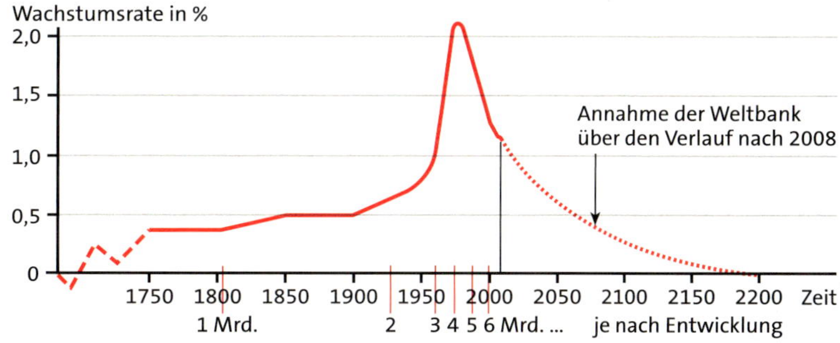

10 ***Entwicklung der Wachstumsrate und der absoluten Anzahl der Weltbevölkerung***

Nach U.S. Census Bureau 2009, International Data Base, unter: www.census.gov (Zugriff vom 05.07.2009)

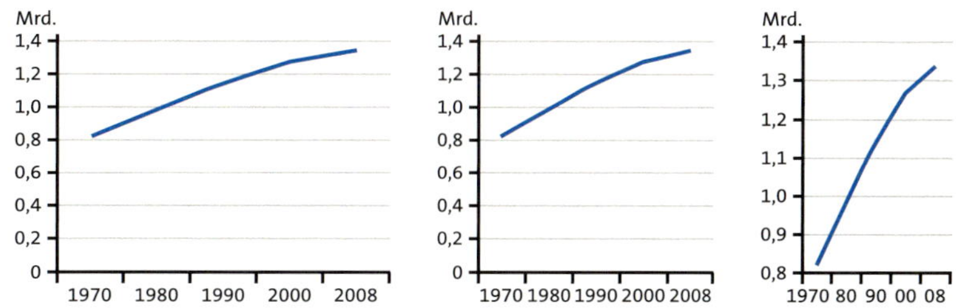

11 ***Bevölkerungsentwicklung Chinas nach Einführung der „Ein-Kind-Politik" (Bevölkerung in Mrd.)****; nach National Bureau of Statistics of China: China Statistical Yearbook, verschiedene Jahrgänge und www.stats.gov.cn*

12 **Menschen, die an Unterernährung leiden** (2003–2005, in Mio.)

Asien/Pazifik	541,9
Afrika südl. der Sahara	212,1
Naher Osten/Nordafrika	33,0
Lateinamerika/Karibik	45,2
Sich entwickelnde Welt (gesamt)	832,2
Industriestaaten	15,8
Welt (gesamt)	848

Nach Food Security Statistics der Food and Agriculture Organization of the United Nations (FAO) vom 07.08.2008, unter: www.fao.org

13 ***Die bevölkerungsreichsten Länder im Jahr 2008***

(Bevölkerung in Mio.)

China	*1 330,0*
Indien	*1 140,5*
USA	*304,1*
Indonesien	*237,5*
Brasilien	*196,3*
Pakistan	*171,9*
Bangladesch	*154,0*
Nigeria	*146,3*
Russland	*140,7*
Japan	*127,3*
Mexiko	*109,9*
Philippinen	*96,1*
Vietnam	*87,6*
Äthiopien	*82,5*
Deutschland	*82,4*

U.S. Census Bureau, International Data Base, unter: www.census.gov (Zugriff vom 05.07.09)

6 *Analysieren Sie das Diagramm 10.*

7 *Erstellen Sie mithilfe eines Tabellenkalkulationsprogramms aus den Tabellen dieser Seite anschauliche Diagramme.*

8 *a) Diskutieren Sie die Darstellungsform und die Aussagegenauigkeit von Grafik 9.*
b) Erstellen Sie ein eigenes Diagramm, das den Sachverhalt genauer darstellt.

9 *a) Überprüfen Sie anhand der Grafiken 11, auf welche Weise statistische Aussagen durch entsprechende Diagrammgestaltungen manipuliert werden können.*
b) Ordnen Sie jedem der Teildiagramme eine aussagekräftige Überschrift zu.

ONLINE-Link

Manipulation statistischer Daten
29120X-0202

2.2 Bevölkerungsentwicklung in Ländern unterschiedlichen Entwicklungsstandes

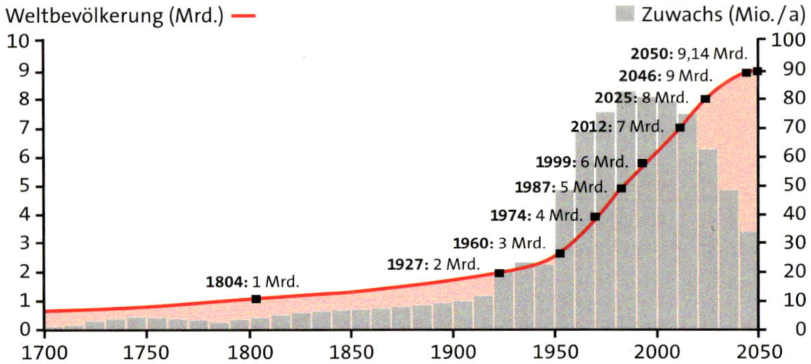

① ***Historische Entwicklung der Weltbevölkerung und deren Prognose****; nach UN (Hrsg.): World Population Prospects, The 2008 Revision. New York: UN 2009/DSW-Grafik, unter: http://esa.un.org/unpp/*

④ Um die Bevölkerungszahl einer Gesellschaft stabil zu halten, muss die Kinderzahl pro Frau bei 2,1 liegen. Obwohl sich in den zurückliegenden 50 Jahren die Kinderzahl pro Frau halbiert hat, liegt gegenwärtig der Weltdurchschnitt immer noch bei 2,6. Dabei bringen die Frauen in Industriestaaten im Schnitt 1,6 Kinder zur Welt, während Frauen in Entwicklungsländern (ohne China) durchschnittlich 3,3 Kinder bekommen. 1960 waren es noch sechs.

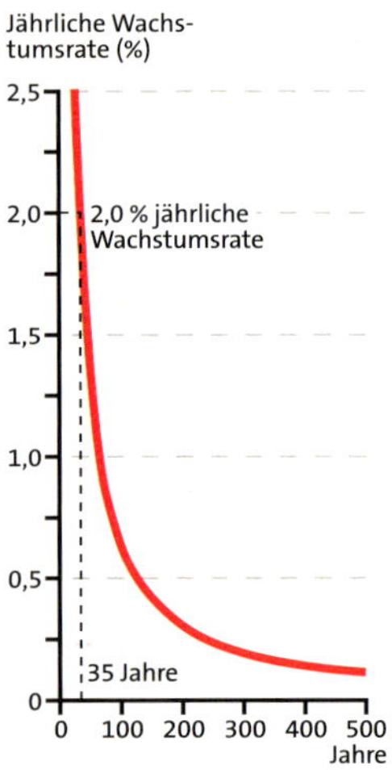

② ***Wie schnell verdoppelt sich eine Bevölkerung?***

Nach (US-)Population Reference Bureau, Data Sheet 03.2003, Washington,D.C./DSW-Grafik, unter: www.prb.org

Die Entwicklung der Weltbevölkerung

Die aktuelle demografische Entwicklung gehört zu den gravierendsten globalen Herausforderungen. Die Weltbevölkerung hat sich im 20. Jahrhunderts nahezu vervierfacht. Nie zuvor ist sie so schnell und um so viele Menschen gewachsen. Im Jahr 2009 lebten fast 6,8 Mrd. Menschen auf der Erde. Pro Minute kommen 155 hinzu, etwa alle 14 Jahre wächst die Erdbevölkerung um eine weitere Milliarde. Erst ab dem Jahr 2070 erwarten UN-Prognosen einen Rückgang der Weltbevölkerung.

Allerdings hat sich nach den extremen Zuwachsraten vor allem in der zweiten Hälfte des 20. Jahrhunderts global gesehen das Weltbevölkerungswachstum in den letzten Jahren verlangsamt. Bevölkerungswissenschaftler sprechen deshalb heute nicht mehr von einer „Bevölkerungsexplosion“ sondern von einer „demografischen Spaltung“ der Erde. Darunter verstehen sie zwei gegensätzliche Entwicklungstendenzen der **Bevölkerungsentwicklung**:

- eine schrumpfende Anzahl von Ländern mit zum Teil stark wachsender Bevölkerung,
- eine wachsende Anzahl von Ländern mit schrumpfender Bevölkerung.

Die Verlangsamung des Weltbevölkerungswachstums ist eine Folge der sinkenden Geburten- und Sterberaten. Nach UN-Angaben ist die Geburtenrate in jedem zweiten Land der Erde bereits unter das sogenannte Ersatzniveau von 2,1 Kindern pro Frau gesunken. In den meisten Ländern Afrikas setzt sich dieser Trend langsamer durch als in Asien oder Lateinamerika.

③ **Ursachen des Wachstums**

Drei Faktoren sind im Wesentlichen für die zukünftige Entwicklung der Weltbevölkerung verantwortlich: ungewollte Geburten, der Wunsch nach mehr als zwei Kindern pro Paar sowie die junge Altersstruktur. Alle drei Variabeln sind beeinflussbar: Der Zugang zu adäquater Familienplanung kann Paaren helfen, ungewollte Schwangerschaften zu vermeiden. Maßnahmen zur Senkung der Kinder- und Säuglingssterblichkeit und bessere Bildungs- und Beschäftigungsmöglichkeiten für Frauen können die gewünschte Kinderzahl deutlich beeinflussen. Gezielte Sexualaufklärung und Zugang zu Verhütungsmitteln für Jugendliche, die Verzögerung der ersten Geburt durch mehr Bildungschancen für Mädchen sowie eine Erhöhung des Heiratsalters können den Altersstruktureffekt abschwächen.

DSW (Hrsg.): Weltbevölkerung: Entwicklung und Projektionen. Wie viele Menschen werden in Zukunft auf der Erde leben? Hannover: DSW 2005, S. 3

5 **Junge Bevölkerungsstruktur**

Ein Drittel der Bevölkerung in Entwicklungsländern sind Kinder und Jugendliche. In Afrika sind sogar 42 Prozent der Bevölkerung jünger als 15 Jahre [...]. Grund für die junge Bevölkerungsstruktur ist die hohe Fertilitätsrate vieler Entwicklungsländer. Äthiopierinnen haben zum Beispiel im Durchschnitt sechs Kinder. Eine junge Bevölkerungsstruktur in Kombination mit einer hohen Geburtenrate führt zu sehr hohem **Bevölkerungswachstum**. In Äthiopien liegt die natürliche Wachstumsrate bei 2,4 Prozent. Daraus ergibt sich für die äthiopische Bevölkerung eine „Verdoppelungszeit" von nur 29 Jahren.

DSW (Hrsg.): Weltbevölkerung: Entwicklung und Projektionen. Wie viele Menschen werden in Zukunft auf der Erde leben? Hannover: DSW 2005, S. 2

6 **Trägheit des Bevölkerungswachstums**

Heute steht die größte Teenagergeneration aller Zeiten – über 1,3 Milliarden Heranwachsende zwischen 10 und 19 Jahren – an der Schwelle zum Erwachsenenalter. Die endgültige Größe der Weltbevölkerung wird zum großen Teil davon abhängen, für wie viele Kinder sie sich im Laufe ihres Lebens entscheiden werden. Doch selbst wenn jedes Paar sich mit zwei Kindern nur selbst „ersetzen" würde, käme es zu keinem Stopp des Bevölkerungswachstums. Aufgrund der hohen Zahl junger Menschen im fortpflanzungsfähigen Alter würde die Weltbevölkerung noch einmal um mindestens die Hälfte zunehmen. Dieses Phänomen bezeichnet man als „Trägheit" des Bevölkerungswachstums.

DSW (Hrsg.): Weltbevölkerung: Entwicklung und Projektionen. Wie viele Menschen werden in Zukunft auf der Erde leben? Hannover: DSW 2005, S. 2

Ein weiterer wichtiger Einflussfaktor ist die Lebenserwartung. Medizinische Fortschritte und Verbesserungen der hygienischen Verhältnisse sowie der Anstieg der Nahrungsproduktion – die sogenannte „Grüne Revolution" – ließen auch in den Entwicklungsländern die Lebenserwartung der Menschen deutlich ansteigen und die Säuglingssterblichkeit sinken.

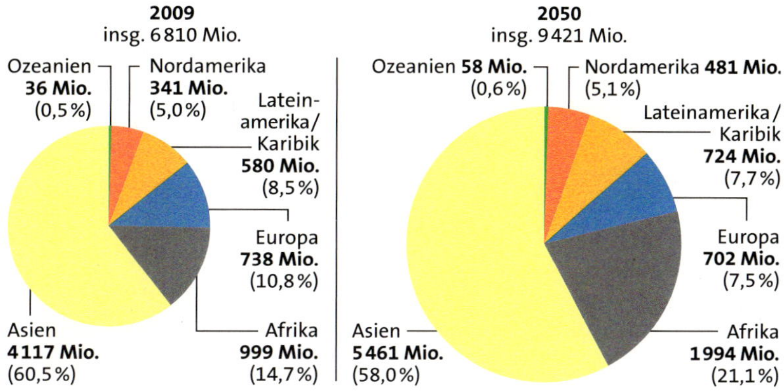

7 ***Regionale Verteilung der Weltbevölkerung***

Nach DSW (Hrsg.): DSW-Datenreport 2009. Hannover: DSW 2009, S. 6–15

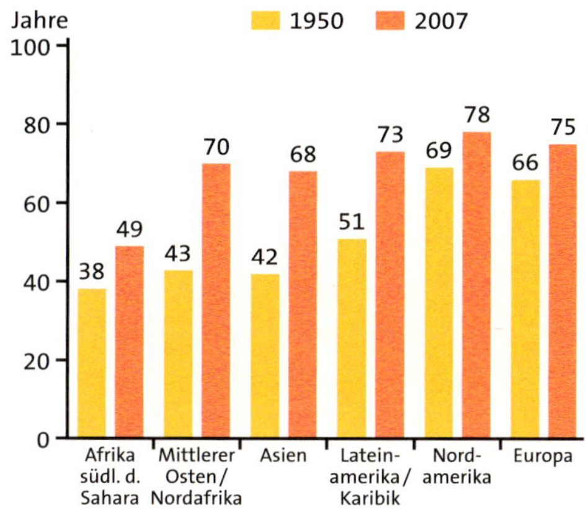

8 ***Lebenserwartung im Vergleich***

Nach UN (Hrsg.): World Population Prospects, The 2006 Revision. New York: UN 2007, unter: www.un.org; (US-)Population Reference Bureau: 2007 World Data Sheet. Washington: PBR 2007, S. 11–14

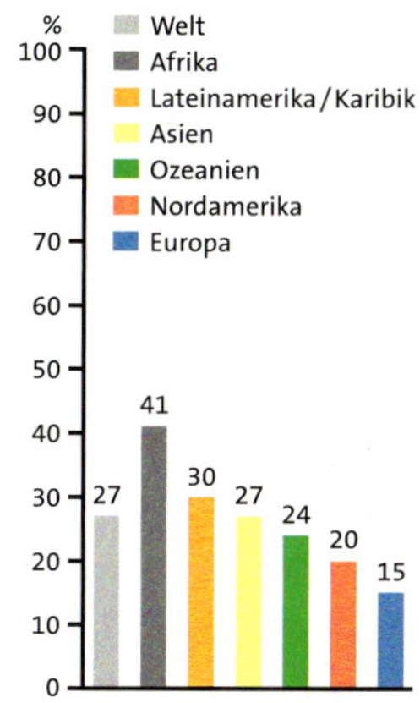

9 ***Anteil der Bevölkerung unter 15 Jahren an der Gesamtbevölkerung in %***

DSW (Hrsg.): DSW-Datenreport 2009. Hannover: DSW 2009, S. 6–15

1 Alle zwei Jahre formulieren die UN neue Berechnungen zur zukünftigen Entwicklung der Weltbevölkerung. Der Aussagewert solcher Prognosen ist abhängig von der Qualität der zugrunde liegenden Annahmen.

a) Vergleichen Sie auf der Grundlage einer Internetrecherche (z. B. www.weltbevoelkerung.de) eine aktuelle Prognose zur Entwicklung der Weltbevölkerung mit den UN-Prognosen von 2008 in Diagramm 1.

b) Ermitteln Sie die jeweils zugrunde gelegten Erwartungen über die durchschnittliche Kinderzahl je Frau.

2 Erläutern Sie, wie sich die junge Altersstruktur der Weltbevölkerung auf ihr Wachstum auswirkt.

3 a) Definieren Sie die Begriffe Bevölkerungswachstum und demografische Spaltung.

b) Nennen Sie für jeden Begriff ein Beispiel.

ONLINE-Link

Infoblatt Weltbevölkerungsentwicklung

29120X-0203

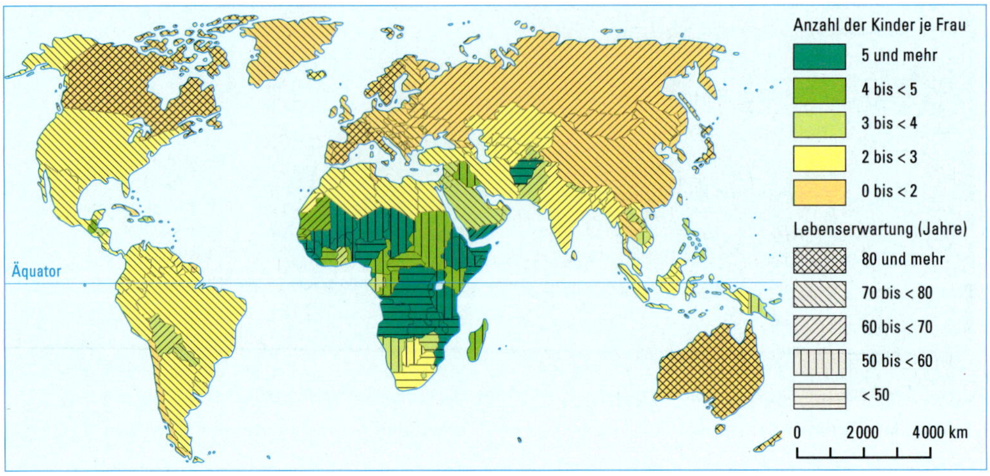

10 ***Mittlere Fruchtbarkeit und mittlere Lebenserwartung im weltweiten Vergleich***

Nach United Nations: World Population Prospects – The 2006 Revision, Highlights. New York: UN 2007, S. 13, 23

Ausgewählte Grundbegriffe der Bevölkerungsentwicklung

Natürliche Bevölkerungsbewegung:
Veränderung der Bevölkerungszahl durch Geburten- und Sterbefälle

Allgemeine Geburtenrate:
Zahl der Lebendgeborenen in einem Kalenderjahr auf 1 000 Personen der Bevölkerung

Allgemeine Fertilitätsrate:
Zahl der Lebendgeborenen in einem Kalenderjahr auf 1 000 Frauen im gebärfähigen Alter (nach UN-Statistik: 15 bis 49 Jahre)

Altersspezifische Fertilitätsrate:
Zahl der Lebendgeborenen in einem Kalenderjahr auf 1 000 Frauen einer bestimmten Altersgruppe

Wanderungsbewegung:
Migrationen über die Grenzen der jeweiligen statistischen Einheit, (z. B. über Gemeinde- oder Ländergrenzen); sie beeinflussen im Normalfall die Bevölkerungsentwicklung weniger stark

Die natürliche Bevölkerungsbewegung

Die Bevölkerungszahl eines Landes wird durch zwei Faktoren bestimmt: die **natürliche Bevölkerungsbewegung** und die **Wanderungsbewegungen**.
Geburt und Tod regeln die natürliche Bevölkerungsbewegung. Sie sind zwar biologische Prozesse, die Raten der Fertilität (Fruchtbarkeit) und Mortalität (Sterblichkeit) werden allerdings stark von sozialen, ökonomischen und kulturellen Faktoren geprägt, zum Teil auch von politischen Bestimmungen, wie bei der Ein-Kind-Politik der chinesischen Regierung. Der Zustand der medizinischen Versorgung der Bevölkerung und die Möglichkeit, den Ausbruch von Seuchen zu verhindern oder zu bekämpfen, haben einen großen Einfluss auf die Sterberate. Bevölkerungsgeographische Analysen können also nie isoliert von den sozioökonomischen Strukturen eines Landes erstellt werden.

Demografische Kennzeichen von Entwicklungsländern

Zu den demografischen Kennzeichen vieler Entwicklungsländer zählt, dass die Anzahl der Geburten je Frau im gebärfähigen Alter hoch ist. Die Ursachen sind vielfältig; unter anderem führt die im Vergleich zu den Industrieländern hohe Säuglings- und Kindersterblichkeit dazu, dass viele Eltern mehr Kinder bekommen als sie sich eigentlich wünschen, um so sicherzustellen, dass die gewünschte Zahl tatsächlich überlebt. Auch soziale Strukturen und Normen (z. B. der weit verbreitete Wunsch nach Söhnen) und fehlende Möglichkeiten sowie Kenntnisse der Empfängnisverhütung begünstigen oftmals hohe Kinderzahlen. Schon nach wenigen Jahren unterschreiten die Kosten für das Aufziehen von Kindern die Erträge, die diese durch Hilfeleistungen (z. B. Herbeiholen von Wasser und Holz) und durch Arbeit zum Familieneinkommen beisteuern. Viele Frauen bringen in sehr jungen Jahren ihre ersten Kinder zur Welt. Ein Wandel ist zwar erkennbar, jedoch liegt in Afrika der Anteil jugendlicher Mütter unter 19 Jahren noch immer bei 12 %. In einzelnen Staaten, wie Liberia oder Niger, steigt er sogar bis auf das Doppelte an.

Prognosen

Die Anzahl zukünftiger Geburten wird mit entschieden durch die Anzahl der Frauen, die ins gebärfähige Alter kommen. Hier zeigt sich gegenwärtig, dass über ein Drittel aller heute in Entwicklungsländern lebenden Menschen das reproduktionsfähige Alter noch gar nicht erreicht hat. Selbst wenn jedes Paar sich mit zwei Kindern lediglich selbst „ersetzt", wird die Bevölkerung zunächst weiterwachsen.

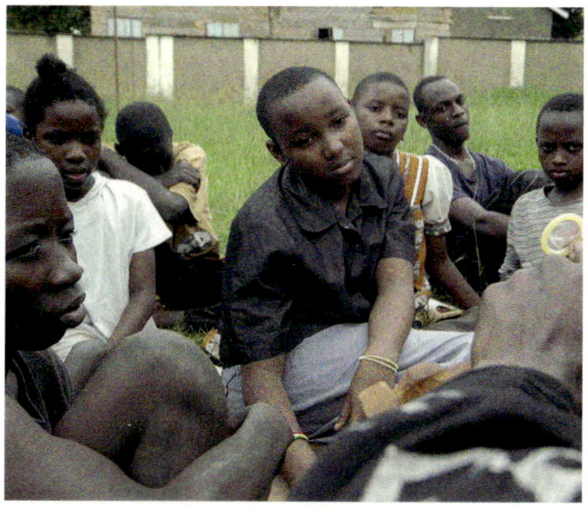

11 ***Aidsaufklärung im Rahmen des von der DSW geförderte Projektes Youth-to-Youth***

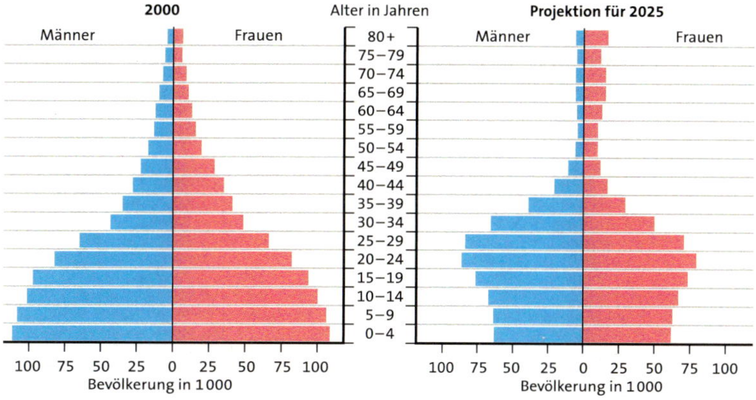

13 ***Demografische Auswirkungen von Aids/HIV auf die Bevölkerungsentwicklung in Botswana****; nach Oswald Klappacher/Gerhard Karl Lieb: GW kompetent 1, 2. Aufl. Linz: Veritas 2007, S. 36*

12 **Yolandas Schicksal – kein Einzelschicksal in Uganda**

Ich wurde mit 14 schwanger und musste die Schule verlassen. Meine Eltern sind an Aids gestorben, an „der Krankheit, die dünn macht", wie es heißt. Nun muss ich mich allein um meine sechs jüngeren Geschwister und bald auch um mein eigenes Baby kümmern.

Nach Deutsche Stiftung für Weltbevölkerung: DSW-Jahresbericht 2007. Hannover: DSW 2008, S. 6

Die jüngsten Langzeitprojektionen der Vereinten Nationen zeigen, dass bereits geringe Unterschiede in der durchschnittlichen Kinderzahl pro Frau oder in Bezug auf das Alter der Frauen bei der Geburt ihres ersten Kindes einen erheblichen Einfluss auf die zukünftige Bevölkerungsgröße haben. Sollte die durchschnittliche Kinderzahl künftig bei 2 statt bei 2,5 liegen, würde dies dazu führen, dass die Zunahme der Weltbevölkerung bis zum Jahr 2050 um knapp 2 Mrd. Menschen geringer ausfallen würde.

Seuchen und ihre Auswirkungen

Zahlreiche Seuchen breiteten sich immer wieder über Teile der Erde aus und sorgten für Schrecken: In Europa grassierten Pest, Cholera und Pocken. In China raffte die Pest im 13. Jahrhundert fast die Hälfte der Bevölkerung dahin, in Europa starb im 14. Jahrhundert jeder Dritte daran.

Mit den medizinischen Fortschritten seit dem 19. Jahrhundert glaubte man, diese Krankheiten ausrotten zu können. Doch bis heute ist es dazu nicht gekommen. Viele Erreger wurden gegen Antibiotika resistent, neue kamen hinzu wie z. B. HIV oder Legionellose. Sie verbreiten sich mit der zunehmenden Globalisierung immer schneller und lassen die Sterbeziffern ansteigen.

14 **Aids und Armut**

Aids betrifft vor allem Erwachsene im produktivsten Alter, die aufgrund der Krankheit kaum mehr in der Lage sind zu arbeiten und ihre Familien zu versorgen. Die sinkenden Haushaltseinkommen und steigenden Gesundheitskosten stürzen die Familien in Armut. Viele Kinder sind verwaist oder müssen arbeiten gehen. Mit dem Zerfall der familiären und sozialen Strukturen reichen die Folgen von Aids über einzelne Haushalte hinaus. Ein erheblicher Teil der verzögerten wirtschaftlichen Entwicklung in afrikanischen Ländern über die letzten ein, zwei Jahrzehnte hinweg kann auf die Aids-Epidemie zurückgeführt werden.

Deutsche Stiftung für Weltbevölkerung: True Development – Through Health: HIV/Aids. Hannover: DSW 09/2008, unter: www.dsw-online.de

In Äthiopien, Burkina Faso, Kenia, Tansania und Uganda fördert die DSW (Deutsche Stiftung für Weltbevölkerung) im Rahmen von Youth-to-Youth den Aufbau von Jugendklubs, in denen jugendliche Berater Gleichaltrige darüber informieren, wie sie sich vor ungewollten Schwangerschaften und einer Ansteckung mit HIV schützen können.

DSW (Hrsg.): DSW-Datenreport 2006. Hannover: DSW 2006, S. 6

4 *Erklären Sie, wodurch die natürliche Bevölkerungsbewegung beeinflusst wird.*

5 *Ermitteln Sie mithilfe einer Internetrecherche in Gruppenarbeit die natürliche Bevölkerungsbewegung in je zwei Staaten der Kontinente der Erde.*

6 *Werten Sie die Karte 10 aus.*

7 *Erläutern Sie, wie sich die Aids-Epidemie in Botswana auf die dortige Bevölkerungsstruktur auswirken wird.*

ONLINE-Link

Surftipps zur natürlichen Bevölkerungsbewegung

29120X-0204

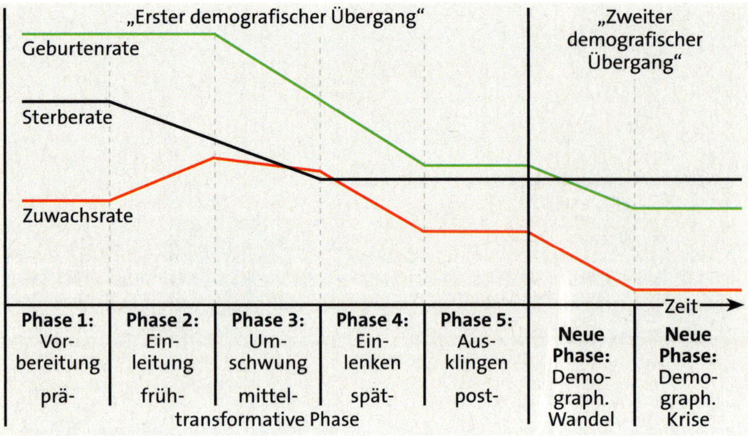

15 ***Modell des demografischen Übergangs***

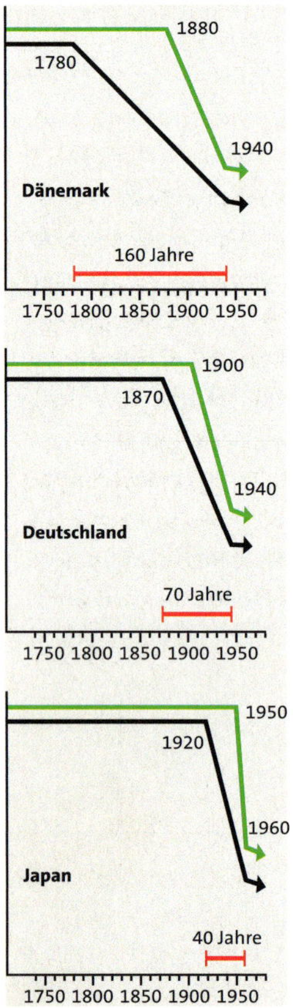

16 ***Schematische Darstellung des demografischen Übergangs in verschiedenen Industrieländern***

Nach Jürgen Bähr: Bevölkerungsgeographie: Verteilung und Dynamik der Bevölkerung in globaler, nationaler und regionaler Sicht. Stuttgart: UTB 1997, Abb. 62

Das Modell des demografischen Übergangs

Ausgehend von der Bevölkerungsentwicklung der Industrieländer Europas glaubten Wissenschaftler eine gesetzmäßige Aussage über das allgemeine Wachstum von Bevölkerungen und damit auch Prognosen über zukünftige Entwicklungen in Entwicklungsländern formulieren zu können. Dem Modell zufolge gelangt die Bevölkerung einer Gesellschaft in mehreren Phasen von hohen Sterbe- und Geburtenraten hin zu einer Situation, in der sich die Werte dauerhaft auf sehr niedrigem Niveau stabilisieren.

Überprüfungen zeigen, dass sich das Modell von Westeuropa auf Nordamerika sowie die anderen von europäischen Zuwanderern beeinflussten überseeischen Regionen (Australien, Teile von Südamerika) übertragen lässt.

Ende der 1980er-Jahre wurde das Modell durch den „zweiten **demografischen Übergang**“ ergänzt. Es bezog den in allen Industriestaaten beobachteten Rückgang der Geburtenrate unter das Niveau der Sterberate ein. Man erkannte, dass diese Entwicklung mit einem Rückgang der Gesamtfruchtbarkeitsrate unter das Ersatzniveau von 2,1 Kindern je Frau, dem Anstieg des durchschnittlichen Heiratsalters sowie des durchschnittlichen Alters bei der Geburt des ersten Kindes verbunden war.

17 **Phasen des Bevölkerungswachstums**

Erster demografischer Übergang:

Bei der Entwicklung einer Bevölkerung lassen sich fünf Phasen unterscheiden.

Phase 1: prätransformativ

Vor dem Beginn der industriellen Entwicklung haben die Familien sehr viele Kinder. Die Kindersterblichkeit ist so hoch, dass meistens nur zwei oder drei Kinder einer Familie überleben. Hungersnöte und Seuchen fordern ihre Opfer.

Phase 2: frühtransformativ

Zu Beginn der industriellen Entwicklung sorgen Fortschritte in der Medizin und Hygiene für einen raschen Rückgang der Sterblichkeit. Die Lebenserwartung der Menschen steigt und die Kindersterblichkeit geht zurück. Trotzdem dauert es noch einige Generationen, bis auch die Geburtenrate sinkt.

Phase 3: mitteltransformativ

Im Laufe der industriellen Entwicklung geht dann auch die Geburtenrate zurück. Wünsche nach Selbstverwirklichung, nach Wohlstand und nach einer besseren Ausbildung der Kinder können eher erfüllt werden, wenn die Familie klein ist.

Phase 4: spättransformativ

Bei stagnierender Sterberate fällt die Geburtenrate auf ein Niveau knapp oberhalb der Sterberate.

Phase 5: posttransformativ

Die Geburtenrate stabilisiert sich auf niedrigem Niveau über der Sterberate. Die Transformation ist vollendet.

Zweiter demografischer Übergang:

Demografischer Wandel

Die Geburtenrate sinkt aufgrund von sozialstrukturellen Veränderungen und eines kulturellen Wandels unter die Sterberate und führt zu negativem Bevölkerungswachstum.

Demografische Krise

Der weitere Rückgang der Geburtenrate bringt einen stärkeren Bevölkerungsrückgang mit sich, was zu gesellschaftlichen Problemen führt.

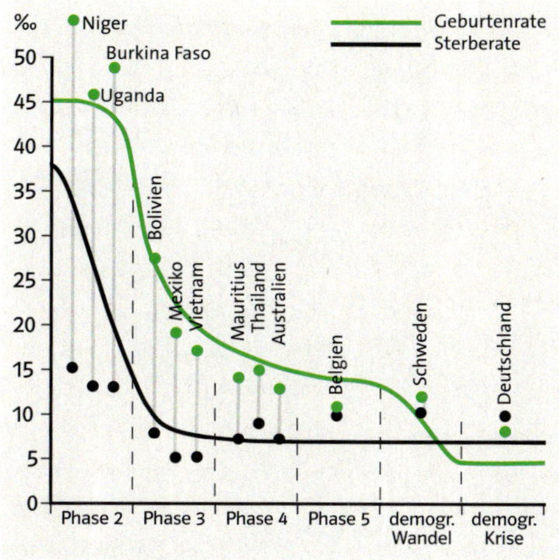

18 Stand des demografischen Übergangs in ausgewählten Ländern 2008

Nach United Nations, Department of Economic and Social Affairs, Population Division: World Population 2008. Wallchart. New York: United Nations publication 2009, S. 1

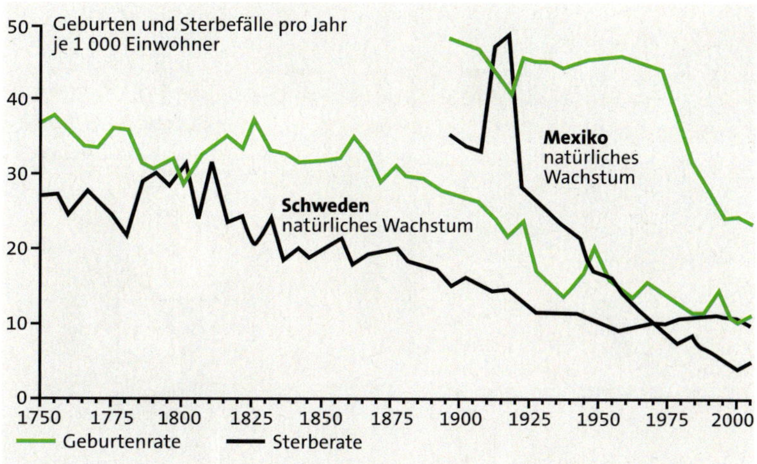

19 Der demografische Übergang in Schweden und Mexiko im Vergleich

Schweden: B. R. Mitchell, European Historical Statistics 1750–1970 (1976); Europarat, Recent Demographic Developments in Europe; Mexico: CELADE, Boletin demográfico Nr. 59 (Januar 1993); Francisco Alba-Hernandez, La población de México (1976)

Demografischer Übergang in den Entwicklungsländern

Im Falle der Entwicklungsländer besteht ein enger Zusammenhang zwischen der Veränderung des generativen Verhaltens und der Kolonialisierung durch europäische Mächte. So führten die administrativen und ökonomischen Neuerungen in den Kolonien langfristig zu einer Verbesserung der Ernährungs- und Gesundheitssituation. Nach dem Zweiten Weltkrieg sorgten der Ausbau des Gesundheitswesens und medizinischer Fortschritt (Impfungen, Medikamente) für einen weiteren Rückgang der Sterberate und führte zur Erhöhung der Lebenserwartung. Dennoch weist die demografische Situation vieler Entwicklungsländer gegenüber den Industriestaaten einige grundlegende Unterschiede auf. Auffallend ist, dass sich die Schere zwischen Geburten- und Sterberate deutlich weiter öffnet als dies in Europa je der Fall war. Dies hängt vor allem mit der rascheren Senkung der Sterberate zusammen. Nicht bestätigen lässt sich für die Entwicklungsländer zudem die in Europa gemachte Erfahrung, dass sich die Dauer des demografischen Übergangs bei verspätetem Beginn verkürzen lässt. Der Sterblichkeitsrückgang erfolgte in den Großregionen der Erde sehr unterschiedlich. Von besonderer Bedeutung sind die Auswirkungen der Aids-Epidemie in vielen afrikanischen Staaten, die den Sterblichkeitsrückgang seit einigen Jahren verlangsamen.

8 *Begründen Sie das Bevölkerungswachstum in den einzelnen Phasen des „Modells des demografischen Übergangs".*

9 *Ermitteln Sie Einflussfaktoren auf die Geburten- und Sterberate.*

10 *Erläutern Sie Ursachen für den „Zweiten demografischen Übergang".*

11 *Vergleichen Sie die demografische Entwicklung von Industrie- und Entwicklungsländern in Grafik 18 und am Beispiel Schwedens und Mexikos.*

12 *Überprüfen Sie die Anwendungsmöglichkeiten des Modells zur*
a) Beschreibung des idealtypischen zeitlichen Verlaufs von Fertilität und Mortalität in westlichen Industrieländern,
b) Klassifizierung des demografischen Entwicklungsstands von Entwicklungsländern,
c) Erklärung von Ursachen der sozioökonomischen Entwicklung von Ländern,
d) Vorhersage der Bevölkerungsentwicklung in Ländern und Regionen.

Mexikanische Revolution
Der Sturz des diktatorisch regierenden mexikanischen Präsidenten Díaz (1910) war der Beginn eines politischen und gesellschaftlichen Umbruchs mit zum Teil sehr blutigen Kämpfen und Unruhen, die Mexiko bis etwa 1920 nicht zur Ruhe kommen ließen.

ONLINE-Link
Infoblatt Modell des demografischen Übergangs 29120X-0205

20 ***Fitnessangebote für Senioren – ein wachsender Markt***

22 ***„Veränderte Altersstruktur“***

„Nicht das Bevölkerungswachstum wird die Herausforderung des 21. Jahrhunderts sein, sondern im Gegenteil die Alterung der Bevölkerungsstruktur.“

G.-F. Dumont

„Von der Pyramide zur Urne“

In entwickelten Ländern durchläuft die Gesellschaft meist einen Alterungsprozess. Dies rührt daher, dass die Geburtenhäufigkeit so niedrig ist, dass sich die Elternjahrgänge nicht mehr vollständig durch die Geburten von Kindern ersetzen. Dazu kommt eine Reihe weiterer demografischer Veränderungen, die eine Herausforderung für die **Bevölkerungspolitik** sind. Die Formen partnerschaftlichen Zusammenlebens haben sich gewandelt: Verheiratet sein und Kinder haben gehört nicht mehr selbstverständlich zur Lebensplanung und Familiengründungen fallen immer häufiger in einen späteren Lebensabschnitt.

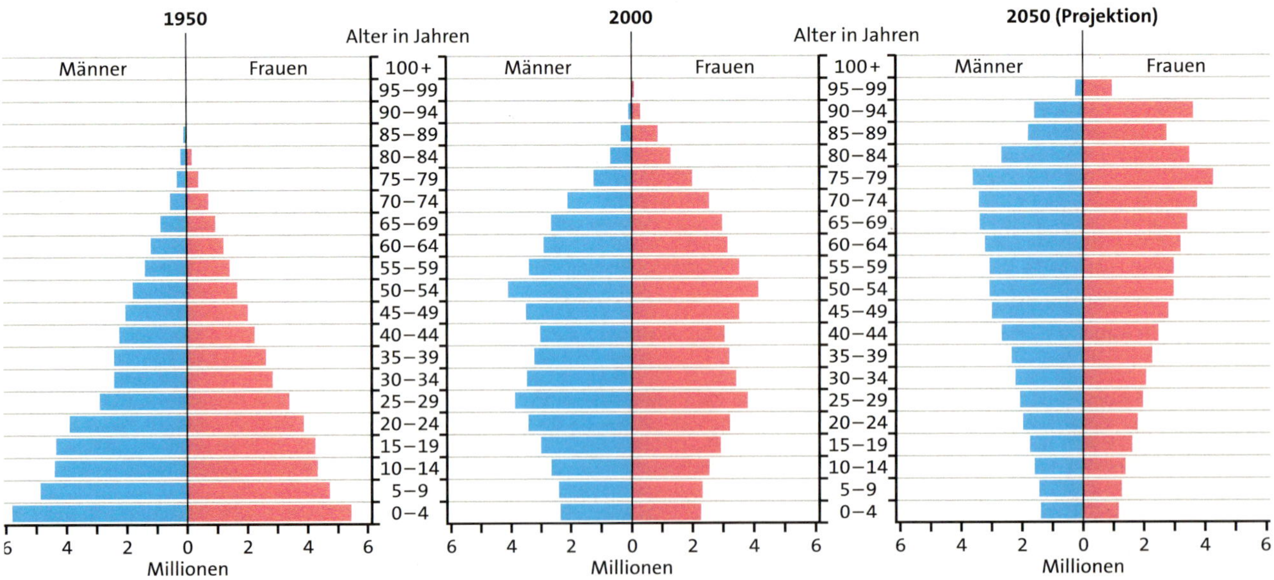

21 ***Altersstruktur der Bevölkerung Japans im Zeitvergleich***

Nach Statistic Bureau, MIC; Ministry of Health, Labour and Welfare 2007 und Y. Funatsu, unter: www.wwq.jp/pslfugif/pslfu2000.gif

23 **Verhältnis der Generationen**

In jeder Gesellschaft ist es vor allem die Generation im erwerbsfähigen Alter, welche die anderen Generationen wirtschaftlich unterstützt. Deshalb ist es wichtig, in welcher quantitativen Relation diese Generationen stehen, wie viele Kinder und Rentner von den Erwerbstätigen unterstützt werden. In den westlichen Industriestaaten ist diese Thematik in den letzten Jahren immer häufiger im Zusammenhang mit dem wachsenden Anteil älterer Menschen und der notwendigen Umgestaltung der Rentenversicherungen diskutiert worden. In vielen Entwicklungsländern stellt sich das Verhältnis der Generationen vorläufig noch anders dar.

Ralf E. Ulrich: Globale Bevölkerungsdynamik. In: Peter J. Opitz (Hrsg.): Weltprobleme im 21. Jahrhundert. München: Fink 2001, S. 35

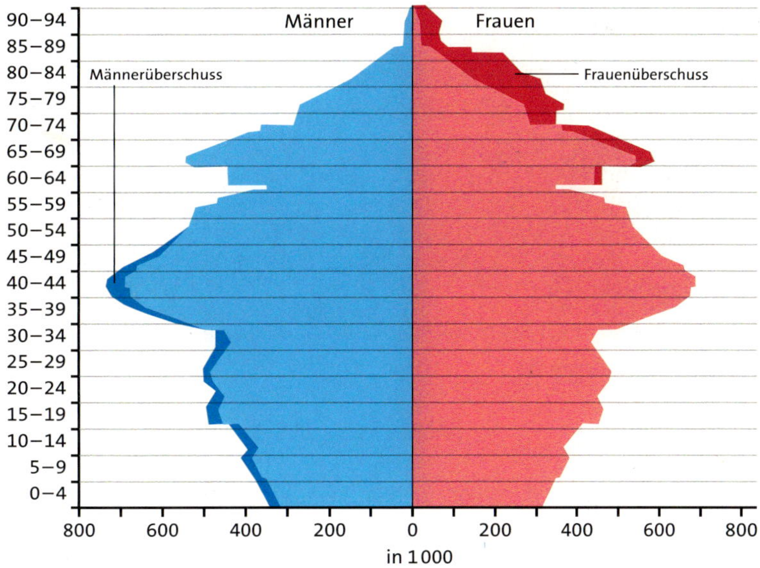

24 ***Altersstruktur der Bevölkerung in Deutschland am 31. 12. 2006***

Nach Bundesinstitut für Bevölkerungsforschung und Statistisches Bundesamt (Hrsg): Bevölkerung – Daten, Fakten, Trends zum demographischen Wandel in Deutschland, Wiesbaden: Statistisches Bundesamt 2008, S. 25

Ein weiterer Einflussfaktor ist die höhere Lebenserwartung. Wenn die geburtenstarken Jahrgänge ins Rentenalter kommen, nimmt der Anteil der älteren Menschen überproportional zu.

Der Prozess der Überalterung der Gesellschaft beschleunigt sich durch die heute vorhandene **Altersstruktur**, da die geburtenstarken Jahrgänge ein immer höheres Alter erreichen und weniger starke Jahrgänge von unten nachfolgen. Die Form des Bevölkerungsaufbaus wandelt sich von der Pyramide zur Urne.

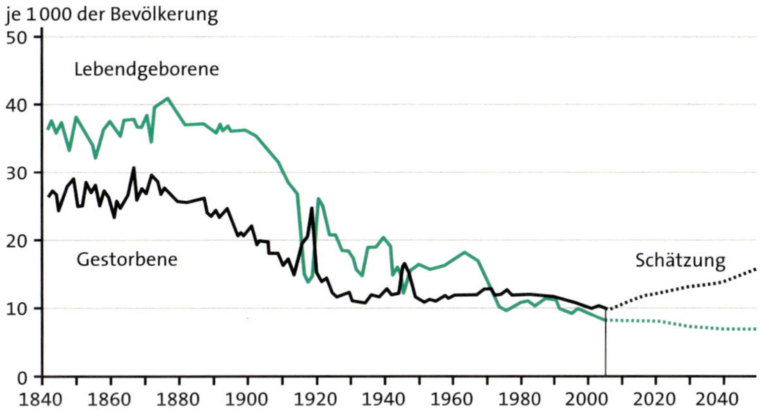

25 ***Demografischer Übergang in Deutschland***

Nach Bundesinstitut für Bevölkerungsforschung und Statistisches Bundesamt (Hrsg): Bevölkerung – Daten, Fakten, Trends zum demographischen Wandel in Deutschland. Wiesbaden: Statistisches Bundesamt 2008, S. 10

13 *a) Beschreiben Sie die Veränderungen des Altersaufbaus der Bevölkerung in Japan.*

b) Erläutern Sie, welche Probleme sich daraus für die japanische Gesellschaft ergeben.

14 *Werten Sie die Bevölkerungspyramide Deutschlands aus (Methode siehe Seite 172).*

15 *Vergleichen Sie das Diagramm 25 mit dem Modell des demografischen Übergangs.*

16 *a) Erklären Sie auf Grundlage einer Internetrecherche den unserem Rentensystem zugrunde liegenden Generationenvertrag.*

b) Erläutern Sie ausgehend von der Karikatur 22 die aktuelle Debatte über die Überalterung in Deutschland und die Konsequenzen, die diese Entwicklung auslösen könnte.

17 *a) Ermitteln Sie mithilfe des ONLINE-Links familienpolitische Maßnahmen, mit deren Hilfe das Bundesministerium für Familie, Senioren, Frauen und Jugend der Überalterung Deutschlands begegnen möchte.*

b) Bewerten Sie diese Maßnahmen.

18 *Erstellen Sie auf der Grundlage von Gemeindedaten eine Prognose zur demografischen Situation Ihrer Gemeinde/Stadt für das Jahr 2050.*

ONLINE-Link
Surftipp zur Bevölkerungspolitik
29120X-0206

26 ***Viele Kinder – ein Geschenk?***

28 ***Philippinen: billiger Reis für die Armen***

„Wettlauf zwischen Pflug und Storch“

1921 zählte Indien in seinen heutigen Grenzen 251 Millionen Einwohner. 80 Jahre später lebt auf dem gleichen Gebiet eine Milliarde Menschen. Wäre Deutschland ähnlich schnell gewachsen, hätten wir heute 320 Millionen Einwohner.

Die Weltbevölkerung wächst und wächst, jedes Jahr um fast 80 Millionen Menschen. Sie hat sich im 20. Jahrhundert nahezu vervierfacht und wird bald die Siebenmilliarden-Grenze erreichen.

Die Übervölkerung ist beinahe ausschließlich ein Problem der Dritten Welt, denn die vorauszusehende rasante Vermehrung der Menschheit in den nächsten 50 Jahren findet zu 99 Prozent in den sogenannten Entwicklungsländern statt. Das hat verschiedene Ursachen. Fehlende soziale Sicherungssysteme zwingen Familien dazu, viele Kinder zu haben. Ohne ein staatliches Rentensystem sind Kinder die einzige Altersversorgung. Je mehr Kinder, desto besser ist die Absicherung der Eltern im Alter. Aber auch fehlende Bildung und ungenügende sexuelle Aufklärung stehen einer wirkungsvollen Familienplanung im Wege. Nicht zu unterschätzen sind daneben religiöse Gründe, die zur Ablehnung von Verhütungsmitteln führen.

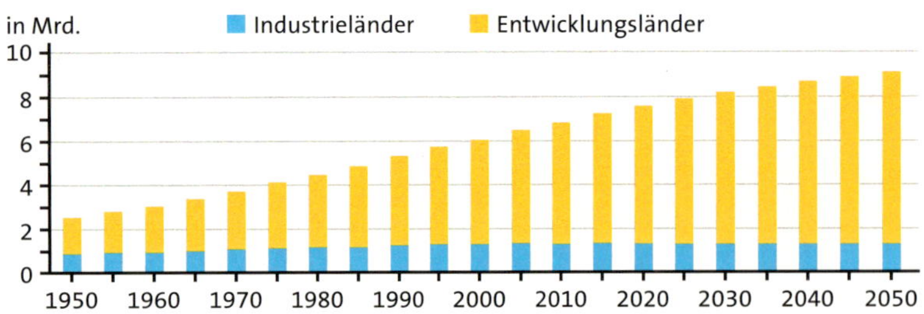

27 ***Bevölkerungsentwicklung in Industrie- und Entwicklungsländern (Prognose)***

Nach Netzwerk Migration in Europa e.V. (Hrsg.), unter: www.migration-info.de (Zugriff vom 20.08.2009)

In einigen Regionen der Erde wächst die Bevölkerung schneller als die Nahrungsmittelproduktion. Weltweit schrumpfen die Wälder. In vielen Ländern herrscht schon heute Wasserknappheit. Diese wird vor allem in Afrika südlich der Sahara und in Asien weiter zunehmen. Fehlendes Wasser führt immer wieder zu Nahrungsmittelknappheit und Ernährungskrisen. Anhaltende Trockenheit und Rückgang der Grundwasserreserven lösen schon heute Hungersnöte aus. Experten warnen bereits davor, dass der Mangel an verfügbarem Wasser bald zu einem Hauptthema internationaler Sicherheitspolitik werden wird.

29 **Reis wird knapp und teuer**

Die rasant steigenden Lebensmittelpreise haben von Asien über Afrika bis in die Karibik bereits gewaltsame Proteste ausgelöst. In Haiti stürzte die Regierung im Zuge der politischen Unruhen. Ein Ende der Krise ist nicht in Sicht, weil sich an den Gründen für die Preisexplosion vorerst nicht viel ändert: die wachsende Weltbevölkerung, steigende Lebensqualität in Schwellenländern, der Trend in Industrieländern zu Biosprit, Ernteausfälle in wichtigen Exportländern wie Australien, Spekulationsgeschäfte. Verschärft wird die Krise dadurch, dass wichtige Anbauländer wie Brasilien, Indien und Vietnam ihre Reisausfuhren stoppten, um die heimische Bevölkerung besser versorgen zu können.

Erste Supermärkte rationieren Reis im Verkauf, in: WELT ONLINE vom 25.04.2008, unter: www.welt.de

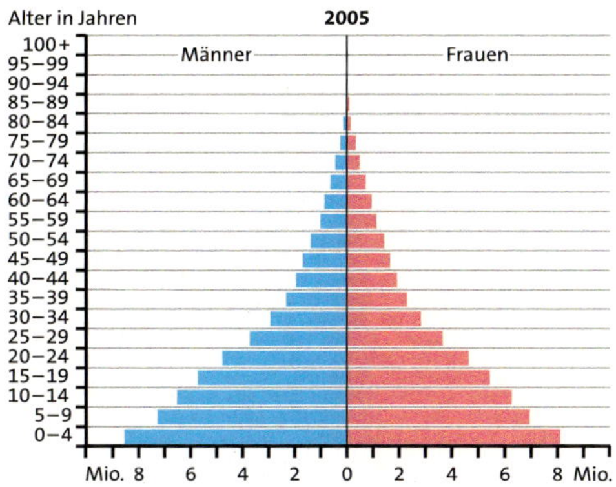

30 ***Altersstruktur Nigerias 2005***

Nach Elizabeth Leahy et al.: The Shape of Things to Come. Washington: Population Aktion international 2007, S. 26

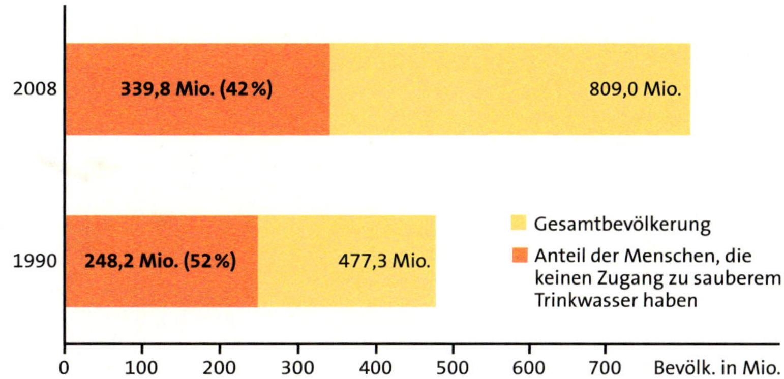

32 ***Trinkwassermangel in Afrika südlich der Sahara***

Nach DSW Info Weltbevölkerung: Wie viele Menschen (er)trägt die Erde? Hannover: DSW 2006, S. 2 (aktualisiert)

31 **Kampf gegen Hunger**

Täglich sterben etwa 24 000 Menschen an den Folgen von Hunger und Unterernährung. Und obwohl die Vereinten Nationen im Jahr 2000 den Kampf gegen den Hunger zu einem Millenniumsentwicklungsziel erklärten, nimmt die Zahl der Hungernden weltweit immer noch zu. Im Jahr 2006 konnten 854 Millionen Menschen ihren täglichen Energiebedarf von 1 800 kcal nicht decken – mehr als 90 Prozent von ihnen leiden an dauerhafter Mangelernährung. Vor allem in Entwicklungsländern reichen die landwirtschaftlichen Anbauflächen nicht aus, um die wachsende Bevölkerung zu ernähren.

DSW Info Weltbevölkerung: Wie viele Menschen (er)trägt die Erde? Hannover: DSW 2006, S. 3

33 **Zunehmende Landknappheit**

In Äthiopien sind die Möglichkeiten, neue Ackerflächen zu gewinnen, begrenzt. Gleichzeitig wächst die Bevölkerung sehr schnell: von heute 79,1 auf 110,5 Millionen Menschen im Jahr 2025. Deshalb steht pro Person immer weniger fruchtbares Land zur Verfügung.

Um eine ausreichende Nahrungsversorgung sicherzustellen sind mindestens 0,07 Hektar pro Person notwendig. Äthiopien nähert sich diesem Limit unaufhaltsam. Gab es 2005 noch 0,14 Hektar, werden es 2025 voraussichtlich nur noch 0,09 Hektar pro Person sein. Zudem erschweren häufige Dürren die Nahrungsproduktion, was in der Vergangenheit wie auch in diesem Jahr zu schweren Hungersnöten geführt hat.

Deutsche Stiftung für Weltbevölkerung (Hrsg.): Soziale und demographische Daten zur Weltbevölkerung. DWS Datenreport 2008. Hannover: DSW 2009, S. 4

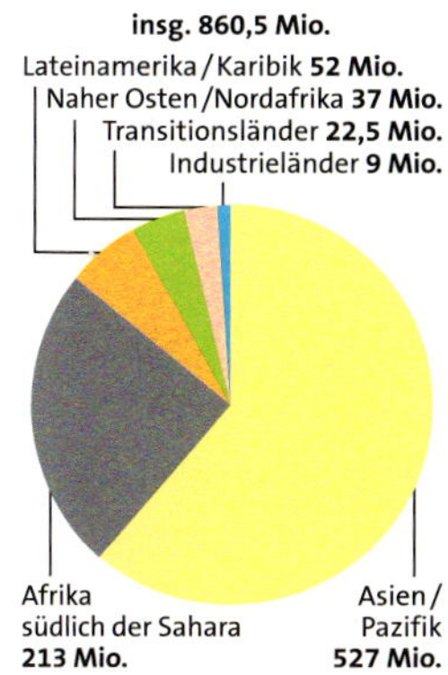

34 ***Menschen, die an Unterernährung leiden (2002 – 2004)***

Deutsche Stiftung für Weltbevölkerung: Wettlauf zwischen Pflug und Storch, unter: www.dsw-online.de/pdf/unterernaehrung.pdf (Zugriff vom 20. 08. 2009), aktualisiert

19 *Ermitteln Sie mithilfe der Weltbevölkerungsuhr (siehe ONLINE-Link) den Bevölkerungszuwachs der Erde während dieser Geographiestunde und während Ihres heutigen Schultags.*

20 *Vergleichen Sie die Bevölkerungsentwicklung in den Industrie- und Entwicklungsländern. Verwenden Sie dazu auch die Diagramme 21 (Seite 40) und 30.*

21 *Erklären Sie, wie sich die wachsende Bevölkerung auf die Verfügbarkeit von Nahrungsmitteln und natürlichen Ressourcen auswirkt.*

22 *Der Anteil der Menschen in Afrika südlich der Sahara, der keinen Zugang zu sauberem Trinkwasser hat, sank zwischen 1990 und 2004 von 52 auf 44 %. Erklären Sie, weshalb dieser Rückgang nicht als reiner Erfolg gewertet werden darf.*

23 *Fehlende soziale Sicherungssysteme führen zu Überbevölkerung und Armut. Erläutern Sie diese Aussage unter Einbeziehung der Fotos 26 und 28.*

ONLINE-Link

Surftipp zur Weltbevölkerungsuhr

29120X-0207

2.3 Bevölkerungsmobilität

1 *Besitzer einer „Greencard" für die USA*

3 *Bürgerkriegsflüchtlinge in der DR Kongo*

Ursachen regionaler und grenzüberschreitender Wanderungen

2 **Begriffe und Definitionen der Migration**

Der Begriff **Migration** umfasst allgemein alle Formen von freiwilligen oder unfreiwilligen, grenzüberschreitenden oder innerhalb von Staatsgrenzen erfolgenden Wanderungs- und Fluchtbewegungen. Vollzieht sich Migration innerhalb von Staaten, so wird auch von Binnenmigration gesprochen. Soweit Binnenmigranten zum Verlassen ihres Herkunftsorts aus Gründen gezwungen sind, die im Wesentlichen auch für Flüchtlinge im Sinn der Flüchtlingskonvention gelten, werden diese Migranten als Internally Displaced Persons (IDPs) bezeichnet. Migrationsbewegungen unterscheiden sich auch im Hinblick auf den auslösenden Faktor (Krieg, politische Verfolgung, Naturkatastrophen), die Reichweite [...], die zeitliche Dauer (vorübergehender Weggang aus der Ursprungsregion, dauerhafte Abwanderung), das Ziel (Land-Stadt-Migration, Süd-Süd-Migration, Süd-Nord-Migration) sowie die Auswirkungen im Herkunfts- und Zielland (erfolgreiche **Integration** im Zielland, Rückkehr ins Ursprungsland, Konflikt).

Wissenschaftlicher Beirat der Bundesregierung Globale Umweltveränderungen: Welt im Wandel: Sicherheitsrisiko Klimawandel. Berlin: ohne Verlag 2007, S. 125

Ägyptische Ärzte arbeiten heute in Bayern, bayerische Ärzte zieht es nach Irland, indische Computerspezialisten sind bei deutschen Unternehmen beschäftigt, deutsche in Kalifornien. Krankenschwestern wandern von den Philippinen nach Großbritannien aus, britische in die USA. Ingenieure aus Algerien finden Arbeit in Frankreich, französische in den Golfstaaten. Saisonarbeiter aus dem Maghreb, der Ukraine, Polen und Rumänien arbeiten in landwirtschaftlichen Betrieben in Spanien oder weiter nördlich auf Baustellen. Menschen aus dem Balkan leben als Folge von Kriegen in vielen EU-Staaten, **Flüchtlinge** aus Afghanistan im Iran und in Pakistan. Aus dem Darfour im Sudan sind rund zwei Millionen Menschen geflohen, viele von ihnen in den Tschad. Migration ist kein Phänomen armer Staaten, von ihr sind sowohl Entwicklungsländer als auch Industriestaaten betroffen.

Bevölkerungsbewegungen gab es schon immer. Im 19. Jahrhundert beispielsweise war Europa Abwanderungsgebiet. Millionen Briten, Iren, Deutsche, Skandinavier sowie Süd- und Osteuropäer strömten in die „Neue Welt". Manche gingen, um politische und religiöse Freiheit zu gewinnen. Für viele andere waren Bevölkerungswachstum und die sich verschlechternden Lebensbedingungen die Hauptgründe, die sie zum Verlassen ihrer Heimat drängten. Die Hälfte der irischen Bevölkerung wanderte wegen vernichteter Kartoffelernten in den 1840er-Jahren und den damit verbundenen Hungersnöten in die USA aus. Migration wirkte somit als Ventil zur Entschärfung der sozialen Lage.

Im 20. Jahrhundert verließen infolge des Zweiten Weltkrieges Millionen Menschen ihre Heimat. Sie mussten fliehen, wurden vertrieben oder zwangsumgesiedelt. Am Ende des Krieges

Bayerische Ärzte, die im Ausland arbeiten, äußern sich [...] wesentlich zufriedener über ihre berufliche Situation. Als Gründe für einen Wechsel [...] nennen sie bessere Rahmenbedingungen, weniger Hierarchie, weniger Bürokratie, bessere Arbeitszeiten und eine größere Vereinbarkeit von Familie und Beruf. Wie aus der Untersuchung hervorgeht, spielt auch die bessere Bezahlung im Ausland eine große Rolle.

Dietrich Mittler: Bayerns Ärzte verzweifeln an ihrer Arbeit, unter www.sueddeutsche.de vom 13.10.2006

2003 [gingen] 29 Ärztinnen und Ärzte nach Großbritannien, 46 in die Vereinigten Staaten, 73 nach Österreich und 133 in die Schweiz. Insgesamt waren es immerhin 406 Ärztinnen und Ärzte aus dem bayerischen Kammerbereich, die dem Land den Rücken kehrten.

Presseinformation der Bayerischen Landesärztekammer München, vom 16.09.2005

4 ***Push-Faktoren der erzwungenen Migration****; nach GW kompetent 1: Bevölkerung und Gesellschaft. Linz: VERITAS 2005, S. 40*

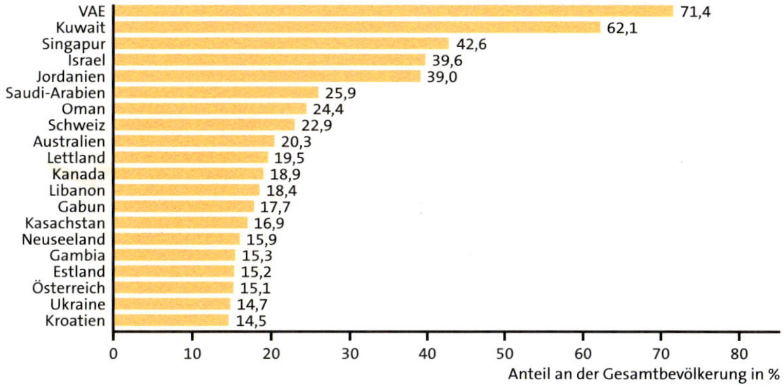

6 ***Migrantenanteil in ausgewählten Staaten 2005****; nach United Nations Department of Economic and Social Affairs Population Division: International Migration 2006, unter: www.un.org (Zugriff vom 20.08.09)*

5 **Modelle zur Beschreibung der Migration**

Das **Push-Pull-Modell** versucht in der Abwanderungsregion „Abstoßungs"-Faktoren, etwa fehlende Arbeitsplätze, zu identifizieren, die die Migranten/-innen forttreiben. In der Zuwanderungsregion werden dementsprechende „Anziehungs"-Faktoren gesucht, z.B. hohe Löhne, die die Zuzüge begründen sollen. Das Push-Pull-Modell eignet sich nicht als generelles Modell, alle Momente unterliegen individueller Wahrnehmung und Bewertung.

Zentrum-Peripherie-Strukturen wollen den unterschiedlichen sozioökonomischen Entwicklungsstand verschiedener Regionen eines Landes bzw. verschiedener Länder durch bestimmte einseitige Abhängigkeiten zwischen diesen Regionen bzw. Ländern beschreiben, die oft auf historische Beziehungen [...] zurückgeführt werden. Das Zentrum gilt als Region mit hohem ökonomischen Entwicklungsstand, hoher Dichte an politischen Institutionen und zentralen Verwaltungseinrichtungen sowie großem kulturellen Angebot. Der Peripherie ermangelt es daran. Zudem fehlen der „Randlage" Kapital und ein eigenständiges Wirtschaftssystem; sie dient dem Zentrum nur als Zulieferer- und Absatzgebiet. Aus diesem Ungleichgewicht soll sich ein „Migrationsdruck" in Richtung Zentrum ergeben. Als Gründe werden Push-Pull-Faktoren gesehen. Migration hat in diesem Modell u.a. einen weiteren Abbau von Infrastrukturen in den Abwanderungsregionen zur Folge, so dass sie das Verhältnis zwischen Zentrum und Peripherie verschärft.

Das Modell der **Kettenmigration** beruht auf den Beziehungen der einzelnen Migranten/-innen: Die erste Person, die in eine fremde Region kommt, erkundet die Situation und holt bei Gelegenheit die nächste Person (verwandt oder bekannt) nach. Für diese und die folgenden ist der bzw. die Erstankommende eine Art Brückenkopf bzw. Anlaufstation. Deshalb sind Migranten/-innen aus bestimmten, oft eng umgrenzten Regionen sehr konzentriert in anderen, ebenfalls umgrenzten Regionen zu finden. Aus dem Brückenkopf kann ein eigenes soziales Netz, eine Migrantensubkultur entstehen, zumal die Abhängigkeits- und Verwandtschaftsbeziehungen in der Zuwanderungsregion weiterwirken.

Norbert Wenning: Migration, in: Cornelia Schmalz-Jacobsen und Georg Hansen (Hrsg.): Kleines Lexikon der ethnischen Minderheiten in Deutschland. München: Beck 1997, S. 219–222

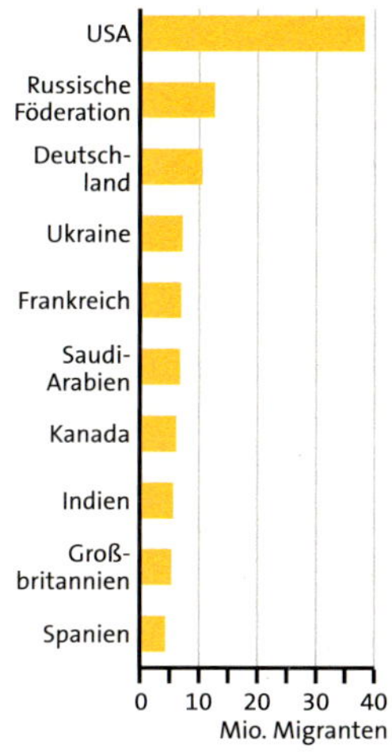

7 ***Staaten mit den höchsten Anteilen internationaler Migranten 2005***
Nach DSW (Hrsg.), unter www.weltbevoelkerung.de/pdf/aufnahme_migranten.pdf (Zugriff vom 20.08.09)

→ *Push-/Full-Faktoren, siehe Seite 68*

mussten allein zwölf Millionen Deutsche aus den Gebieten im Osten ihre Heimat verlassen. Der wirtschaftliche Aufschwung nach dem Zweiten Weltkrieg und die stabile politische Lage machten Europa wieder zum Einwanderungsgebiet.

1 *Vergleichen Sie die Modelle zur Beschreibung der Migration.*

2 *Werten Sie die beiden Balkendiagramme aus.*

3 *Ermitteln Sie, inwiefern sich das Modell der Kettenmigration (Text 5) auch auf Migranten in Ihrem Heimatraum übertragen lässt.*

ONLINE-Link
Infoblatt Migration
29120X-0208

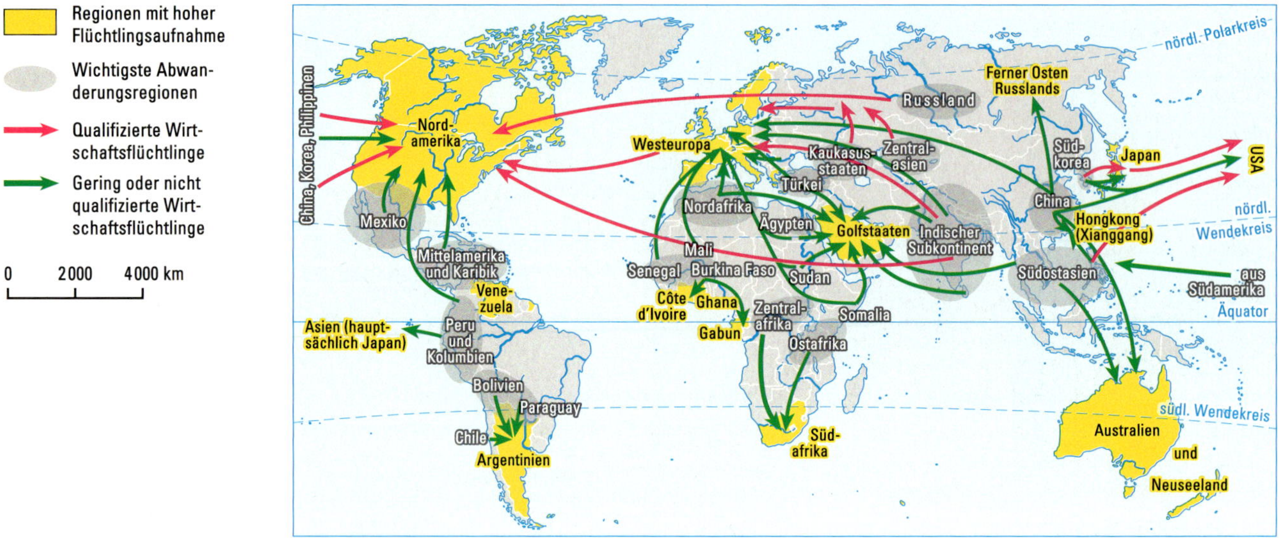

8 ***Die Ströme der Armuts-und Wirtschaftsflüchtlinge****; nach Le Monde diplomatique: Atlas der Globalisierung. Berlin: taz-Verlags und Vertriebs-GmbH 2006, S. 78*

Auswirkungen auf die Quellgebiete

Beispiele für Migranten:

- *Gastarbeiter*
- *Fachkräfte*
- *Saisonarbeiter*
- *Kolonialrückkehrer*
- *Militärpersonal*
- *Studenten*
- *Missionare*
- *illegale Einwanderer*
- *Asylsuchende*
- *Flüchtlinge*

9 **Brain drain oder brain gain?**

Die Migration Hochqualifizierter bringt vielerlei Gesichtspunkte mit sich: Hierzulande, aber auch in anderen Industrieländern, versucht man verstärkt dem Fachkräftemangel durch die Anwerbung von Hochqualifizierten beizukommen. In einigen Sektoren und Ländern hat die Migration in die Industrieländer jedoch erhebliche negative Auswirkungen auf die Herkunftsländer, beispielsweise innerhalb des Gesundheitssektors im südlichen Afrika. Jeder dritte Bürger Ghanas ist nach dem Studium im Ausland nicht in seine Heimat zurückgekehrt [...]; aus Nigeria sind 21 000 Ärzte in die Industrieländer ausgewandert. Allerdings kann die Migration von Fachkräften auch einen Impuls für die wirtschaftliche Entwicklung des Herkunftslandes geben, wie die Entwicklung des IT-Sektors in Indien zeigt.

Deutsche Gesellschaft für Technische Zusammenarbeit (GTZ) GmbH: Brain drain oder brain gain?, unter: www2.gtz.de/migration-and-development/konferenz-1/deutsch/index.html (Zugriff vom 15.06.09)

10 **Rücküberweisungen lindern Armut**

Rund 200 Millionen Menschen arbeiten in der Fremde. Das Geld, das sie in ihre Heimatländer überweisen, trägt dort erheblich zu den Einkommen bei und stärkt so das Wirtschaftswachstum.

Bei der Armutsbekämpfung misst die Weltbank dem Geldtransfer von Auswanderern in ihre Heimatländer eine besondere Bedeutung zu: Weltweit überwiesen die Gastarbeiter im vergangenen Jahr 232 Milliarden Dollar an ihre daheim gebliebenen Verwandten. Fast 70 Prozent der Rücküberweisungen, nämlich 167 Milliarden Dollar, erreichten 2005 die Entwicklungsländer, so der jährliche Weltbank-Bericht „Global Economic Prospects". Damit bekamen diese Staaten doppelt so viel Geld von Migranten wie durch Entwicklungshilfe.

In vielen Entwicklungsländern stellen Überweisungen von Emigranten die größte Quelle externen Kapitals dar. In manchen machten die Überweisungen 2005 gar bis zu einem Drittel des Bruttoinlandsproduktes aus – so zum Beispiel in Moldawien, Lesotho oder Bosnien-Herzegowina.

Julia Elvers-Guyot: Rücküberweisungen lindern Armut, in: Deutsche Welle DW-WORLD.DE vom 16.01.2006, unter: www.dw-world.de/dw/article/0,2144,1845312,00.html

ONLINE-Link

Infoblatt Flüchtlinge

29120X-0209

4 *Werten Sie die Karte 8 aus.*

5 *Bewerten Sie Chancen und Risiken der Migration in den Quellgebieten.*

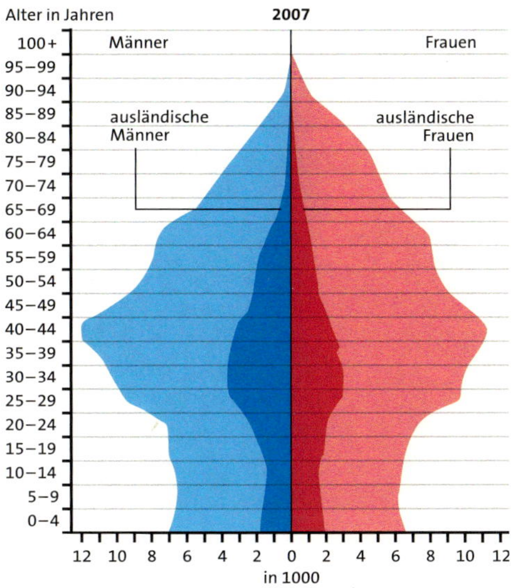

11 ***Bevölkerungspyramide der Schweiz 2007***

Nach Statistisches Amt des Kantons Zürich, unter: www.statistik.zh.ch (Zugriff vom 15.06.09)

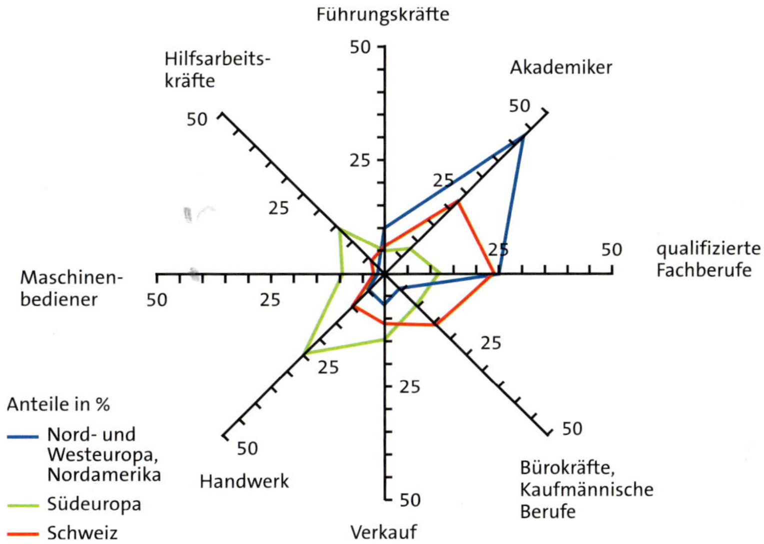

13 ***Berufsverteilung nach Nationalitätengruppen im Kanton Zürich 2005***

Nach Statistisches Amt des Kantons Zürich in Zusammenarbeit mit der Zürcher Kantonalbank (Hrsg): Kanton Zürich in Zahlen. Zürich: Statistisches Amt des Kantons Zürich 2006, S. 12

Auswirkungen auf die Zielgebiete

12 **Migrationsströme**

Die Emigranten aus Algerien drängen nach Frankreich, die vom indischen Subkontinent wollen sich in Großbritannien niederlassen. Aber nicht nur das koloniale Erbe, auch die Globalisierung hat zur Entstehung neuer – legaler und illegaler – Migrationsrouten beigetragen. Im Fall der Vereinigten Staaten haben sowohl die Sonderwirtschaftszonen, in denen US-Unternehmen ansässig sind, als auch die US-Militärpräsenz dazu geführt, dass Menschen beispielsweise aus Vietnam, den Philippinen und El Salvador in die USA auswandern. Im Laufe dieser Entwicklung sind einige klassische Auswandererländer zu Einwanderungs- oder zu Transitländern geworden. Das gilt insbesondere für die südeuropäischen Staaten.

Le Monde diplomatique: Atlas der Globalisierung. Berlin: taz-Verlags und Vertriebs-GmbH 2006, S. 78

Zwar waren in Mitteleuropa die letzten Jahre vor allem von der Sorge über die hohe Arbeitslosigkeit geprägt. Doch wird der Mangel an spezialisierten Kräften zukünftig für alle Industrieländer ein immer wichtigeres Thema werden. Experten prognostizieren, dass das Fehlen von Arbeitskräften europaweit wie international das Wachstum von Unternehmen entscheidend bremsen wird.

Europa wird somit in Zukunft mehr Einwanderung brauchen. Dabei werden neben dem schon heute üblichen Auffüllen des Arbeitskräfteangebots in den Niedriglohnbranchen oder in hoch qualifizierten Mangelsegmenten, vermehrt auch demografische Aspekte an Bedeutung gewinnen. Die Altersstrukturen europäischer Staaten zeigen, dass die Sozialsysteme ohne Zuwanderungen kaum mehr finanziert werden können. Kurz- bis mittelfristig geht von ihnen ein Verjüngungseffekt aus. Langfristig allerdings schwächen Migrationen die Alterung aber nur geringfügig ab, da auch die Eingewanderten älter werden. Verjüngung durch Migrationen setzt somit eine stetige Zuwanderung voraus.

Allgemein wird prognostiziert, dass es zu einer weiteren Globalisierung der Migration kommt, bei der immer mehr Länder sowohl zu Quell- als auch zu Zielgebieten werden.

Lesebeispiel zu Diagramm 13:
25 % aller im Jahre 2005 aus Südeuropa in den Kanton Zürich zugewanderten Beschäftigten üben einen handwerklichen Beruf aus.

6 *Erläutern Sie den Einfluss der Migration auf*
a) die Bevölkerungsstruktur der Schweiz,
b) die Berufsstruktur im Kanton Zürich.

14 *Mexikanische Flüchtlinge an der Grenze zu den USA*

17 *Afrikanische Flüchtlinge vor den Kanarischen Inseln*

Auswirkungen internationaler Migrationsströme

15 *Warnschild vor überquerenden Flüchtlingen an einem US-amerikanischen Highway nahe der Grenze zu Mexiko*

UNHCR
The UN Refugee Agency

16 *Der Hohe Flüchtlingskommissar der Vereinten Nationen ist weltweit mit dem Schutz von Flüchtlingen und Vertriebenen beauftragt*

Beispiel Kalifornien

Wäre Kalifornien ein selbstständiger Staat, dann wäre es das weltweit viertgrößte Einwanderungsland. Knapp ein Drittel aller ausländischen Arbeitskräfte der USA leben hier, 27 % aller Kalifornier sind Migranten.

Ein Teil dieser ausländischen Arbeitskräfte ist hochwillkommen. Er arbeitet in der IT- und Elektrobranche, kommt wegen der exzellenten Arbeits- und Forschungsbedingungen, den hohen Gehältern und der attraktiven Umgebung.

Der große, ununterbrochene Strom der Migranten aus dem Süden, vor allem aus Mexiko, hingegen wird weniger gern gesehen. Diese gering qualifizierten Kräfte finden meist in der Landwirtschaft und im Baugewerbe befristete, schlecht bezahlte und wenig anspruchsvolle Arbeit. Der Staat versucht, die massive Präsenz der Latinos in Kalifornien einzudämmen und sich durch befestigte Grenzanlagen und verschärfte Kontrollen gegen illegale Einwanderer abzuschotten. Abschrecken aber lassen sich die zur Migration Entschlossenen nicht, obwohl der Grenzübertritt risikoreicher wird und die Schleuser viel Geld verlangen. Die amerikanische Wirtschaft und Bevölkerung hingegen profitieren von den illegalen Einwanderern, die als billige Arbeitskräfte im Haushalt, in verschiedenen Dienstleistungen, in der Landwirtschaft und zum Teil auch in der Industrie eingesetzt werden.

Beispiel Europäische Union

„Neue Flüchtlingswelle nach Süditalien: über 1 000 Immigranten auf Lampedusa gelandet." „Das deutsche Schiff Cap Anamur rettet 37 Flüchtlinge im Mittelmeer." „Hunderte Afrikaner versuchten von Nordafrika nach Europa zu gelangen. In der Nacht stürmten sie die spanische Exklave Ceuta in Marokko." Solche oder ähnliche Schlagzeilen sind in Europa nicht ungewöhnlich. Die Folge davon ist, dass die EU versucht, ihre Außengrenzen dicht zu machen. Häufig wird die Metapher „Festung Europa" verwendet.

18 **Urteil im Fall Cap Anamur auf Sizilien erwartet**

Nach drei Jahren Prozess wegen einer umstrittenen Rettungsaktion von Bootsflüchtlingen im Mittelmeer hat jetzt in Agrigent auf Sizilien die vermutlich letzte Verhandlungsphase im Fall „Cap Anamur" begonnen. Die Staatsanwaltschaft fordert vier Jahre Gefängnis ohne Bewährung und 400 000 € Bußgeld für die Angeklagten [...]. Dem ehemaligen Vorsitzenden der Hilfsorganisation Cap Anamur, Elias Bierdel, und seinem mitangeklagten Kapitän Stefan Schmidt wird Beihilfe zur illegalen Einwanderung in einem besonders schweren Fall vorgeworfen. Die Rettungsaktion im Sommer 2004 hatte weltweit Schlagzeilen gemacht.

Hamburger Abendblatt vom 03.06.2009, unter: www.abendblatt.de

19 ***„Was geht das eigentlich uns an?“***

20 **Umdenken bei der Migrationspolitik**

EU-Kommissionspräsident José Manuel Barroso forderte ein „Umdenken“ der EU-Staaten: Die EU könne ihr wirtschaftliches Potenzial nur dann erschließen, „wenn wir Migranten erfolgreich integrieren und die Sorgen der Bürger angesichts der illegalen Einwanderung ernst nehmen“, erklärte er.

EU-Justizkommissar Jacques Barrot sagte, der EU drohe bis 2030–2040 ein „bedeutendes demografisches Defizit“ von bis zu 20 Millionen Menschen, das durch Zuwanderung ausgeglichen werden müsse.

EU-Immigration: Kommission will „Asyl-Shopping“ verhindern, in: DiePresse.com vom 17.06.2008, unter: http://diepresse.com

Beispiel Umweltflüchtlinge

Umweltflucht als Grund für Migrationen tritt immer häufiger auf. Umweltflüchtlinge müssen ihre traditionelle Umgebung vorübergehend oder sogar dauerhaft verlassen, da Umweltschäden ihre Existenz gefährden oder ihre Lebensqualität stark beeinträchtigen. Mehrere Millionen Menschen sind durch Überschwemmungen, durch Mangel an sauberem Wasser oder den Verlust fruchtbaren Ackerlandes bedroht und werden vielleicht schon bald zum Verlassen ihrer bisherigen Siedlungsgebiete gezwungen. Dies könnte zu schwerwiegenden Konflikten führen.

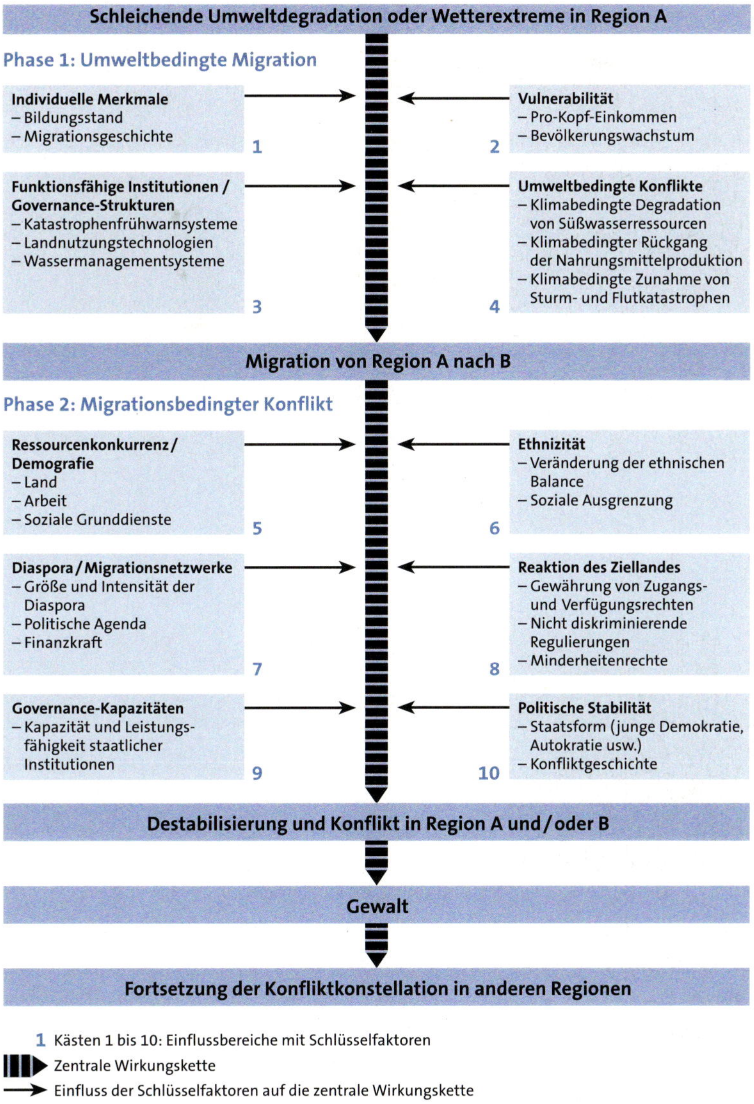

21 ***Konfliktkonstellation „Umweltbedingte Migration“: Schlüsselfaktoren und ihre Auswirkungen***

Nach Wissenschaftlicher Beirat der Bundesregierung Globale Umweltveränderungen: Welt im Wandel: Sicherheitsrisiko Klimawandel. Berlin: ohne Verlag 2007, S. 128

7 *Beschreiben Sie das Bild 14.*
8 *Diskutieren Sie, welche Push- und Pull-Faktoren mexikanische Bürger veranlassen, auf der Flucht in die USA ihr Leben zu riskieren.*
9 *Interpretieren Sie die Karikatur 19.*
10 *Erläutern Sie die Metapher „Festung Europa“.*
11 *Ermitteln Sie wesentliche Ziele der UNHCR.*
12 *Untersuchen Sie einen Fall umweltbedingter Migration unter Einbeziehung des Ablaufschemas.*

ONLINE-Link
Surftipps zum Thema Migration
29120X-0210

2.4 Verstädterung als weltweiter Prozess

1 ***Die aus der Türkei stammende Aziza A. identifiziert sich mit ihrem Wohnort Berlin***

2 **Die Stadt bin ich**

„Ich bin eine Berlinerin. Nicht weil ich hier geboren bin, sondern weil mein ganzes Leben hier stattgefunden hat. Meine Freunde, meine Familie, meine Erziehung, meine Karriere, meine Katastrophen und alles andere". Die aus der Türkei stammende Rapperin Aziza A. bezieht ihr Selbstverständnis in erster Linie über ihren Wohnort: „Ich kenne die Probleme dieser Stadt, ihre positiven wie negativen Seiten. Deshalb bin ich eine Berlinerin." [...]

Städte haben eine Persönlichkeit, einen Rhythmus. Sie erzählen Geschichten von wichtigen Menschen oder Ereignissen, Mythen von Helden und Dämonen und Gleichnisse von Tugenden und Lastern. Gerade weil Städte Charakter haben, kann man emotionale Bindungen an seine ‚eigene' Stadt entwickeln.

Das für die Menschen bedeutendste Identifikationsmoment ist hier der Ort im Sinne von Nachbarschaft und gerade nicht die ethnische Herkunft oder Religionszugehörigkeit. Im Gegensatz zur Abstammung oder Religion scheint der Bezug zu einer Örtlichkeit ein oberflächliches Integrationsprinzip zu sein, weil hier die Ästhetik eine entscheidende Rolle spielt: Lokalität ist gleichbedeutend mit der Orientierung an einer ‚Landschaft'. Solidarität auf dieser Basis gründet auf miteinander geteiltem Raum statt auf gemeinsamen Werten oder Vorfahren. Sich einen Raum, Gerüche, Geräusche, Geschmäcker oder Rhythmen zu teilen – das spricht in erster Linie unsere Sinne an.

Werner Schiffauer: Die Stadt bin ich, in: ded-Brief. Zeitschrift des Deutschen Entwicklungsdienstes, H. 2/3. Berlin: ded 2000, S. 34f.

Stadt – mein Lebensraum

Ist es erstaunlich oder selbstverständlich, dass sich die junge Türkin Aziza A. derart intensiv mit ihrem Wohnort Berlin identifiziert? Geht es uns – bewusst oder unbewusst – mit unserer „eigenen“ Stadt genauso? Wo liegen die Ursachen einer solchen Bindung an den unmittelbaren Lebens- und Erfahrungsraum mit all seinen „positiven wie negativen Seiten“?
Die Ausgestaltung des urbanen Lebensraumes ist in allen Kulturräumen der Erde stets Spiegelbild der jeweiligen Gesellschaftsordnungen und Wirtschaftssysteme gewesen. Besonders im Aufriss der Städte zeigen sich die technischen Fähigkeiten, wirtschaftlichen Möglichkeiten und architektonischen Fantasien der Jahrhunderte. Ist es das, was uns an einer Stadt so fasziniert?
Mit wachsendem Wohlstand steigen die Nutzungsansprüche des Menschen an den Raum – und sie werden in besonderer Weise in den Städten befriedigt. Hier stehen eine hohe Zahl differenzierter Arbeitsplätze, ein breites und spezialisiertes Warenangebot, eine Fülle von Bildungseinrichtungen ebenso zur Verfügung wie eine weite Palette an Unterhaltungs- und Freizeitmöglichkeiten. Dieses „verdichtete“ Angebot hat seinen Preis. Es wird bezahlt zum Beispiel mit dem täglichen Verkehrschaos auf den Straßen, den steigenden Mieten, den schrumpfenden Erholungsmöglichkeiten und einer wachsenden Umweltbelastung.
Sind es also diese vielfältigen und spezifischen Angebote, die eine Stadt als Lebensraum so attraktiv machen, die „positiven Seiten“ also, für die man die „negativen Seiten“ in Kauf nimmt? Oder sind es darüber hinaus individuelle Eigenarten, zum Beispiel Möglichkeiten der Mitwirkung in Organisationen und Vereinen, traditionelle Stadtfeste, beliebte Fußgängerzonen oder Parkanlagen, regelmäßige Aufführungen oder Konzerte, eine typische Atmosphäre, eben „Gerüche, Geräusche, Geschmäcker oder Rhythmen“, die eine starke Identifikation mit der „eigenen“ Stadt als Lebensraum hervorbringen?

3 Fragebogen zur Erkundung und Bewertung der „eigenen“ Stadt als Lebensraum

Eigenschaft	Bewertung					Eigenschaft
	1	2	3	4	5	
gemütlich						ungemütlich
freundlich						unfreundlich
weltoffen						spießig
modern						provinziell
kinderfreundlich						nicht kinderfreundlich
familienfreundlich						nicht familienfreundlich
ausländerfreundlich						ausländerfeindlich
sauber						schmutzig
innovativ						nicht innovativ
interessant						langweilig
sozial						unsozial
preiswert						teuer
aufstrebend						stagnierend
sympathisch						unsympathisch
sicher						unsicher
behindertengerecht						nicht behindertengerecht
kurze Wege						lange Wege

1 *Charakterisieren Sie „Ihre“ Stadt anhand des Fragebogens 3.*

2 *Nennen Sie ein Merkmal „Ihrer“ Stadt,*
a) das Sie besonders schätzen,
b) das Sie heftig kritisieren.

3 *Arbeiten Sie Defizite heraus: Was vermissen Sie in „Ihrer“ Stadt?*

4 *a) Erstellen Sie in Kleingruppen auf der Grundlage Ihrer in den Aufgaben 1 und 2 a genannten positiven Merkmale ein „Logo“ mit einem „Stadtslogan“ für das Stadtmarketing.*
b) Gestalten Sie zu Ihren Ergebnissen eine Präsentation.
c) Diskutieren Sie die unterschiedlichen Bewertungen „Ihrer“ Stadt im Plenum.

ONLINE-Link
Fragebogen Lebensraum Stadt zum Ausdrucken
29120X-0211

4 **A: Tokyo (Japan) 8,5 Mio. Einwohner – noch eine Stadt?; B: Fürstenau (Schweiz) – schon eine Stadt?**

Der „Stadtbegriff"

Die subjektive Wahrnehmung und Bewertung von Stadt durch die Rapperin Aziza A. (siehe Seite 50) soll durch eine objektive Erfassung wesentlicher gemeinsamer Grundmerkmale urbaner Räume überprüft werden. Welche Eigenschaften und Funktionen, welche Mindestgröße muss eine Siedlung aufweisen, damit sie als Stadt bezeichnet werden kann?

Statistischer Stadtbegriff

Wegen der von Staat zu Staat sehr unterschiedlichen administrativen Abgrenzung sowie Festlegung von Mindestgrößen ist der statistische Stadtbegriff wenig aussagekräftig (Tabelle 5). Zwar ist wiederholt vorgeschlagen worden, zur internationalen Vergleichbarkeit der Stadtentwicklung bzw. Verstädterung einen Mindestgrößenschwellenwert von 20 000 Einwohnern zu vereinbaren. Aber bis heute basieren selbst die Statistiken der Vereinten Nationen auf den nationalen Definitionen von „Stadt".

5 **Statistische Untergrenze von Städten**

Einwohner	Staaten
200	Island, Dänemark, Finnland, Schweden, Norwegen, Spanien
1 000	Kanada
2 000	Frankreich, Deutschland
2 500	USA
5 000	Österreich
10 000	Niederlande, Argentinien, Griechenland, Schweiz, Portugal, Malaysia, Senegal
50 000	Japan

Rechtlich-historischer Stadtbegriff

Er bezeichnet jede Gemeinde, die irgendwann im Laufe ihrer Geschichte das Stadtrecht erhalten hat, als Stadt („Titularstadt"). Zwar beinhaltete im europäischen Mittelalter die Verleihung des Stadtrechts besondere Privilegien wie Marktrecht, Zollrecht, Gerichtsbarkeit und Aufhebung der Leibeigenschaft („Stadtluft macht frei"). Im Zuge der Industrialisierung hat sich aber die auf alten Stadtansichten noch erkennbare räumlich scharfe Trennung zwischen Stadt und Umland mehr und mehr aufgelöst. Darüber hinaus verloren vor allem in Deutschland ab Anfang des 19. Jahrhunderts viele Titularstädte ihr Landgericht oder andere zentrale Einrichtungen und mussten als Folge des Abzugs der Behörden meist auch einen deutlichen Rückgang von Handel und Handwerk hinnehmen. Ein solcher Bedeutungsverlust führte also dazu, dass derartige Kommunen ihre ursprünglich städtischen Funktionen nicht mehr oder nur begrenzt ausübten, allerdings ohne den Stadttitel zu verlieren. Damit ist auch dieser Stadtbegriff wenig praktikabel.

Geographischer Stadtbegriff

Komplexer als die statistische beziehungsweise historisch-rechtliche Definition von Stadt ist der geographische Stadtbegriff. Während die beiden erstgenannten Definitionen jeweils nur eng ausgewählte Aspekte des räumlichen Systems „Stadt" erfassen, was ihre Anwendbarkeit stark einschränkt, berücksichtigt die geographische Analyse sowohl quantitative wie auch qualitative Bestimmungskriterien.

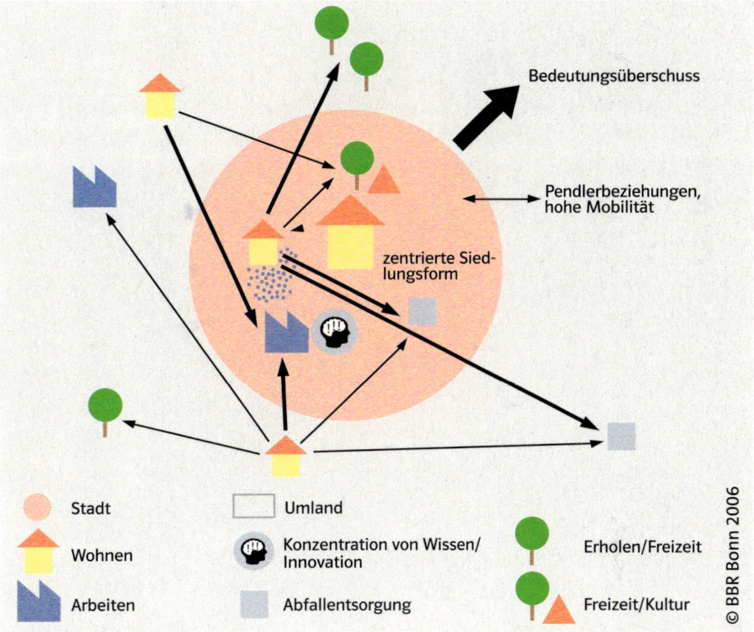

7 ***Objektive Erfassung von Stadt****; nach Brigitte Adam/Antonia Blach: Räumliche Arbeitsteilung in Großstadtregionen – interkommunale und raumordnerische Konfliktskategorien, in: Informationen zur Raumentwicklung, Jg. 1996, H. 4/5. Bonn: Bundesanstalt für Landeskunde und Raumordnung 1996, S. 188*

8 **Kriterien des geographischen Stadtbegriffs:**

- funktionaler und mit wachsender Größe zunehmender Bedeutungsüberschuss des Waren- und Dienstleistungsangebots für das Um- und Hinterland,
- je nach Staat unterschiedliche Mindestgröße an Fläche und Bevölkerung,
- zentrierte Siedlungsform mit hoher Wohnstätten- und Arbeitsplatzdichte und einer vom Zentrum zur Peripherie abnehmenden Dichte an Bevölkerung und Verbauung,
- weit gefächertes Berufsspektrum im Sekundären, v.a. aber im Tertiären Sektor,
- mit wachsender Größe zunehmender Grad innerer funktionsräumlicher Gliederung (z.B. Viertelbildung),
- ausgeprägte soziale und meist ethnische Differenzierung,
- Entstehungsort politischer, gesellschaftlicher und technologischer Innovationen,
- Raum hoher Mobilität,
- stadttypisches generatives Verhalten der Bevölkerung mit Trend zu Einpersonenhaushalten, Kleinfamilien oder sonstigen neuen Wohn- und Lebensformen,
- hohes Maß künstlicher Umweltgestaltung mit meist starker ökologischer Belastung bzw. Überlastung,
- Abhängigkeit von den Ressourcen des umgebenden ländlichen Raumes, zum Beispiel beim Angebot ökologischer Ausgleichsräume (u.a. für Naherholung), bei der Nahrungsmittelversorgung oder bei der Bereitstellung von Standorten für „sperrige" Infrastruktureinrichtungen.

5 *a) Beschreiben Sie anhand von Beispielen die einzelnen Kriterien des geographischen Stadtbegriffs.*
b) Nennen Sie Möglichkeiten, die einzelnen Kriterien zu messen oder zu dokumentieren.

6 *Vergleichen Sie den geographischen Stadtbegriff mit Ihrer subjektiven Wahrnehmung von „Stadt".*

7 *Überprüfen Sie den geographischen Stadtbegriff, indem Sie dessen Kriterien auf Ihre „Heimatstadt" (bzw. Ihren Schulort) anwenden.*

ONLINE-Link
Stadtgrößenklassen
29120X-0212

8 *Skyline von Hongkong*

Verstädterung und Urbanisierung

Verstädterung kennzeichnet die Tendenz, dass die Anteile der in städtischen Räumen lebenden Bevölkerung größer werden. Über diesen rein demografischen Aspekt hinaus umfasst dieser Begriff aber auch den Prozess der Städteverdichtung, also die Zunahme der Städtezahl in einem bestimmten Raum sowie das Wachstum der Städte im Hinblick auf Bevölkerung und Fläche. Erfasst werden also in erster Linie quantifizierbare Faktoren.

Der Verstädterungsgrad misst den Anteil der Stadtbevölkerung an der Gesamtbevölkerung eines Gebietes, einer Region oder eines Staates (Tabelle 9), während die Verstädterungsrate den Zuwachs der städtischen Bevölkerung bzw. des Verstädterungsgrades ausdrückt (Karte 10). Bei internationalen Vergleichen ist allerdings zu beachten, dass häufig die zugrunde gelegten nationalen Definitionen für Städte beziehungsweise „urban areas" stark differieren (Tabelle 5, S. 52).

9 **Verstädterungsgrad ausgewählter Länder 1965–2008 (in %)**

Land	1965	1980	1990	2000	2008
Vereinigte Staaten	72	74	75	77	79
Kanada	73	76	77	77	81
Deutschland	78	83	84	87	88
Großbritannien	87	89	89	89	90
Polen	50	58	62	62	62
Honduras	26	35	44	52	46
Mexiko	55	66	73	74	76
Peru	52	65	70	72	76
Brasilien	50	66	75	81	83
China	18	20	26	32	45
Japan	67	76	77	79	79
Kambodscha	11	12	12	16	16
Malaysia	26	42	43	57	68
Australien	83	85	86	85	87
Äthiopien	8	11	13	17	16
Namibia	17	23	17	30	35

Nach Weltentwicklungsbericht 1992 und 2000/2001; DSW Datenreport 2001 und 2008

Urbanisierung

Verstädterung lässt sich aber nicht nur statistisch, sondern auch physiognomisch beschreiben. Sie äußert sich in einer Expansion urbaner Bau- bzw. Siedlungsformen und einer entspre-

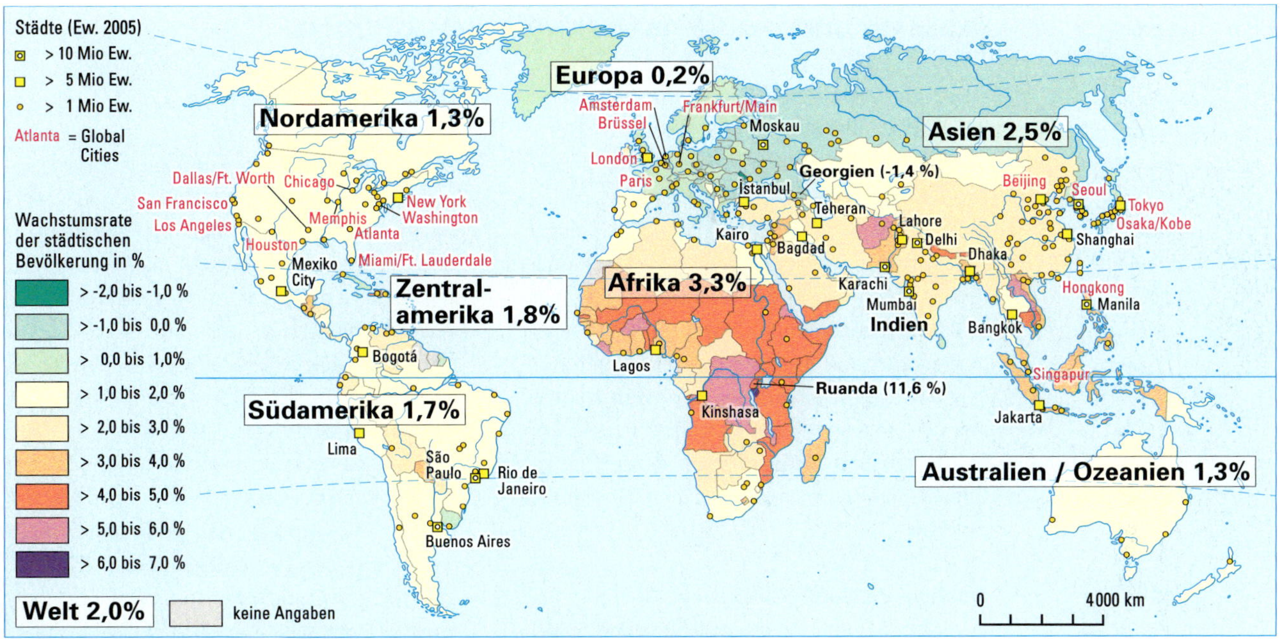

Jährliche Wachstumsrate der städtischen Bevölkerung (Verstädterungsrate) 2005–2010

Nach Deutsche Stiftung Weltbevölkerung (Hrsg.), Weltbevölkerungsbericht 2008. Hannover: DSW 2008, S. 100–103

chenden Umgestaltung des ländlichen Raumes. Hiermit verbunden sind Ausbreitungs- und Diffusionsprozesse städtischer Lebensformen. Bestimmte Haushaltsstrukturen, Konsummuster und Wertevorstellungen breiten sich in den ländlichen Raum hinein aus. Für diesen soziologischen Aspekt der Verstädterung ist der Begriff **Urbanisierung** geprägt worden. Die beiden Begriffe Verstädterung und Urbanisierung werden aber häufig synonym verwendet.

Ursachen und Phasen der Verstädterung

Das Wachstum der Stadtbevölkerung lässt sich auf drei Ursachen zurückführen. Global gesehen muss an erster Stelle noch immer das natürliche Wachstum aufgrund der Geburtenüberschüsse genannt werden. Hinzu kommen die städtischen Nettogewinne durch Zuwanderungen. Außerdem erhöht sich die Zahl der urbanen Bevölkerung durch die Einstufung vormals ländlicher Siedlungen in den Rang einer Stadt.

Die Städte des europäischen Industriezeitalters sind in einem Prozess entstanden, dessen Ursachen nicht nur in der natürlichen Bevölkerungszunahme lagen. Die Siedlungen wuchsen in erster Linie aufgrund von Zuwanderungen.

Die Anziehungskraft eines Zentrums kann dabei auf verschiedene Faktoren zurückgeführt werden. In der Neuzeit war es zunächst – neben der allgemeinen Faszination, die seit jeher von Städten ausgeht – die Industrialisierung, die mit ihrem vielfältigen Angebot neuer Erwerbsmöglichkeiten in den aufblühenden Wirtschaftszentren Binnenwanderungen von erheblichem Ausmaß ausgelöst hat. Mit dem Übergang zur Dienstleistungsgesellschaft wird dieser Prozess überlagert durch die Tertiärisierung, also die Zunahme der Beschäftigtenanteile im tertiären Sektor. Viele Standorte von Dienstleistungseinrichtungen (Banken, Versicherungen, Kommunikationssysteme, öffentliche Verwaltung) sind an Städte bzw. Großstädte gebunden.

Städte bieten bis in das von der Suburbanisierung erfasste Stadtumland hinein attraktive Arbeitsplätze an. Voraussetzung für die damit verbundene räumliche Trennung von Wohn- und Arbeitsplatz ist die gestiegene Mobilität auf der Grundlage der Massenmotorisierung. Sie ist Hauptantriebskraft einer weitergehenden, insbesondere flächenhaften Verstädterung im Umland der großen urbanen Zentren.

8 *Vergleichen Sie für ausgewählte Länder den Verstädterungsgrad und den Entwicklungsstand (Tabelle 9 und Strukturdaten auf S. 190/191).*

9 *Erläutern Sie Ursachen für das Städtewachstum in Entwicklungsländern.*

10 *Erörtern Sie Chancen und Probleme des Verstädterungsprozesses.*

→ *Migration siehe Seiten 44/45*

ONLINE-Link
Surftipps
29120X-0213

Um 1900
„Pferdebahn-Stadt“
r = 4 km
um 1950
„Straßenbahn-Stadt“
r = 7 km
heute
„Autostadt“
r > 20 km
„U- und S-Bahn-Stadt“
r > 50 km

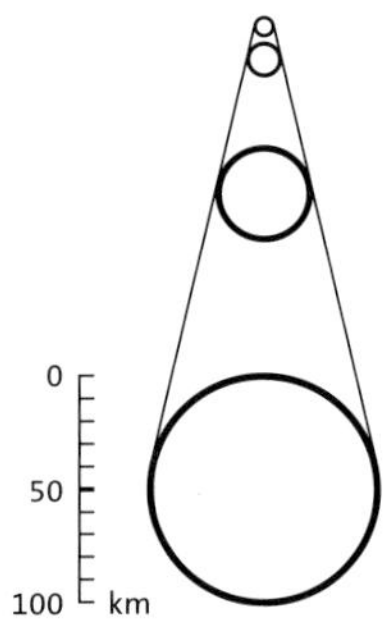

„Zu den ins Umland ziehenden Haushalten zählen vorwiegend junge und einkommensstärkere Familien. [...] Für die Kernstädte bedeutet eine derart selektive Abwanderung, dass diejenigen zurückblieben, die aus Altersgründen ihren angestammten Wohnplatz nicht mehr verlassen wollten, und diejenigen, denen die finanziellen Voraussetzungen für einen Wohnstandortwechsel fehlten. In die frei gewordenen Wohnungen rückten ausländische Arbeitsmigranten und ihre Familien, Umsiedler, Asylanten und andere Minoritäten nach [...]. Die Suburbanisierung wurde zum Motor einer sozialräumlichen Segregation.“

Klaus Zehner: a. a. O. S. 139 f.

Prozesse und Probleme in städtischen Räumen

Jede Stadt ist als Lebensraum für ihre Bürger einzigartig. Trotzdem werden urbane Räume nicht nur im nationalen, sondern auch im globalen Rahmen in immer stärkerem Maße durch gemeinsame Problemfelder geprägt. Schließlich unterliegen sie alle bei fortschreitender Globalisierung den selben Einflussfaktoren, die sich aus der zunehmenden weltwirtschaftlichen Verflechtung mit dem damit verbundenen stärkeren Wettbewerb auch zwischen den Städten, aus dem sozialen sowie demografischen Wandel und aus der Notwendigkeit eines nachhaltigen Umgangs mit Umwelt und Ressourcen ergeben.

Probleme der Suburbanisierung

Die Städte des Industriezeitalters zeichneten sich noch durch eine sehr kompakte Bauweise aus, da das Wohnen nahe bei der Arbeitsstätte eine große Rolle spielte. Ursache waren die geringen Einkommen und die langen Arbeitszeiten in der frühen europäischen und nordamerikanischen Industrialisierung. Der allgemeine Anstieg im Lebensstandard und die zunehmende Mobilität führten dann aber vor allem seit der zweiten Hälfte des 20. Jahrhunderts zu einer Verlagerung zunächst von Wohnungen, später auch von Arbeitsplätzen aus den Städten ins Umland. Aus diesem Prozess der **Suburbanisierung** ergeben sich vielfältige raumplanerische Stadt-Umland-Probleme.

11 **Suburbanisierungsprozesse**

Anfangs wurden nur Wohnungen und einige an Wohngebiete gebundene Dienstleistungen verlegt, während die Arbeitsplätze in den zentralen Innenstadtkomplexen verblieben. [...] Aber während des Booms in der Nachkriegszeit, [...] setzte ausgehend von den Vereinigten Staaten parallel dazu eine immer schnellere Dezentralisierung der Arbeitsplätze ein.
Drei Arten von Aktivitäten waren für diese Standortverlagerungen besonders anfällig: Erstens das verarbeitende Gewerbe und die damit verbundene Lagerhaltung, für die die Vororte mit ihren großen verfügbaren Flächen, die sich für eine effiziente Fließfertigung auf einer Ebene eigneten, geradezu ideal waren. [...] Zweitens ließen sich Forschung und Entwicklung und die damit verbundenen Hochtechnologiebranchen in Gegenden nieder, die ans ländliche Umfeld angrenzten und eine hohe Wohnqualität zu bieten hatten. [...] Drittens tendierten auch große, in der standardisierten elektronischen Datenverarbeitung tätige Unternehmen wie Versicherungen [...] dazu, an leicht erreichbare suburbane Knotenpunkte auszuweichen, wo die Büromieten niedriger sind.

Peter Hall und Ulrich Pfeiffer: URBAN 21. Der Expertenbericht zur Zukunft der Städte. Stuttgart und München: Deutsche Verlags-Anstalt 2000, S. 164 f.

Auch wenn im Zuge dieser Suburbanisierung ein Teil der städtischen Funktionen ins Umland verlagert wurde, blieben doch viele Arbeitsplätze im Stadtbereich selbst erhalten. Die zunehmende Trennung von Wohn- und Arbeitsstätten führte daher zu einem stark ansteigenden Pendlerverkehr. Darüber hinaus werden die zentralen Dienstleistungen (Verwaltung, kulturelle Angebote, medizinische Einrichtungen usw.) auch von den Bewohnern des Umlandes genutzt, was das Verkehrsaufkommen weiter erhöht. Insgesamt führt die mit der Suburbanisierung verbundene Verkehrsbelastung zu einer Beeinträchtigung der Lebensqualität sowohl in den zentrumsnahen Wohnlagen wie in der gesamten Stadtregion.
Ein weiteres raumplanerisches Problem stellt der Funktionswandel der Kernstadt dar. Von der Kernstadt wird erwartet, dass sie weiterhin hochwertige Einrichtungen der Infrastruktur (z. B. Krankenhausplätze und Spezialkliniken, Opernhaus und Messehallen) bereitstellt. Andererseits vermindern sich durch die Abwanderung von Bevölkerung und Gewerbe ihre Steuereinnahmen.

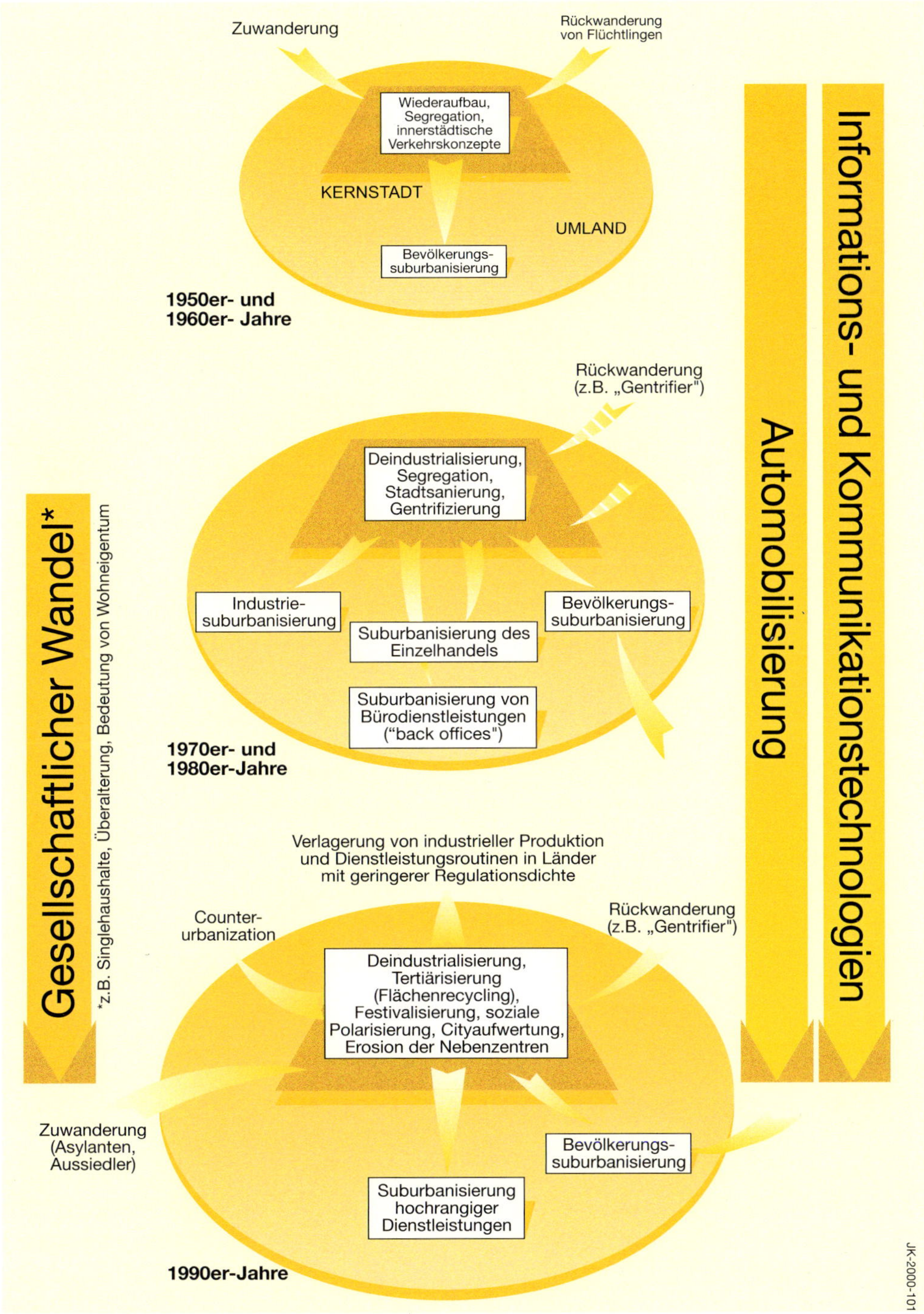

12 ***Deutschland: Entwicklungsprozesse in Verdichtungsräumen**; nach Klaus Zehner: Stadtgeographie. Gotha: Klett-Perthes 2001, S. 137*

***Segregation**:*
Räumliche Trennung von unterschiedlichen Elementen.
In der Stadtgeographie Bezeichnung für die lokale Konzentration bestimmter Bevölkerungsgruppen mit gemeinsamen demografischen oder sozialen oder ethnischen Merkmalen

***Gentrifizierung**:*
Bauliche, preisliche und damit auch soziale Aufwertung innenstadtnaher Wohnquartiere, verbunden mit einer Verdrängung einkommensschwacher Bevölkerungsgruppen

***Counterurbanization**:*
Großräumige Umverteilung von Bevölkerung und Arbeitsstätten von den Agglomerationsräumen in die ländlichen und peripheren Gebiete; Gegenprozess zur Urbanisierung mit ihren Land-Stadt-Wanderungen

11 *Arbeiten Sie heraus, welche Faktoren die Suburbanisierung ausgelöst bzw. beeinflusst haben.*

12 *Erklären Sie anhand der Grafik 12 Teilprozesse der Suburbanisierung.*

13 *Erläutern Sie Folgewirkungen und Probleme, die sich aus der Suburbanisierung ergeben.*

ONLINE-Link
Surftipp
WEBGEO Lernmodul „Umkirch bei Freiburg: Suburbanisierung seit 1950"
29120X-0214

13 **Berlin-Kreuzberg: multikulturell – aber auch segregiert**

***Gettoisierung**:*
Die den Juden zugewiesenen Stadtviertel wurden mit dem jüdisch-italienischen Begriff als Getto bezeichnet. Da sie in den meisten Städten nachts durch Tore abgeschlossen wurden, beinhaltet der Begriff Gettoisierung heute allgemein die weitgehende Isolierung einer bestimmten Bevölkerungsgruppe.

14 **Kreuzberg – Segregation und Integration**

In den städtischen Schulen und Kitas bleiben die Migranten, die 40 Prozent der Anwohner stellen, weitgehend unter sich: Der Anteil deutscher Muttersprachler liegt unter 20, manchmal unter 10 Prozent. Die Eberhard-Klein-Oberschule besuchen momentan nur noch Jugendliche mit Migrationshintergrund. [...] Viele Deutsche ziehen weg, wenn sie Kinder bekommen. [...]

Arbeitslosigkeit, Sozialhilfe, Gewalt? Fekret Keser, der einen Zeitungskiosk in der Wrangelstraße besitzt, möchte lieber über positive Dinge reden. Etwa darüber, was sich die Türken hier aufgebaut haben – kleine Läden, aber auch Baufirmen und Großhandelsunternehmen. Zum Teil mit viel Selbstausbeutung: Keser steht 17 Stunden am Tag hinter der Ladentheke. Er wohnt schon seit 1973 hier, seit er als Zehnjähriger mit seinen Eltern aus der Türkei kam.

Zitty Berlin. Das Hauptstadtmagazin für 14 Tage und die Nächte: Kreuzberg? Nichts für Kuscheltiere! vom 05.12.2006, unter: www.zitty.de

Probleme der Segregation und Integration

Die deutliche lokale Konzentration bestimmter Bevölkerungsgruppen, die in Bildungsstand, Beruf und Einkommen weitgehende Gemeinsamkeiten aufweisen, wird als soziale **Segregation** bezeichnet. Sie ist in erster Linie auf das Preisniveau bei Immobilien, auf die Zahlungsfähigkeit und damit auf die Zugangsmöglichkeiten zum Wohnungsmarkt zurückzuführen.

Ist in bestimmten Stadtvierteln der Anteil von Personen besonders hoch, die dieselben Merkmale im Hinblick auf Staatsangehörigkeit, Herkunft oder Geburtsland und Sprache aufweisen, wird von ethnischer Segregation gesprochen. Eine besondere Art der Segregation stellen hierbei die vorwiegend von bestimmten Minderheitengruppen bewohnten Stadtteile dar.

Segregation ist nicht in jedem Falle das Ergebnis einer erzwungenen räumlichen Trennung von Bevölkerungsgruppen. Häufig stellt sie auch eine freiwillig und selbst gewählte Wohnform dar. Die Mehrheit der Bevölkerung strebt in der Regel eine sozial, demografisch und ethnisch homogene Nachbarschaft an. Ursache hierfür ist die Erfahrung, dass durch ähnliche Normen und Wertvorstellungen das Konfliktpotenzial sinkt und sich dadurch ein Sicherheitsgefühl entwickelt. Wenn der Nachbar den selben sozialen Hintergrund aufweist, aus der selben ethnischen Gruppe stammt und womöglich auch noch zur gleichen Altersgruppe gehört, dann erhöht dies das Verständnis untereinander und minimiert jene Konflikte, die sich aus unterschiedlichen Lebensweisen ergeben können.

15 **Wohnsituation von Ausländern**

Zuwanderer konzentrieren sich besonders stark in den von Armut, Arbeitslosigkeit und Sozialhilfebezug betroffenen Gebieten. Es muss davon ausgegangen werden, dass die durchschnittliche Qualität der Wohnumgebung von Ausländerinnen und Ausländern schlechter ist als von Deutschen. Dazu gehört z.B. auch eine höhere Belastung mit Verkehrs-, Flug- und Industrielärm sowie mit Luftverunreinigungen. Wie [...] bereits dargelegt, stehen Ausländerinnen und Ausländern kleinere Wohnflächen zur Verfügung als deutschen Haushalten. [...] Trotz der insgesamt schlechteren Wohnversorgung zahlen ausländische Familien höhere Mieten im Vergleich zu deutschen Familien.

Bericht der Beauftragten der Bundesregierung für Migration, Flüchtlinge und Integration über die Lage der Ausländerinnen und Ausländer in Deutschland. Berlin: ohne Verlag 06/2005, S. 103–112

16 **Erwünschte Segregation**

Den „Gettos der Ausgeschlossenen“ stehen die „Gettos der sich selbst Ausschließenden“ gegenüber. Das Entstehen von Gated Communities ist Ausdruck der neuen sozialräumlichen Polarisierung der postmodernen Stadt am oberen Ende der ökonomischen und sozialen „Sanduhr“. Als Inseln des Wohlstandes werden sie in der Stadt oder Stadtregion errichtet, zentral geplante Reihenhäuser oder allein stehende Objekte, mit Freizeiteinrichtungen (Golf, Tennis, Schwimmbad), [...], sowie einer realen und in manchen Fällen auch nur virtuellen Ummauerung. Wichtiger als diese Ummauerung ist nämlich der Preis für ein entsprechendes Objekt, der den wichtigsten Filter dafür darstellt, dass nur die „richtigen“ Bewohner in die Gated Community einziehen. Segregation ist erwünscht und angestrebt, denn sie sorgt für eine homogene soziale Umwelt und eine Verdrängung von Armut und Elend aus dem Blickwinkel der Bewohner.

Heinz Fassmann: Stadtgeographie I. Allgemeine Stadtgeographie. Braunschweig: Westermann 2004, S. 112

17 ***Eingangszone einer Gated Community in den USA***

Gated Communities als besondere Form sozialer Segregation

Vor allem in Nordamerika ist – nicht zuletzt als Folge der wachsenden sozialen Gegensätze in den Städten und der damit verbundenen Zunahme der Kriminalität – bei den Mittel- bzw. Oberschichten der gesteigerte Wunsch nach Exklusivität und Sicherheit zu beobachten. Sichtbarer Ausdruck dieser Entwicklung ist das Entstehen von **Gated Communities**, von privaten und mit Sicherheitseinrichtungen (z. B. bewachte Einfahrten, Zäune, Videokameras, Hilfspolizei) geschützten Wohngebieten. Es wird geschätzt, dass in den Vereinigten Staaten bereits über 8 Mio. Menschen in knapp 20 000 derartigen Gated Communities wohnen – Tendenz rasch steigend.

Bei den Gated Communities lassen sich drei Haupttypen unterscheiden:

- Lifestyle-Communities als Wohnanlagen für Menschen bestimmter sozialer Schichten, meist im selben Lebensabschnitt und demzufolge mit ähnlich gelagerten Interessen und Freizeitaktivitäten (z. B. Rentnerstädte, Seniorensiedlungen, Golf- oder Country-Style-Communities);
- Elite- oder Prestige-Communities als bevorzugte Wohnorte Wohlhabender mit dem Bestreben, „unter sich“ zu sein und den eigenen Reichtum geschützt zur Schau zu tragen;
- Safety Zone Communities als bevorzugte Wohnanlagen mit entsprechenden Sicherheitseinrichtungen für eine sich bedroht fühlende Bevölkerungsgruppe.

Die Errichtung von Gated Communities nach nordamerikanischem Vorbild als privat organisierte, dem staatlichen Zugriff und Gewaltmonopol zumindest teilweise entzogene territoriale Einheiten ist in den Staaten Europas mit ihren demokratischen Verfassungen nicht möglich. Allerdings ist auch hier zu beobachten, dass bestimmte Wohngebiete mit Alarmanlagen und Sicherheitskräften ausgestattet werden, dass in exklusiven Einzelanlagen und Hochhausobjekten hohe Sicherheitsstandards bereits zum Alltag gehören.

14 *a) Vergleichen Sie die beiden Fotos 13 und 17.*
b) Erläutern Sie Ursachen der dargestellten Situation.

15 *Untersuchen Sie – im Rahmen einer Behördenbefragung, Interviewserie oder Stadtexkursion – die Wohnsituation ausländischer Bevölkerungsgruppen in Ihrer Heimatstadt.*

18 ***Verkehrsregulierung in der Eingangszone einer Gated Community in den USA***

ONLINE-Link
Gated Communities
29120X-0215

2.5 Städte und ihr Wandel in unterschiedlichen Kulturräumen

„Beim ersten Anblick einer fremden, insbesondere einer größeren Stadt mag sich dem nicht im systematischem Beobachten geschulten Reisenden der Eindruck eines amorphen Häusermeeres und Straßengewirrs ergeben, und er wird erst allmählich, wenn überhaupt, zu der Einsicht gelangen, dass es sich um ein doch ergründbaren Regelhaftigkeiten unterworfenes Anordnungsmuster von Flächen, Gebäuden bestimmter Nutzungsarten und Gruppierungen ihrer Wohnbevölkerung handelt."

Burkhard Hofmeister: Die Stadtstruktur. Darmstadt: Wissenschaftliche Buchgesellschaft 1996, S. 1

1 ***Schrägluftbild von Moskau***

Stadtmodelle im Vergleich

Im Zuge des Verstädterungsprozesses sind Bevölkerungskonzentrationen entstanden, die sich je nach Lage, Größe und technischen Rahmenbedingungen (z.B. Bauweise) in ihrer äußeren Gestaltung sowie inneren Struktur deutlich unterscheiden. Eine Metropole in Osteuropa oder Südamerika hat sich in ihren herkömmlichen Bauformen und ihrem städtischen Gefüge anders entwickelt als eine deutsche Großstadt. Die traditionelle Ausgestaltung einer Stadt ist dabei in entscheidendem Maße vom jeweiligen Kulturraum abhängig. Im Rahmen der weltweiten Industrialisierung und Globalisierung unterliegen aber alle **Stadtstrukturen** einem starken Wandel.

Die Gliederung einer Stadt in Teilräume, die sich in der jeweils vorherrschenden Nutzung oder Funktion unterscheiden, wird als „funktionale Stadtgliederung" bezeichnet. Dabei wird in erster Linie untersucht, welche „Leistung" ein städtischer Teilraum im Rahmen des gesamten städtischen Gefüges erbringt und welche Flächennutzung sich daraus ergibt. Städte sind nicht nur Wohnorte, sondern auch Standorte von Güterproduzenten und Dienstleistungsunternehmen, Verteilerstellen, Innovations- sowie Macht- und Verwaltungszentren. Diese Funktionen siedeln sich innerhalb des Stadtgebietes in bestimmten Zonen oder Quartieren an. Ihr Standort wird beeinflusst durch Faktoren wie Verkehrsanbindung, Transportkosten und Flächenbedarf. Eine entscheidende Rolle spielt

2 **Stadtstrukturmodelle**

Am meisten wurden [zur Erfassung der Stadtstruktur] die aus der Sozialraumanalyse entwickelten Modelle angewendet. Das älteste dürfte das Sternmuster sein, das der Stadtentwicklung im Straßenbahnzeitalter, d. h. der Epoche zwischen der Fußgängerstadt und der Autostadt, entspricht. [...] Aus ihm ging das „Modell der konzentrischen Zonen" (Kreis-Modell) hervor. Es ging davon aus, dass sich das Wachstum der Stadt zentral-peripher vollzieht, indem sich Nutzungen und Bevölkerungsgruppen zonal anordnen und sich diese Anordnung laufend durch nach außen gerichtete Expansion verändert. [...] Kritik setzte vor allem an der postulierten, aber so nicht vorhandenen Homogenität und Symmetrie dieser Zonen an. Nicht die Luftliniendistanz zum Zentrum, sondern die sogenannte ökonomische Distanz in Form des Zeit-Kosten-Aufwandes als Maß der Erreichbarkeit sei entscheidend. Bei einem Straßennetz, bei dem die schnellsten Verkehrswege radial vom Zentrum zur Peripherie führen, [...] bedeutet dies, dass die konzentrischen Ringe [...] sternförmig verzerrt werden. [...] [Man] entwickelte demgegenüber die Vorstellung, dass sich Stadtteile unterschiedlicher Nutzungs- und Sozialstruktur eher keilförmig in Sektoren an die zentrale **City** anlagern. [...] [Andere Geographen] setzten dem ihr Mehrkerne-Modell entgegen, das von mehreren Siedlungskernen ausgeht.

Burkhard Hofmeister: Stadtgeographie. Braunschweig: Westermann 1997, S. 156–157

auch das Streben nach einer optimalen bzw. rentablen Nutzung der Ressource Boden für die Erfüllung der Daseinsgrundfunktionen und damit für die Versorgung der Bevölkerung.

Wenn sich auch in der Standortverteilung für jede einzelne Stadt unterschiedliche Ausprägungen ergeben, so lassen sich doch insgesamt deutliche Regelhaftigkeiten in der funktionalen Gliederung erkennen. In der Wissenschaft sind verschiedene **Stadtmodelle** entwickelt worden, um diese komplexen Zusammenhänge in vereinfachter Weise darzustellen und zu erklären (Grafik 3).

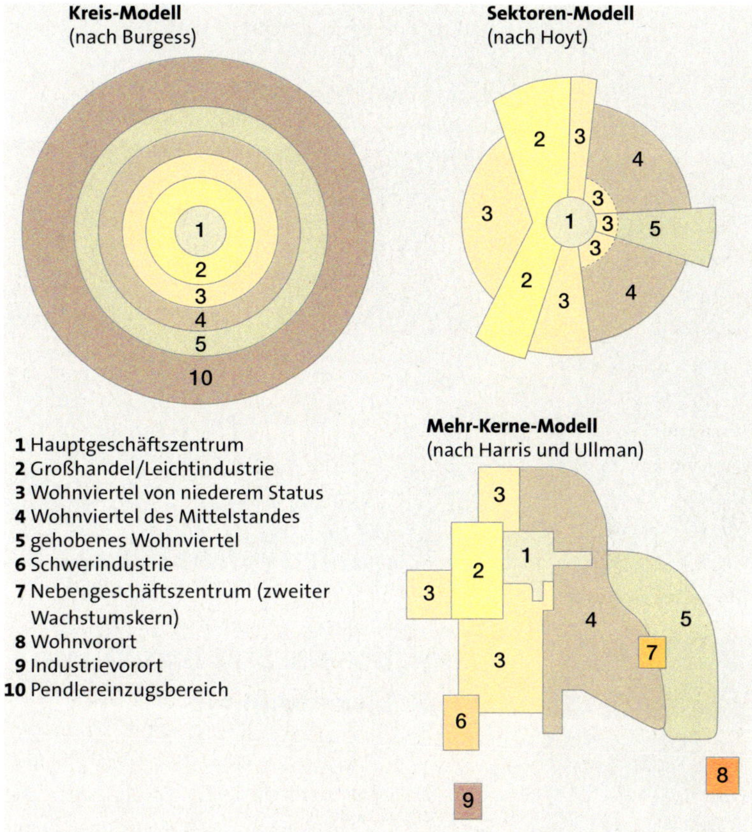

3 ***Modelle der funktionalen Gliederung von Stadt und Stadtumland***

1 *Ordnen Sie das Luftbild 1 begründet einem „Modell der funktionalen Gliederung" (Grafik 3) zu.*

2 *a) Arbeiten Sie, jeweils auf der Grundlage kleinmaßstäbiger Stadtpläne (Atlas), die funktionale Gliederung ausgewählter Städte heraus.*
b) Ordnen Sie diese den Modellen der funktionalen Gliederung zu.

3 *Beurteilen Sie die Eignung dieser Modelle für die Erfassung städtischer Strukturen.*

4 *Erstellen Sie auf der Grundlage eines Stadtplanes und einer Stadtexkursion eine funktionale Gliederung Ihrer Heimatstadt.*

ONLINE-Link
Surftipps
29120X-0216

④ *Altstadt von Damaskus*

⑤ *Verfallende Altstadt von Jiddah, Saudi-Arabien*

⑥ *Handwerker auf dem Souk von Damaskus*

Traditionelle Stadtstrukturen und deren Wandel

In allen Kulturerdteilen von Europa über den Orient und Ostasien bis nach Nord- und Lateinamerika haben sich kulturgenetische Stadttypen herausgebildet. Zu ihnen gehören auch die historisch-genetischen Stadttypen in Mitteleuropa, wie zum Beispiel die Römerstädte, die Handels- und Bürgerstädte des Mittelalters, die Planstädte des Absolutismus oder die Industriestädte des 19. Jahrhunderts. All diese Städte sind das Produkt ihres jeweiligen Kulturraumes und der in jeder historischen Epoche dominierenden gesellschaftspolitischen, ökonomischen und technischen Einflüsse. In ihrem aktuellen Erscheinungsbild und in ihren Strukturen spiegeln sie den gesellschaftlichen Wandel der letzten Jahrhunderte wider. Dabei muss beachtet werden, dass sich soziale Veränderungen stets rascher vollziehen als die Umformungen der Bausubstanz. Deren Beharrungsvermögen (Persistenz) sorgt für das Nebeneinander traditioneller und moderner Strukturen im Erscheinungsbild der verschiedenen Stadttypen.

Die islamisch-orientalische Stadt

⑦ **Erscheinungsbild und Funktionen der Altstadt (Medina)**

Der islamisch-orientalische Stadttyp ist in einer rentenkapitalistisch organisierten Agrargesellschaft entstanden, in der der Islam als vorherrschende Religion die Stadt als religiöses und politisches Zentrum definierte. Als typische Strukturelemente treten hervor:

- das Sackgassen-Grundrissmuster der Wohnquartiere, das dem Streben nach Schutz der Privatsphäre entspricht, gelten doch die großen Durchgangsstraßen zu den Stadttoren als öffentlicher Besitz, die Sackgassen aber als gemeinschaftlich-privater Bereich, als äußerer Schutzkordon für das eigene Haus;
- scharf abgegrenzte Wohnquartiere mit in der Regel um einen Innenhof angeordneten und nur auf diesen hin geöffneten Wohnhäusern, was ebenfalls die Intimität des Familienlebens garantieren soll;
- die Freitagsmoschee als religiöser und gesellschaftlicher Mittelpunkt sowie kleinere Moscheen innerhalb der einzelnen Stadtviertel;
- der Suq (arabisch; auch Souk oder Suk) bzw. Bazar (persisch), der – analog zum **Central Business District [CBD]** bzw. zur City westlicher Städte – das Handels-, Gewerbe- und Finanzzentrum darstellt und in dem auch die rentenkapitalistischen Landeigentümer als Kaufleute, Geldverleiher und Verleger des ländlichen Heimgewerbes ihren Sitz haben;
- Stadtmauern sowie Burg- und Palastanlagen als Ausdruck politischer Macht;
- spezielle Stadtviertel [Gettos] für ethnische bzw. religiöse Minderheiten (z. B. für Christen, Juden);
- nach Religionen getrennte Friedhöfe außerhalb der Stadtmauer.

Wilfried Korby: Das Jahrtausend der Städte. TERRAglobal. Gotha: Klett-Perthes 2004, S. 14

8 **Moderne Überprägung**

Infolge der Überprägung durch die britischen und französischen Kolonialmächte einerseits und durch die moderne Weltwirtschaft andererseits hat sich das Bild der traditionellen islamisch-orientalischen Stadt seit Beginn des 20. Jahrhunderts wesentlich verändert.

Neben der Altstadt entwickelte sich eine Neustadt mit regelmäßigem Straßennetz, repräsentativen Plätzen, mehrgeschossigen Miets-, Geschäfts- und Bürokomplexen sowie offenen Wohnvierteln der Ober- und Mittelschicht, letztere vor allem in landschaftlich bevorzugten Lagen.

In der Neustadt konzentrierte sich ferner der gehobene Tertiärbereich mit Banken, Großkaufhäusern, Hotels und Verwaltungsgebäuden; eine City nach europäischem Vorbild entstand, vornehmlich zwischen Altstadt und Neustadt. So entwickelte sich im Laufe der Verwestlichung die islamisch-orientalische Stadt häufig zu einer zweipoligen Stadt mit einem modernen CBD in geringer Entfernung von der Medina.

Zweipolig ist die heutige islamisch-orientalische Stadt auch noch in einem anderen Sinne. Auch die Wohngebiete sind zweigeteilt: Mit dem Auszug besonders junger und wohlhabender Bevölkerungsgruppen aus der Enge der Medina verfällt diese mehr und mehr. Im Gegenzug rücken „Neustädter" nach, die den ländlichen Raum wegen des hohen Bevölkerungsdrucks und der unzureichenden Lebens- und Wirtschaftsverhältnisse verlassen. Es kommt zu einer Überbelegung der Wohnbereiche der Medina, teilweise auch zu Slumbildung. Gleichzeitig entwickeln sich am Rande der Großstädte Hüttenviertel der Armen. [...]

Da die Industrialisierung in den orientalischen Ländern in aller Regel erst spät einsetzte, kam es auch nicht zu einer stärkeren Durchmischung von Wohn- und Industriegebieten. Die größeren Industriebetriebe siedelten sich vor allem an den großen Ausfallstraßen an der Peripherie der Städte an.

Norbert von der Ruhren: Leitbilder der Stadtentwicklung in außereuropäischen Kulturkreisen, in: Norbert v. der Ruhren (Hrsg.): Leitbilder der Stadtentwicklung. Köln: Aulis 2003, S. 32

9 ***Neustadt von Damaskus***

Im Orient haben sich die ältesten Stadtkulturen der Erde entwickelt. Ausgehend von der „Wiege der Stadtkulturen" in den Stromtiefländern an Euphrat, Tigris und Nil breitete sich das Städtewesen seit dem dritten Jahrtausend vor Christus in den nordafrikanisch-vorderasiatischen Raum aus. Hier befindet sich heute das geschlossene Hauptverbreitungsgebiet des Islam. Die orientalische Stadt ist also kein eigenständiges Produkt des Islam, da viele ihrer Elemente aus vorislamischer Zeit stammen oder auch in anderen Kulturräumen anzutreffen sind. Aber sie ist durch den Islam in entscheidender Weise mit geprägt worden.

5 *Beschreiben Sie anhand des Fotos 4 Merkmale und Probleme der islamisch-orientalischen Altstadt.*

6 *Erläutern Sie Strukturen und Prozesse der islamisch-orientalischen Stadt, wie sie unter westlich-europäischem Einfluss entstanden sind.*

7 *Gestalten Sie eine Strukturskizze für ein Modell der islamisch-orientalischen Stadt.*

Rentenkapitalismus: *Wirtschaftssystem, das besonders im Orient verbreitet ist; die Eigentümer der Produktionsmittel, meist große Landbesitzer, die aber in den Städten leben, schöpfen die Ertragsanteile (Renten) aus der Landwirtschaft ab, ohne dass Teile der Gewinne zur Erhöhung oder Erhaltung der Produktivität reinvestiert werden; stattdessen dienen die Erträge zur Finanzierung ihres städtischen Wohlstandes.*

ONLINE-Link
Infoblatt Orientalische Stadt
29120X-0217

Die lateinamerikanische Stadt

11 **Grundstrukturen**

Schachbrettgrundriss, manchmal auch ein rechteckiger Grundriss, mit dem Hauptplatz, der plaza mayor, im Zentrum gilt als das bestimmende Merkmal aller kolonialspanischen Gründungen in der Neuen Welt. [...] Dafür maßgeblich waren mehrere städtebaulich-architektonische Vorstellungen, darunter spanische Vorbilder, die angetroffenen Grundrisse der indianischen Vorläuferstädte sowie Theorien der Renaissance. Schon mit dem Gründungsakt wurden die unmittelbar an die plaza angrenzenden cuadras für die wichtigsten Regierungs-, Verwaltungs-, religiösen und militärischen Gebäude reserviert und die übrigen zentral gelegenen Grundstücke an die ranghöchsten der an der Stadtgründung beteiligten Konquistadoren vergeben. Diese Aufteilung machte die plaza auch zum funktionalen Stadtzentrum und bedingte zugleich ein soziales Kern-Rand-Gefälle, das auch in der Physiognomie deutlich in Erscheinung trat: Im Stadtkern lagen die bedeutendsten öffentlichen Repräsentationsbauten wie Kathedrale und Rathaus und die oft prunkvollen Adelspaläste und Bürgerhäuser der vornehmen Familien. Nach außen folgten die Wohnviertel der weniger privilegierten Angestellten, der Händler und Handwerker. Größe und Ausstattung der meist eingeschossigen Patiohäuser nahmen dabei mit wachsender Entfernung vom Stadtmittelpunkt ab. Die Lehmhütten der Indios und später z. T. auch der Sklaven lagen am äußersten Stadtrand.

Jürgen Bähr, Ulrich Jürgens: Stadtgeographie II. Regionale Stadtgeographie. Braunschweig: Westermann 2005, S. 266–268

Patiohaus
Stadthaus mit zentralem Innenhof

10 ***Quito: Stadtansicht***

12 **Wandel der Stadtstruktur im 19. und 20. Jh.**

Erste Tendenzen einer Auflösung traditioneller Strukturen zeichneten sich schon während der 60er-Jahre des 19. Jahrhunderts. ab. Vor allem die Kommerzialisierung des Stadtzentrums, wo sich nach der Unabhängigkeit der lateinamerikanischen Staaten zunehmend Handelshäuser, Banken, Unternehmensverwaltungen und Einzelhandel niedergelassen hatten, führte zur Verdrängung der Oberschicht, die sich nun in der Nähe der neu angelegten Parks am Rande der Stadt niederließ. Die Weltwirtschaftskrise 1929 und der Wunsch, sich vom krisenanfälligen Weltmarkt zu lösen, führten ab 1930 zur beschleunigten Industrialisierung lateinamerikanischer Städte. Das Zentrum erfuhr einen funktionalen, vor allem aber sozialräumlichen Wandel. Anstelle der aufgegebenen und abgerissenen Patiohäuser wurden billige Massenmietshäuser (‚conventillos') errichtet. Vor allem an den Stadträndern entstanden nun Industrieviertel und Arbeitersiedlungen. Die durch den raschen wirtschaftlichen Umbruch stimulierte Landflucht hatte die Bildung von Hüttenvierteln zur Folge.

Klaus Zehner: Stadtgeographie. Gotha: Klett-Perthes 2001, S. 182

ONLINE-Link
Infoblatt Lateinamerikanische Stadt
29120X-0218

8 *Arbeiten Sie aus dem Foto 10 wesentliche Merkmale der lateinamerikanischen Stadt heraus.*

9 *Erstellen Sie ein Strukturschema für die kolonialzeitliche lateinamerikanische Stadt.*

10 *Erläutern Sie den Wandel der Stadtstruktur seit dem 19. Jahrhundert.*

Die angloamerikanische Stadt

13 **Gegenwärtige Strukturen und Wandel der angloamerikanischen Stadt**

Zonen höchster Wirtschaftskraft sind die Downtowns, obwohl sich seit den 1980er-Jahren signifikante Leerstandsraten hinter den neuen Wolkenkratzern verbergen. Es folgen ‚Urban Renewal'-Flächen mit mehr oder wenig stark ausgeprägtem ‚Marktpotenzial'. Neuerdings werden auf solchen ausgewählten Arealen innerstädtische ‚Gated Communities' gebaut.

Eine große Verkehrsinfrastruktur [mit Highways] bildet häufig die äußere Begrenzung der Downtowns. [...] Diese wurde in nicht wenigen Fällen als physische Abgrenzung gegen die verfallenen Wohnviertel errichtet, welche [...] dem unteren Mittelstand und der ‚urban underclass' zuzurechnen sind.

Auffallend sind in den City-nahen Gebieten die Großsportarenen als neue, jedoch umstrittene Symbole der Downtown-Attraktivität. So mussten beispielsweise in Atlanta für das [...] Fulton County Stadium ca. 50 000 Personen der unteren Einkommensschicht aus dem Planungsareal weichen. [...] Es ist nicht immer klar, wohin die verdrängten Personen ziehen, zumal der soziale Wohnungsbau nicht Schritt hält. Das Phänomen des ‚doubling up', also der Überbelegung bereits bestehender Slums, ist [...] nachgewiesen. [...]

Seit den 1970er-Jahren sind diese [City-nahen] Stadtviertel von ‚Gentrification' erfasst worden.

Jürgen Bähr, Ulrich Jürgens: a. a. O., S. 174

***Downtown**:* *Wirtschaftliches Zentrum der amerikanischen Stadt*

→ *Gated Communities, siehe Seite 59*

→ *Gentrifizierung, siehe Seite 57*

14 **Zur Geschichte der angloamerikanischen Stadt**

Nordamerikas Städte sind jung. Die meisten wurden erst im 18. und 19. Jh. gegründet, zu einem Zeitpunkt also, da die Hauptphase der Städtegründungen in Mitteleuropa bereits mehr als ein halbes Jahrtausend zurücklag. Die Gründungen in den USA erfolgten vornehmlich im Zuge der Erschließung des Landes, zunächst [...] an der Ostküste, später im Rahmen der Landnahme [...] ab ca. 1880.

Die angloamerikanischen Städte [...] hatten im Gegensatz zu vielen Städten in Mittel- und Südamerika keine vorkolonialen Vorgänger. Es fehlen ihnen zudem städtebauliche Elemente wie sie z. B. die europäische Stadt aufweist: eine Altstadt, ein zentraler Markt, eine Stadtmauer, eine Burg oder ein Schloss.

Andererseits spiegeln die angloamerikanischen Städte sehr deutlich Werte und Einstellungen der Gesellschaft wider, die sie erbaut hat. Sie waren nie kulturelle Zentren. Die Amerikaner haben ihre Städte vielmehr hauptsächlich nach wirtschaftlichen und pragmatischen Gesichtspunkten angelegt und ausgestaltet.

Rita Schneider-Sliwa: USA. Darmstadt: Wissenschaftliche Buchgesellschaft 2005, S. 179 f.

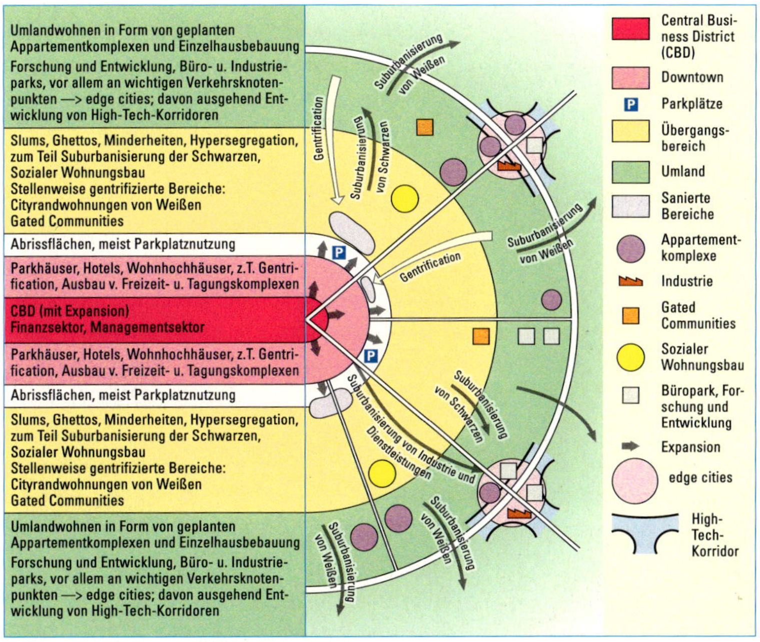

15 ***Modell der angloamerikanischen Stadt***

Nach Roland Hahn: USA. Perthes Länderprofile. 2. Aufl. Gotha: Perthes 2002, S. 44

11 *Arbeiten Sie wesentliche Merkmale des Stadttyps „angloamerikanische Stadt" heraus.*

12 *Erläutern Sie aktuelle Entwicklungen und Probleme der angloamerikanischen Stadt.*

ONLINE-Link
Infoblatt Nordamerikanische Stadt
29120X-0219

Städtischer Wandel in Industrieländern

Eine Analyse aller den urbanen Raum prägenden Prozesse zeigt, dass die heutigen Stadtstrukturen in ihren wesentlichen Teilen erst seit der Industrialisierung entstanden sind. Die neuen Produktionsweisen, die zunehmende Mobilität der Menschen sowie die Weiterentwicklung der Verkehrstechnologien veränderten die Gestalt der Städte und führten zu deren raschem Wachstum. Mit dem Übergang zur Dienstleistungsgesellschaft seit dem Ende des 20. Jahrhunderts entstanden neue Kräfte und Prozesse, die die urbanen Strukturen überformten.

16 *Verladebahnhof in Dortmund zu Beginn des 20. Jahrhunderts*

17 **Stadtentwicklung in der Industriegesellschaft: Veränderung durch Innovationen**

Das 19. Jh. war ein Zeitalter stürmischer politischer, sozialer und gesellschaftlicher Transformationen sowie technisch-ökonomischer Veränderungen. [...] Ausgelöst durch eine ununterbrochene Folge zahlreicher technischer Basiserfindungen und ihrer Weiterentwicklungen entstanden innerhalb weniger Jahre in den Städten neue industrielle Arbeitsplätze. Dies betraf zunächst die Textil- und Montanindustrie, deren Bedarf an Arbeitskräften aus dem lokalen Arbeitskräftereservoir nicht mehr gedeckt werden konnte. Somit wurde die Verfügbarkeit von Arbeitskräften zu einem wichtigen Faktor für die rasche Industrialisierung der Städte. Ohne den Zuzug erwerbswilliger Personen aus ländlichen Räumen, in denen um 1860 noch 70–80 % der Gesamtbevölkerung gelebt hatten, wäre der wirtschaftliche Take-Off der Industriestädte kaum möglich gewesen. [...]

Ab etwa 1830 begann das Zeitalter einer bis dahin nicht gekannten Mobilität: Die Dampfmaschine bildete die Grundlage für wichtige sogenannte abgeleitete Innovationen in der Verkehrstechnologie. Eisenbahn und Dampfschiff führten zu erheblichen Effizienzsteigerungen im Transportwesen. [...] Somit entwickelte sich die Eisenbahn zu einem entscheidenden Instrument der Industrialisierung, da die verarbeitende Industrie nicht mehr an die Standorte der Rohstoffvorkommen gebunden war, sondern sich in den Städten, wo Arbeitskräfte, Kapital und technisches sowie ökonomisches Wissen vorhanden waren, entfalten konnte. [...]

Die Vorzüge des neuen Transportmittels „Eisenbahn" wären jedoch kaum zum Zuge gekommen, hätten nicht gesellschaftlich-juristische Innovationen die Mobilität der Bevölkerung erst ermöglicht. In Preußen etwa waren es die Stein-Hardenbergschen Reformen, die Bauernbefreiung und die Freiheit der Wohnortwahl umfassten. [...] Erst Sozialreformen eröffneten die Möglichkeit der ungehinderten Zuwanderung von Arbeitskräften in die [...] rasch expandierenden Montanreviere. [...]

Die ökonomische Transformation der Städte [...] wirkte sich [...] in einer räumlichen Expansion aus. Der Ausbau der Städte verlangte nach leistungsstärkeren innerstädtischen Verkehrssystemen. Die rasche Transformation der verdichteten Fußgängerstadt der früh- und vorindustriellen Epoche, die ein Fußgänger in höchstens 30 bis 40 Minuten durchquert hatte, in eine Stadt mit bandförmigen Wachstumskorridoren, war nur durch die Entwicklung neuer Verkehrstechnologien möglich.

Klaus Zehner: Stadtgeographie. Gotha-Stuttgart: Klett-Perthes 2001, S. 107ff.

ONLINE-Link
Surftipps
29120X-0221

Stadtentwicklung in der Dienstleistungs- und modernen Erlebnisgesellschaft

Viele Standorte von Einrichtungen des Tertiären Sektors (z.B. Banken, Versicherungen, Kommunikationssysteme, öffentliche Verwaltung) sind an Städte gebunden. Ihr Auf- und Ausbau veränderte insbesondere das Bild und die Funktion der Innenstädte. Die Tertiärisierung erfasst inzwischen aber den gesamten urbanen Raum. An den Stadträndern, „auf der grünen Wiese", auf zentrennahen Industriebrachen entstehen Shopping Malls, Urban Entertainment Centers (siehe Text 19), Factory-Outlet-Centers oder Themenparks. Um im nationalen und internationalen Wettbewerb zu bestehen, versuchen Stadtmanagement- und Stadtmarketing-Gesellschaften die Attraktivität ihrer Stadt durch den Aufbau von „Erlebniswelten" zu erhöhen. Unterhaltung und Event werden zu neuen Markenzeichen der großen Städte.

Die sich in den letzten Jahren ausbreitende urbane Eventkultur lässt immer vielfältigere Angebotsformen entstehen. Traditionelle Einrichtungen wie Kinos, Gaststätten oder Zoologische Gärten wandeln sich zu „Erlebniswelten" mit Namen wie „Multiplex-, Omnimax und Cinemaxx-Kino". An die Stelle einfacher Schwimmbäder treten „Spaß-, Erlebnis- oder Tropenbäder" sowie „Wasserparks". „Themenwelten" bieten Märchen- und Safarierlebnisse oder fantasievolle „Weltausstellungen" bis hin zu „Science Centers". Gemeinsam ist allen Einrichtungen, dass jeweils eine Vielzahl von Angeboten zusammengefasst wird, so dass der Kunde gleichzeitig Einkaufs-, Freizeit-, Kultur- und Naturerlebnisse konsumieren kann.

18 ***Factory-Outlet-Center „Ingolstadt Village"**: im Jahre 2005 bei Ingolstadt eröffnet*

19 **Urbane Erlebniswelten**

Erlebniseinkaufscenter [...] ähneln mehr einem Vergnügungspark für Erwachsene. Geboten werden Fantasy-Abenteuer nach der Devise „Entführt mich in ein anderes Leben – aber holt mich zum Abendessen zurück." Die Entführung findet eigentlich nur in der Fantasie statt. „Urban Entertainment Center" steigern den Bekanntheitsgrad und Imagewert einer Stadt oder Region: Seit es „CentrO" in Oberhausen gibt, ist Oberhausen zur drittbekanntesten Stadt an Rhein und Ruhr avanciert. Die jährlich 23 Millionen Besucher können sich sehen lassen. Die Verschmelzung von Einkauf und Freizeit, von Konsumieren und Flanieren macht die Städte wieder attraktiver.

Horst W. Opaschowski: Kathedralen des 21. Jahrhunderts. Erlebniswelten im Zeitalter der Eventkultur. Hamburg: B.A.T. Freizeitforschungsinstitut 2000, S. 33ff.

Kaufhaussterben – Konsum-Giganten vor dem Aus

„Das Geschäft läuft nicht mehr. Immer weniger Leute kaufen in den traditionellen Warenhäusern ein. Beobachter sagen, dass das klassische Vollsortiment-Kaufhaus überholt ist. Das Kaufhaus war über fast ein Jahrhundert hinweg die Einkaufsattraktion jeder größeren Stadt. Doch seit etwa 20 Jahren verliert es Marktanteile an die Konkurrenz.

Riesige Einkaufszentren meist vor den Toren der Stadt halten eine viel größere Auswahl bereit. Zudem unterbieten die Discounter mit ihren Billigpreisen jedes Kaufhausangebot. Und auch das Internet wird mit seinen Shopping-Angeboten für Kunden immer attraktiver."

BR-Online (Bayerischer Rundfunk): Kaufhaussterben – Konsumgiganten vor dem Aus, vom 22.05.2009, unter: www.br-online.de

13 *a) Erarbeiten Sie, auch unter Einbeziehung Ihrer Kenntnisse aus dem Fach Geschichte, entscheidende Push- und Pull-Faktoren der Bevölkerungswanderungen in Mitteleuropa im 19. Jahrhundert.*

b) Beschreiben Sie die Folgen dieser Zuwanderungen für das Erscheinungsbild der Städte.

14 *Untersuchen Sie, gegebenenfalls im Rahmen eines Projektes, in welchem Ausmaß die auf dieser Seite beschriebene Entwicklung auch in Ihrer „Heimatstadt" feststellbar ist.*

15 *Erörtern Sie die Behauptung von H. W. Opaschowski: „Die Verschmelzung von Einkauf und Freizeit, von Konsumieren und Flanieren macht die Städte wieder attraktiver".*

Nachteilige Strukturmerkmale des ländlichen Raums (Push-Faktoren)	Persönliche Motive und Kommunikationsmedien	Attraktive Strukturmerkmale des städtischen Raums (Pull-Faktoren)
- niedriger Lebensstandard - unzureichende Ernährungslage infolge Landknappheit - Arbeitslosigkeit - Unterdrückung durch Grundbesitzer - Ausbeutung durch Zwischenhändler - mangelnde Versorgung mit öffentlichen Dienstleistungen (Schule, Krankenhaus etc.) - geringe Teilnahmemöglichkeit an Gütern und Dienstleistungen des Staates - erstarrte Sozialstrukturen - mangelnde Innovationsbereitschaft - Ernterisiko durch Witterungseinflüsse / Bodenzerstörung	- Glaube an eine Verbesserung der Situation („schlechter kann es nicht werden") - außengeleitetes Verhalten / Mode („wie der Freund / Bruder") - Radio / Fernsehen / Presse - Berichte von Besuchern aus der Stadt - Saisonarbeit in der Stadt, z.B. auf Baustellen	- Arbeitsmöglichkeiten - höherer Verdienst - Aufstiegschancen - größere persönliche Freiheit - größere Auswahl an öffentlichen Infrastruktureinrichtungen (Schule, Krankenhaus etc.) - größere Teilnahmemöglichkeit an Gütern und Dienstleistungen des Staates - abwechslungsreicherer Lebensalltag - gewisse Versorgungssicherheit (Nahrungsmittel)

20 ***Motive der Land-Stadt-Wanderung in Entwicklungsländern***

Verstädterung in Entwicklungsländern

21 **Städte als soziale Brennpunkte**
In Dörfern Afrikas, Asiens und Lateinamerikas gilt die Parole aus dem Europa des Mittelalters: „Stadtluft macht frei." Tag für Tag verlassen 170 000 Menschen in der Dritten Welt ihre Felder und ziehen in wuchernde Metropolen. Doch statt der erträumten Befreiung von Armut und sozialen Fesseln bringt die Verstädterung oft nur neues Elend. Gerade im Zeitalter der Globalisierung finden viele Zuwanderer keine Arbeit und enden mit ihren Familien in Slums ohne Strom und Kanalisation. Es gibt keine Schulen, niemand transportiert den Müll ab. Die verschmutzte Umwelt macht die Menschen krank. Verbittert schauen die Bewohner der Elendsviertel auf überall entstehende Gettos der Reichen, die von privaten Sicherheitsdiensten bewacht werden müssen. Denn die Kluft zwischen Wohlhabenden und Habenichtsen erzeugt Gewaltkriminalität, gegen die kommunale Behörden nicht ankommen. Polizisten wagen sich nicht mehr in von Banden beherrschte „No go areas". Angesichts der Polarisierung in vielen Mega-Cities warnen Experten vor der sozialen „Zeitbombe Megastadt".

Hans Hielscher: Zeitbombe Stadt, in: DER SPIEGEL 52/1999, S. 130f.

Der nebenstehende Quellentext hat an Aktualität und Brisanz bis heute nichts verloren. In den Städten von Entwicklungsländern, vor allem in der jeweiligen Metropole, spiegeln sich wie in einem Brennglas die Bevölkerungsprobleme der Dritten Welt wider: Die Gesamtbevölkerung nimmt stetig zu, aber sie wächst überproportional in den städtischen Zentren. Durch die überwiegend junge Bevölkerung ergibt sich ein großer natürlicher Zuwachs, der durch anhaltende Landflucht verstärkt wird.

Der Anteil der städtischen Bevölkerung in den Entwicklungsländern ist von 1980 bis heute von 29 % auf 45 % angewachsen – und es ist davon auszugehen, dass sich die Zuwachsraten in den nächsten Jahrzehnten kaum verringern werden. Der ländliche Raum verliert auf diese Weise die wirtschaftlich aktivsten Bevölkerungsgruppen, während sich in den Städten die Probleme der Existenzsicherung und Umweltbelastung noch weiter verschärfen. Die Mehrheit der Menschen in den urbanen Zentren kämpft ums nackte Überleben, gegen Arbeitslosigkeit und Ausbeutung, Armut und Hunger, Krankheit und Obdachlosigkeit. In einigen **Megastädten** leben schon heute mehr als 70 % der Einwohner in Armenvierteln bzw. Marginalsiedlungen. Neben der Metropolisierung sind also **Marginalisierung** und Slumbildung wesentliche Kennzeichen des Wandels der Städte in Entwicklungsländern.

→ *Slumbildung und Marginalisierung, siehe Seite 71*

22 **Unterschiede im Verstädterungsprozess in Industrie- und Entwicklungsländern**

Mit dem Prozess der Verstädterung war in den Industrieländern die Umgestaltung von einer traditionellen ländlichen in eine stark arbeitsteilig-urbane Gesellschaft verbunden. Hier ging der Industrialisierung und Verstädterung entweder eine tief greifende Agrarreform voraus oder beide Prozesse erfolgten gleichzeitig.

Die Verstädterung in den heutigen Entwicklungsländern setzte in den 1920er-Jahren in Lateinamerika ein und hat seit dem Zweiten Weltkrieg auf alle Länder übergegriffen. Jedoch weist sie gegenüber dem Verstädterungsprozess der Industrieländer grundlegende Unterschiede auf:

- In den Entwicklungsländern geht die Verstädterung in der Regel der Industrialisierung weit voraus und erfolgt meist unkontrolliert. Die in den 50er- und 60er-Jahren in das Städtewachstum gesetzte Hoffnung, Motor der Modernisierung zu sein, hat sich kaum erfüllt.
- Die städtische Bevölkerung in den Entwicklungsländern nimmt wesentlich stärker zu als in den meisten europäischen Industrieländern während ihres größten Wachstums in der zweiten Hälfte des 19. Jahrhunderts.
- In den Industrieländern wuchsen die Städte im 19. Jahrhundert hauptsächlich durch Zuwanderung, weniger durch natürliches Bevölkerungswachstum. [...]
- Die Industrialisierung erfolgte in den Industrieländern durchweg durch nationale Eigenanstrengung und unter enger Verknüpfung der verschiedenen industriellen Branchen miteinander und mit den übrigen Wirtschaftssektoren. Mit Ausnahme weniger NIC fehlen in den Entwicklungsländern diese Verknüpfungen. Darüber hinaus erfolgt die Industrialisierung hier vorwiegend mit arbeitssparenden, zum größten Teil importierten Technologien. Deshalb ist das Arbeitsplatzangebot äußerst gering.

Karl Engelhard: Welt im Wandel. Köln: Omnia-Verlag 2000, S. 68

23 ***Lima (Peru): Attraktivität der Stadt als Pull-Faktor***

Der Zustrom in die urbanen Ballungsräume der Entwicklungsländer führt zu deren Überlastung und verschärft die sozialen Gegensätze. Die Städte sind oft kaum noch regierbar (Text 21). Weitere negative Folgen des Verstädterungsprozesses sind:

- das Auseinanderbrechen familiärer Bindungen und damit die Zerstörung traditioneller Solidarsysteme,
- die wachsende Konkurrenz im täglichen Überlebenskampf mit Brutalisierung der nachwachsenden Generation und deren Anfälligkeit für politischen Extremismus,
- ein drastischer Anstieg von Kriminalität, Prostitution und Drogenkonsum,
- die zunehmende Übernutzung der natürlichen Ressourcen in den städtischen Räumen und in ihrem Umland,
- die gesundheitsgefährdende Zunahme der Luft- und Wasserverschmutzung.

__NIC__ (Newly Industrialized Country): Alternative Bezeichnung für ein Schwellenland, also einen Staat, der sich aufgrund seiner dynamischen Entwicklung auf dem Weg zum Industrieland befindet

16 *Arbeiten Sie aus dem Foto 23 Pull-Faktoren heraus (Grafik 20).*

17 *Charakterisieren Sie den Verstädterungsprozess in Entwicklungsländern.*

18 *Metropolen in Entwicklungsländern werden oft charakterisiert als „cities that came too soon". Erklären Sie diesen Ausdruck.*

19 *Erörtern Sie die Realisierungschancen der in der Übersicht 20 aufgeführten Erwartungen (Pull-Faktoren).*

20 *Stellen Sie weitere negative Folgen des Verstädterungsprozesses dar.*

ONLINE-Link
Surftipps
29120X-0220

2.6 Megastädte und deren Probleme

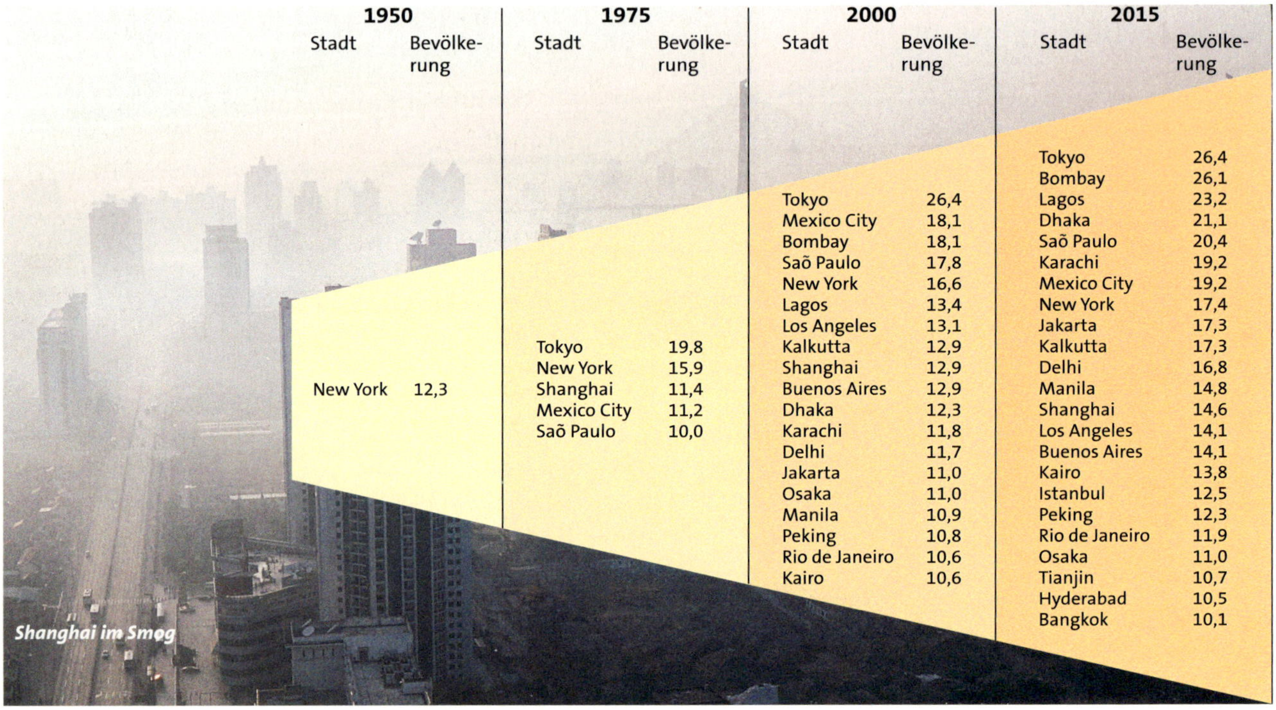

1950 Stadt	1950 Bevölkerung	1975 Stadt	1975 Bevölkerung	2000 Stadt	2000 Bevölkerung	2015 Stadt	2015 Bevölkerung
New York	12,3	Tokyo	19,8	Tokyo	26,4	Tokyo	26,4
		New York	15,9	Mexico City	18,1	Bombay	26,1
		Shanghai	11,4	Bombay	18,1	Lagos	23,2
		Mexico City	11,2	Saõ Paulo	17,8	Dhaka	21,1
		Saõ Paulo	10,0	New York	16,6	Saõ Paulo	20,4
				Lagos	13,4	Karachi	19,2
				Los Angeles	13,1	Mexico City	19,2
				Kalkutta	12,9	New York	17,4
				Shanghai	12,9	Jakarta	17,3
				Buenos Aires	12,9	Kalkutta	17,3
				Dhaka	12,3	Delhi	16,8
				Karachi	11,8	Manila	14,8
				Delhi	11,7	Shanghai	14,6
				Jakarta	11,0	Los Angeles	14,1
				Osaka	11,0	Buenos Aires	14,1
				Manila	10,9	Kairo	13,8
				Peking	10,8	Istanbul	12,5
				Rio de Janeiro	10,6	Peking	12,3
				Kairo	10,6	Rio de Janeiro	11,9
						Osaka	11,0
						Tianjin	10,7
						Hyderabad	10,5
						Bangkok	10,1

1 Die Megastädte der Welt – von 1950 bis 2015 (Bevölkerung in Mio.)

Nach Ingomar Hauchler u.a. (Hrsg.): Globale Trends 2002. Frankfurt: Fischer Taschenbuch Verlag 2001, S. 102

Metropolisierung in Industrie- und Entwicklungsländern

Die größte Stadt der Welt?

Chongqing (China) 2007:

- *eigenständiges Verwaltungsgebiet (regierungsunmittelbare Stadt, 32 Millionen Einwohner)*
- *Ballungsraum einschließlich der Vororte: 7,7 Millionen Einwohner*
- *geographisches Stadtgebiet (hohe Bebauungsdichte, geschlossene Ortsform): 4,3 Millionen Einwohner*

ONLINE-Link

Surftipp Megastädte

29120X-0222

Als Ergebnis des Verstädterungsprozesses sind weltweit riesige Bevölkerungsballungen entstanden, die heute mit Begriffen wie Megastadt oder **Megalopolis** bezeichnet werden. Besonders in Entwicklungsländern ist der Konzentrationsprozess so weit fortgeschritten, dass oft über 25 % der Gesamtbevölkerung in der Hauptstadt leben. Das bevölkerungsmäßige Übergewicht dieser Metropole oder Primate City wird als demografische Primacy bezeichnet. Ihr Indikator ist der prozentuale Anteil der Metropole an der gesamten Landesbevölkerung.

Ein weiterer gebräuchlicher Indikator ist der Index of Primacy, der als Quotient zwischen der größten und zweitgrößten Stadt eines Landes definiert ist.

Mit der Bevölkerungszahl allein und ihrem Zuwachs lässt sich das Problem der **Metropolisierung** jedoch nur unzureichend erfassen. Viel aussagekräftiger ist im Hinblick auf die Entwicklungsperspektiven eines Landes die funktionale Primacy. Darunter versteht man die hohe Konzentration von politisch-administrativen, wirtschaftlichen, sozialen sowie kulturell-wissenschaftlichen Funktionen und insbesondere auch von Macht- bzw. Entscheidungsträgern in der jeweiligen Metropole. Durch deren überproportionale Ausstattung mit Einrichtungen der Infrastruktur (z. B. Ausbildungsplätzen, Krankenhausbetten, Kommunikationssystemen) und Arbeitsplätzen im Sekundären sowie im Tertiären Sektor, nimmt in einem Prozess der Selbstverstärkung das Wohlstandsgefälle zu den übrigen Regionen des Landes ständig zu. Aber auch innerhalb der Metropole wächst die Kluft zwischen Arm und Reich.

② **Nairobi: moderne Hochhäuser im Zentrum der Stadt und der Slum „Kibera" am Stadtrand**

Slumbildung und Marginalisierung

③ **Arm und Reich in Nairobi**

Man ist im besseren Teil von Kibera, dem alten Wohnquartier am Rande des riesigen gleichnamigen Slums (mit seinen 700 000 Menschen). Hier gibt es ein paar Asphaltstraßen und heruntergekommene Steinhäuser aus den [19-]siebziger Jahren. Wer hier wohnt, [...] der gehört zur unteren Mittelschicht. Er muss einen Job haben, sonst kann er die Miete nicht bezahlen. [...]

Kenneth Opuko [...] arbeitet in einer Werkstatt. Der 28-jährige Single wohnt mit seiner Schwester in einer vier Quadratmeter großen Einzimmerwohnung im guten Stadtteil von Kibera. Gerade hat er noch eine Kusine vom Lande aufgenommen, die erst ein paar Monate in Nairobi arbeitet und die im Kibera-Slum wohnte, es dort aber nicht aushielt. Verschlammte, rutschige Wege, die ständige Angst vor Überfällen, die Ratten in den Hütten, die offenen, stinkenden Abwasserkanäle. [...] Es gibt keinen Strom, keine Straßenlampen. Er zahlt für sein Zimmer umgerechnet 20 Euro – ein Fünftel seines Monatseinkommens. Der Raum ist in einem Atriumhaus, in dem er sich mit sechs anderen Mietparteien Klo, Dusche und Küche teilt [...].

Runda ist ein exklusives Wohnviertel für schätzungsweise 4000 Menschen. Eine Schranke blockiert die einzige Zufahrtsstraße [...], die Patrouillenfahrzeuge privater Sicherheitsfirmen stehen parat. Straßenlampen, gepflegte Straßen mit Gehwegen [... sind hier zu finden]. Wohlhabende Kenianer, ein paar Minister und viele Europäer wohnen hier [...]. „Man hat hier ein leichtes, angenehmes Leben und [...] wird verschont von der alltäglichen Kriminalität", meint ein westlicher Diplomat, der hier für 1500 Euro im Monat ein Haus mit Garten gemietet hat [...].

Am Wege zum Githagoro-Slum steht der Wachmann Fred Barraza an einem Bach und wäscht seine Uniform: Das sei billiger. Wasser müsse er im Slum kaufen. Seine Frau hat er in der Provinz gelassen, mit ihr in Nairobi zu wohnen wäre zu teuer. Nach 22 Uhr, sagt Barraza, könne man den Weg von Runda nach Githagoro nicht benutzen, Räuber lauerten am Wege. [...] Aber seinen Umzug nach Nairobi bereut er nicht: „Zu Hause wäre ich Bauer. Ich hätte höchstens 15 Säcke Mais im Jahr als Ernte."

Christoph Link: Arm und Reich nebeneinander in Kenias Hauptstadt, in: Stuttgarter Zeitung vom 09.02.2005.

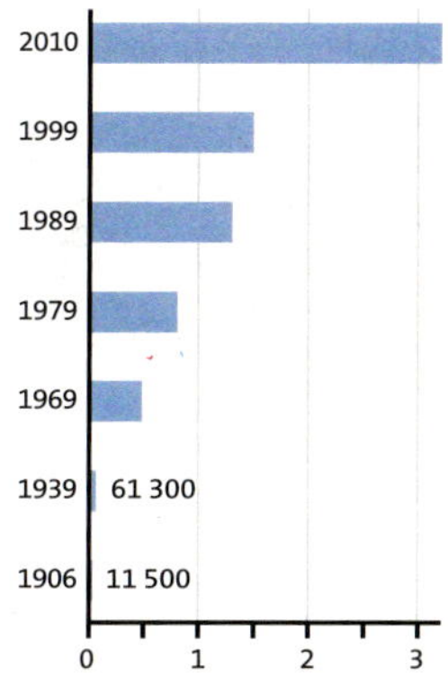

④ ***Entwicklung der Einwohnerzahl Nairobis (Mio. Ew.)***

Nach Kenya National Bureau of Statistics, unter: www.cbs.go.ke (Zugriff am 08.07.2009)

Nairobi – Weg zu einer schwarzafrikanischen Metropole:

- *gegründet Ende der 1890er-Jahre als britisches Lager für Eisenbahnarbeiter*
- *ab 1905 Hauptstadt des britischen Protektorats Ostafrika bzw. der Kolonie Kenia*
- *seit 1963 Hauptstadt des unabhängigen Staates Kenia*

1 *Definieren Sie die Begriffe „demografische Primacy" und „funktionale Primacy".*

2 *Erläutern Sie den Prozess der „Marginalisierung" (siehe auch die Seiten 68/69).*

3 *Vergleichen Sie die auf den Seiten 68/69 dargestellten Pull-Faktoren mit der Situation in Nairobi.*

5 *Maputo: Einparkhilfe für ein paar Cent*

Informeller Sektor: Chance auf Minimalverdienst u. a. durch
- *Hilfe beim Autoeinparken oder Autowaschen*
- *Flaschen- und Altpapiersammeln*
- *Müllverwertung*
- *Einpacken im Supermarkt*
- *Schuhputzen*
- *Losverkaufen*

„Über die Hälfte der Stadtbewohner Südamerikas verdient ihr Geld im Informellen Sektor."

Christian Habbe: Kampfgeist der Armen, in: DER SPIEGEL 47/2000 vom 20. 11. 2000, Seite 182

ONLINE-Link
Infoblatt Metropolisierung
29120X-0223

Bedeutungszuwachs des Informellen Sektors

6 **Straßenkinder in Mosambik**

Sie leben isoliert von ihren Familien, obwohl sie erst zwischen 12 und 18 Jahre alt sind. Ein kleines Fleckchen Erde unter einem Baum ist zugleich ihr Schlaf- und Wohnzimmer. Krankheiten sind an der Tagesordnung und Essen müssen sie sich erbetteln. Das Leben der 400 Straßenkinder in der mosambikanischen Hauptstadt Maputo ist hart.

Faroque Jorge macht sich nützlich. Er und die anderen Straßenkinder von Maputo versuchen, sich mit kleinen Handlangerdiensten und durch Betteln über Wasser zu halten. Faroque Jorge winkt den Wagen in eine Parklücke auf dem Mittelstreifen der Avenida 24 de Julho. Die Frau am Steuer kurbelt das Fenster herunter und lässt drei Münzen in Faroques Hand fallen, umgerechnet etwa 10 Cent. „Geld behält jeder für sich, Essen teilen wir", sagt der schmächtige 14-jährige und setzt sich zu seinen drei Freunden unter einen Baum. Links und rechts fließt zäh der Nachmittagsverkehr vorbei. Alle paar Minuten kommt er zum Stehen, wenn die Ampeln auf rot schalten. Dann springen die Jungen auf und klappern die Autos nach etwas Geld ab.

Tillmann Elliesen: Drei Münzen für Faroque, in: Welternährung 2/2006, S. 3

Bei den Zuwanderern aus dem ländlichen Raum handelt es sich in der Regel um junge, kreative Arbeitskräfte mit dem festen Willen, den Kampf gegen die Armut aufzunehmen und sich sozial zu verbessern. Die entsprechende Energie hat der Neuankömmling in einem **Slum** oder einer randstädtischen Elendssiedlung auch dringend nötig, muss er sich doch nicht nur gegen eine übermächtige Bürokratie durchsetzen, sondern auch gegen ein gesellschaftliches und wirtschaftliches System, das ihm den Zugang zu existenziell wichtigen Einrichtungen und Gütern verwehrt. Der einzige Weg ist oft der informelle. „Informell" bedeutet, dass die formellen Satzungen der staatlichen Ordnung umgangen werden, um so „Nischen zum Überleben" zu finden. In den Marginalsiedlungen zeigen sich solche informellen Aktivitäten in nahezu allen Lebensbereichen: im Wohnungsbau, in den sozialen Diensten, in der Selbstverwaltung, in der Kommunikation, ja sogar in der Rechtsprechung.

Formalitäten können im wahrsten Sinne des Wortes für den Bewohner der Elendsviertel „tödlich" sein. Er kann z. B. nicht warten, bis ihm der Staat bzw. die Stadt die Erlaubnis für den Bau einer Hütte gewährt, und es dauert in der Regel viele Jahre, bis ein Armenviertel an das Wasser-, Abwasser- oder Stromnetz angeschlossen wird. Vielfach kann der Einzelne die Kosten hierfür ohnehin nicht aufbringen.

Für das Heer der Armen ohne berufliche Ausbildung, für die Frauen und Kinder, die mithelfen müssen, den Unterhalt der Familie zu sichern, gehört die Arbeit im **Informellen Sektor** zu den wenigen Einkommensmöglichkeiten. Das bedeutet Arbeit in einem Bereich, der weder Lizenzen besitzt noch Steuern zahlt. Er schließt gelegentlich auch kriminelle Handlungen wie Diebstahl oder Rauschgifthandel ebenso ein wie Prostitution oder Bettelei. Häufig wird deshalb die Bezeichnung „informell" gleichgesetzt mit „illegal". Das ist im Grunde aber eine Diskriminierung für jeden „Informellen", der durch die Umstände gezwungen ist, jede Chance zu ergreifen, um sich und seine Familie zu ernähren.

Maßnahmen zur Bewältigung des Wachstums

Trotz der vielfältigen Probleme bietet der Verstädterungsprozess den Entwicklungsländern auch große Chancen. Der ländliche Raum könnte z. B. das Überleben der stark wachsenden Bevölkerung längst nicht mehr im gleichen Maße sichern wie die Städte. Der aus der Not heraus entstandene Informelle Sektor in den urbanen Zentren ermöglicht heute vielen Menschen eine, wenn auch häufig unsichere, Existenzgrundlage. Die wachsenden städtischen Märkte wiederum verlangen nach agrarischen Produkten und können so zur Einkommenssicherung ländlicher Familien beitragen. Die Städte bieten in der Regel auch Qualifizierungs- und Ausbildungsmöglichkeiten zumindest für einen Teil der Zuwanderer, und insbesondere für Frauen bestehen meist bessere Beschäftigungs- und Aufstiegschancen sowie mehr Möglichkeiten für eine aktive Teilnahme am öffentlichen Leben als im ländlichen Raum. Selbst in Slums bzw. Marginalsiedlungen ergeben sich Chancen, die individuelle wirtschaftliche sowie soziale Lage zu verbessern. Das Leben in den Städten könnte auch das regenerative Verhalten verändern: Beim Wachstum der städtischen Bevölkerung sind in der Regel sinkende Geburtenraten zu beobachten. Letztendlich zeigt die Entwicklung insbesondere in Europa, dass es zumeist die Städte waren, von denen gesellschaftliche und politische Veränderungen ausgingen.

Für die Städte selbst, für die nationalen Regierungen, aber auch für die internationale Entwicklungszusammenarbeit ergeben sich damit folgende Aufgaben, um die Probleme der zunehmenden Verstädterung zu bewältigen:

- die nachhaltige Verbesserung der Lebens- und Arbeitsbedingungen des ärmeren Teils der städtischen Bevölkerung,
- die Begrenzung der ökologischen Belastungen als Folge des Städtewachstums,
- der Erhalt der natürlichen Grundlagen der Städte und ihres Hinterlandes,
- Dezentralisierung zur Stärkung der Regionen außerhalb der Metropole.

7 ***Armutsbekämpfung – Straßenkinderprojekt in einer Marginalsiedlung von Rio de Janeiro***

Zur Erreichung der genannten Ziele sind Maßnahmen verschiedenster Art in Angriff genommen worden. Zu nennen sind hier Projekte zur Stärkung des ländlichen Raumes oder zum Ausbau von Entlastungsstädten, um so den Zuwanderungsdruck auf die jeweilige Metropole zu mildern. Durch Hauptstadtverlagerungen wie z. B. von Rio de Janeiro nach Brasilia oder von Lagos nach Abuja sollten das übermäßige Wachstum von Megastädten gebremst und Entwicklungsimpulse für strukturschwache Regionen ausgelöst werden.

Projekte zur Slumsanierung oder zur Eingliederung marginalisierter Bevölkerungsgruppen (Foto 7) setzen kleinräumig bei den unmittelbar Betroffenen an. Maßnahmen der Stadtplanung dagegen orientieren sich häufig an „westlichen“ Vorstellungen von moderner Urbanität.

4 *Arbeiten Sie wesentliche Merkmale des informellen Sektors heraus.*

5 *Versetzen Sie sich in die Lage eines Jugendlichen Ihres Alters in einer Marginalsiedlung: Erläutern Sie Ihre persönliche Überlebensstrategie.*

6 *Beurteilen Sie die auf dieser Seite dargestellten Maßnahmen zur Bewältigung des Städtewachstums.*

Hauptstadtverlagerung in Tansania

Im Jahre 1974 wurde die Hauptstadt des Staates Tansania von Dar es Salaam nach Dodoma (damals 20 000 Einwohner) verlegt. Seitdem sind einige Ministerien und 1996 auch die Nationalversammlung dorthin umgezogen.

Wie ist diese Verlegung zu beurteilen?

PRO:

- *Abwendung von der kolonial geprägten Küstendominanz*
- *Entwicklungsimpuls für wirtschaftsschwaches Hinterland, dadurch Reduzierung der Abwanderungen*

KONTRA:

- *hohe Transportkosten durch Küstenferne als Standortnachteil*
- *hohe Kosten für Ausbau der neuen Hauptstadt und der (Verkehrs-) Infrastruktur*

Eine Recherche durchführen

Das Recherchieren ist ein Verfahren zur Beschaffung, Verarbeitung und Beurteilung von Informationen. Ziel dieses Verfahrens ist es, sich über ein bestimmtes Thema ausführlich zu informieren und sich die Hintergründe bzw. Umstände eines Problems systematisch zu erschließen, um so zu einer eigenständigen Sicht und Beurteilung zu gelangen.
Eine Recherche lässt sich im Allgemeinen in drei Schritte gliedern: detaillierte Problembeschreibung mit Erstellen einer Gliederung sowie eines Arbeitsplanes, Sammeln und Ordnen der Informationen, Auswertung der Informationen im Hinblick auf die zentrale Problemstellung.

Für die Ausarbeitung eines Referates oder zur Beschaffung von aktuellen und zusätzlichen, über das Schulbuch hinausgehenden Informationen ist es erforderlich, eine eigenständige Literatur- und Medienrecherche durchzuführen. Um einen ersten Überblick über das zu bearbeitende Themenfeld zu erhalten, kann es sich lohnen, zunächst ein enzyklopädisches Lexikon (in Buchform oder im Internet) zu Rate zu ziehen. Der entsprechende Stichwortartikel liefert, auch über die Querverweise, bereits eine Reihe von Grundinformationen sowie Literaturangaben. Aktuellere Titel mit spezialisierten Fragestellungen müssen dann aber in den Bibliotheken durch eine Katalogrecherche oder mittels Internetrecherche ermittelt werden.
In Hintergrundberichten mit tagespolitischen Bezügen, wie sie immer wieder in überregionalen Tageszeitungen oder Nachrichtenmagazinen erscheinen, haben Journalisten zu einem bestimmten Thema häufig wichtige Informationen aus verschiedenen Quellen zusammengetragen. Eine Stichwortanfrage bei den entsprechenden Archiven kann helfen, solche Artikel aufzuspüren. Hierfür bieten große Tageszeitungen online einen Informationsservice an.
Insbesondere Zahlen oder Schaubilder können über Statistische Bundes-, Landes- oder Stadtämter beschafft werden. Dabei ist zu empfehlen, per Mail bzw. Telefon oder auch durch einen Besuch Kontakt aufzunehmen, dabei sich selbst und das Anliegen vorzustellen und gezielt nach bestimmten Daten zu fragen. Es kann allerdings vorkommen, dass spezielle Informationen nur gegen einen Unkostenbeitrag ausgedruckt und zugesandt werden.
Bei gesellschaftlichen, politischen oder sozialen Themen sind auch Parteien, Gewerkschaften und Verbände wichtige Ansprechpartner. Hier hilft in der Regel das Referat für Öffentlichkeitsarbeit weiter. Gleiches gilt für Kirchen, karitative Einrichtungen, Vereine oder Selbsthilfegruppen. Die von ihnen herausgegebenen Broschüren, Positionspapiere oder Abschlussberichte zu wichtigen aktuellen Themen können sich als ergiebige Fundgruben erweisen.

Wenn man Informationen aus erster Hand sucht, empfiehlt sich eine Kontaktaufnahme mit Personen, die in der Praxis mit dem ausgewählten Thema „vor Ort" beschäftigt sind. Das können Sachbearbeiter in den Ämtern, Journalisten, Sachverständige aus der Wirtschaft oder von Universitäten sein. Durch telefonische Voranmeldung sollte der Termin für ein Gespräch vereinbart werden. Ein sorgfältig ausgearbeiteter Fragebogen hilft, die Informationsquelle möglichst optimal auszuschöpfen. Bei bestimmten Themenstellungen kann es sich auch lohnen, die Rechercheergebnisse durch eine kleine Umfrage unter Mitschülern, im Bekanntenkreis oder sogar unter Passanten anzureichern.

Eine Recherche durchführen

1. Schritt: Ziel der Recherche festlegen

- *genau überlegen, wonach gesucht wird*
- *klare Fragestellungen formulieren*

2. Schritt: Informationsquellen auswählen

- *für eine erste Übersicht Lexikon und Internet nutzen*
- *weitere Informationsquellen (siehe oben) heranziehen*
- *Seriosität der Quellen überprüfen*

3. Schritt: ausgewählte Informationsquelle gezielt auswerten

- *die in Schritt 1 formulierten Fragen an die Quelle richten*
- *Informationen strukturiert sammeln und sortieren (z.B. Aktenordner mit Trennblättern oder Karteikartensystem)*
- *Quellen vollständig und genau zitieren*

4. Schritt: Rechercheergebnisse bewerten

- *überprüfen, ob die Informationen zur Erörterung der zentralen Fragen ausreichen*

5. Schritt: Suche gegebenenfalls ausweiten

- *weitere Informationsquellen aufspüren*
- *bei einer Internetrecherche zusätzliche Suchbegriffe eingeben*

Global Cities: Schaltstellen der Globalisierung?

Der Globalisierungsprozess mit seiner zunehmenden internationalen Verflechtung des Kapitals, der Arbeitsmärkte, des Handels, des Verkehrs und der Kommunikation wirkt sich nicht nur auf unsere wirtschaftliche Situation, unseren Alltag und unsere Lebenschancen und Perspektiven aus. Er verändert auch die Struktur und das Aussehen unserer Städte. Und er schafft seine eigenen Steuerungszentren die sogenannten Global Cities (siehe Karte 10, S. 55).

9 ***Londoner City: Bankenviertel***

8 **Funktionen von Global Cities**

Diese [...] Intensivierung des Globalisierungsprozesses, mit der die räumliche wie sektorale Zersplitterung der Produktionsprozesse einhergeht, macht zentralisierte Managementfunktionen notwendig. Ihre transnationale Bündelung erfordert einen konkreten Standort: die **Global City** [...].

Als Knotenpunkte einer transnational organisierten kapitalistischen Ökonomie sind Global Cities somit internationale Zentren – im Unterschied zu der großen Mehrzahl der Megastädte, die als nationale Zentren fungieren.

Die insbesondere bei den Entwicklungsländer-Megastädten überragende funktionale Primacy bezieht sich auf die nationale Ebene [...]. Global Cities oder Weltstädte, als Hauptsitz der bedeutendsten transnationalen Konzerne, Finanzzentren (Banken u. Börsen) sowie als Drehscheiben des Weltverkehrs – kurz: ausgestattet mit einer herausragenden globalen Primacy, fungieren hingegen als Motoren der Internationalisierung. Das aber bedeutet, dass Global Cities unabhängig von der Größe der Stadt existieren und deshalb a priori auch nicht auf Megastädte beschränkt sind [...].

Folgende Indikatoren wurden als relevant erachtet [...]:

- Firmensitze [...] der [...] größten Transnationalen Unternehmen (TNC) nach Anzahl [...] und Umsatz [...],
- Hauptverwaltungen der [...] größten Banken nach Umsatz,
- Sitz der größten Börsen nach Umsatz [...],
- bedeutendste internationale Flughäfen nach Anzahl der Passagiere [...] und
- Frachtaufkommen [...],
- führende Seehäfen nach Umschlag [...],
- Sitz bedeutender internationaler/weltwirtschaftlicher Institutionen [...].

Allerdings ist die ökonomische einschließlich der verkehrlichen Dimension bei dieser Auswahl einseitig in den Vordergrund gerückt; die kulturelle bleibt z. B. ausgeblendet. Die Zahl der ausländischen Touristen/Stadt wäre ein ebenso relevanter Indikator wie etwa die Zahl auswärtiger Messebesucher. Flächendeckende, weltweit vergleichbare Daten sind jedoch für alle diese Indikatoren nicht verfügbar.

Dirk Bronger: Metropolen, Megastädte, Global Cities. Darmstadt: Wissenschaftliche Buchgesellschaft 2004, S. 144–147

ONLINE-Link
Infoblatt Global Cities
29120X-0224

7 *Führen Sie zu der mit der Überschrift vorgegebenen Problemstellung eine Recherche durch und gestalten Sie zu Ihren Ergebnissen eine Präsentation. Eine erste Übersicht zur Thematik liefert Ihnen das vorliegende und über den ONLINE-Link bereitgestellte Material. Berücksichtigen Sie bei Ihrer weiterführenden Recherche insbesondere folgende Aspekte von Global Cities: Begriffsbestimmung, Funktionen, Bedeutung und Hierarchie sowie räumliche Verteilung.*

Wichtige Begriffe
Altersstruktur
Bevölkerungsentwicklung
Bevölkerungspolitik
Bevölkerungswachstum
demografischer Übergang
Flüchtling
Global City
Informeller Sektor
Integration
Marginalisierung
Megastadt
Metropolisierung
natürliche Bevölkerungsbewegung
Segregation
Slum
Stadtmodell
Stadtstruktur
Suburbanisierung
Urbanisierung
Verstädterung
Wanderungsbewegung

1

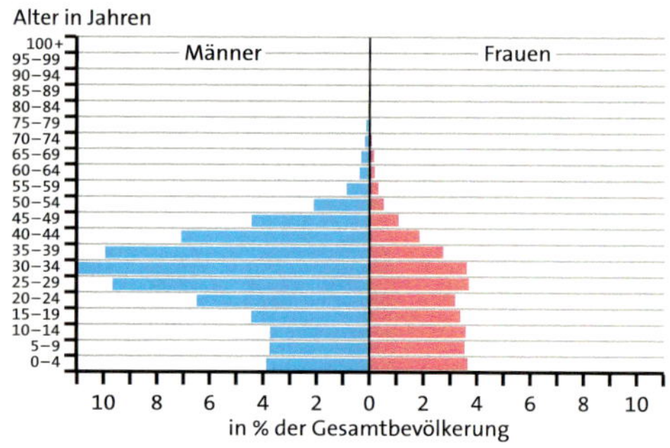

2 **Bevölkerungsdiagramm**; *nach Elizabeth Leahy et al.: The Shape of Things to Come. Washington: Population Aktion International 2007, S. 67*

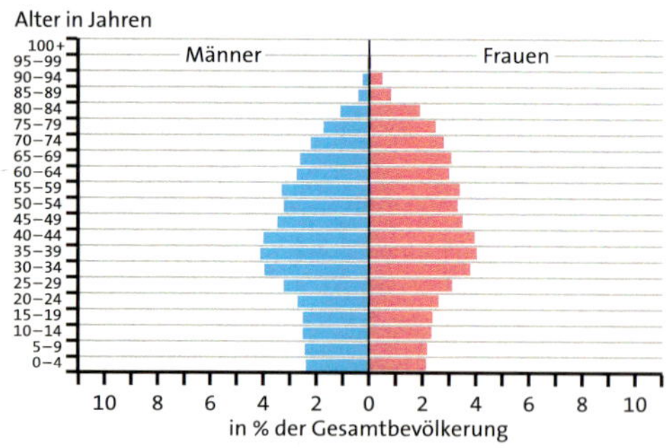

3 **Bevölkerungsdiagramm**; *nach Elizabeth Leahy et al. a. a. O., S. 55*

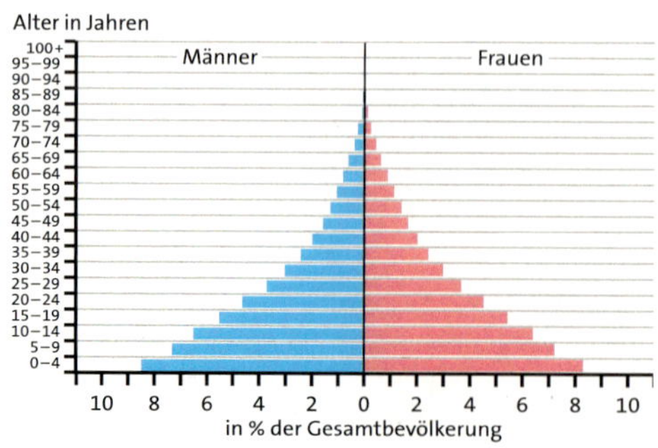

4 **Bevölkerungsdiagramm**; *nach Elizabeth Leahy et al. a. a. O., S. 10*

1 Mit Diagrammen arbeiten

a) Beschreiben Sie den Aufbau der drei Bevölkerungsdiagramme.

b) Ordnen Sie die Diagramme 2, 3 und 4 den Staaten Äthiopien, Italien und den Vereinigten Arabischen Emiraten zu.

c) Begründen Sie Ihre Zuordnung.

2 Eine Karikatur interpretieren

a) Interpretieren Sie die Karikatur 1.

b) Ordnen Sie den dargestellten Sachverhalt in die Modelle zur Beschreibung der Migration (siehe Seite 45) ein.

c) Erläutern Sie anhand der Karikatur 1 die Migrationspolitik der Europäischen Union. Recherchieren Sie dazu auch im Internet.

3 Mit Stadtmodellen arbeiten

Die beiden Karten 5 zeigen die Verteilung des Pro-Kopf-Einkommens der Städte New York und Phoenix/Arizona.

a) Überprüfen Sie an beiden Städten die sogenannte „Donut"-Hypothese, die besagt, dass eine Stadt konzentrische Kreise des Reichtums und der Armut ausbildet, wobei die Reichen sowohl in den „Suburbs" als auch in der „revitalisierten Downtown" leben und die Armen dazwischen stecken.

b) Erklären Sie in diesem Zusammenhang die Begriffswahl „Donut".

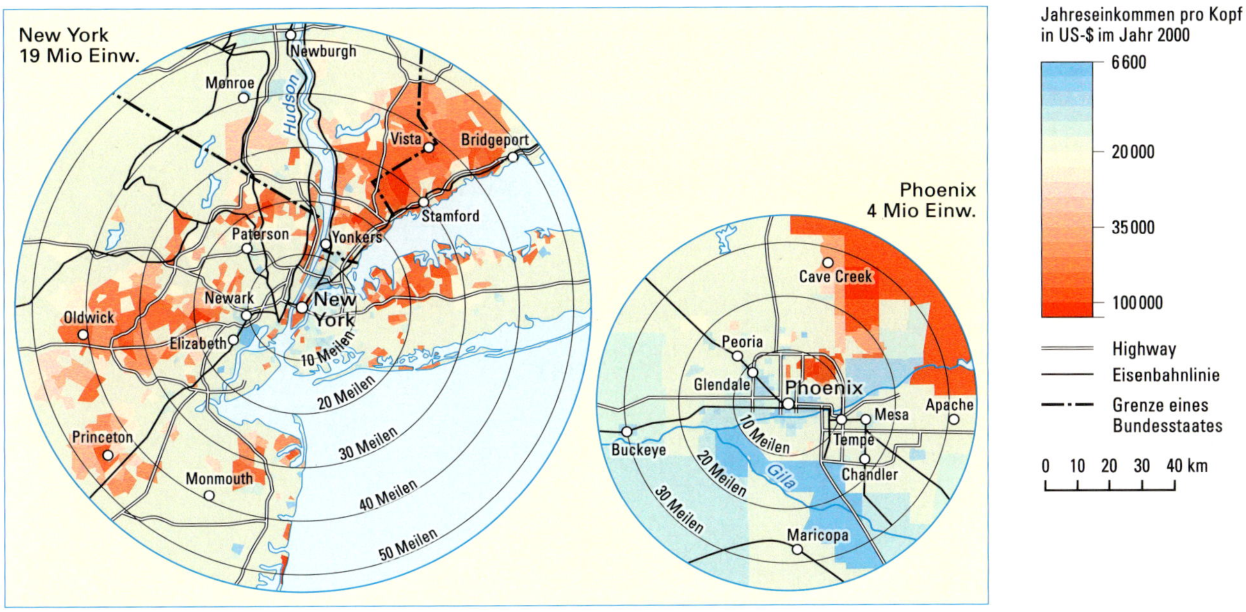

5 ***Verteilung des Pro-Kopf-Einkommens der Städte New York und Phoenix/Arizona in US-$***

Nach Bill Rankin: CITY INCOME DONUTS 2006; unter: www.radicalcartography.net, auf der Grundlage von Daten des US Census 2000

4 *Geographische Bilder analysieren*

a) Vergleichen Sie das Schrägluftbild von Hamburg mit einer entsprechenden Atlaskarte.

b) Erstellen Sie eine funktionale Gliederung des dargestellten Stadtausschnitts.

c) Charakterisieren Sie auf der Grundlage einer Internetrecherche das Städtebauprojekt „Hafencity Hamburg".

d) Erörtern Sie, inwiefern das Projekt einen Entwicklungsimpuls für Hamburg darstellt.

6 ***Hamburg: Hafencity***

3 Globalisierung

Die Globalisierung geht erst los

Je tiefer der Absturz, desto enger rückt die Welt zusammen

Süddeutsche Zeitung vom 25.03.2009

Globalisierung tut nicht weh

Vortrag: Hans-Olaf Henkel wirbt für mehr Akzeptanz unserer sozialen Marktwirtschaft

Augsburger Allgemeine vom 27.05.2009

Ein Weltkonzern baut auf die Region

AGCO/Fendt Traktorenhersteller investiert 172 Millionen im Allgäu und in Nordschwaben

Allgäuer Zeitung vom 19.12.2008

Bischöfe geißeln „Systemfehler“

Konferenz regt Neuordnung der Weltwirtschaft an

Süddeutsche Zeitung vom 05.03.2009

Milliardenschwere Scheichs werden umworben, um deutsche Industrieunternehmen zu retten. Doch sie wollen nicht nur Öldollar Gewinn bringend anlegen, sondern investieren gezielt in Unternehmen, auf deren Zukunft sie Einfluss gewinnen wollen. Wir fragen uns, wer sind die Global Player und wie verhalten sie sich? Welche Chancen und Risiken ergeben sich aus der internationalen Arbeitsteilung für die Industrie- und die Entwicklungsländer? Welche Rückwirkungen haben die Veränderungen auf die Unternehmen in Deutschland? Und schließlich: Wie lässt sich der Globalisierungsprozess zum Wohle möglichst aller Menschen gestalten?

Die Globalisierer vom Land

Mittelstand BWF aus Offingen und Hirschvogel aus Denklingen bleiben Bayern treu. Gleichzeitig zieht es die Firmen massiv ins Ausland. China wird für sie immer wichtiger.

Augsburger Allgemeine vom 23.08.2008

Schmutzige Globalisierung

Augsburger Allgemeine vom 10.06.2009

Der Globalisierer denkt und träumt noch in Deutsch

Hubschrauber Eurocopter-Chef Lutz Berling (46) ist der erste deutsche Manager, der es an die Spitze der Helikopter-Firma geschafft hat

Augsburger Allgemeine vom 06.02.2009

Barbie spielt Globalisierung

Die Lehren der Chinesen

Allgäuer Zeitung vom 18.04.2006

3

3.1 Globalisierung im Alltag

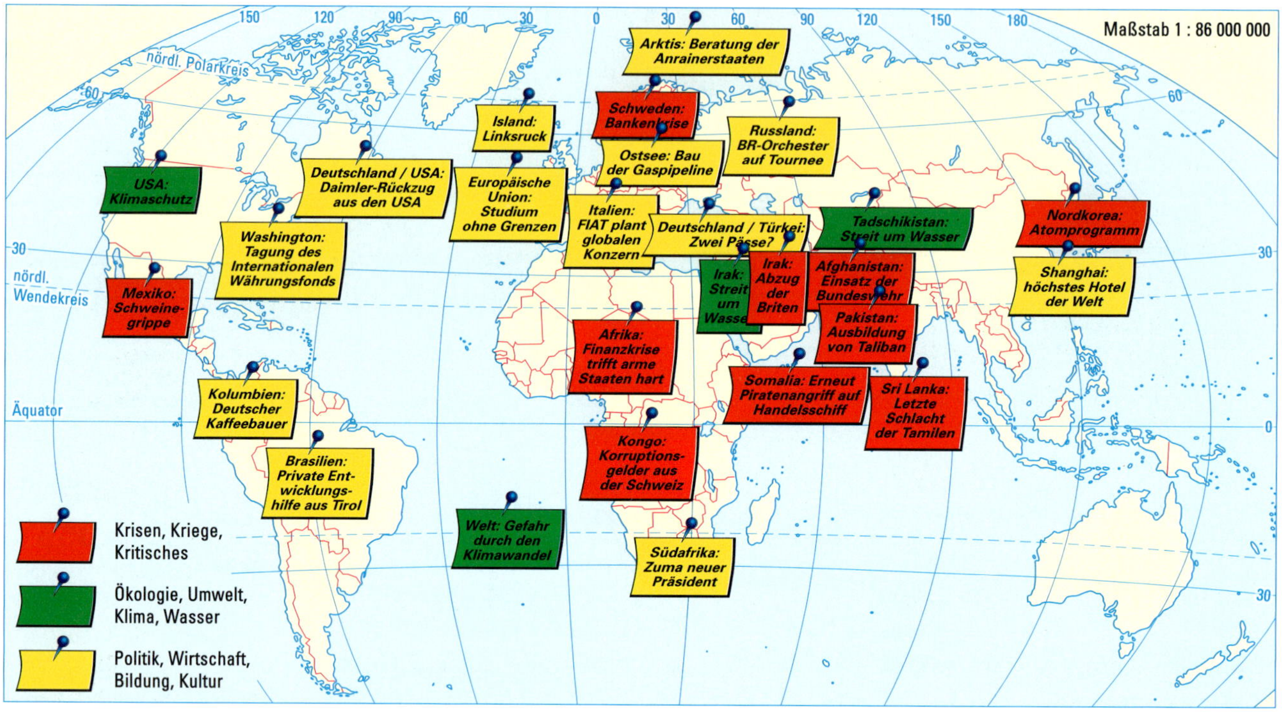

1 ***Eine Woche in den Nachrichten: Meldungen vom 23.05.09 bis zum 30.05.09****; nach verschiedenen Tageszeitungen*

Voraussetzungen der Globalisierung

Internet für alle

Damit begann die moderne **Globalisierung**! Ursprünglich vom Militär initiiert wurde die weltweite Vernetzung von Daten rasch in der Wissenschaft und Wirtschaft genutzt. Studenten amerikanischer Hochschulen hatten das Potenzial des World Wide Web erkannt und für „jedermann" seinen Gebrauch durch Personalcomputer eröffnet. Der massenhafte Einsatz in der ganzen Welt führt seitdem zu Veränderungen des Alltagslebens und hat erhebliche Auswirkungen auf Wirtschaft und Gesellschaft.

Ein chinesischer Jugendlicher lädt illegal Musik und Filme auf CDs und ein vietnamesischer Händler verkauft sie in Tschechien an deutsche Touristen. Über das Internet werden rechtswirksame Verträge abgeschlossen. Mit e-banking werden Geldbeträge transferiert. Über Internetauktionshäuser werden Bücher oder Werkzeuge gekauft. Das Ausmaß und die Qualität der Kommunikation werden deutlich, wenn einmal ein Seekabel unterbrochen ist: Millionen Kontakte sind betroffen und werden auf Umwegen über andere Verbindungen rasch wieder hergestellt.

Moderne Logistik

Der Gütertransport wurde durch die moderne Logistik gleichsam revolutioniert. Durch ausgeklügelte Systeme werden zeitaufwändiges Umschlagen von Gütern und kostspielige Einlagerungen reduziert. Transporte werden regelmäßig, rasch und kostengünstig abgewickelt.

Weltbinnenmarkt

Märkte wachsen über die Grenzen von Staaten hinaus zusammen. Die Liberalisierung des Handels beschleunigt und verbilligt den Austausch von Gütern und Dienstleistungen, begünstigt durch die Ausbreitung moderner Kommunikations- und Informationssysteme. Gleichzeitig werden gemeinsame Anliegen wie Entwicklungs- und Umweltschutzprojekte über Ländergrenzen hinweg realisiert. Im Idealfall kommt der Nutzen allen beteiligten Marktteilnehmern zugute.

ONLINE-Link
Infoblatt Globalisierung
29120X-0301

2 ***Angst vor der Globalisierung?***

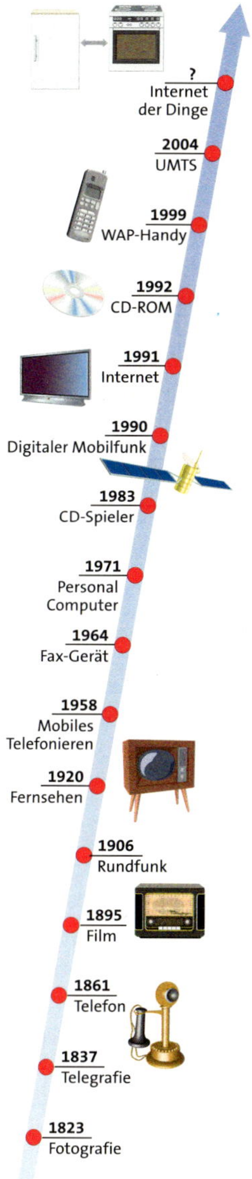

4 ***Entwicklung der Kommunikationsmedien***

Nach Folie Zeitbild-Verlag

Die Folgen für den Einzelnen

Globalisierung: Chance oder Risiko?

Der Einbruch der Weltwirtschaft nach dem Zusammenbruch internationaler Großbanken im Jahr 2008 hat uns vor Augen geführt, wie in der globalisierten Welt alles mit allem zusammenhängt. Die gefühlte Bedrohung von innen und außen schürt Zukunftsängste und lässt uns um den Erhalt unseres Lebensstandards fürchten. Wird es in Zukunft wieder Arbeitsplätze für alle geben? Kann der Staat die Erwartungen an ein gutes Bildungs- und Gesundheitswesen erfüllen? Wird womöglich unsere Gesundheit gefährdet sein? Breitet sich eine Einheitskultur ohne regionale Merkmale und Besonderheiten aus? Erkennen die Menschen die Notwendigkeit, die Umwelt zu schützen und sind sie in der Lage, die erforderlichen Maßnahmen zu ergreifen? Können fanatische Terrorgruppen den Weltfrieden gefährden?

Die einen ängstigt die Globalisierung. Andere sehen für ihre Gegenwart und Zukunft hingegen Chancen zur weiteren Verbesserung ihres Lebensstandards. Die freizügigen Bewegungsmöglichkeiten eröffnen Zukunftsperspektiven für das Leben und Arbeiten an hoch geschätzten Orten. Vielfältige Konsummöglichkeiten machen das Leben bei uns und anderswo angenehm.

3 **Kleine Umfrage zur Globalisierung**

1. Beschreiben Sie Ihre Vorstellungen, die Sie mit dem Wort „Globalisierung" verbinden!
2. In welcher Form beeinflusst Globalisierung Ihr Leben?
3. Sehen Sie die Globalisierung als Chance oder als Gefahr für Ihre Zukunft an? Nennen Sie Gründe!
4. Auf welche Weise sollte die Politik den Prozess der Globalisierung Ihrer Meinung nach beeinflussen?

1 *Ermitteln Sie eine Woche lang Meldungen zu Ereignissen im In- und Ausland, die Rückwirkungen auf Politik und Wirtschaft in Deutschland haben.*
a) Erstellen Sie eine Übersicht der Themen.
b) Ordnen Sie die Orte der Ereignisse in eine Weltkarte ein.
c) Interpretieren Sie den auf Ihrer Karte dargestellten Sachverhalt.

2 *Überprüfen Sie anhand einer kleinen Umfrage (Fragenkatalog 3) die Einstellung der Menschen zur Globalisierung.*

3 *Globalisierung: Bedrohung oder Chance? Diskutieren Sie.*

ONLINE-Link

Stumme Weltkarte zum Ausdrucken
29120X-0302

3.2 Globalisierung von Produktion und Absatz

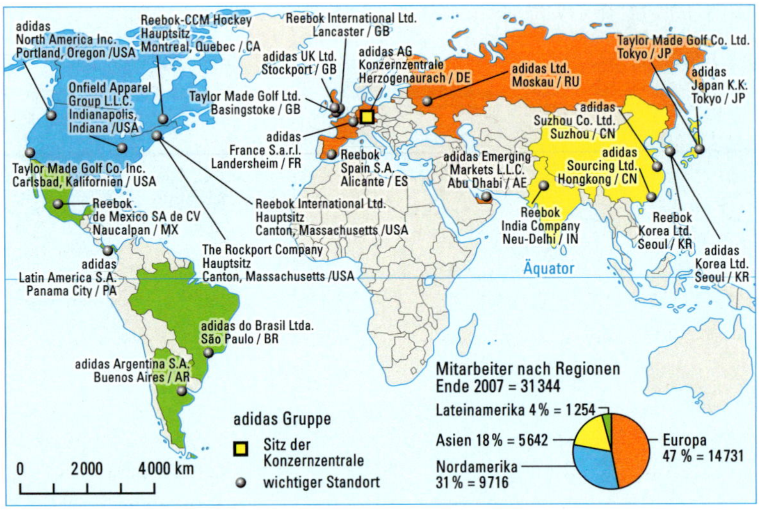

❶ ***Hauptstandorte der adidas-Gruppe weltweit und Mitarbeiter nach Regionen 2007***

Nach adidas-Gruppe: Geschäftsbericht 2007, unter: www.adidas-group.com/de/investor/_downloads/pdf/annual_reports/2007/GB_2007_De.pdf, S. 60/68 Aug. 2008

adidas – Chronik einer Firma, die zunehmend global agiert

1920: Adolf Dassler entwickelt in Herzogenaurach den ersten Trainingsschuh
1949: Firmenname adidas
1960: Olympische Spiele in Rom – 75 % der Leichtathleten starten mit adidas
1989: adidas wird AG
1995: Börsengang
1997: Kauf der Salomon Gruppe
2005: Verkauf der Salomon Gruppe und Konzentration auf Kernkompetenzen
2006: Übernahme des amerikanischen Konkurrenten Reebok

❷ **Deutsche Industrie nimmt Globalisierung an**

Heute liegen zwischen Idee und Fertigung tausende Kilometer. Die Zentrale des Sportartikelherstellers ist zwar noch immer im beschaulichen Herzogenaurach. Doch sie wird umkreist von weiteren Zentren weltweit, von „Satelliten", wie adidas-Chef Herbert Hainer sie nennt. Satellit A in Hongkong ist für die globale Beschaffung zuständig, Satellit B in Portland/Oregon fürs Marketing. Die Satelliten C und D in New York und Tokio funken neue Trends nach Herzogenaurach, wo Produkte entwickelt werden und die Fäden zusammenlaufen. Genäht wird bei adidas schon lange nicht mehr selbst: Produktion ist nicht mehr Kernkompetenz, das übernehmen billige Fremdfirmen in Asien. Einst war adidas ein deutsches Unternehmen. Heute nennt es Hainer ein „internationales Unternehmen mit deutschen Wurzeln".

Bert Fröndhoff, in: Handelsblatt Nr. 116 vom 20.06.2006, S. 16

Beispiel adidas – ein Global Player

Adidas, der zweitgrößte Sportartikelhersteller der Welt, ist ein Beispiel für den Weg, den in der letzten Zeit viele deutsche Unternehmen eingeschlagen haben. Sie knüpfen globale Netze aus eigenen Standorten in Deutschland und externen Dienstleistern im Ausland. Innerhalb dieses Netzes platzieren sie ihre Produktions-, Forschungs-, IT- und Vermarktungsabteilungen an den Standorten, an denen sie die besten Voraussetzungen für diese Abteilungen vorfinden. Falls vorteilhaft oder notwendig, werden auch Verlagerungen vorgenommen.

Der Weg, den der **Global Player** adidas eingeschlagen hat – die Abwendung vom Entwickler und Produzenten hin zum reinen Konfigurator und Vermarkter einer renommierten Produktpalette – dient vielen deutschen Unternehmen als Vorbild, sich für die Zukunft zu rüsten. Für adidas bedeutete das einen massiven Stellenabbau in Deutschland, aber auch wachsende Umsätze und Beschäftigung im Gesamtkonzern.

❸ ***Arbeiterinnen in einem adidas-Werk in China***

1 *Erstellen Sie eine Skizze, welche die globale Ausdehnung von Produktion und Absatz der adidas-Gruppe zeigt.*

Wandel von Unternehmensstruktur und -organisation

Weltweite wirtschaftliche Verflechtungen sind im Prinzip nichts Neues. Der Güteraustausch war schon immer ein Bestandteil der Beziehungen zwischen Staaten. Wirtschaftswissenschaftler behaupten in ihren Theorien, dass alle Beteiligten Nutzen aus dem internationalen Güteraustausch ziehen. Neu an der Globalisierung der Wirtschaft sind Dynamik, Intensität und Reichweite der grenzüberschreitenden wirtschaftlichen Aktivitäten sowie der Umfang der Arbeitsteilung in der Produktion.

Welche Auswirkungen hat denn nun die wirtschaftliche Globalisierung auf Unternehmen in Deutschland? Grundsätzlich gilt, viele deutsche Unternehmen produzieren nicht mehr an deutschen Standorten allein und sie produzieren für den gesamten Weltmarkt. Dieser Prozess verstärkt sich international durch die Maßnahmen der WTO. Als Alternative zur Verlagerung von Produktion in Billiglohnländer wird die Automatisierung z. B. mit dem Einsatz von Robotern im Inland gesehen.

4 **Umsatzerlöse*, Gewinn und Mitarbeiterzahl von adidas 1995–2007**

	1995	2000	2005	2007
Umsatzerlöse (in Mio. Euro)	1790	5835	6636	10299
Gewinn vor Steuern (in Mio. Euro)	151	347	655	815
Anzahl der Mitarbeiter am Jahresende	5730	13362	15935	31344

** Umsatzerlöse: Erlöse aus dem Verkauf von Gütern, Dienstleistungen sowie Einnahmen aus Zinsen und Dividenden*

Nach adidas-Gruppe: Geschäftsberichte 2006/2007, unter: www.netfed-reports.de/adg2006/index.php?option=com_content&task=view&id=29&Itemid=40; adidas-group.corporate-publications.com/de/struktur-und-strategie/mitarbeiter.htm

5 ***Textilindustrie:*** *Hoher Arbeitsanteil an den Produktionskosten bei verhältnismäßig geringem Kapitaleinsatz*

6 **Dritte Industrielle Revolution und der Prozess des Faktorpreisausgleichs**

Die Dritte Industrielle Revolution hat die Wirtschaft eine neue Richtung einschlagen lassen. Innovationsschübe, z. B. Mikroelektronik, Computerwesen, Telekommunikation, künstliche Materialien, Robotik und Biotechnologien, haben eine wissensgestützte Ökonomie hervorgebracht, in der Kenntnisse wertvoll sind. Diese hat das wirtschaftliche und gesellschaftliche Leben aller Menschen systematisch verändert. [...]. Besteht Bewegungsfreiheit über nationale Grenzen hinweg, so suchen Unternehmer die Welt ab nach den billigsten Produktionsstätten und den rentabelsten Orten für den Verkauf von Waren. Die Firmen verlagern ihre Tätigkeiten von Orten mit niedrigem an solche mit hohem Gewinn. Auf der Suche nach höheren Ertragsraten für ihre Investitionen verlagern Unternehmen ihre Aktivitäten von Hochlohnländern in Niedriglohnländer, wodurch die Löhne dort steigen. [...]

Wirtschaftswissenschaftler nennen diesen Prozess „Faktorpreisausgleich".

Nach Lester Thurow: Die Zukunft der Weltwirtschaft. Bonn: Bundeszentrale für politische Bildung, Bd. 468 2004, S. 71 ff.

7 ***Chemische Industrie:*** *Die Produktion ist kapitalintensiv, d. h. es erfolgen hohe Investitionen in die Anlagen und es wird vergleichsweise wenig Personal benötigt.*

Arbeitsintensive Produktion:
Bei der Güterproduktion spielt der Faktor Arbeit die entscheidende Rolle. Er überwiegt wertmäßig zum Faktor Kapital.

Kapitalintensive Produktion:
Der Anteil der Kosten für Anlagen und Maschinen, verrechnet als Abschreibungen, ist sehr hoch. Es werden im Verhältnis dazu wenige Arbeitskräfte beschäftigt.

2 *Erläutern Sie die folgenden Alternativen zur Senkung von Produktionskosten: Produktionsverlagerung in Niedriglohnländer und Automatisierung im Inland.*

3 *Charakterisieren Sie das Wesen der Dritten Industriellen Revolution.*

4 *Beurteilen Sie die Schlüssigkeit der Theorie des Faktorpreisausgleichs.*

ONLINE-Link
Infoblätter Global Players und adidas AG
29120X-0303

Rückwirkungen auf den Wirtschaftsstandort Deutschland

8 **Steiff hat genug von China**

Knut ist schuld. Zumindest zum Teil. Die Nachfrage nach der Plüschtier-Version des berühmten Eisbären war so gigantisch, dass der Hersteller Steiff kaum mit der Produktion hinterher kam. Ein Teil der Knut-Varianten wurde daraufhin [...] in China hergestellt und das schwäbische Traditionsunternehmen war erfolgreich angekommen im Massenmarkt. Doch bei dem Rummel um den Berliner Liebling zeigte sich: Die üblichen zwei bis drei Monate Lieferzeit sind generell einfach zu lang. Und der Ruf in China fabrizierter Waren hat nach diversen Rückrufskandalen gelitten. Steiff zog die Notbremse: Spätestens Ende 2009 soll die Produktion komplett aus China zurückgeholt sein. [...] Erst vier Jahre ist es her, dass die Firma [...] mit der in China fabrizierten Billigmarke Cosy Friends Marktanteile zurückerobern wollte. [...] Doch mit der Billigmarke ist nun Schluss: „Alles, was wir nun produzieren, heißt Steiff", sagte [Geschäftsführer] Frechen. [...] „China verliert zunehmend an Attraktivität bei ausländischen Investoren", sagte Angelika Pohlenz, [Generalsekretärin der Internationalen Handelskammer Deutschland ICC]. [...] Laut einer Studie von Booz & Company plane bereits rund ein Fünftel der Firmen, in den kommenden Jahren Standorte in andere Regionen wie Vietnam und Indien zu verlagern. Da spielt auch Produktpiraterie eine Rolle.

Juliane Schäuble: Steiff hat genug von China, in: Der Tagesspiegel vom 03.07.2008, unter: www.tagesspiegel.de/wirtschaft/Steiff;art271,2564044

Der Trend zur bedenkenlosen Jobverlagerung ins billige Ausland scheint gestoppt. „Reumütige Rückkehrer" geben für die Aufgabe der Produktion im Ausland als wesentliche Gründe an: schlechtere Qualität, längere Lieferzeiten, schwierige Geschäftskultur, geringe Rechtssicherheit, Preisgabe von Know-how. Gleichzeitig ist die Attraktivität des Standorts Deutschland gestiegen.

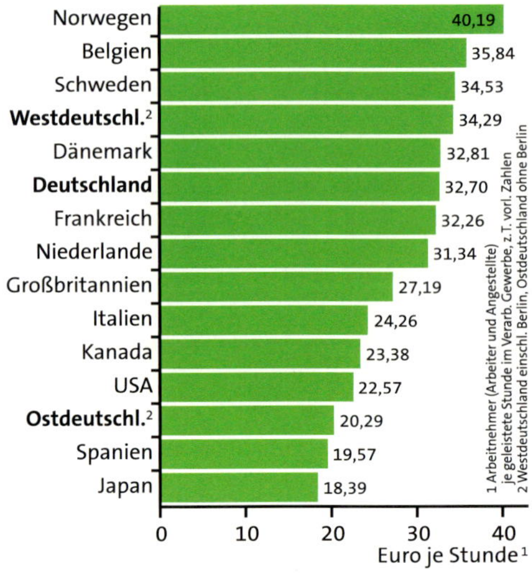

9 ***Arbeitskosten je Stunde im Jahr 2007***

Nach Christoph Schröder: Produktivität und Lohnstückkosten der Industrie im internationalen Vergleich, in: iw-trends aus dem Institut der deutschen Wirtschaft Köln, Nr. 03/2008. Köln: © Deutscher Instituts-Verlag 2008, unter: www.iwkoeln.de

Warum investieren deutsche Unternehmen im Ausland?

Zwei Hauptmotive veranlassen deutsche Unternehmen, sich im Ausland zu engagieren.

Erstens geht es um die Sicherung des Zugangs zum rasch wachsenden Weltmarkt. Insbesondere in den BRIC-Staaten (Brasilien, Russland, Indien, China) sieht die Wirtschaft eine kaufkräftige Ober- und Mittelschicht heranwachsen, an die hochwertige Produkte, insbesondere auch Konsumgüter, zu verkaufen sind. Weitere Chancen bieten rohstoffreiche Länder mit hohen Exporterlösen insbesondere für den Absatz von Investitionsgütern wie Maschinen, Fahrzeuge und Industrieanlagen. Dazu müssen Firmen Repräsentanzen in den betreffenden Regionen unterhalten, besetzt mit deutschen und lokalen Arbeitskräften.

Zweitens nutzen deutsche Unternehmen die Kostenvorteile bei der Produktion im Ausland. Niedrige Löhne werden an erster Stelle genannt. Aber der Zugang zu Rohstoffen, steuerliche Vorteile und die flexible Abarbeitung von Aufträgen bei schwankender Nachfrage bieten weitere Vorteile gegenüber der Produktion in Deutschland.

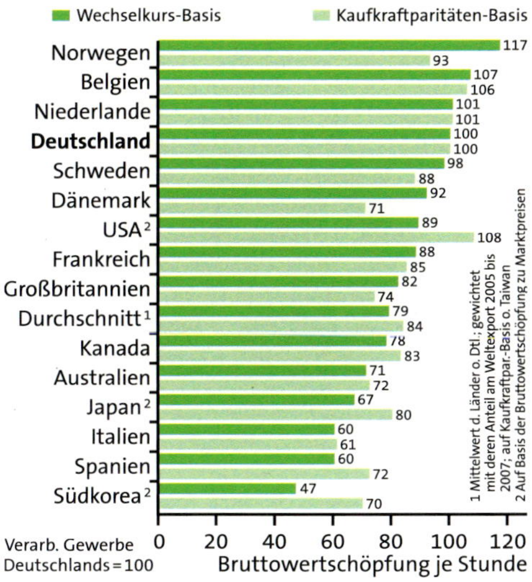

10 ***Produktivitätsniveau im Jahr 2007***

Nach ebenda

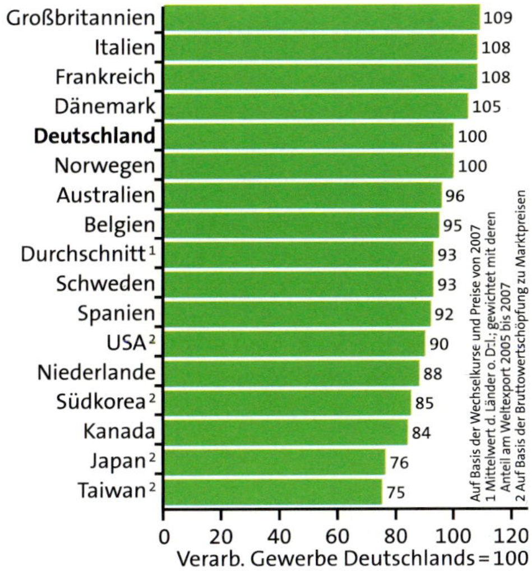

11 ***Lohnstückkostenniveau im Jahr 2007***

Nach ebenda

Anpassungsstrategien für den Wirtschaftsstandort Deutschland

Als Antwort auf die Herausforderungen der globalisierten Wirtschaft wirken Unternehmer, Gewerkschaften und Staat zusammen, um in der Produktion international konkurrenzfähig zu bleiben. Die Arbeitgeber investieren und steigern damit das Produktivitätsniveau. Damit sinken die Lohnstückkosten. Die Gewerkschaften halten sich mit Forderungen nach höheren Löhnen weitestgehend zurück. Der Staat fördert den Ausbau der Infrastruktur. Er sorgt für den Ausbau von Verkehrswegen und anderer harter Infrastruktur. Und er investiert in weiche Infrastruktur: Er fördert Bildung, Wissenschaft und Forschung.

Soziale Rückwirkungen

Der Erhalt der Einkommen steht an erster Stelle der Wünsche, die bei Umfragen unter der deutschen Bevölkerung ermittelt wurden. Dies gilt für die arbeitsfähige Bevölkerung genauso wie für Jugendliche und Rentner. Dieses Ziel kann durch die Erhöhung der Attraktivität des Wirtschaftsstandorts Deutschlands erreicht werden. Die traditionellen Stärken Innovationskraft und sozialer Frieden bilden die Grundlage dafür.

12 **Globalisierung in der Krise?**

Als Exportweltmeister bleibt die deutsche Wirtschaft von der internationalen Wachstumsschwäche natürlich nicht verschont. Doch die Krise bietet Chancen: Für deutsche Unternehmen bedeutet die eingeleitete stärkere Binnenorientierung der kapitalstarken Schwellenländer die Chance auf zusätzliche Exporte und intensive Zusammenarbeit vor Ort. Schließlich kommt den hiesigen Firmen zugute, dass sie in der Vergangenheit mehr als ihre ausländischen Wettbewerber in die eigenen Prozesse investierten und verstärkt Maßnahmen eingeleitet haben, um ihre Energie- und Rohstoffeffizienz nachhaltig zu erhöhen.

Axel Sir: Globalisierung in der Krise?, in: Bayerisch-Schwäbische Wirtschaft 2/2009, S. 15, unter: www.schwaben.ihk.de

5 *Charakterisieren Sie anhand des Textes 8 die Probleme deutscher Unternehmen mit der Produktion im Ausland.*

6 *Erläutern Sie, unter Einbeziehung der Diagramme 9, 10 und 11, die Stärken des Wirtschaftsstandorts Deutschland.*

7 *Nehmen Sie zum Text 12 kritisch Stellung.*

Verborgene Weltmarktführer:
Auch als „heimliche Gewinner“ oder „Hidden Champions“ bezeichnete, wenig bekannte mittelständische Firmen, die in ihren Märkten eine weltweit führende Position errungen haben.

„Hidden Champions“

Kleine und mittlere Unternehmen, die in der Welt zuhause sind

Einkaufswagen, Ladegeräte für Handys und Textmarker sind aus unserem täglichen Leben nicht wegzudenken. Doch wer weiß schon, dass mit diesen Produkten kleine und mittlere deutsche Unternehmen auf dem Weltmarkt eine führende Position einnehmen? Weil ihre Stellung nur einem kleinen Kreis von Fachleuten bekannt ist, werden sie auch als „heimliche Gewinner“ oder „**Verborgene Weltmarktführer**“ bezeichnet. Mehr als 1000 solcher Unternehmen gibt es in Deutschland, Österreich und der Schweiz. Bis zu neunzig Prozent der Produktion werden in die ganze Welt exportiert.

Von der Presse und den Geldanlegern werden sie kaum wahrgenommen. Das unterscheidet sie von den Multis. Trotz meist geringer Finanzkraft können sie unabhängig von fremden Geldgebern ihre Position im globalen Markt ausbauen. Dank hoher Kompetenz meistern sie auch Krisen. Wie schaffen sie das? Wie werden sie Weltmarktführer? Und wie bleiben sie an der Spitze?

13 **„Bescheiden bleiben“**

Volker Kronseder [...] ist Chef des auf Maschinen für die Getränkeindustrie spezialisierten Unternehmens Krones aus Neutraubling.

SZ: Was ist schwieriger: Weltmarktführer zu werden – oder zu bleiben?

Kronseder: Beides ist schwierig. Es zu werden bedeutet große Anstrengungen. Aber es ist mindestens genauso schwer, es zu bleiben, denn am Weltmarktführer orientieren sich alle.

SZ: Wie bleibt man Weltmarktführer?

Kronseder: Mit Innovationen, Systemlösungen, fähigen und motivierten Mitarbeitern. [Die] enge Kundenbezogenheit und die Kosten, vor allem die langfristigen Betriebskosten unserer Produkte, müssen natürlich auch stimmen.

Elisabeth Dostert: „Bescheiden bleiben“, in: Süddeutsche Zeitung Nr. 121 vom 28.09.2009, S. 21

14 ***Wanzl-Chefs Gottfried und Rudolf Wanzl***

15 **Überleben in der Nische**

Als die britische Handelskette Morrisons-Gruppe (Safeway) mehr als 18000 Einkaufswagen für ihre australischen Niederlassungen benötigte, landeten die Manager zwangsläufig bei der Firma Wanzl aus Leipheim bei Ulm. Kein anderes Unternehmen auf der Welt war imstande, so schnell qualitativ hochwertige und langlebige Wagen zu produzieren. [...] Egal, ob Verbrauchermärkte in Australien oder Europa, gleichgültig, ob der Bahnhof München oder der Flughafen Guangzhou in China – die Wanzl-Trolleys sind omnipräsent. [...]

Deutschland gilt als Meister des Discounts. Viele nennenswerte Handelsketten kommen aus Deutschland. Mit ihrem Wachstum hatten sie die Firma Wanzl quasi im Schlepptau. Wo immer [...] ein neuer Supermarkt eröffnet wurde, [...] stets orderten die Handelsmanager bei Wanzl. Die enge Lieferbeziehung zahlte sich aus. [...] Heute erledigen die 1600 Mitarbeiter in Deutschland alle Arbeitsschritte selbst. [...] Dieses „Alles-unter-einem-Dach“-System macht die Leipheimer schneller, flexibler und vor allem billiger als die Konkurrenz. Und Wanzl dachte immer weiter. Inzwischen gehören auch Eingangsdrehkreuze oder Warenregale zum Sortiment.

Janko Tietz: Überleben in der Nische, in: SPIEGEL special 7/2005 vom 15.11.2005, S. 42

16 ***MAHA-Werk in Haldenwang***

17 ***MAHA-Prüfstand für LKW***

18 **MAHA-Produkte rund um den Globus**

In der ganzen Welt werden bei Fahrzeugherstellern und Prüforganisationen wie TÜV oder Dekra Autos, Nutzfahrzeuge, Motorräder und Spezialfahrzeuge auf Prüfständen von MAHA getestet. Mehr als 110 Niederlassungen und Vertretungen weltweit betreuen die Kunden vor Ort. Mit rund 700 Mitarbeitern zählt MAHA zu den Größten in der Region Allgäu. Mehr als 60 junge Menschen werden in technischen und kaufmännischen Bereichen ausgebildet. Mit Hochschulen wird durch Praktika, Diplomarbeiten und Praxissemester eng zusammengearbeitet. Der Standort bei Kempten bleibt erhalten, auch wenn es Produktion im Ausland gibt. Mit bisher weiteren 400 Mitarbeitern wird in zehn ausländischen Niederlassungen produziert. Wichtig ist der Exportanteil von 80 Prozent.

Zusammenstellung aus Informationsmaterial der MAHA Maschinenbau Haldenwang GmbH durch den Autor Günther Dress

19 **Neun Lektionen für den unternehmerischen Erfolg Verborgener Weltmarktführer:**

- Marktführerschaft anstreben – sonst nichts.
- Auf Kernkompetenzen konzentrieren.
- Beziehung zum Kunden nicht auf Dritte übertragen.
- Über den Wert, nicht über den Preis verkaufen.
- Innovativ sein und Markt sowie Technik integrieren.
- Wettbewerbsvorteile durch Produktqualität und Service schaffen sowie räumlich nahe an den jeweils weltbesten Wettbewerbern sein.
- Auf die eigenen Kräfte vertrauen.
- Mitarbeiter motivieren und qualifizieren.
- Auf Kontinuität beim Wechsel von Führungspersönlichkeiten achten.

8 *Lokalisieren Sie „Hidden Champions" in Ihrer näheren räumlichen Umgebung.*

9 *Erstellen Sie ein Wirkungsgeflecht zum Erfolg der „Hidden champions".*

10 *Erörtern Sie die Übertragbarkeit der „Lektionen" auf deutsche Großkonzerne.*

ONLINE-Link
Surftipps
29120X-0304

→ TERRAMethode

Eine Expertenbefragung durchführen

Bei der Vorbereitung einer wissenschaftlichen Arbeit oder im Rahmen eines Projekts kann es hilfreich sein, die aus der Sekundärliteratur gewonnenen Informationen durch eine Expertenbefragung zu erweitern bzw. zu überprüfen. Sie dient also der Recherche. Der Interviewer muss mit dem Thema vertraut sein, er muss sich vorab gründlich informiert haben. Thema, Zweck, Zeit und Ort werden mit dem Gesprächspartner vereinbart. Ein nicht professioneller Interviewer sollte den Typus des strukturierten Interviews wählen. Es ist sinnvoll, das Interview zu zweit durchzuführen, einer fragt jeweils, einer schreibt.

Anleitung zur Führung des Interviews

1. Schritt: Checkliste zum Interview vorbereiten

- *Welches Interviewziel wird angestrebt?*
- *Wie soll die Kontaktaufnahme erfolgen?*
- *Welche Fragen sollen gestellt werden?*
- *Wie wird das Gespräch beendet?*

2. Schritt: Fragenkatalog für ein strukturiertes Interview erstellen

- *ein strukturiertes Interview hat einen vorab konstruierten Fragenkatalog zur Grundlage,*
- *Reihenfolge der Fragen und Frageformulierungen dürfen nicht geändert werden,*
- *Themenblöcke und sinnvolle Anordnung der Fragen festlegen,*
- *Überleitungsfragen zwischen den Themenblöcken formulieren.*

3. Schritt: Interview durchführen

- *die Interviewdauer auf höchstens eine Stunde begrenzen,*
- *am Ende sich für das Gespräch bedanken.*

4. Schritt: Interview nachbereiten

- *sinnvolle Kürzung von Fragen und Antworten,*
- *Fragen und Antworten autorisieren lassen,*
- *Überprüfen der Informationen und Analyse des Interviewinhaltes,*
- *Aufbereitung als Informationsquelle.*

Die Befragung von Experten vermittelt Wissen aus erster Hand. Die persönliche Begegnung mit einem Interviewpartner muss allerdings sorgfältig vorbereitet, durchgeführt und nachbereitet werden.

20 **Fragetypen für ein Interview**

Fragetypus	Merkmal	Einsatz und Wirkung	Beispiel
Offene Frage	Impuls setzen	Auflockerung der Gesprächsatmosphäre, Motivierung zum Reden, Einholen von Hintergrundinformationen	„Berichten Sie doch über ihr ehrenamtliches Engagement"
Direkte Frage	konkrete Frage stellen	Sachverhalt wird direkt angesprochen	„Wie engagieren Sie sich denn genau?"
Rhetorische (Schein-) Frage	erwartet im Grunde keine Antwort	Eröffnungsplausch, Warming-up-Phase	„Wir sind uns doch einig, dass...
Indirekte Frage	fragt scheinbar nach Nebensächlichkeiten	Vermeidung von gezwungener Rationalität, Entlockung von Aussagen	„Sie sind ehrenamtlicher Vizepräsident der IHK. Bringt das Amt nicht viele Pflichten mit sich?"
Suggestivfragen	dem Befragten wird die Antwort unterschwellig nahegelegt	Testen der Stabilität des Befragten, zum Einschlagen oder Beibehalten einer bestimmten Gesprächsrichtung	„Meinen Sie nicht auch, dass...?" „Gehe ich recht in der Annahme, dass...?"
Entscheidungs- (geschlossene) Frage	Antwort nur mit Ja oder Nein möglich	Zwingt den Befragten zu einer eindeutigen Aussage, Zusammenfassung von Ergebnissen	„Glauben Sie, dass...?"

21 **Expertenbefragung von Herrn Dipl. Ing W.E. Schultz, geschäftsführender Gesellschafter der Magnet-Schultz Memmingen, zu: Wie positioniert sich die Magnet-Schultz GmbH & Co. KG im internationalen Markt? Wie gehen Klein- und Mittelstandsunternehmen mit der Globalisierung um?**

Dress: Wie sind Sie mit Ihren Produkten auf den Weltmarkt ausgerichtet?

Schultz: Unser Hauptmarkt ist Europa, dann folgt Nordamerika. In beiden Schwerpunkten betreiben wir Konstruktion, Entwicklung und Produktion.

Dress: Wie steht es mit einer Produktion in China?

Schultz: Unsere Produkte orientieren sich an den Ansprüchen hoch entwickelter Industrie-Märkte, wir schlagen uns also auf die Hightech-Seite. In China unterstützen die Qualitätsansprüche im Augenblick noch zu wenig Nachfrage auf unserem Niveau. Die Kosten unserer Perfektion sind in China noch nicht leicht umzusetzen. Einfachere Produkte in China herzustellen, um dann mit chinesischen Löhnen billiger zu werden, könnte eine Idee sein. Wahrheit ist allerdings, dass jeder chinesische Wettbewerber einfachere Produkte schon aufgrund seines Heimvorteils immer noch billiger machen kann als wir. Wir laufen Gefahr, dass wir schon von der Sprache her gar nicht verstehen, was da um uns herum passiert – und das kann teuer werden. Unser Ansatz: Wir versuchen, unsere Fertigung so zu gestalten, dass wir durch Automatisierung auf unserem Niveau wettbewerbsfähig bleiben.

Dress: Welche Vorteile bringt die Produktion von elektromagnetischen Aktoren und Sensoren in der Schweiz und in den USA?

Schultz: Man muss jeden Standort für sich bewerten. Der Standort USA bringt den absoluten Vorteil, dass wir schlicht und einfach im Markt sind. Wir spezifizieren mit Kunden die Anforderungen an ein Produkt und dann produzieren wir im Land. Denn unsere Produkte vertragen keine hohen Transportkosten.

In der Schweiz zu produzieren hat einen ganz anderen Grund gehabt. Sie erinnern sich an die Arbeitszeitdiskussion in Deutschland? Ergebnis waren 35 Stunden in der Woche und sechs Wochen Urlaub als Standard. Zu der Zeit hat die Schweiz 41 Wochenstunden gehabt. Wir haben dort, übers Jahr gesehen 20% mehr Arbeitszeit von Leuten mit vergleichbarer Qualifizierung gekriegt, sodass die Lohnstückkosten niedriger waren als in Deutschland.

Dress: Kostet die Produktion im Ausland denn nicht Arbeitsplätze in Deutschland?

Schultz: Ja warum soll ich denn eigentlich weggehen? Die Frage beantwortet jeder für sich selber. Ich gehe nur weg, wenn ich es hier nicht mehr schaffe, wettbewerbsfähig zu sein. Dann sind die Arbeitsplätze sowieso hin. In kritischen Fällen habe ich eine gewisse Chance, durch die Kombination von Know-How-Schöpfung und Prototypenbau in Deutschland mit einer Fertigung, sagen wir mal in Rumänien, eine Mischkalkulation aufzubauen. Mit der bleibe ich wettbewerbsfähig und kann auch in Deutschland Arbeitsplätze erhalten. So haben beide Seiten etwas davon. Das ist für meine Firma allerdings (noch) kein Ziel.

Dress: Sie waren vor kurzem auf der „Industrial Automation India“ in Bangalore vertreten. Haben sich Ihre Erwartungen erfüllt?

Schultz: Das war ein Marketingversuch. Es hat sich bestätigt, dass unser Preis-Leistungsverhältnis dort noch wenig gefragt ist. Da waren unglücklicherweise außerdem die Attentate in Mumbay und so war nur die nationale Vertretung vor Ort. Also: Globalisierung ist auch nicht immer ganz harmlos – das nur am Rande vermerkt. Andererseits: Globalisierung findet statt und wir haben nur die Wahl mitzumischen oder eben nicht!

Dress: Vielen Dank für das Gespräch!

Vom Autor Günther Dress am 18.12.2008 geführtes Interview, gekürzt

22 ***Wolfgang E. Schultz***
Dipl. Ing. (ETH Zürich), geschäftsführender Gesellschafter der Magnet-Schultz GmbH&CoKG

Magnet-Schultz GmbH & Co KG, Memmingen

- *gegründet 1912,*
- *1900 Beschäftigte,*
- *225 Mio. € Umsatz,*
- *Schwerpunkte: Entwicklung und Produktion hochwertiger Aktoren und Sensoren für Automobilbau, Luftfahrt und Anwendungen in der Industrie,*
- *Produktionsstätten in Deutschland, Schweiz, Großbritannien und USA,*
- *Vertretungen in siebzehn europäischen Ländern sowie in Amerika und Asien.*

11 *Arbeiten Sie mit dem Interview 21.*
a) Ermitteln Sie das Interviewziel.
b) Ordnen Sie die Fragen einzelnen Fragetypen zu.
c) Gliedern Sie die Fragen und Antworten nach Themenblöcken.

3.3 Länder unterschiedlichen Entwicklungsstands im Prozess der Globalisierung

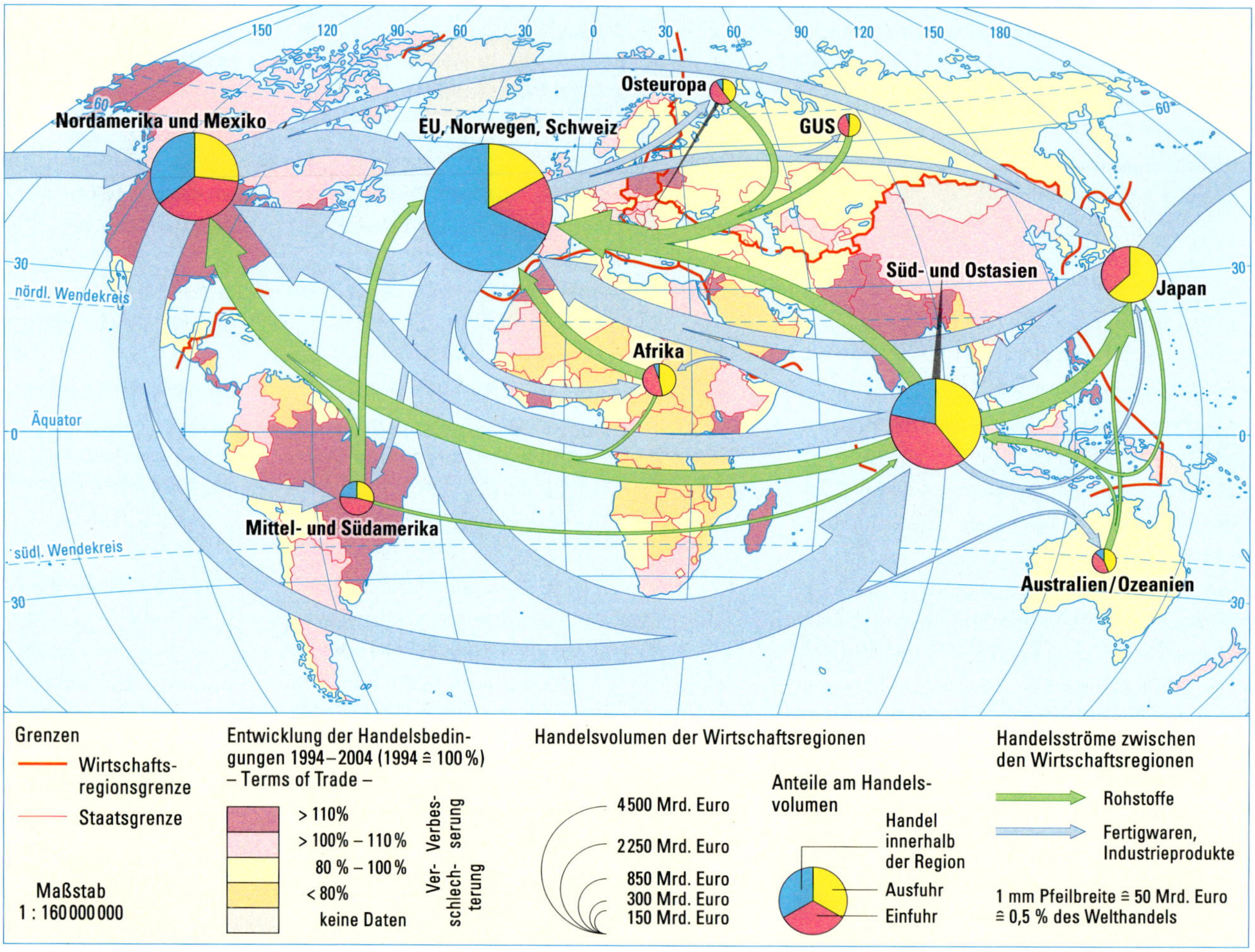

1 ***Welthandel: Handelsbedingungen, Handelsvolumen und Handelsströme***

Absolute Armut:
Darunter wird ein Zustand der starken sozialen Benachteiligung mit Merkmalen wie Analphabetentum, Unterernährung, hohe Kindersterblichkeit, geringe Lebenserwartung sowie der Verfügbarkeit über weniger als einem US-$ pro Person und Tag verstanden.

Sind die Entwicklungsländer benachteiligt?
„Entwicklungsländer, Verlierer der Globalisierung" und „Endlich Fortschritte in der Dritten Welt durch Globalisierung" – diese beiden Einschätzungen spiegeln die unterschiedliche Beurteilung der Chancen der Entwicklungsländer wider. Die positive Einschätzung gründet auf der Erfahrung, dass die Wirtschaftsleistung aller Entwicklungsländer zwischen 1980 und 2000 doppelt so rasch wuchs wie die der Industrieländer. Dennoch stieg von 1990 bis 2000 die Zahl der absolut Armen um 21 Mio. auf 1,15 Mrd. Menschen (ohne Berücksichtigung Chinas).

Mit dem Globalisierungsprozess kam es zu einer raschen Zunahme des Welthandels, die sehr deutlich über dem Wachstum der Weltwirtschaft liegt. Die Kapitalströme wiederum sind weitgehend losgelöst von der Realwirtschaft. Sie sind vorwiegend spekulativ gesteuert. Länder, die einer Strategie des exportgeleiteten Wachstums folgten, zogen Gewinn aus der Internationalisierung der Wirtschaft. In Staaten, die unter Korruption, Planwirtschaft, Inkompetenz und autoritären Regierungsformen litten, verpufften selbst die Anstrengungen der Entwicklungshilfe fast wirkungslos.

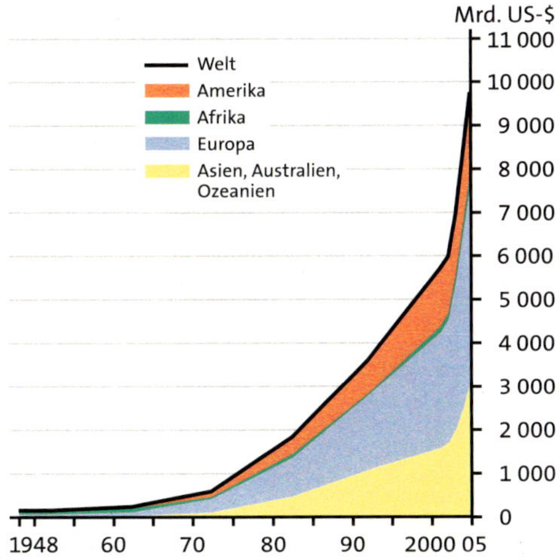

Entwicklung des Weltexportvolumens nach Regionen

Nach Angaben der OECD und der WTO (2007)

Rohstoff- und Warenströme

Für die Beurteilung der wirtschaftlichen Position eines Landes sind Aussagen zum Volumen des Außenhandels allein nicht aussagekräftig. Nicht weniger wichtig sind Angaben über die Art der **Handelsströme** hinsichtlich der gehandelten Güter sowie zu deren Preisentwicklung.
Die Tatsache, dass viele Entwicklungsländer überwiegend Rohstoffe exportieren, ist vielfach ein Überbleibsel der Kolonialzeit mit ihrer komplementären Arbeitsteilung (Export von Rohstoffen im Austausch gegen Industriewaren). Die Kolonialmächte errichteten Wirtschaftsstrukturen, die vornehmlich ihren Interessen dienten, d.h. Rohstoffe wurden preiswert aus den Kolonien bezogen, um die eigene Industrialisierung voranzutreiben. „Einbindung in die Weltwirtschaft" bedeutete für die Kolonien „Zulieferer für die industrielle Welt" zu sein. Viele Entwicklungsländer haben sich bis heute noch nicht von dieser Abhängigkeit befreien können.

Schwankende Rohstoffpreise

Als besonders negativ wirken sich für die Rohstoff exportierenden Entwicklungsländer die starken Preisschwankungen bei Rohstoffen aus. Bei einer diversifizierten Exportstruktur schlagen Preisschwankungen einzelner Produkte bei den Gesamtexporterlösen u.U. kaum zu Buche. Ist ein Land jedoch auf den Export nur einiger weniger Güter angewiesen, führen Preisschwankungen oder gar ein Preisverfall zwangsläufig zu großen Schwierigkeiten. Eine lang- oder mittelfristige Entwicklungsplanung wird so fast unmöglich.
Aus Konkurrenzgründen und wegen des dringenden Finanzbedarfs können die meisten Rohstoffproduzenten kaum mit Produktionskürzungen reagieren, um so die Preise zu stabilisieren oder anzuheben. Im Gegenteil: Sie sind gezwungen, ihr Angebot zu erhöhen und beschleunigen dadurch den Preisverfall zusätzlich.

Sinkende Terms of Trade

Zusätzlich zu diesen Schwierigkeiten wirkt sich die unterschiedliche Preisentwicklung bei Rohstoffen einerseits und bei Industrieprodukten andererseits entwicklungshemmend aus. Die Statistik arbeitet hier mit dem Begriff **Terms of Trade**. Vergleicht man die Terms of Trade über mehrere Jahre, so kann man erkennen, dass für die meisten Entwicklungsländer die Tendenz seit Jahrzehnten negativ ist.
Die sinkenden Terms of Trade wirken sich wiederum besonders negativ auf die Länder aus, die überwiegend agrarische Rohstoffe exportieren, da deren Preise in den letzten Jahrzehnten weniger stark zunahmen, z.T. sogar stagnierten – im Gegensatz zu den Energie- und Industrierohstoffen, deren Preise seit 2000 im Durchschnitt um ca. 70 % stiegen.
Die Welthandelsposition der Entwicklungsländer wird durch zwei weitere Entwicklungen zusätzlich erschwert: durch die Bildung von Wirtschaftsblöcken und Freihandelszonen, also durch Regionalisierungstendenzen, sowie durch staatlichen Protektionismus.

1 *Arbeiten Sie aus der Karte 1 die wesentlichen Grundmuster der internationalen Handelsbeziehungen heraus.*
2 *Charakterisieren Sie die Situation der Entwicklungsländer im internationalen Handel.*
3 *Erläutern Sie unter dem Aspekt der Terms of Trade die Auswirkungen einseitiger Exportstrukturen und der Schwankungen der Rohstoffpreise auf die Wirtschaft der betroffenen Entwicklungsländer.*

Terms of Trade:
Die realen Austauschverhältnisse zwischen am Weltmarkt international gehandelten Gütern. Die Terms of Trade geben an, wie viele Einheiten an Importgütern ein Land im Austausch gegen eine Einheit seiner Exportgüter erhält. Eine Verbesserung der Terms of Trade bedeutet, dass ein Land für dieselbe Menge Exporte mehr importieren kann bzw. für dieselbe Menge an Importen weniger exportieren muss. Negative Terms of Trade bedeuten eine durch den Außenhandel entstehende Wohlstandsminderung eines Landes oder einer Ländergruppe.

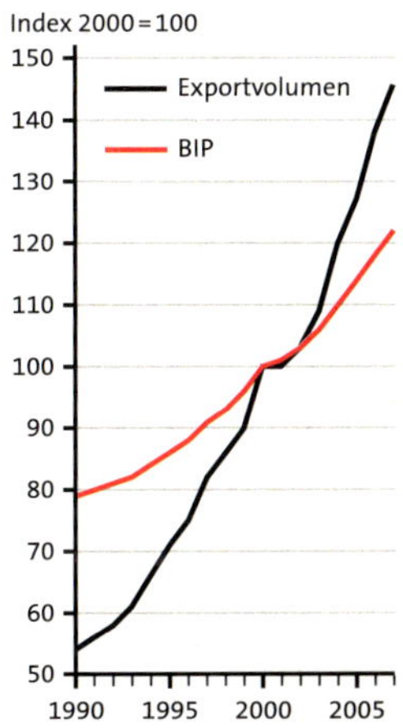

Entwicklung der globalen wirtschaftlichen Verflechtung

Hans Gebhardt, Rüdiger Glaser, Ulrich Radtke, Paul Reuber (Hrsg.): Geographie: Physische Geographie und Humangeographie. München: Elsevier 2007, S. 693, nach Stiftung Entwicklung und Frieden 2003, aktualisiert

ONLINE-Link
Surftipps
29120X-0305

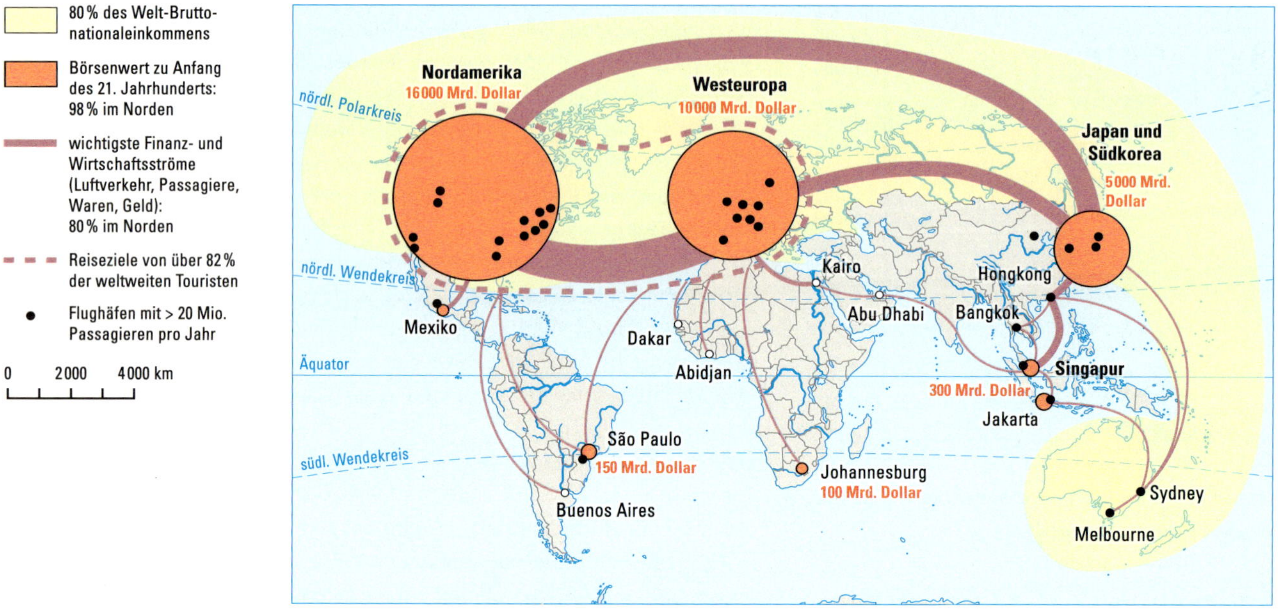

4 ***Weltweite Waren-, Finanz- und Touristenströme****; nach Atlas der Globalisierung, Berlin: tazVerlag 2006, S. 43*

Kapital- und Dienstleistungsströme

Der Handel mit Dienstleistungen ergänzt zunehmend den Außenhandel mit Waren. Seit 1980 ist er um annähernd das Fünffache gewachsen, deutlich stärker als der Welthandel mit Waren. Dank technischer Innovationen werden heute ganze Unternehmensfunktionen in verschiedenen Ländern durchgeführt. So werden Teile des Rechnungswesens deutscher Unternehmen in Indien abgewickelt. Multinationale Unternehmen unterhalten Forschungs- und Entwicklungsabteilungen in Singapur, Malaysia und anderen asiatischen Staaten, weil Akademiker dort billiger arbeiten oder weniger Restriktionen die Forschung behindern.

Kapitalströme

Die internationale Arbeitsteilung führt auch zu einem Austausch des Produktionsfaktors Kapital. So wird z. B. US-amerikanisches und europäisches Kapital zur Erschließung bzw. Förderung von Rohstoff- und Energiequellen in Übersee eingesetzt. Öffentliche und private Kapitalgeber investieren in fremden Ländern durch die Kooperation mit Partnern (Joint Ventures) bzw. durch die Gründung einer Niederlassung. Milliarden Dollar aus Erdöleinnahmen fließen vom Nahen Osten in die USA und nach Europa. Staatliche **Kapitalströme** in Entwicklungsländer nehmen ab – private Direktinvestitionen in die Dritte Welt, vor allem in die Schwellenländer, steigen ständig an.

Globalisierung auf den Finanzmärkten

Mit außerordentlicher Dynamik verläuft auch die Entwicklung der weltwirtschaftlichen Verflechtungen im Finanzbereich. Diese Tendenz auf den Finanzmärkten ist vor allem auf die Liberalisierung des Kapitalverkehrs und die Fortschritte in der modernen Kommunikationstechnologie zurückzuführen. Sie ermöglichen es den Unternehmen und Privatanlegern heute, ihr Vermögen weltweit dort zu platzieren, wo es die höchsten Erträge bringt. Gigantische Summen jagen praktisch ohne Zeitverzögerung und Transaktionskosten rund um den Globus. Im Jahre 2007 wurden täglich im Durchschnitt 5 000 Mrd. US-$ gehandelt.

5 ***Arabische Investoren entdecken die deutsche Industrie.*** *Hochwillkommene Helfer – die ihre eigenen Pläne verfolgen.*

Auslandsinvestitionen

Das Hauptinstrument grenzüberschreitender Unternehmertätigkeit sind **ausländische Direktinvestitionen (ADI)**. Darunter versteht man Investitionen zur Gründung von Zweigbetrieben oder zum Erwerb bzw. zur Beteiligung an Unternehmen im Ausland. Vorrangiges Ziel der ADI ist es, Einfluss auf die Strategien und die Aktivitäten der neu gegründeten bzw. erworbenen Unternehmen im Ausland auszuüben. Die Motive für ADI sind vielfältig .

Der Anstieg der Direktinvestitionen ist ein deutlicher Beleg für die zunehmende internationale Verflechtung der wirtschaftlichen Aktivitäten.

Was die Verteilung der ADI auf die Wirtschaftssektoren anbetrifft, so ist ein Trend zum Tertiären Sektor zu erkennen, insbesondere zu Finanzdienstleistungen und Handelsunternehmen. Im Sekundären Sektor expandieren fast nur noch wissensintensive Branchen, wie z. B. die Elektronik-, Pharmazie-, Chemie- oder Datenverarbeitungsindustrie.

Vor- und Nachteile von Direktinvestitionen

Für die Empfängerländer ergeben sich meistens Vorteile, wenn

- inländische Betriebe als Zulieferer in Anspruch genommen werden und somit die gesamte volkswirtschaftliche Produktion steigt;
- freie Kapazitäten genutzt und dadurch z. B. Arbeitsplätze geschaffen werden, Güter für den einheimischen Bedarf hergestellt und so Importe/Devisen eingespart werden;
- die inländischen Unternehmen von den neuen Produktionsmethoden oder den neuen Betriebsorganisationen lernen.

Mögliche Nachteile ergeben sich für die Empfängerländer, wenn

- sie kostspielige infrastrukturelle Vorleistungen erbringen müssen;
- die neuen Unternehmen auf dem Binnenmarkt als Konkurrenten auftreten;
- durch hochtechnische Produktionsmethoden nur wenige Arbeitsplätze geschaffen werden;
- Gewinne nicht im Land reinvestiert werden, sondern ins Ausland abfließen.

4 Arbeiten Sie aus der Karte 4 die Hauptaussagen heraus.

5 Erklären Sie die rasante Zunahme des Handels mit Dienstleistungen seit 1980.

6 Erläutern Sie Vor- und Nachteile ausländischer Direktinvestitionen für das Empfängerland.

7 Nennen Sie mögliche Motive arabischer Investitionen in deutsche Unternehmen und die eventuellen Folgen solcher Beteiligungen für die Industrie in Deutschland.

8 „Für die Entwicklungsländer gilt: Ohne Ausländische Direktinvestitionen keine Entwicklung!" Diskutieren Sie diese These.

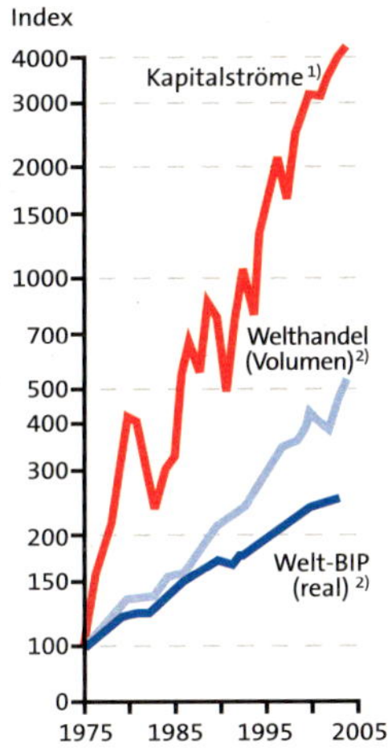

1) Summe aus inländischen Kapitalanlagen im Ausland und ausländischen Kapitalanlagen im Inland, alle Länder

2) Indizes gebildet aus Veränderungsraten

6 ***Internationaler Kapitalverkehr, Welthandel und Welt-BIP (1975 = 100, log. Maßstab)***

ONLINE-Link
Surftipps
29120X-0306

7 ***Wie sich der Preis eines T-Shirts zusammensetzt (in %)***

Gewinn und Kosten des Einzelhandels:	*50*
Markenwerbung:	*25*
Fabrikkosten:	*13*
Transport und Steuern:	*11*
Lohn:	*1*

Monatsverdienst einer Näherin in Bangladesh: 18 bis 24 €

Preis des T-Shirts in Deutschland: 35 €

Karin Steinberger: Ein Leben zum Schnäppchenpreis, in: Süddeutsche Zeitung vom 25.11.2008, unter: www.sueddeutsche.de

8 **Ein Leben zum Schnäppchenpreis**

Lang braucht sie nicht, um sich in dieser Neonlichtwelt zurechtzufinden. Suma Sarker rennt gleich los, hinein in den KiK-Discount-Laden, vorbei an Badeschwämmchen für einen Euro, an Kinder-Motivstrümpfen für 2,99 Euro und Waschlappen für fünf Cent. Suma Sarker will zu den Hosen.

Sie wühlt herum, schaut sich die Taschen an, dann den Hosenbund. Ihre kleinen Hände streifen über schwarze Hosen und Hosen in Tarnfarben. Ihr Salwar Kameez glitzert, Pluderhose, Oberteil, darüber ein Pulli wegen der Kälte. Nie würde eine Frau in Bangladesch Hosen mit weißen Streifen tragen. Sie machen sie nur. „Da, das sind meine", sagt sie, schaut sich die Kinderjeans an, die Taschen, der Hosenschlitz, die Nähte, lila und gelb. 60 bis 70 Taschen pro Stunde, Fließbandarbeit. Sarker macht momentan Hosentaschen.

Sie lächelt. Tausende Kilometer entfernt von der Heimat hat sie ihre Nähte gefunden. Sie muss das Schild nicht lesen, natürlich ist diese Hose aus Bangladesh. „Das sind meine" sagt sie, schaut sich das Preisschild an, stutzt. 4,99 Euro, sie fragt den Übersetzer, lässt sich den Preis umrechnen, schaut ungläubig in die rot-weiße KiK-Ästetik. „Very cheap" sagt sie.

Der Preis ist fast so schlimm wie die ewigen Flüche der Vorarbeiter in ihrer Fabrik, so schlimm wie die Angst, einen Fehler zu machen. Der Preis macht so deutlich, wie billig sie sind, die Millionen von Näherinnen in der Textilindustrie in Bangladesch. „Da ist ja auch das Material dabei und der Transport, sagt sie, lässt die Hose gar nicht mehr los. 4,99 Euro. Kleidung clever kaufen, heißt der KiK-Slogan, Es ist wie ein Schlag ins Gesicht. Gestern hat sie in einem teuren Kaufhaus ein in ihrer Fabrik genähtes T-Shirt gesehen, 35 Euro. Auch das ein Schock, wenn man sich vorstellt, dass eine Frau dort im Monat weniger verdient. „Das ist die Globalisierung", sagt der Übersetzer, Suma Sarker nickt. Natürlich, was sonst.

Karin Steinberger: Ein Leben zum Schnäppchenpreis, in: Süddeutsche Zeitung vom 25.11.2008, unter: www.sueddeutsche.de

9 ***„Verlegung von Arbeitsplätzen"***

Internationale Arbeitsteilung – Chancen und Risiken

Internationale Arbeitsteilung bedeutet, dass jedes Land möglichst die Waren erzeugt, für die es aufgrund der geographischen Lage, der Rohstoffvorkommen und unterschiedlicher historisch-sozialer Gegebenheiten die günstigsten Produktionsbedingungen hat. Die Zerlegbarkeit des Produktionsprozesses, verbesserte Transport- und Kommunikationsmöglichkeiten und billige Arbeitskräfte führten im verarbeitenden Gewerbe schon seit Jahrzehnten zur Fertigung im Ausland, z. B. in der Textil-, Bekleidungs- und Automobilindustrie. Dieses sogenannte Offshoring trifft nun auch den Dienstleistungssektor. Im Wesentlichen sind drei Branchen betroffen: IT-Dienstleistungen, insbesondere Programmieren und Codieren, Transaktionsabwicklungen wie Buchhaltung und andere Finanzdienstleistungen und drittens die Call-Center. Der Trend zum Offshoring wird maßgeblich durch niedrige Telefontarife und hervorragende Fremdsprachenkenntnisse im Ausland begünstigt. In neuen Industrien und im Dienstleistungssektor kann die Wirtschaft nicht so viele Arbeitsplätze schaffen, wie in schrumpfenden Bereichen verloren gehen. Das Wirtschaftsergebnis wird mit immer weniger Arbeitkräften erreicht. Worin liegen die Chancen und Risiken der Internationalen Arbeitsteilung?

10 ***Indische Softwareingenieure sind weltweit gefragt***

12 ***Porsche-Werk Leipzig: Fertigungsstraße des Porsche Cayenne***

11 **Brain drain – brain gain**

Can you ever imagine a country without engineers, scientists, doctors and other professionals? That is exactly what is happening in India: US and UK Corporations have caused the ultimate brain drain in India. Most of the talented students are running after dollar driven outsourcing work from the US or UK, working and learning IT and/or call center work. It is estimated 78 % of Indian engineers from mechanical, electrical, electronics, civil, instrumentation, chemical and biomedical engineering leave their field after graduation [...]. If this is not brain drain than what is?

In the mean time India is facing acute shortage of talents in the fields of science, engineering and technology. [...] India faces shortage of people for high-end industrial work that is based on the research and development, Kiran Karnik, president of National Association of Software and Service Companies said.

Sunita Dubay: Outsourcing – ultimate brain drain in India: How India got fooled by US and UK Corporations, unter: www.indiadaily.com/editorial/09-14-04.asp vom 14. 09. 2004

13 **Wie viel Deutschland steckt im Porsche?**

Mit Cayenne und Boxster hat es Porsche geschafft, einen erheblichen Umsatz- und Ertragszuwachs zu generieren, ohne Kapazitätsrisiken in Kauf zu nehmen. Beide Fahrzeuge werden zu wesentlichen Teilen von Produktionsdienstleistern im Ausland gebaut. [...]

Bei der Berechnung des Deutschland-Anteils hilft die Tatsache, dass ein Großteil der Zulieferer ihren Firmensitz in Deutschland hat, nicht weiter. Gut 50 % der Beschäftigten der deutschen Zulieferer werkeln im Ausland. [...]

Ein deutscher Name des Zulieferers bedeutet noch lange nicht, dass auch in Deutschland gefertigt wird. [...]

Ein mit einem Preis von 61 000 € ausgezeichneter Durchschnitts-Cayenne wird nach gängigen Kalkulationsmethoden zu Fertigungskosten von 34 000 € hergestellt. Da Porsche einen Fertigungsanteil von 12 % nennt, kommen also 30 000 € des Cayennes aus Bratislava und 4 000 € aus Leipzig. [...] Der Mehrwert beim Porsche Cayenne besteht also zum überwiegenden Teil aus einer Marketingleistung.

Ferdinand Dudenhöffer, in: ifo Schnelldienst 24/2005, S. 1 ff.

→ *brain drain, siehe auch Seite 46*

Gruppenarbeit

9 *Erarbeiten Sie in Gruppen arbeitsteilig anhand der drei Beispiele (Text 8, Foto 10, Text 11, Foto 12, Text 13) die Chancen und Probleme der internationalen Arbeitsteilung.*

a) Beschreiben Sie die Art der Arbeitsteilung.

b) Erklären Sie den Prozess der Arbeitsteilung am gewählten Beispiel.

c) Beurteilen Sie Nutzen und Nachteile für den „Norden“ und den „Süden“.

ONLINE-Link
Infoblatt Internationale Arbeitsteilung
29120X-0307

3.4 Ferntourismus

1 ***Anzeigetafel der Abflüge vom Flughafen München 2009***

3 ***„Nichts ist in der Fremde exotischer als der Fremde selbst." (Ernst Bloch)***

2 ***Entwicklung der internationalen Touristenankünfte in Mio.***

1950	*25*
1960	*69*
1970	*166*
1980	*278*
1990	*446*
2000	*682*
2005	*804*
2008	*922*

Nach UNWTO: World Tourism Barometer 2009. Volume 7. No 2, unter: http://unwto.org

Als Tourist wird nach den Richtlinien der WTO jeder Au sländer gezählt, der die Grenze überschreitet und sich mindestens 24 Stunden im Land aufhält. Transitreisende und ausländische Arbeitnehmer werden nicht mitgezählt.
Die Daten sind vielfach ungenau, da z. B. in vielen Ländern nur die Ankünfte in Hotels gezählt werden.

„Tourism – the world's largest industry"

Kaum ein Wirtschaftsbereich ist in den letzten Jahrzehnten so gewachsen wie der internationale Tourismus. Nach Einschätzung der **World Tourism Organization (UNWTO)** ist er heute der größte Wirtschaftszweig in der Welt. Sein Anteil am Weltwirtschaftsvolumen wird mit 10 bis 15 Prozent angegeben. Weltweit stellt er über 10 % der Arbeitsplätze. Für viele Länder ist er die bedeutendste Steuereinnahmequelle. In vielen kleinen Ländern nimmt der Tourismus eine wirtschaftliche Vorrangstellung ein. Seit Anfang der 1980er-Jahre wuchs der Tourismus, gemessen an den Deviseneinkünften, schneller als die übrigen Wirtschaftszweige, im Durchschnitt um ca. 5 %. Die UNWTO gibt die Einnahmen aus dem grenzüberschreitenden Tourismus für 2006 mit 733 Milliarden US-$ an. Rechnet man den Inlandstourismus hinzu, so dürften die Einnahmen bei ca. 4,6 Billionen US-$ liegen.
Die Gesamtzahl der Auslandstouristen ging am Anfang des 21. Jahrhunderts aufgrund der Terroranschläge vom 11.9.2001 in New York sowie der kriegerischen Auseinandersetzungen im Nahen Osten und der Vogelgrippen-Epidemie zunächst zurück. Eine Rolle spielte auch die schlechte Konjunkturlage in den Industrieländern. Seit 2004 hat sich der rasante Aufwärtstrend fortgesetzt. Insgesamt dürfte die Zahl aller Touristen im Jahr 2006 bei etwa 6 Mrd. gelegen haben.
Das Wachstum des Tourismus, gemessen sowohl an der Zahl der Touristen als auch an den tourismusbedingten Deviseneinkünften, ist unter anderem auf folgende Ursachen zurück zu führen:
- Entstehen eines weltweiten Kommunikationsnetzes,
- Zunahme des Luft- und Seeverkehrs,
- Suche des internationalen Kapitals nach rentablen Anlagen,
- steigende Einkommen und verbesserte Kaufkraft für viele Menschen,
- mehr freie Zeit,
- Gewinnung zusätzlicher Flug- und Schiffspassagiere, insbesondere durch Rabatte und Sonderangebote,
- weltweite Verbreitung der englischen Sprache als Lingua franca,
- Aufkommen von Mittelschichten in Schwellen- und Entwicklungsländern.

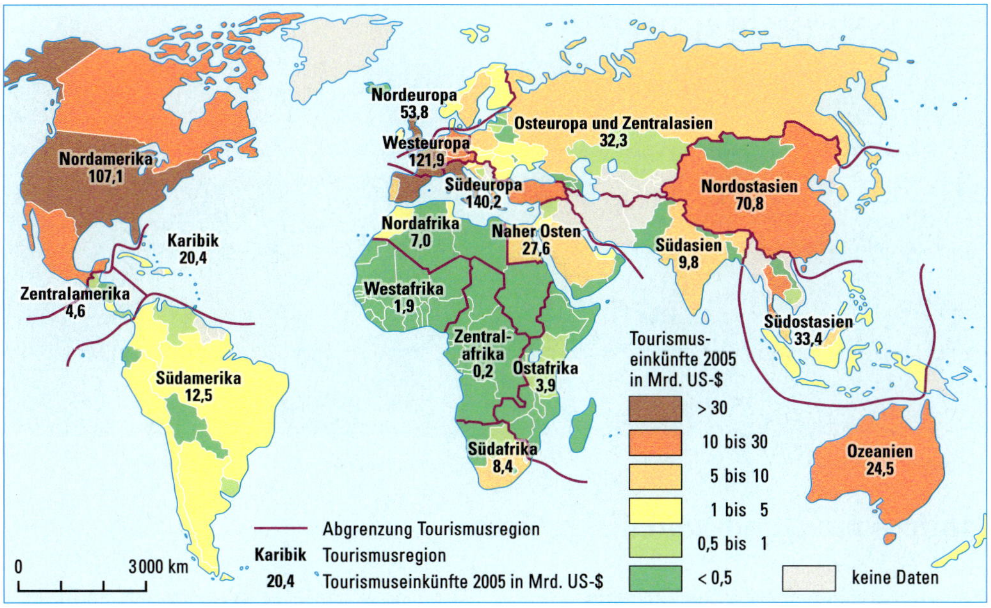

4 Internationaler Tourismus nach Regionen 2005

Nach World Tourism Organization, unter: www.world-tourism.org, April 2008

6 Tourismuseinkünfte ausgewählter Länder (US-$/Kopf), 2005

Österreich	2 345
Schweiz	1 742
Griechenland	1 233
Portugal	874
Spanien	745
Italien	653
Deutschland	465
USA	415
Thailand	197
Türkei	125
Mexiko	124

Nach World Tourism Organization 2008, unter: www.world-tourism.org

Wem nützt der Tourismus?

Die Hoffnungen auf wirtschaftliche Teilhabe an dem Boom sind in vielen Teilen der Welt groß. Inwieweit sind sie berechtigt?

Der internationale Reisemarkt wird von relativ wenigen Großunternehmen beherrscht. Von Pauschalreisen in Entwicklungsländer bleibt den Menschen dort meist nur ein Bruchteil der Ausgaben der Reisenden. Bei neuen Urlaubsformen wie „all inclusive" buchen und zahlen die Urlauber alle Leistungen zu Hause. Dadurch nimmt der Anteil der Wertschöpfung für einheimische Anbieter weiter ab. Vielfach wird beklagt, dass die Gewinne aus dem Wachstumsmarkt Tourismus den Industrieländern zuflössen – den Entwicklungsländern blieben dagegen die negativen wirtschaftlichen, sozialen und ökonomischen Folgen des Tourismus. Die Gegenströmung eines „angepassten Tourismus" will die Beteiligung der Einheimischen in den Zielgebieten stärken und die Belastungen für Umwelt und Gesellschaft lindern.

5 Internationaler Touristenreiseverkehr 2005
Zahl der einreisenden Touristen (in Mio.)/Deviseneinnahmen und -ausgaben des jeweiligen Landes durch Touristen (in Mrd. US-$)

	Touristen aus dem Ausland	Devisen	
		Einnahmen	Ausgaben
Frankreich	76,0	33,3*	19,4*
Spanien	55,6	53,0	18,4
USA	49,3	123,0	99,6
VR China	46,9	31,8	24,7
Deutschland	21,6	38,4	80,3
Österreich	20,0	19,3	12,8
Thailand	11,6	12,6	5,8
Südafrika	7,4	8,4	4,8
Schweiz	7,2	13,0	11,1
Japan	6,7	15,6	48,1

**Angaben 2002*
Nach World Tourism Organization, in: Der Fischer Weltalmanach 2008. Frankfurt: Fischer 2007, S. 705

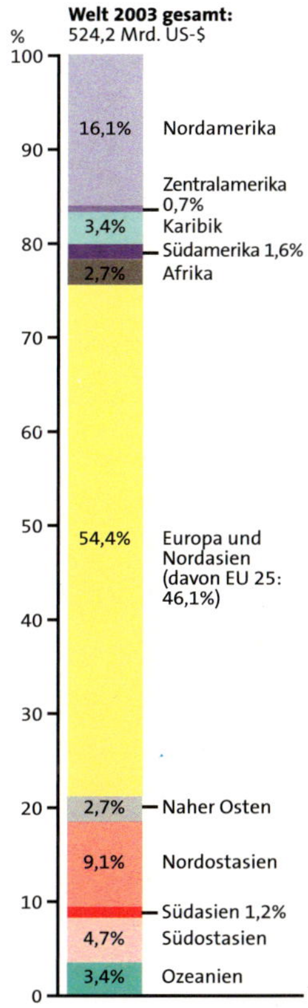

7 Anteil der Tourismusregionen an den internationalen Tourismuseinkünften (in %)

Nach World Tourism Organization 2004, unter: www.world-tourism.org

1 *Interpretieren Sie das Ausmaß des Tourismus*
a) nach Zahl der einreisenden Touristen in ausgewählten Ländern (Tabelle 5);
b) nach Deviseneinnahmen in den Regionen (Karte 4 und rechte Marginalspalte).

2 *Erklären Sie den hohen Anteil, den Europa an den internationalen Touristeneinkünften hat.*

3 *Wem nützt der Tourismus? Diskutieren Sie.*

8 **_Streit um die dritte Startbahn am Flughafen München 2009_**

9 **_Flughafen München_**

10 **_ITB in Berlin: weltgrößte Tourismusmesse_**

Einfluss auf Quell- und Zielgebiete

Herausforderungen für die Quellgebiete: Beispiel Deutschland

Der Ferntourismus ist in hohem Maße abhängig von der Entwicklung im internationalen Luftverkehr. Mit dem rasanten Ausbau der Luftflotten erwächst deutschen Urlaubsorten Konkurrenz. Gleichzeitig werden deutschen Fluggesellschaften Passagiere abgeworben. Durch das Aushandeln gegenseitiger Landerechte wollen beide Seiten Nutzen ziehen. Mit Destinationen in Nah- und Fernost stärkt der Münchner Flughafen seine Position im europäischen Wettbewerb. Gleichzeitig fassen expandierende ausländische Fluggesellschaften hier Fuß. Dies eröffnet die Chance, an der wachsenden Touristenzahl aus den reichen Golfstaaten und der aufkommenden Mittelschicht in asiatischen Schwellenländern zu partizipieren. Es gilt, den sonnigen Ganzjahreszielen in der Ferne Kulturreisen in Deutschland entgegen zu setzen. Durch Marktforschung sind Zielgruppen in überseeischen Herkunftsländern zu identifizieren und deren Bedürfnisse zu ermitteln. Somit stellt sich die inländische Infrastruktur auf ausländische Gäste ein. Die Maßnahmen reichen von der Qualifizierung von Fremdenführern über bequeme Reisemöglichkeiten bis hin zur Ausstattung im Beherbergungsgewerbe.

Menschen, die unter dem wachsenden Flugverkehr leiden, setzen sich zunehmend zur Wehr. Gegner weisen auf unnötige Flugbewegungen, z. B. auf kurzen Zubringerstrecken, hin. Manche üben Kritik am Fliegen überhaupt und möchten die Ausweitung des Flugverkehrs wegen wachsender Umweltbelastung und der Sorge um die Schädigung der Ozonschicht generell begrenzen. Neue Billigfluglinien bedienen Regionalflughäfen für Mittelstreckenflüge als Ergänzung zu Großflughäfen: Hahn im Hunsrück wird zu „Frankfurt West“, der Allgäu Airport in Memmingen fungiert als „München West“.

11 **Streit um die dritte Startbahn**

Die Flughafen München Gesellschaft [...] erklärt, die Kapazitätsgrenze des Flughafen München sei erreicht, das „Zweibahnensystem am Limit“. Eine dritte Startbahn sei unverzichtbar, da das Passagieraufkommen von 34 Millionen im Jahr 2007 bis 2020 auf 57,3 Millionen ansteigen werde.

Insgesamt liegen 60 000 Einwendungen von Privatleuten gegen das Projekt vor. Die Flughafengegner befürchten vor allem gesundheitliche Beeinträchtigungen durch den zusätzlichen Fluglärm. Auch der zu erwartende Schadstoffausstoß sei für die Anwohner unzumutbar, darüber hinaus ein Flughafenausbau angesichts des Klimawandels verfehlt.

BR-online: Flughafen München – Streit um 3. Startbahn, unter: www.br-online.de vom 02. 02. 2009

4 *Charakterisieren Sie die Herausforderungen für das Quellgebiet Deutschland.*

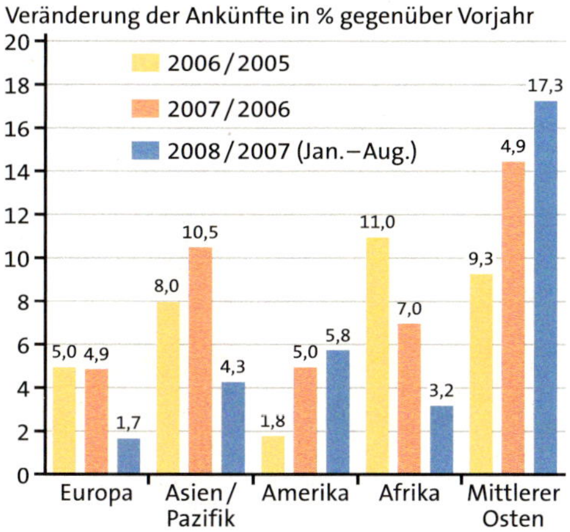

12 ***Tourismusentwicklung nach Weltregionen***

Nach World Tourism Organization 2009, unter: www.world-tourism.org

14 ***Das Burj al Arab-Hotel in Dubai***

13 **Zielgebiete als Gewinner?**

Ein Tourist ist ein ortsfremder Konsument, der sich temporär im Zielgebiet aufhält. Aus diesen Eigenschaften ergeben sich bestimmte Bedürfnisse. Diese haben folgende Wirkungen vor Ort:

1. wirtschaftsgeographische Wirkungen, z.B. Erhöhung der kommunalen und privaten Einnahmen und damit Möglichkeit, Infrastruktureinrichtungen zu bauen;
2. bevölkerungs- und sozialgeographische Wirkungen, z.B. Umschichtung der Beschäftigten zwischen den drei Wirtschaftssektoren, Schaffung von Arbeitsplätzen und Zuwanderung von Arbeitskräften;
3. siedlungsgeographische Wirkungen, z.B. Bau von Hotels und von Freizeiteinrichtungen, die auch den Einheimischen zugute kommen, Wachstum der Fremdenverkehrsorte und Verknappung des Baulandes;
4. verkehrsgeographische Wirkungen, z.B. Ausbau der Verkehrsinfrastruktur und Verbesserung der Verkehrsanbindung;
5. ökologische Wirkungen, z.B. Landschaftszerstörung und erhöhtes Abfallaufkommen, Verknappung elementarer Güter, wie Trinkwasser;
6. freizeitgeographische Wirkungen, z.B. Bau und Betrieb von Sportstätten oder Kultureinrichtungen, die auch den Einheimischen zur Verfügung stehen.

Wie ein Zielgebiet umgestaltet werden kann, wenn kapitalkräftige Investoren nach Anlagemöglichkeiten suchen, lässt sich am Beispiel Dubai eindrucksvoll zeigen.

Um das Emirat auch für die Zeit nach Beendigung der Erdölexporte ökonomisch zu sichern, baut die Regierung ihren Kleinstaat zu einem Dreh- und Angelpunkt des internationalen Tourismus aus. Gestützt auf seine rasch wachsende, hoch moderne Fluggesellschaft hat Dubai eine luxuriöse Tourismusinfrastruktur und Villen für die Reichen dieser Welt geschaffen, die aus dem All betrachtet werden will, um die Dimensionen zu erfassen. Die optimistische Einschätzung der Zukunftsaussichten wird durch den beispiellosen Zuwachs der Jahre 2005 bis 2008 gestützt. Dass dieses Konzept sich als dauerhaft erweist, wird von Skeptikern in Zweifel gezogen.

Dubai (2006):

Einwohner: 1,3 Mio.

Hotels: 415

Hotelzimmer: 31 041

Hotelgäste: 6,3 Mio.

Ziel für 2010:

Touristen: 15 Mio.

Departement of Tourism and Commerce Marketing (DTCM), vom 11.01.2007, unter: http://archive.gulfnews.com

5 *Erläutern Sie die allgemeine Wirkung des Tourismus auf die Zielgebiete.*

6 *„Sind die Zielgebiete die Gewinner?" – Diskutieren Sie diese Frage.*

7 *Charakterisieren Sie die in Diagramm 12 dargestellte Tourismusentwicklung in den fünf Weltregionen.*

8 *Vergleichen Sie die Regionen Europa und Naher Osten als Quell- und als Zielgebiet des internationalen Tourismus.*

⑮ ***Einheimische Kellner in einer Hotelanlage in Mombasa (Kenia)***

⑰ ***Internetcafé in Nairobi***

⑯ **TOP-15-Schwellen- und Entwicklungsländer als Tourismusziele** (Touristenankünfte in 1000)

Land	1990	2006
China	10484	124942
Mexiko	17176	97701
Hongkong*	6581	25251
Türkei	4799	19820
Malaysia	7446	25298
Thailand	5299	13822
Südafrika	2959	8509
Macao*	2513	21998
Ägypten	2411	9083
Singapur	4842	9751
Tunesien	3204	7176
Südkorea	2959	6155
Marokko	4024	6777
Indonesien	2178	4871
Brasilien	1091	5019
Welt	457306	847000

** Sonderverwaltungszonen der Volksrepublik China*
Nach UNWTO: World Tourism Barometer 2008, unter: www.world-tourism.org

→ *Wachstumsstrategie, siehe Seite 22*
→ *Sickereffekte, siehe Seite 22*

Chancen und Risiken touristischer Erschließung in Entwicklungsländern

Wirtschaftsfaktor Tourismus

Schon früh hat man die wirtschaftliche Bedeutung des Tourismus erkannt. So erklärte die UNO das Jahr 1967 zum „Jahr des Tourismus" und ging davon aus, dass der internationale Reiseverkehr innerhalb weniger Jahrzehnte die Kluft zwischen Industrie- und Entwicklungsländern merklich verringern, wenn nicht gar beseitigen könnte. „Entwicklung" wird von den meisten Staaten gleichgesetzt mit wirtschaftlichem Wachstum. Der Tourismus schaffe, so die Befürworter dieser These, Arbeitsplätze und Einkommen und fördere den Aufbau der Infrastruktur (Flugplätze, Häfen, Verkehrswege, Elektrizität, Banken- sowie Kommunikationswesen). Sickereffekte würden sich positiv auf andere Wirtschaftszweige auswirken, wie beispielsweise auf die Agrar- und Fischereiwirtschaft, die Nahrungs- und Genussmittelindustrie sowie das lokale Handwerk. Für Kleinstunternehmer könnten sich Chancen ergeben, um beispielsweise mit geringem finanziellen Aufwand ein Internetcafé zu gründen. Traditionelle Abwanderungsgebiete würden aufgewertet und periphere Gebiete stärker in die Volkswirtschaft integriert werden.

Vielen der durch hohe Auslandsverschuldung geplagten Entwicklungsländer biete der Tourismus die Möglichkeit, dringend benötigte Devisen zu erwirtschaften. Dies sei vor allem für solche Länder wichtig, die aufgrund ihrer Lage oder fehlender Ressourcen keine Möglichkeit hätten, Exportproduktionen aufzubauen.
Solche Bewertungen der Deviseneinnahmen sind jedoch trügerisch, wenn sie die Belastungen der Außenhandelsbilanz nicht mitberechnen, zum Beispiel:

- Ausgaben für Auslandskredite und für den Einkauf von Investitionsgütern zum Aufbau der Tourismusindustrie (Baumaterialien, Möbel, Klimaanlagen, Fahrzeuge etc.),
- Einfuhr von Konsumgütern für Touristen (von Extraktkaffee über Whisky, Cola bis zu deutschem Bier, Frühstücksmarmelade und europäischem Mineralwasser),
- Devisenausgaben für die Tourismuswerbung in den Herkunftsländern.

Eine Bewertung der vom Tourismus ausgehenden soziokulturellen Effekte ist schwierig. Ohnehin durchlaufen die Entwicklungsländer einen Prozess des sozialen Wandels, ausgelöst durch Industrialisierung und Verstädterung, durch verbesserte Informations- und Kommunikationsmöglichkeiten sowie vor allem durch die Massenmedien im Zeichen der Globalisierung.

18 ***„Reminiszenzen an die Kolonialzeit"***

21 ***Kleideretikette ausländischer und inländischer Touristen in Indien***

19 **mögliche positive Effekte**
- Steigerung des BIP/BNE
- Verbesserung der Zahlungsbilanz
- höhere Steuereinnahmen
- steigende Beschäftigung
- steigende Einkommen
- Abbau räumlicher und sozialer Disparitäten
- Verbesserung der Infrastruktur
- Entfaltung unternehmerischer Qualitäten
- Adaption von Innovationen
- Technologietransfer
- Verstärkter Denkmal- und Umweltschutz
- Förderung des inländischen Tourismus

20 **mögliche negative Effekte**
- erhöhter Devisenabfluss
- unangepasstes Konsumverhalten (Demonstrationseffekt)
- extreme Saisonalität des Arbeitsplatzangebotes
- Fehlzuweisungen knapper Produktionsfaktoren
- Verdrängung überkommener Wirtschaftszweige
- Ressourcenzerstörung
- steigende soziale Kosten
- Förderung der Korruption
- gespaltener Markt
- Umweltbelastung

22 **Kritische soziologische Stimmen**
- Der Fremdenverkehr zwingt die gastgebende Gesellschaft, ihre Kulturgüter zu kommerzialisieren, womit ein Verlust der kulturellen Identität einhergeht.
- Der Vergleich der eigenen mit der als fortschrittlich erachteten Lebensführung westlicher Gesellschaften kann bei Einheimischen ein Gefühl der Unterlegenheit oder Minderwertigkeit hervorrufen.
- Die Touristen nehmen teilweise die Rolle der ehemaligen Kolonialherren ein, an deren Werte und Normen, z.B. auch der Kleideretikette, vor allem die Jugendlichen ihre Identifikationsversuche binden.
- Es entstehen Neid oder aber auch Auflehnung, die leicht in Hass umschlagen können.
- Der Tourismus verstärkt Migrationsprozesse; dies bewirkt eine Aufgabe des traditionellen Lebensstils und eine Auflösung der familiären Bindungen.

9 Charakterisieren Sie die Bedeutung des Tourismus als Wirtschaftsfaktor.

10 Werten Sie die Fotos sowie die Karikatur im Hinblick auf Chancen und Risiken touristischer Erschließung in Entwicklungsländern aus.

11 Diskutieren Sie die These: Tourismus ist die eleganteste Form der Entwicklungshilfe.

12 Erstellen Sie anhand von Text 22 ein Wirkungsgefüge zu möglichen sozialen Folgen des Tourismus.

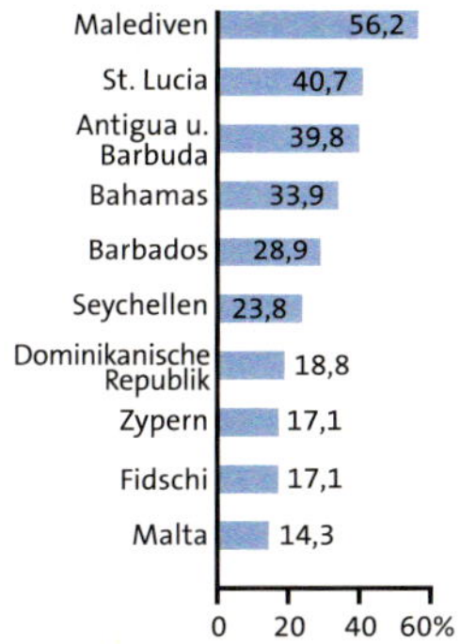

23 ***Anteil des Tourismus am BIP ausgewählter Länder 2003 (in %)***

Nach World Tourism Organization 2005, unter: www.world-tourism.org

ONLINE-Link
Infoblatt Fremdenverkehrswirtschaft
29120X-0308

24 ***Hotelanlage auf den Südphilippinen (Provinz Southern Mindanao)***

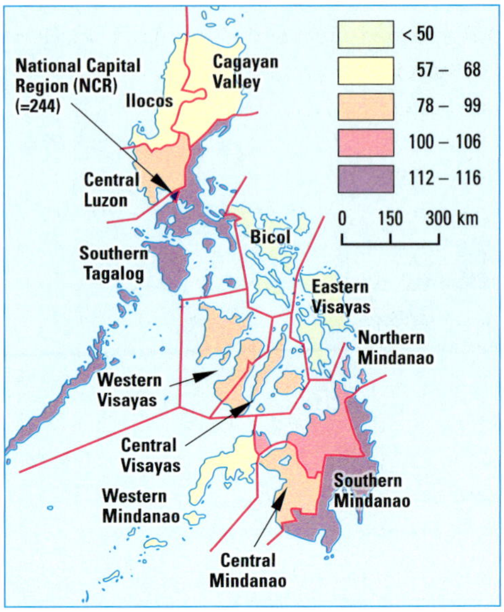

26 ***BIP pro Kopf 1980 in Relation zum Landesdurchschnitt (= 100) vor Einsetzen einer durchgreifenden staatlichen Regionalpolitik zum Abbau von Disparitäten***

Nach Karl Vorlaufer: Tourismus auf den Philippinen, in: Petermanns Geograph. Mitteilungen, 140. Jg., H. 3. Gotha: Perthes 1996, S. 133

25 ***Steckbrief Philippinen 2006***

Fläche: 300 000 km², 7 107 Inseln, davon 860 bewohnt
Küstenlänge: 36 289 km
Natürliche Ressourcen: Holz, Erdöl, Nickel, Silber, Gold, Kupfer, Kobalt
Landnutzung: 19 % Ackerland, 17 % Weideland
Einwohner: 86,26 Mio.
Einwohnerdichte: 295 Ew./km²
städtische Bevölkerung in % der Gesamtbevölkerung: 61,0
Bruttoinlandsprodukt je Einwohner: 1 363 US-$
Erwerbstätigkeit: 37 % Landwirtschaft, 15 % Industrie, 48 % Dienstleistungen
Arbeitslosigkeit 2007: 7,3 %
Bevölkerung unterhalb der Armutsgrenze: 33 %

Der Fischer Weltalmanach 2009. Frankfurt/M.: Fischer Taschenbuch Verlag, S. 382; National Statistical Coordination Board, Philippines (NSCB), unter: www.nscb.gov.ph (Zugriff vom 09. 07. 2009)

Tragfähigkeit touristischer Erschließung: Beispiel Boracay

Ungleiche Regionalentwicklung

Auf den Philippinen hat sich, wie in vielen Ländern der Dritten Welt, infolge endogener und exogener Einflüsse eine Entwicklung vollzogen, die sich in allererster Linie auf die Hauptstadtregion beschränkte. Das Gefälle zwischen der 8-Millionen-Metropole Manila, den Millionenstädten Quezon City und Davao einerseits und den peripheren Regionen, wo bis zur Hälfte der Bevölkerung unter der Armutsgrenze lebt, andererseits, ist außerordentlich groß. Mögen die unzähligen Buchten und flachen Sandstrände auf den peripheren Inseln für Häfen und die wirtschaftliche Entwicklung durch Industrie und Handel zwar hinderlich sein, für den Tourismus bieten sie aber Vorteile, stellen sie mit ihren vielen Naturschönheiten doch reizvolle Urlaubsziele dar.

Seit 1972 bestanden Pläne zur Entwicklung von Tourismusregionen auch mit dem Ziel der Förderung abgelegener Räume. Bis 1983 hatte die damalige Präsidentenfamilie Marcos den größten Teil der Gelder jedoch in die Metropole gelenkt, um Manila zu einem internationalen Kongress- und Messezentrum auszubauen.

Kehrtwende

Seit 1993 sehen Planungen eine Förderung der peripheren Regionen durch den Aufbau eines umweltverträglichen und die kulturelle Eigenheit der Bewohner bewahrenden Tourismus vor, wobei den jeweiligen Bedürfnissen entsprechende Einrichtungen entstehen sollten. Dazu wurde u. a. auch der internationale Flughafen Manila durch die Flughäfen in Cebu und Davao ergänzt. Dennoch fand nur eine punktuelle Entwicklung statt.

Beispiel Boracay

Auf diesem kleinen, der Insel Panay vorgelagerten Eiland lebten um 1980 die ca. 3 000 Einwohner noch von der Subsistenzwirtschaft, viele waren abgewandert. Wegen der flachen Sandstrände gab es nicht einmal einen Fischereihafen. Zuerst entdeckten „Rucksacktouristen" die stille und preisgünstige Insel als alternatives Urlaubsziel. Um die Mitte der 1980er-Jahre entstanden die ersten größeren Hotels. 1994 kamen schon knapp 100 000 Gäste in die 1 430 Hotels, und heute ist Boracay – auch dank des Ausbaus Kalibos für interkontinentale Flüge – zu einem boomenden Tourismuszentrum geworden.

Auf dem Weg zum nachhaltigen Tourismus?

Die Risiken einer solch aufstrebenden Tourismusentwicklung sind aus anderen Zielen bekannt: In ökonomischer Hinsicht sind hier beispielhaft die Fehlleitung finanzieller Mittel, die Zuwanderung von Arbeitskräften in den informellen Sektor, ein Preisanstieg oder die Entstehung eines gespaltenen Marktes für In- und Ausländer zu nennen. Darüber hinaus ergeben sich ökologische Probleme durch unangepasste Überbauung von Flächen, Verkehrszunahme oder unsachgemäße Abfallbeseitigung. Weiterhin entstehen soziale Probleme durch die Auflösung traditioneller gesellschaftlicher Strukturen oder eine massive Zuwanderung.

27 **Mängelbeseitigung mit einem Masterplan?**

Ein Beratungsteam der Internationalen Finanzkorporation (IFC) hat konstatiert, dass die Expansion des Tourismus in Boracay beträchtliche Gelegenheit für private Investoren bietet. Allerdings sollten die Investitionen im Kontext eines neuen Entwicklungsplanes erfolgen. Kritische Entwicklungen, denen Boracay ausgesetzt ist, sind zahlreich, inklusive Migration, [...] Mangel an Gesundheitseinrichtungen, Lärm, Defizite im Abfallmanagement und Abwassermanagement sowie der Energieversorgung [...]. Das Team gibt der Erstellung eines fortgeschriebenen Masterentwicklungsplans höchste Priorität. Aufgrund der Untersuchungsergebnisse kommen die Experten zu folgenden Empfehlungen:

Boracay braucht eine Erweiterung der Wasser- und [Abwasseranlagen] sowie der Stromversorgung, um den zukünftigen Bedarf einiger im Bau befindlicher Hotels zu decken. Außerdem sollten kritische Maßnahmen [in die nahe gelegene Stadt Catician] verlegt werden. Die vorgeschlagenen Projekte beinhalten u.a. die Verlegung der Einrichtungen zur Abfallbeseitigung, Bau von Billigwohnhäusern, um den Druck von Migration und Überbevölkerung zu mindern, ein verbessertes Verkehrssystem, [...] ein agroindustrielles Zentrum mit Eisversorgung und Kühlhäusern sowie mit einem öffentlichen Markt.

Nach www.boracayspot.com/boracay-articles/ifc-boracay-study.htm (Zugriff vom 26.06.2009)

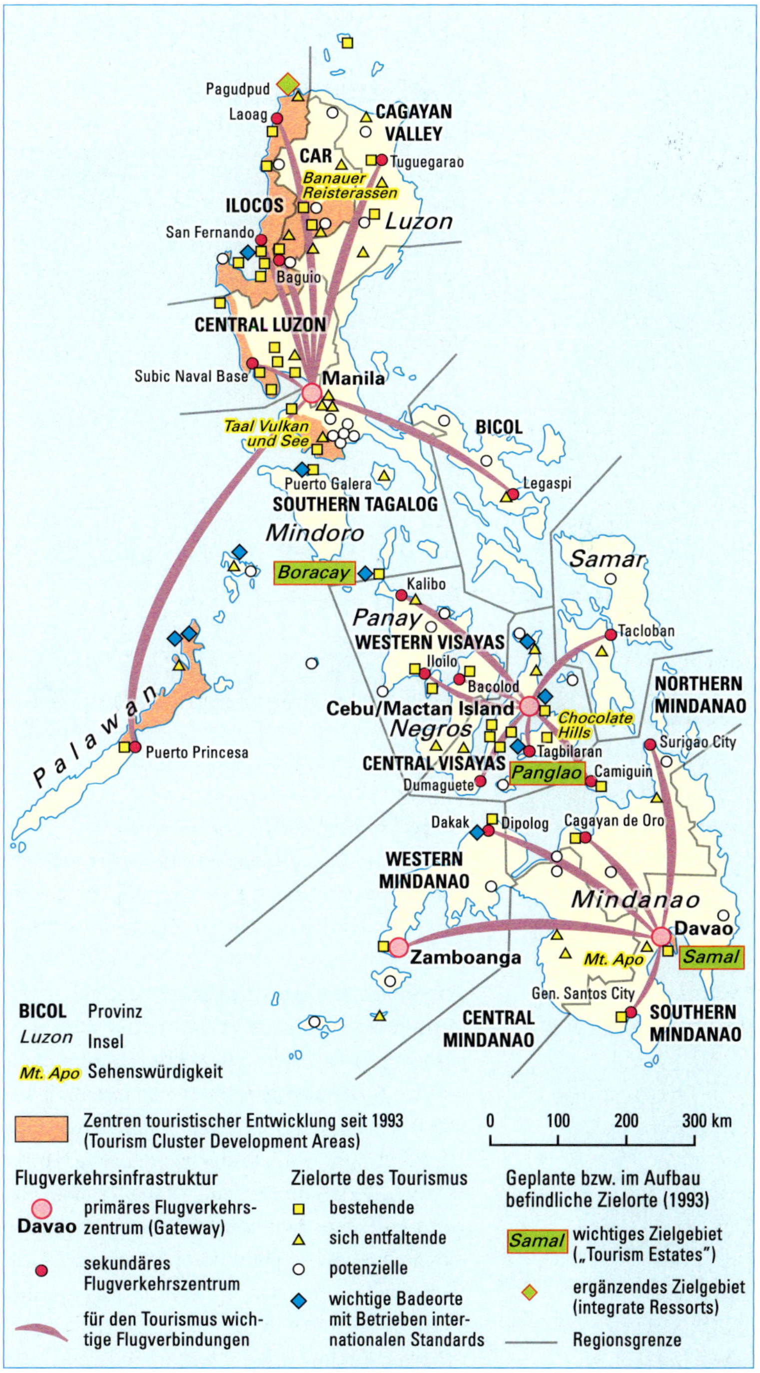

28 ***Großräumiges Muster der touristischen Entwicklungsplanung der Philippinen 1993–2010***

Nach Karl Vorlaufer: Tourismus auf den Philippinen. a.a.O., S. 140

13 *Charakterisieren Sie die Regionalentwicklung auf den Philippinen.*

14 *Beurteilen Sie Chancen und Risiken der touristischen Erschließung der Insel Boracay.*

ONLINE-Link
Surftipp
29120X-0309

3.5 Steuerung des Globalisierungsprozesses

Ein Gruppenpuzzle

Selbst organisiertes Lernen soll Ihnen helfen, schrittweise selbstständiges und eigenverantwortliches Arbeiten und Verstehen einzuüben. Eine organisatorische Möglichkeit ist das Gruppenpuzzle, welches im Methodenkompendium auf der Seite 173 vorgestellt wird. Auf diese Weise können Sie sich auch den Themenbereich „Steuerung des Globalisierungsprozesses" arbeitsteilig erschließen.

1 ***Titelseite des SPIEGEL Nr. 30 vom 23.07.2001***

3 ***„Macht-Verhältnis"***

Arbeitsauftrag für die Stammgruppen

Beurteilen Sie die Möglichkeiten von Global Governance, die Globalisierung ökonomisch, sozial und politisch zu steuern.

2 **Ohnmacht nationalstaatlicher Politik?**

Irgendwann in naher Zukunft: Die Welt wird beherrscht von einer Hand voll Konzernen, die Steuern sind abgeschafft, die Schulen werden von McDonalds oder Mattel gesponsert, die Bürger tragen als Nachnamen den ihrer Firma. Hack Nike bekommt vom Marketingchef Jon Nike einen perfiden Auftrag: Er soll, um den Verkauf des neuen, sündteuren Mercury-Schuhs anzukurbeln, ein gutes Dutzend jugendlicher Käufer erschießen. Die Botschaft: Für dieses Modell werden selbst Morde begangen. Willkommen in „Logoland", einer Welt des gnadenlosen Konsumterrors, die der australische Autor Max Barry, 32, ersonnen hat. Die Regierungen haben kapituliert, alles ist privatisiert, selbst die Polizei verfolgt die Täter nur, wenn die Opfer zahlen. Es gilt allein das Gesetz des Marktes [...]. Eine breite Protestbewegung formiert sich, eine Koalition von getäuschten Enttäuschten, die den Verheißungen einer globalen Marktwirtschaft keinen Glauben mehr schenken will. [...] Sie alle eint ein diffuses Unbehagen am weltumspannenden, einzig vom Geld getriebenen Turbokapitalismus. [...] National lässt sich gegen global agierende Hedgefonds wenig machen und das zeigt das Dilemma der Politik in Zeiten der Globalisierung. Ist der Staat also völlig machtlos?

Alexander Jung: Die Zähmung des Monsters, in: Die Neue Welt. Spiegel Special 7/2005, S. 142 f.

④ **Aufgaben der Nationalstaaten im Rahmen der Global Governance**
Diese bestehen z. B. in den Bereichen Bildung, Soziales, Forschung- und Entwicklung, Strukturpolitik und Sicherheit. Zur Finanzierung erhebt der Staat Steuern und Gebühren. Nicht alle öffentlichen Aufgaben können problemlos von einem Staat getragen werden. Deswegen werden sie z. T. privatisiert oder sie werden von übergeordneten Einrichtungen unterstützt, wie z. B. der grenzüberschreitende Verkehrswegebau durch die EU. Auf globaler Ebene erhalten Entwicklungsländer eine Vielzahl von Unterstützungen zur Versorgung ihrer Bevölkerung und zum Aufbau von Wirtschaftsstrukturen, die dem internationalen Handel dienen.

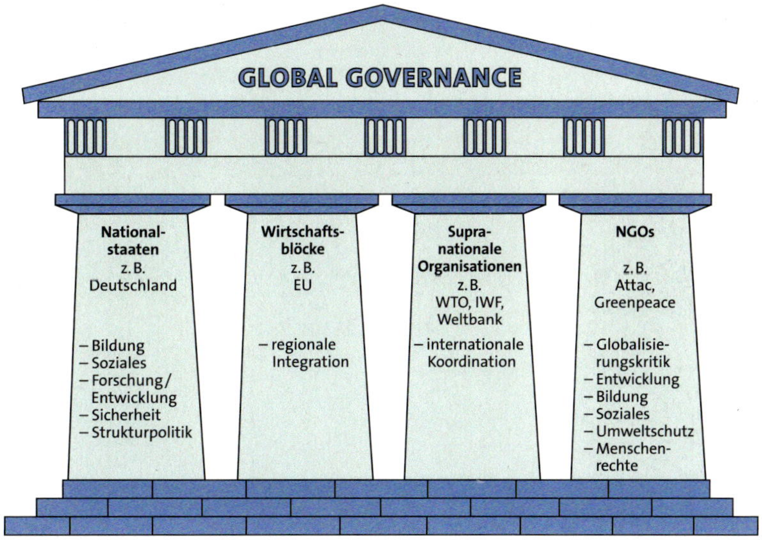

⑥ ***Global Governance-Architektur***

⑤ **Was heißt Global Governance?**
Wenn sich die Probleme globalisieren, muss sich auch die Politik globalisieren. Dann [...] müssen neue Ordnungsstrukturen geschaffen werden. Den Versuch, Antworten auf die Herausforderung der Globalisierung zu finden, nennen [...] viele inzwischen **Global Governance** [...].
Erstens: Global Governance heißt nicht Global Government. Ein Weltstaat ist weder eine realistische noch eine erstrebenswerte Option, weil er kaum demokratische Legitimation gewinnen könnte und weit weg von den zu lösenden Problemen wäre.
Zweitens: Global Governance beruht auf verschiedenen Formen und Ebenen der internationalen Koordination, Kooperation und kollektiven Entscheidungsfindung. Internationale Organisationen übernehmen diese Koordinationsfunktion und tragen zur Herausbildung globaler Sichtweisen bei [...].
Drittens: Der Zwang zur Kooperation verlangt Souveränitätsverzichte, die Globalisierungseffekte und Interdependenzstrukturen längst erzwungen haben. Auch die Großmächte müssen sich mit „geteilten Souveränitäten“ abfinden.
Viertens: [...] In allen Regionen formieren sich mehr oder weniger erfolgreiche Kooperations- und Integrationszonen. Global Governance muss auf solchen regionalen Kooperationskernen aufbauen und sie als organisatorischen Unterbau nutzen.
Fünftens: Global Governance ist kein Projekt, an dem nur Regierungen oder internationale Organisationen als Instrument der Staatenwelt beteiligt sind. Das neue unterscheidende Konzept [...] liegt [...] im Zusammenwirken von staatlichen und nichtstaatlichen Akteuren von der lokalen bis zur globalen Ebene [...]. Die NGOs gehören längst zur Dramaturgie von Weltkonferenzen und erhalten in einzelnen „weichen“ Politikbereichen (Umwelt-, Menschenrechts- und Entwicklungspolitik) neben der konsultativen und korrektiven auch eine mitgestaltende Funktion.

Franz Nuscheler in: Frankfurter Hefte, 11/2001, S. 669–673

⑦ ***Weltgrößte Konzerne 2008 (Umsatz Mrd. US-$)***

Zehn größte zus.	*3 041*
1. Royal Dutch	*458*
2. Exxon Mobil	*443*
3. Walmart	*406*

⑧ ***Staaten nach Wirtschaftskraft 2008 (BIP Mrd. $ PPP = internationale US-$-Kaufkraft)***

Deutschland	*2 910*
UK	*2 230*
Malaysia	*384*
Bangladesch	*225*
Kasachstan	*177*

IWF 2009 ergänzt

→ *Methode Gruppenpuzzle, siehe Seite 173*

Aufgaben zur Erschließung des Themas
1 *Arbeiten Sie aus der Titelgrafik 1 und der Karikatur 3 die Hauptaussagen heraus.*
2 *Erörtern Sie ausgehend von Text 2 die Ohnmacht nationalstaatlicher Politik.*
3 *Erläutern Sie die Global Governance-Architektur.*

ONLINE-Link
Surftipp
29120X-0310

Expertengruppe

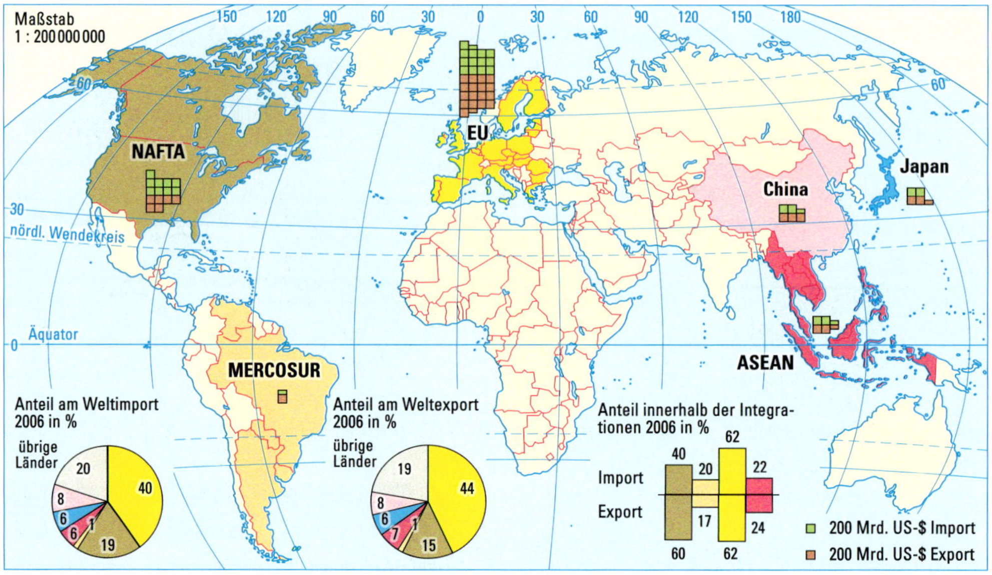

⑩ ***Position der EU im Welthandel – Handel der wichtigsten Wirtschaftsblöcke sowie Chinas und Japans 2006***

Nach WTO Country profiles 2006, Trade Statistics 2006, in Barbara Hahn: Europäische Union und andere regionale Integrationen im Vergleich, in: Geographische Rundschau, 59. Jg., H. 3. Braunschweig: Westermann 2007, S. 10, sowie World Trade Developments 2006

Zielsetzung und Rolle bedeutender Wirtschaftsblöcke: Beispiel EU

Arbeitsauftrag für Expertengruppe 1:
Arbeiten Sie die Stellung der EU im Welthandel heraus.

⑪ Zunehmend wird der freie Welthandel durch die Bildung von Wirtschaftsblöcken und Freihandelszonen, also durch Regionalisierungstendenzen, sowie durch staatlichen Protektionismus behindert. Freihandelszonen, Wirtschafts- und Zollunion, wie z. B. die EU in Europa, die NAFTA in Nordamerika, Mercosur in Lateinamerika, ASEAN in Südostasien oder SACU in Südafrika, fördern zwar die Integration ihrer Mitglieder und den Handel innerhalb der jeweiligen Union, wirken aber diskriminierend gegenüber Drittländern, denen der ungehinderte Marktzugang versperrt wird.

Nach Fischer Weltalmanach 2008. Frankfurt/Main: Fischer Taschenbuchverlag 2007, S. 690

⑨ **Die EU im Vergleich mit anderen Wirtschaftsräumen im Jahre 2005**

	EU-25	USA	China	Japan	Russland
Einwohner (Mio.)	486	296	1305	128	143
Anteil an der Weltbevölkerung (%)	7,5	4,6	20,3	2,0	2,2
BNE (Mrd. US-$)	12815	12455	2264	4988	639
BNE pro Kopf (US-$)	26368	43740	1740	38980	4460
Anteil am Welt-BNE (%)	28,5	27,7	5,0	11,1	1,4

Berechnet nach Weltbank (Hrsg.): Weltentwicklungsbericht 2007. Bonn: Bundeszentrale für politische Bildung, S. 348–349

12 ***„Die EU im Globalisierungsprozess?“***

13 **Stellung und Ziele der EU in der Weltwirtschaft**

Die Europäische Union ist in den fünf Jahrzehnten ihres Bestehens in politischer und wirtschaftlicher Hinsicht zu einer globalen Macht aufgestiegen. Sie ist nicht nur stärker als jeder andere Wirtschaftsblock mit der Weltökonomie verflochten, sie stellt mit den „Vier Freiheiten“ ihres Binnenmarktes weltweit auch die weitreichendste Integration nationaler Volkswirtschaften dar.

Zu beachten ist aber, dass das integrierte Europa aus Ländern besteht, die im Hinblick auf die Wirtschaftsstruktur und Wirtschaftskraft sehr große Unterschiede aufweisen. Einige wenige wirtschaftsstarke Staaten bilden das ökonomische Fundament. Für andere Länder der EU weisen die wirtschaftlichen Kennziffern eher auf den Status eines Schwellen- oder sogar eines Entwicklungslandes hin.

Die EU steht vor zwei gewaltigen Aufgaben: Erstens muss sie unter großem politischen und finanziellem Aufwand die räumlichen Disparitäten im Inneren überwinden. Zweitens muss sie sich mit einer immer stärkeren Konkurrenz auseinandersetzen. Diese kommt zunehmend aus dem asiatischen Raum [... und] bietet inzwischen in wichtigen Zukunftsbranchen weltmarktfähige Produkte an.

Nach Arno Kreus/ Norbert von der Ruhren (Hrsg.): Fundamente Geographie Oberstufe. Stuttgart und Leipzig: Klett 2008, S. 392

14 **Globalisierung gestalten: Externe Wettbewerbsfähigkeit der EU steigern**
Positionspapier der Bundesregierung

[Den] globalen Strukturwandel müssen wir in der EU gestalten, indem wir versuchen, die Wettbewerbsfähigkeit unserer Unternehmen nachhaltig zu stärken. [...] Dies trägt letztlich dazu bei, den Lebensstandard der Bevölkerung dauerhaft zu sichern und zu erhöhen. [...] Europäische Produktionsstandorte dürfen gegenüber Wettbewerbern aus Drittländern nicht unverhältnismäßig durch Regulierungen belastet werden. [...] Darüber hinaus sollten alle Politikfelder in ihrer Außenwirkung betrachtet werden, um die Kohärenz z.B. zwischen Handels-, Entwicklungs- und Agrarpolitik zu stärken. [...]

Die EU ist [...] bei Industriegütern und Dienstleistungen einer der offensten Märkte der Welt. [...] Die noch bestehende Protektion innerhalb der EU sollte [...] überprüft werden. Eine Sonderstellung nimmt [...] die Gemeinsame Agrarpolitik ein. [...] Es muss [...] ein Ausgleich zwischen Reform und Öffnung einerseits und der Fortführung einer gestaltenden europäischen Agrarpolitik andererseits, die die Landwirtschaft als tragende Säule von Wirtschaft und gesellschaftlichem Leben im ländlichen Raum erhält, gefunden werden. [...]

[So] erwartet die Bundesregierung, dass das Hauptaugenmerk bei Verhandlungen mit Drittländern vor allem auf den Abbau der vielfältigen [...] Handelshemmnisse gerichtet wird, [...] Themen wie double pricing [...], Exportzölle [...], Verletzung geistiger Eigentumsrechte, erzwungener Technologietransfer, Währungsmanipulationen etc. verlangen [...] Aufmerksamkeit.

Bundesministerium für Wirtschaft und Technologie, unter: www.bmwi.de (Zugriff vom 24.07.09)

Aufgaben zur Erschließung des Themas

1 *Charakterisieren Sie die Stellung der EU in der Weltwirtschaft.*
2 *Erläutern Sie die Ziele der EU.*
3 *Beurteilen Sie diese Zielsetzungen.*

Die vier Freiheiten der EU

Freier Verkehr für:
- *Personen*
- *Waren*
- *Dienstleistungen*
- *Kapital*

G 7, G 8 und G 20

In Verbindung zu den internationalen Organisationen hat sich ein Geflecht von Gruppen (G) von Schlüsselländern gebildet, die Clubcharakter haben. In ihnen werden Fragen, die das Weltwirtschaftssystem betreffen, vorstrukturiert und meist auch vorentschieden. Die Gruppe der wichtigsten Industrieländer G 7 hat sich durch die Aufnahme Russlands zur G 8 erweitert. 1999 wurde durch Einbeziehung von Australien, der Türkei und bedeutenden Schwellenländern die G 20 ins Leben gerufen.

double pricing

Für ein und dasselbe Produkt werden auf unterschiedlichen Märkten zwei oder mehr verschiedene Preise festgelegt.

ONLINE-Link

Infoblatt Europäische Union
29120X-0311

Methode

Expertengruppe

GATT (General Agreement on Tariffs and Trade)
Das Abkommen wurde 1947 von 23 Vertragspartnern mit dem Ziel unterzeichnet, durch den Abbau von Handelshemmnissen eine wirtschaftliche Verbesserung in den Partnerländern zu erreichen. Seit 1995 hat die WTO die Aufgaben des GATT übernommen.

WTO (World Trade Organization)
Sie soll die internationalen Handelsbeziehungen innerhalb verbindlicher Regeln organisieren und bei Handelskonflikten für eine Streitschlichtung sorgen. WTO-Entscheidungen werden normalerweise im Konsens mit allen Mitgliedsstaaten getroffen. Die Ministerkonferenz, die alle zwei Jahre stattfindet, ist das höchste Entscheidungsgremium der WTO. Am 23. Juli 2008 hatte die WTO 153 Mitglieder. Mit 29 Ländern wurden Beitrittsverhandlungen geführt, u. a. mit Russland und Serbien.

15 **„Den Ausgleich anstreben"**

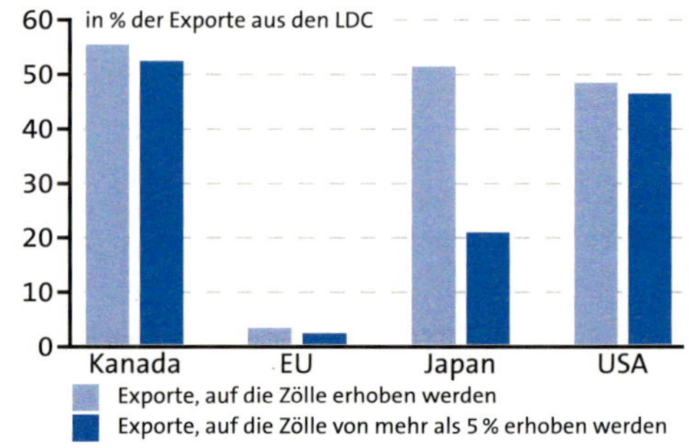

17 **Protektionistische Maßnahmen gegenüber Exporten aus Entwicklungsländern**; *nach Jürgen W. Wolff: Entwicklungsländer und Entwicklungspolitik im Rahmen globaler und politischer Strukturen und Prozesse. Paderborn: Schöningh 2003, S. 279*

Wie wirksam sind internationale Handelsabkommen? – Beispiel WTO

Arbeitsauftrag für Expertengruppe 2:
Untersuchen Sie, inwiefern die WTO eine Möglichkeit darstellt, den Globalisierungsprozess zu steuern.

16 Seit 1995 legt die Welthandelsorganisation **WTO** als einzige international anerkannte Vertragsinstitution Regeln im Welthandel fest. Die um wichtige Bereiche wie Dienstleistungen und Wissen erweiterte WTO ist die Nachfolgeorganisation des **GATT**. Ihr Ziel ist ein weltweiter Handel ohne Hemmnisse. Die Funktionen der WTO: internationales Forum für Handelspolitik und für Handelskonflikte, Beobachten der nationalen Handelspolitiken, technische Hilfe und Unterstützung für Entwicklungsländer, Kooperation mit anderen internationalen Organisationen. Die WTO hat 147 Mitgliedsstaaten (Mai 2004), die über 90 % des Welthandels abwickeln.

Wichard Woyke: Handwörterbuch Internationale Politik. Bundeszentrale für politische Bildung. Schriftenreihe Bd 404. Bonn: bpb 2004, S. 591f.

18 Mit dem Abbau von Zöllen und anderen Handelshemmnissen will die WTO folgende Ziele erreichen: „Erhöhung des Lebensstandards, Vollbeschäftigung, ständig steigendes Niveau der Realeinkommen und der wirksamen Nachfrage, volle Erschließung der Hilfsquellen der Welt, Steigerung der Produktion und des Austausches der Waren." Zwei Prinzipien spielen eine wichtige Rolle:

a) Meistbegünstigung, d.h. alle handelspolitischen Zugeständnisse zwischen zwei Mitgliedsstaaten gelten automatisch gegenüber allen Mitgliedsstaaten.
b) Liberalisierung, d.h. alle Handelsschranken sollen abgebaut werden.

Wichard Woyke: Handwörterbuch Internationale Politik. a.a.O., S. 592

„Fair Trade not Free Trade"
Kritiker aus aller Welt werfen der WTO vor, die Interessen der global operierenden Multis und der großen Wirtschaftsmächte zu bedienen. Nach **UNCTAD**-Angaben gehen 2/3 des Handelszuwachses auf Operationen multinationaler Firmen zurück. Trotz des UN-Prinzips „one country – one vote" bleiben die führenden Industrienationen die dominanten Akteure. Beobachter sehen die WTO in einer tiefen Krise: Sie leide an einem Mangel an Vertrauen, weil sie Handel mit zweierlei Maß misst. Und ihr übergeordnetes Ziel sei Wirtschaftswachstum. Die Ausbeutung der natürlichen Umwelt sowie soziale Probleme nähme sie in Kauf.

19 **Protektionismus**

Protektionismus im Handel soll die eigene Wirtschaft vor billigerer oder besserer ausländischer Konkurrenz schützen. Viele Entwicklungsländer versuchen, Einfuhren von Industriegütern zum Schutz der eigenen, im Aufbau begriffenen Industrie sowie zur Deviseneinsparung zu reglementieren bzw. zu verhindern. Aber auch viele Industrieländer bemühen sich, ihre eigene Industrie durch Importrestriktionen vor der Konkurrenz billiger produzierender Entwicklungs- und Schwellenländer zu schützen, um Arbeitsplätze zu erhalten (z. B. Schutz der westeuropäischen Textilindustrie durch das 2004 ausgelaufene Welt-Textilabkommen).

Auch im Handel der Industrieländer untereinander, soweit sie verschiedenen Wirtschaftsblöcken angehören, wird Protektionismus in verschiedenen Formen betrieben, obwohl Bestimmungen der WTO entgegenstehen. Insbesondere tatsächliche oder angebliche gesundheitliche Risiken oder technische Normen werden häufig angeführt, um die Einfuhr bestimmter Waren aus konkurrierenden Ländern zu behindern (z.B: USA – Japan, USA – EU). Andererseits wird versucht, mit Subventionen und Steuervorteilen der eigenen Wirtschaft im internationalen Wettbewerb Konkurrenzvorteile zu verschaffen. 2006 lagen der WTO rd. 15 Streitfälle zwischen USA und EU vor, bei denen es überwiegend um Agrarhandel ging. Die USA werfen der EU die Exportsubventionen für Nahrungsmittel vor und beklagen sich über Importrestriktionen für genveränderte pflanzliche Produkte. Auch im Streit um die Flugzeugindustrie steht eine Einigung noch aus. Hier bestehen gegenseitige Vorwürfe, die Flugzeugproduktion (Boeing bzw. Airbus) zu subventionieren, um sich durch günstigere Preise bessere Verkaufschancen zu verschaffen.

Fischer Weltalmanach 2008. Frankfurt/Main: Fischer Taschenbuchverlag 2007, S. 690

Aufgaben zur Erschließung des Themas

1 *Beschreiben sie Funktion und Ziel der WTO.*

2 *Diskutieren Sie die Kritik an der WTO.*

3 *Interpretieren Sie die beiden Karikaturen.*

20 ***Global Player***

21 **Aus der Praxis der WTO**

Tonangebend sind [...] USA, EU, Japan und Kanada, die gemeinsam 50 Prozent des Weltmarkts beherrschen [...].

Politik funktioniert anders, auf mehreren Ebenen, und die WTO ist definitiv politisch. Neu sind zum Beispiel die vielen bilateralen und regionalen Abkommen, 300 sind zur Zeit weltweit gültig. Die Amerikaner treffen solche Verabredungen gern mit ihren liebsten Partnern, denn damit belohnen sie deren tapferen Dienst im Irak und hin und wieder das richtige Abstimmungsverhalten in Genf.

Klaus Brinkbäumer: Basar der Welten, in: Spiegel Spezial Nr. 7 / 2005, S. 126

22 **Entwicklungsländer proben den Aufstand gegen die Wirtschaftsdominanz des Nordens**

Während der Norden die Welthandelsorganisation WTO bevorzugt, will die G 20 offensichtlich die ältere UNCTAD neu beleben und stärken. Sie hat für den Süden zwei wesentliche Vorteile: [...] Im Mittelpunkt der UNCTAD steht die Entwicklung. [...] In der UNCTAD wird nach dem Prinzip „Ein Land – eine Stimme" abgestimmt. Solange sich die Entwicklungsländer leidlich einig sind, haben sie in der UNCTAD das Sagen. Das war ab Mitte der 1980er-Jahre für Länder wie Deutschland das wichtigste Motiv, den Aufbau der WTO zu betreiben und die UNCTAD links liegen zu lassen.

Nach Junge Welt vom 17.06.04, unter: www.uni-kassel.de/fb5/frieden/themen

UNCTAD (United Nations Conference on Trade and Development):
Sie wurde 1964 als Organ der UN mit dem Ziel gegründet, Handel und Entwicklung weltweit zu fördern. Ihr gehören mittlerweile 188 von 192 selbstständigen Staaten der Erde an.

ONLINE-Link
Infoblatt WTO
29120X-0312

Expertengruppe

„Realpolitik heißt auch, dass vieles auf Partys und Empfängen verabredet wird, zu denen Amerikaner und Europäer immer geladen werden und Afrikaner eher selten. Realpolitik heißt, dass die Starken viele Leute in Genf haben und die Schwachen nur wenige und dass die Starken sich zurückziehen und die Türen schließen, und auf dem Gang stehen die Schwachen herum und fragen hinterher ab, womit sie bald offiziell konfrontiert werden.“

Klaus Brinkbäumer: Basar der Welten, in: Spiegel Spezial Nr. 7 / 2005, S. 126

23 **Proteste von Globalisierungskritikern**

Was leisten NGOs?

Arbeitsauftrag für Expertengruppe 3:
Erläutern Sie die Strategien der Globalisierungskritiker anhand der Kriterien Legitimation, Erfolgsaussichten, Wirkung.

Die heutigen Fragen zur Globalisierung und die Gestaltung einer Global Governance verdanken ihre Bedeutung zu einem Gutteil den NGOs. Der ergebnislose Abbruch des WTO-Ministertreffens in Seattle 1999 und der Tod eines jungen Demonstranten beim WTO-Gipfel 2001 in Genua haben Aufmerksamkeit rund um die Welt erlangt. Warum greift Attac die WTO so heftig an? Was sind NGOs? Was wollen sie? Wie gehen sie vor und welchen Einfluss üben sie aus?

NGOs – Hoffnungsträger einer demokratischen Globalisierung?

Das Kürzel **NGOs** hat sich weltweit eingebürgert für **„non-governmental-organizations“**. Auch als „Zivilgesellschaft“ bezeichnet, treten sie als Antipoden zur Staaten- und Wirtschaftswelt auf. In den 1990er-Jahren gewannen sie als Akteure der internationalen Politik deutlich an Gewicht. Mit dem Ende der Blockkonfrontation kam die Erwartung auf, dass ehedem militärisch gebundene Finanzmittel für zivile Aufgaben eingesetzt werden sollten. Durch das Überwinden des Blockdenkens könnten neue, globale Kooperationsformen entwickelt werden. Die Idee einer nachhaltigeren Entwicklung schien ein zukunftsfähiges Leitbild abzugeben: Ökologie, Soziales und Ökonomie hängen untrennbar zusammen, ergänzt um die Anerkennung internationaler Menschenrechte.

Im Jahr 2000 wurden fast 6000 international tätige NGOs verzeichnet. Das Durcheinander um den Begriff NGO konnte bislang nicht aufgelöst werden. Im weiteren Sinne bedeutet der Begriff NGOs für die UN einfach das Gegenteil von Regierungsorganisationen. Damit fallen Gewerkschaften und Verbände genauso unter den NGO-Begriff wie Hilfsorganisationen, Kirchen und Bürgerinitiativen. Ihre Legitimation leiten NGOs aus dem Recht jedes Einzelnen in einer Demokratie ab, Interessen gegenüber den verfassungsmäßig berufenen Trägern der politischen Willensbildung zu vertreten.

Chancen und Risiken der Partizipation von NGOs

Im politischen Kräftespiel werden als Stärken der NGOs gesehen:

- sie stören eingespielte Routinen der Politik;
- sie konfrontieren die Welt mit Idealen;
- sie aktivieren das soziale und moralische Kapital einer Gesellschaft;
- sie profilieren sich als Globalisierungswächter;
- sie stellen Informationen bereit, die staatlichen Akteuren nicht zur Verfügung stehen und bringen Expertenwissen beispielsweise aus wissenschaftlichen Studien ein;
- sie bringen vernachlässigte Themen in die politische Auseinandersetzung ein.

Als Schwächen der NGOs werden genannt:

- sie greifen punktuelle Problemfelder auf und ihr Erfolg beruht darauf, sich nicht um Zielkonflikte kümmern zu müssen;
- manche Gruppen neigen zur medienwirksamen Inszenierung von Skandalen, um sich zu profilieren;
- ressourcenreiche NGOs sind im Vorteil gegenüber schwächeren Organisationen;
- sie lassen sich für die Zwecke von Geldgebern instrumentalisieren.

ONLINE-Link
Infoblatt Der Dritte Sektor – NGOs
29120X-0313

24 Attac ist eine NGO, die sich für die Einführung der Tobin-Steuer einsetzte. Mit dieser sollten Spekulationen auf Währungen und Finanztransaktionen unterbunden werden.
Der spektakuläre Erfolg von Attac als neue Sammlungsbewegung des Protestes war schließlich eine Reaktion auf die schleichende Einbindung der „NGO-Szene" in die alltägliche Politikroutine. Sie hatte sich zunehmend auf die Informations- und Lobbyarbeit bei Regierungen und internationalen Organisationen konzentriert und die mobilisierende Funktion einer sozialen Bewegung vernachlässigt.

Nach Achim Brunnengräber et al. (Hrsg.): NGOs im Prozess der Globalisierung. Bundeszentrale für politische Bildung. Schriftenreihe Bd. 400. Bonn: bpb 2005, S. 367; Franz Nuscheler: Entwicklungspolitik. Bundeszentrale für politische Bildung. Schriftenreihe Bd. 488. Bonn: bpb 2005, S. 561

25 **Das Finanz-Casino schließen!**

Seit mehr als einem Jahr tobt die Krise an den Finanzmärkten. Wann immer es heißt, das Schlimmste sei überstanden, folgt kurze Zeit später der nächste Bank-Kollaps, die nächste verzweifelte Rettungsaktion durch eine Zentralbank, der nächste Börsenabsturz.
Diese Krise ist die schwerste Krise des Kapitalismus seit der Weltwirtschaftskrise in den 30er-Jahren des letzten Jahrhunderts. Es handelt sich nicht um eine reine Finanzkrise – wir stehen mittlerweile vor einer schweren Weltwirtschaftskrise und mitten in einer tiefen sozialen und gesellschaftlichen Krise. Aktuell zeigt sich das krisenhafte kapitalistische System wieder einmal als unbeherrschbar. Wir fordern:

- Die Profiteure müssen zahlen!
- Die Banken entmachten!
- Finanzmärkte kontrollieren [...]!
- Steueroasen schließen [...]!
- Die Krise bewältigen!

Es ist deutlicher als je zuvor, dass wir grundsätzliche Alternativen zum derzeitigen Wirtschaftssystem brauchen. Diese Forderungen sind deshalb nur ein Anfang – ein Startschuss für einen offenen Prozess, in dem wir solche Alternativen im Dialog mit allen progressiven Kräften entwickeln wollen.

Attac Deutschland: Erklärung des Attac-Ratschlags am 12. Oktober 2008, unter: www.casino-schließen.de

26 **Was zu tun bleibt**

Die Globalisierung in ihrer heutigen Form ist keine Erfolgsgeschichte. Sie hat das Schicksal der meisten Armen in der Welt nicht gelindert. Sie ist ökologisch bedenklich. Sie hat die Weltwirtschaft nicht stabilisiert. Und bei der marktwirtschaftlichen Transformation der Zentralverwaltungswirtschaften wurden so viele Fehler gemacht, dass mit Ausnahme von China, Vietnam und einigen osteuropäischen Ländern die Armut sprunghaft anstieg und die Einkommen stark zurückgingen.
Manche sehen einen einfachen Ausweg: Sie wollen die Globalisierung begraben. Doch das ist weder machbar noch wünschenswert. Denn die Globalisierung hat auch sehr segensreiche Wirkungen entfaltet: Der Erfolg Ostasiens basiert auf der Globalisierung, insbesondere [...] dem verbesserten Zugang zu Märkten und Technologie. Die Globalisierung hat vielfach die gesundheitliche Versorgung verbessert und eine aktive Zivilgesellschaft hervorgebracht [...]. Nicht die Globalisierung ist das Problem, sondern die Art und Weise, wie sie umgesetzt wurde. Und ein Teil des Problems liegt bei den internationalen Wirtschaftsinstitutionen, dem IWF, der Weltbank und der WTO, die die „Spielregeln" der Globalisierung festlegen. Sie haben dies in einer Weise getan, die allzu oft mehr den Interessen der Industriestaaten – genauer bestimmter Partikularinteressen in diesen Ländern – als denen der Dritten Welt diente. [...] Sie haben die Globalisierung auch allzu oft aus einer beschränkten Perspektive betrachtet [...]. Allenthalben wird die Forderung nach Reformen laut [...]. Und diese Forderungen haben bereits einige Veränderungen bewirkt.

Joseph Stiglitz: Die Schatten der Globalisierung. Bonn: Goldmann 2002, S. 246 f.

Aufgaben zur Erschließung des Themas

1 *Ermitteln Sie Ansatzpunkte der Globalisierungskritik seitens der genannten NGOs.*

2 *Erläutern Sie Rolle und Zielsetzung der Organisation Attac.*

3 *Nehmen Sie Stellung zu der Frage: „Was leisten NGOs?"*

Joseph Stiglitz

1993 beendete er vorläufig seine akademische Karriere, um Mitglied des Sachverständigenrats von Präsident Clinton zu werden, der sämtlichen Dienststellen der US-Regierung mit kompetentem wissenschaftlichem Rat zur Seite stehen soll. 1997 trat er in die Weltbank ein, in der er fast drei Jahre die Position des Chefvolkswirts und Senior Vice Präsident bekleidete. Fragen der wirtschaftlichen Entwicklung interessierten ihn seit jeher. Seine Erfahrungen in der Politik führten dazu, dass sich seine Sichtweise von Globalisierung und Entwicklung grundlegend wandelte und er das Buch „Die Schatten der Globalisierung" schrieb.

„Feinde der Globalisierung, Leute von Nichtregierungsorganisationen wie Oxfam, halten nicht Startschwierigkeiten oder Egoismen, sondern die WTO an sich für das Übel. ‚Die WTO funktioniert nicht, und wo sie funktioniert, dient sie dazu, die Weltlage zu zementieren: Die entwickelten Länder bestimmen das Spiel, und für jedes Eingeständnis, das sie bei irgendeiner Kleinigkeit machen, bekommen sie Profite, die den Abstand zu den nichtentwickelten Ländern vergrößern.'"

Klaus Brinkbäumer: Basar der Welten, in: Spiegel Spezial Nr. 7/2005, S. 126 f.

Methode

❶ **Weltweite Verteilung des BIP in US-$**

SASI Group (University of Sheffield) and Mark Newman (University of Michigan) 2006: Wealth, Map 169, unter: www.worldmapper.org

Wichtige Begriffe

arbeitsintensive Produktion
ausländische Direktinvestitionen (ADI)
General Agreement on Tariffs and Trade (GATT)
Global Governance
Globalisierung
Global Player
Handelsströme
internationale Arbeitsteilung
kapitalintensive Produktion
Kapitalströme
non-governmental organizations (NGOs)
United Nations Conference on Trade and Development (UNCTAD)
World Tourism Organization (UNWTO)
World Trade Organization (WTO)

1 *Wohlstand und Armut in der globalisierten Welt*

a) Beschreiben Sie mithilfe der Karte 1 die Grundzüge der Globalisierung der Wirtschaft.

b) Bewerten Sie die Eignung anamorphotischer Karten für die Darstellung von Entwicklungsunterschieden der globalisierten Welt.

2 *Chancen und Risiken ausländischer Direktinvestitionen*

a) Erstellen Sie ausgehend vom Schema 3 eine Liste möglicher Vorteile und Risiken von Direktinvestitionen sowie von Aktivitäten der Global Player für das investierende Unternehmen und für das Empfängerland.

b) Diskutieren Sie die Bedeutung ausländischer Direktinvestitionen.

❷ **Strategien international tätiger Unternehmen**

Die Globalisierungsstrategien der MNU [multinationalen Unternehmen] lassen sich insgesamt in vier Kategorien unterteilen [...]:

Die Erschließung von Rohstoffquellen zur Sicherung der Versorgung mit natürlichen Ressourcen [Ressourcenstrategie] ist das „klassische" Investitionsmotiv international tätiger Unternehmen. Es ist auch weiterhin bedeutend, aber in dieser Form nicht mehr dominant.

Das Hauptmotiv der multinationalen Unternehmen ist vielmehr die bessere Durchdringung der Auslandsmärkte, das heißt die Sicherung und Ausweitung des Absatzes im Ausland [Marktstrategie]. Dieses Motiv ist umso wichtiger, je größer der betreffende Markt ist. China, Indien und einige große lateinamerikanische Länder sind daher bevorzugte Zielregionen für absatzorientierte Direktinvestitionen. [...]

Von wachsender Bedeutung sind Effiziensstrategien, bei denen Kostensenkung das entscheidende Motiv ist. [...]

Immer wichtiger werden Wertstrategien [...], die zusammen mit den Bemühungen um mehr Effizienz die „neuen" – auch als „Netzwerkstrategien" bezeichneten – Globalisierungsmaßnahmen der Unternehmen darstellen. Ziel ist die Steigerung des Unternehmenswertes durch die Nutzung strategischer Ressourcen [...] des Auslandes. Konkret geht es hauptsächlich um den Zugang zu ausländischen Wissensquellen [...] und speziell zu lokal gebundenem Wissen, das nicht international handelbar ist.

Georg Koopmann/Fritz Franzmeyer: Weltwirtschaft und internationale Arbeitsteilung, in: Informationen zur politischen Bildung H. 280. Bonn: bpb 2003, S. 19–20

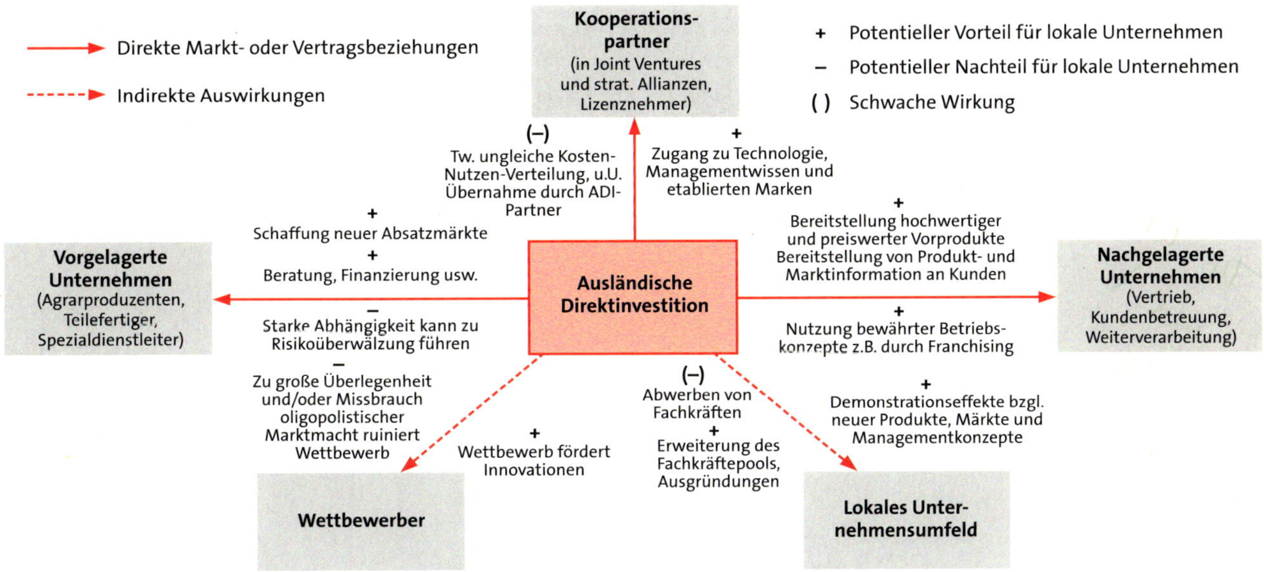

3 ***Ausländische Direktinvestitionen: Chancen und Risiken für die lokale Unternehmensentwicklung***

Tilmann Altenburg: Ausländische Direktinvestitionen und technologische Lernprozesse in Entwicklungsländern. In: Geographische Rundschau, 53. Jg., H. 7–8/2001, S. 22

3 Strategien international tätiger Unternehmen

a) Arbeiten Sie mit dem Text 2 und erläutern Sie zwei ausgewählte Strategien.

b) Beschreiben Sie für einen Kostenfaktor der Produktion, wie multinational tätige Unternehmen ihre Kosten senken.

c) Erörtern Sie Konsequenzen, die von Staat und Unternehmen als Antwort auf die Wertstrategien zu ziehen sind.

4 Kapitalflüsse in Entwicklungsländer

a) Erklären Sie in Grafik 4 die Kurvenverläufe von Asien und Afrika.

b) Bewerten Sie das starke Abweichen der Kurve des Nahen Ostens.

5 Global Governance

a) Nehmen Sie anhand der Karikatur 5 Stellung zu dem Verhältnis von Staat und Unternehmen in der Globalisierung.

b) Erläutern Sie die Grundzüge der Global Governance-Architektur.

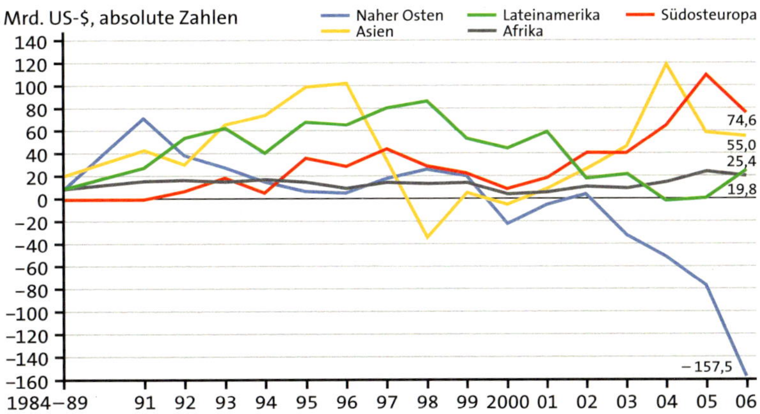

4 ***Kapitalflüsse in ökonomisch sich entwickelnde Staaten****; Bundeszentrale für Politische Bildung: Zahlen und Fakten – Gobalisierung. Bonn: bpb 2006, S. 38, unter: www.bpb.de/files/S4WGN3.pdf*

5

Training

4 Raumstrukturen und aktuelle Entwicklungsprozesse in Deutschland

„Neben wachsenden und weiter prosperierenden Regionen sind weite Teile Deutschlands von Rückgang und Schrumpfung betroffen. Gleichzeitig zeigen die Trends der Siedlungsflächen- und Verkehrsentwicklung weiterhin dynamisches Wachstum an. …“
Bundesamt für Bauwesen und Raumordnung: Raumordnungsbericht 2005. Bonn: BBR 2005. S. 85

Welche demografischen und wirtschaftsgeographischen Prozesse bestimmen die aktuelle Entwicklung der Raumstrukturen? Inwieweit verändern diese Prozesse die räumlichen Strukturen in verschiedenen Regionen Deutschlands? Wie sind die daraus erwachsenden Probleme zu bewerten und welche Planungsinstrumente können zur Steuerung der Entwicklung eingesetzt werden?

Görlitz: Häuserzeile am Grünen Graben

Bielefeld: suburbaner Raum

Pleisdorf (Oberpfalz)

Neues Gewerbegebiet bei Puch (Fürstenfeldbruck)

Sylt: Strandleben

München: Hauptsitz eines Automobilkonzerns

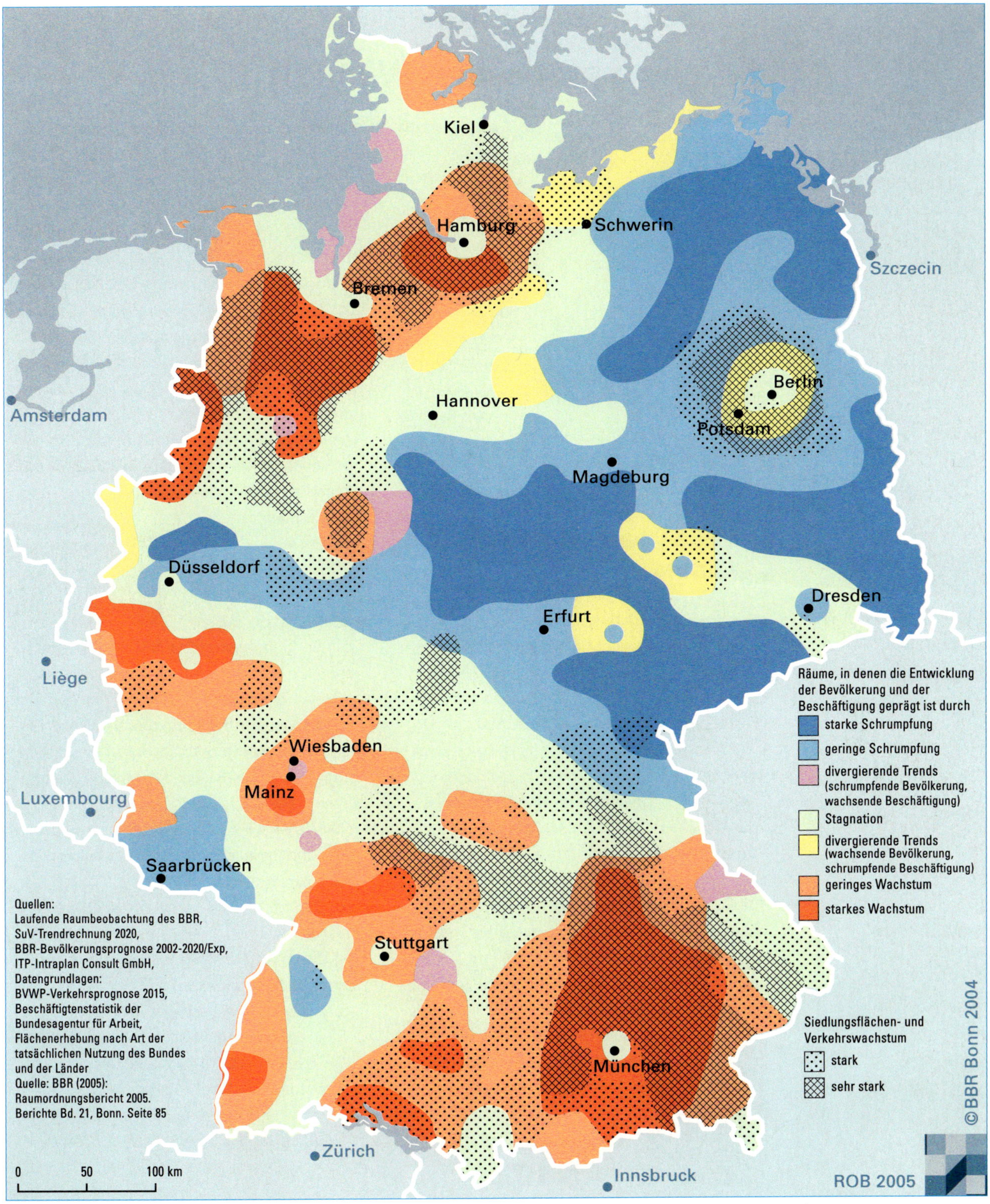

Trends der Raumentwicklung in Deutschland

Bundesamt für Bauwesen und Raumordnung (Hrsg.): Raumordnungsbericht 2005. Bonn: ohne Verlag 2005, S. 85

4.1 Raumwirksamkeit des demografischen Wandels

1
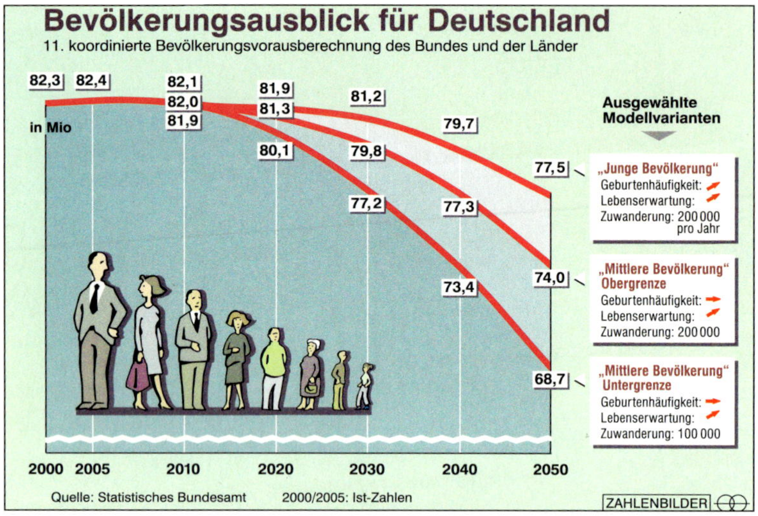

3 **Pillenknick und demografischer Wandel**

Ein kleines weißes Etwas [...] erwies sich ab 1962 für die Bevölkerungsentwicklung in beiden Teilen Deutschlands als bedeutsam: Die Antibabypille. Wurde das neue Verhütungsmittel aufgrund seiner heftigen Nebenwirkungen von vielen Frauen zunächst noch skeptisch beäugt, so war die 1972 eingeführte ‚Minipille' der endgültige Auslöser für den ‚Pillenknick'. Vor allem in den 1980er-Jahren ging die Geburtenrate drastisch zurück. Medizinischer Fortschritt [...] und die Abkehr von der Familie als vorherrschende Form des Zusammenlebens sorgten gemeinsam dafür, dass das deutsche Bevölkerungswachstum einen Gang zurückschaltete.

Institut der deutschen Wirtschaft (Hrsg.): Deutschland 2000. Köln: Deutscher Instituts-Verlag 1999, S. 13

Ursachen der Bevölkerungsentwicklung

→ *Bevölkerungsentwicklung, siehe Seite 34 ff.*

2 **Bevölkerungsrückgang – ein Szenario**

Die Prognosen der Bevölkerungswissenschaftler sind düster: Im Jahre 2050 werden hauptsächlich ältere Menschen auf den Straßen unterwegs sein; viele von ihnen leben in Armut, denn die Altersversorgung musste drastisch gekürzt werden. Kinder und Jugendliche dagegen sind kaum zu sehen. Manche Städte, vor allem in Ostdeutschland, sind menschenleer. Es lohnt sich nicht mehr die teure Infrastruktur, Theater, Sportstätten, Bildungseinrichtungen usw. aufrecht zu erhalten. Die Wirtschaft Deutschlands leidet unter der schwindenden Kaufkraft einer ständig schrumpfenden Bevölkerung. [...] Der Grund für diese Entwicklung ist die negative Geburtenbilanz. Seit 1973 übertrifft die Anzahl der Sterbefälle diejenige der Geburten. Selbst bei einem jährlichen Zuwanderungssaldo von 100 000 oder 200 000 führt dies zu einem deutlichen Bevölkerungsrückgang.

Bruno Zandonella: Bevölkerungsentwicklung und Sozialstaat. Themenblätter im Unterricht, Nr. 26. Bonn: Bundeszentrale für politische Bildung 2003, S. 1

4 **Geburtenrückgang**

Soll die Kindergeneration über Geburten zahlenmäßig genauso stark werden wie die Elterngeneration, müssten 100 Frauen durchschnittlich 208 Kinder zur Welt bringen. In diesem Falle läge die „Nettoreproduktionsrate" der Bevölkerung – wie die Bevölkerungswissenschaftler sagen – bei 100 Prozent. Seit 1975 beträgt sie in Westdeutschland lediglich etwa zwei Drittel. Jede Kindergeneration schrumpft also im Vergleich zur Elterngeneration um ein Drittel [...].
Der Geburtenrückgang ist ein säkularer Prozess, der alle modernen Gesellschaften erfasst und dem ein vielschichtiges Bedingungsgefüge zugrunde liegt. Es lassen sich mindestens vier zentrale Ursachenkomplexe ausmachen:

- Der Funktions- und Strukturwandel der Familie: der kontinuierliche Rückgang der Familienbetriebe und die stärkere Übernahme von Fürsorgeleistungen durch den Sozial- und Wohlfahrtsstaat vermindern die „ökonomische" Bedeutung der Kinder für die Eltern.

5 Entwicklung der Lebenserwartung der Deutschen 1871–2008
(in Jahren, bei Geburt)

Jahr	Männer		Frauen	
	West	Ost	West	Ost
1871	36		38	
1910	45		48	
1950	64,6	63,9	68,5	67,9
1960	66,9	66,5	72,4	71,4
1970	67,4	68,1	73,8	73,3
1980	70,0	68,7	78,7	74,6
1989	72,4	69,9	78,9	76,0
2000	74,8	73,0	80,7	80,0
2008	77		82	

Zusammengestellt nach verschiedenen Quellen

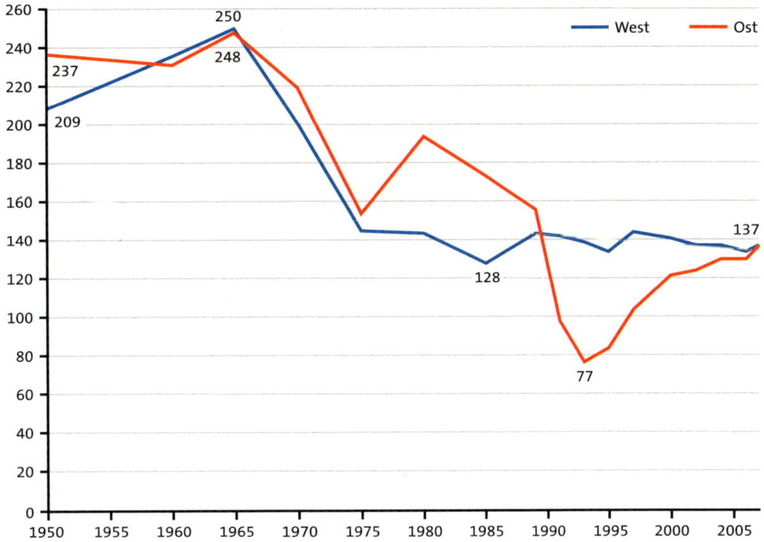

6 *Geburten je 100 Frauen seit 1950*

Nach Statistisches Bundesamt: Statistische Jahrbücher; verschiedene Jahrgänge

- Die „Emanzipation“ der Frau: Der zunehmende Wunsch von Frauen, einer Erwerbstätigkeit nachzugehen [...] kollidiert mit den Erziehungsaufgaben [...].
- Die Ausbreitung von anspruchsvollen und individualistischen Lebensstilen: Gestiegene materielle und individualistische Ansprüche geraten zunehmend in Konflikt mit den Kosten, den zeitlichen Bindungen und den langfristigen Festlegungen, die Kinder verursachen.
- „Strukturelle Rücksichtslosigkeit“ gegenüber der Familie: Die gesellschaftlichen Strukturen sind stark auf die Bedürfnisse der Erwachsenen zugeschnitten. Kinder werden zwar nicht abgelehnt, aber den familialen Leistungen fehlt es an gesellschaftlicher Anerkennung und materieller Unterstützung. Mehr noch: Der Arbeitsmarkt, die Steuer- und Versicherungssysteme und andere Gegebenheiten verschaffen denjenigen Vorteile, die auf die Übernahme von Elternverantwortung verzichten.

Rainer Geißler: Struktur und Entwicklung der Bevölkerung. In: Informationen zur politischen Bildung 269. Bonn: bpb 2004, S. 6

Neben dem Geburtenrückgang ist der Anstieg der Lebenserwartung der zweite wichtige Trend, der die **Bevölkerungsstruktur** und -entwicklung maßgeblich beeinflusst. Verbesserungen in der Medizin, Gesundheitsvorsorge, Unfallverhütung und vor allem auch Ernährung ließen und lassen die durchschnittliche Lebenserwartung immer mehr ansteigen – mit entsprechenden Auswirkungen auf die wirtschaftsräumlichen und gesellschaftlichen Strukturen.

1 *Beschreiben Sie die Bevölkerungsprognosen für Deutschland (Diagramm 1, Quellentext 2).*
2 *Vergleichen Sie die Geburtenentwicklung in Ost- und Westdeutschland (Diagramm 6).*
3 *Erklären Sie die Ursachen der Bevölkerungsentwicklung in Deutschland (Quellentexte 3 und 4; vgl. hierzu auch Text 9, S. 119 sowie den ONLINE-Link).*
4 *Erörtern Sie Chancen und Probleme der aufgezeigten Entwicklung.*

ONLINE-Link
Surftipps zur Bevölkerungsentwicklung und zum sozialem Wandel
29120X-0401

7 *„Den trägst du, wenn du groß bist!"*

Folgen der Bevölkerungsentwicklung

Mit der erfreulichen Tatsache, dass immer mehr Menschen dank eines verbesserten Lebensstandards und des medizinischen Fortschritts ein hohes Alter erreichen, sind jedoch auch problematische Folgen verbunden, die sich u. a. mit folgenden Stichworten zusammenfassen lassen:

- Sicherung der Altersversorgung,
- Erhöhung der sozialen Kosten für Gesundheit, Pflege und Betreuung alter Menschen,
- steigender Anteil von Nichterwerbstätigen in der Gesellschaft.

Gefragt sind Maßnahmen, die den sich abzeichnenden Wandel „abfedern". Diskutiert wird in diesem Zusammenhang beispielsweise die Frage, ob mit dem zukünftigen technischen Fortschritt ein so großer Produktivitätszuwachs verbunden ist, um damit der wachsenden Gruppe alter Menschen eine angemessene Altersversorgung finanzieren zu können. Andere Strategien favorisieren die Verlängerung der Lebensarbeitszeit. Letztlich wird es auf eine Mischung verschiedener Lösungskomponenten ankommen.

8 **Im Harz zeigt sich die demografische Zukunft**

Der Landkreis Osterode im Harz hat die älteste Bevölkerung Deutschlands: Im Durchschnitt sind die Menschen 43,7 Jahre alt. Mehr als jeder fünfte ist über 65. [...] Osterodes Landrat Bernhard Reuter hat schon jetzt mit den Problemen zu kämpfen, von denen möglicherweise in Zukunft ganz Deutschland betroffen sein wird.

tagesschau.de: Was sind die Gründe dafür, dass in ihrem Landkreis so viele alte und so wenig junge Menschen leben?

Reuter: Ein Grund ist, dass viele – vor allem gut gebildete – junge Menschen weg ziehen. In unserem Landkreis gibt es keine Universität oder Fachhochschule, daher müssen die, die studieren wollen, woanders hingehen. Die meisten kommen danach nicht mehr zurück. Viele würden zwar gerne, aber es mangelt an entsprechenden Arbeitsplätzen für Hochqualifizierte [...].

tagesschau.de: Welche Probleme entstehen Ihrem Landkreis dadurch, dass dort immer weniger und immer ältere Menschen wohnen?

Reuter: Zum einen müssen wir die Infrastruktur anpassen. So werden wir zum Beispiel zum 1. August zwei Schulen schließen, weil es immer weniger Schüler gibt. Außerdem stehen bei uns immer mehr Häuser und Wohnungen leer. Aber auch für die Abwasserentsorgung werden zunehmend Probleme entstehen. Die Leitungen müssen ausreichend ausgelastet sein, um instand zu bleiben. [...]

tagesschau.de: Stellt die alternde Bevölkerung Ihren Landkreis auch vor finanzielle Probleme?

Reuter: Ja, natürlich. Zum einen ist bei älteren Menschen das Risiko größer, auf Sozialhilfe angewiesen zu sein. Das verursacht Kosten. Außerdem bringen Ältere weniger Geld in die öffentlichen Kassen, da sie in der Regel nur wenige bis gar keine Steuern mehr zahlen.

Das Interview führte Kerstin Klein für tagesschau.de am 09. 06. 2004, unter: www.tagesschau.de/inland/meldung234526.html

9 **Demografische Kluft zwischen Ost und West**

Das Statistische Bundesamt hat am 22. Mai [2007] die Ergebnisse der 11. koordinierten Bevölkerungsvorausberechnung nach Bundesländern veröffentlicht. Danach wird die Bevölkerung in Ostdeutschland im Zeitraum von 2006 bis 2050 weiter auf 9,1 Mio. sinken (–31%). In den alten Bundesländern dagegen ist mit einem Bevölkerungsrückgang von nur 14% auf 54,4 Mio. zu rechnen. Damit verstärkt sich die demografische Kluft zwischen Ost und West. [...]

Eine Studie des Bundesinstituts für Bevölkerungsforschung (BiB) analysiert die regionale Zweiteilung des demografischen Alterungsprozesses für den Zeitraum 1991 bis 2005. Der Prozess in Westdeutschland war schwächer ausgeprägt und fand seine Ursache eher in der anwachsenden Zahl Älterer. Die ostdeutsche Bevölkerung schrumpfte und alterte deutlich schneller, v. a. infolge der starken Abwanderung der Jüngeren. [...]

Besonders die Abwanderung junger gut ausgebildeter Frauen führt nach einer aktuellen Studie des Berlin-Instituts für Bevölkerung und Entwicklung [...] zur Bildung einer „neuen Unterschicht“ im Osten: männlich, ungebildet, desinteressiert, einsam. Durch den Männerüberschuss verschlechtere sich nicht nur das soziale Klima, auch verlören betroffene Regionen weiter an demografischen Zukunftschancen, da potenzielle Mütter fehlten.

Gründe für die Abwanderung der Frauen gen Westdeutschland sehen die Forscher in erster Linie in den unterschiedlichen Bildungsniveaus junger Männer und Frauen. Es mangele auch an Anreizen für eine Rückkehr: Im Osten fehle es schlicht an Männern, „die den Ansprüchen der Frauen genügen würden“, so die Studie.

migration-info.de: Kooperationsprojekt des Netzwerks Migration in Europa, der Bundeszentrale für politische Bildung und des Hamburgischen WeltWirtschaftsInstituts. Newsletter Migration und Bevölkerung, Ausgabe 5/Juli 2007, unter: www.migration-info.de

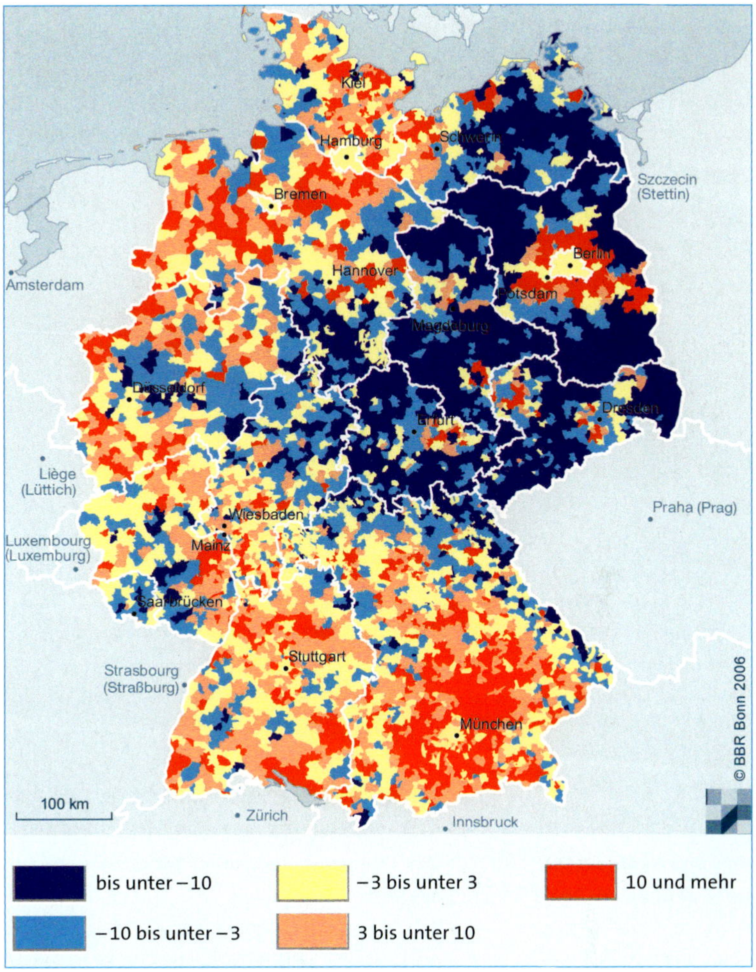

10 ***Kleinräumige Bevölkerungsdynamik Deutschlands bis 2020 in % (Referenzjahr 2002)***

Bundesamt für Bauwesen und Raumordnung (Hrsg.): Laufende Raumbeobachtung des BBR, BBR-Bevölkerungsprognose 2002–2020/Exp, unter www.bbr.bund.de

5 *Arbeiten Sie die Hauptaussagen der Karikatur 7 heraus.*

6 *Nennen Sie – ausgehend von Text 8 – weitere mögliche Folgen der demografischen Alterung.*

7 *Analysieren Sie die Prognose zur Bevölkerungsdynamik (Karte 10).*

8 *Beurteilen Sie die folgende These: „Langfristig ist von einer Angleichung demografischer Prozesse in den Alten und Neuen Bundesländern auszugehen.“*

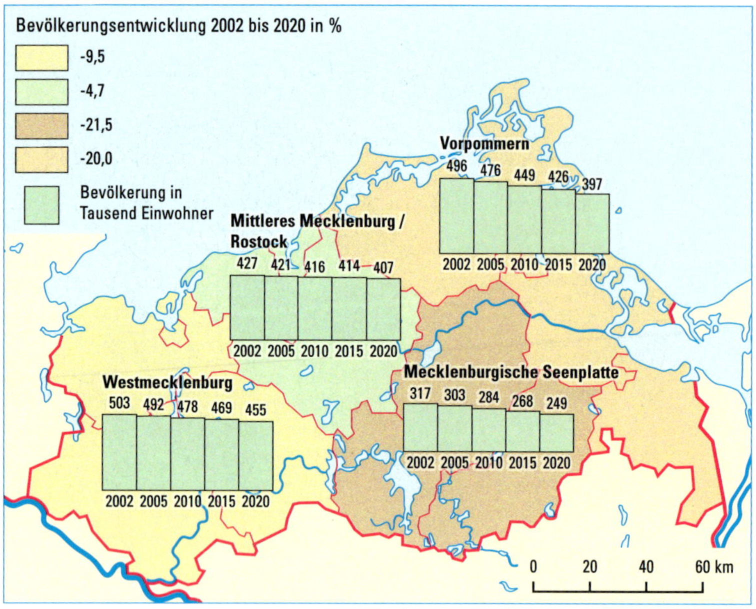

11 ***Bevölkerungsentwicklung 2002 bis 2020 in den Planungsregionen von Mecklenburg-Vorpommern***

Nach Ministerium für Verkehr, Bau und Landesentwicklung Mecklenburg-Vorpommern (Hrsg.): Landesentwicklungsprogramm Mecklenburg-Vorpommern. Schwerin: ohne Verlag 2008, S. 8

14 **Daten zur Wirtschaftsstruktur 2007**

	D ges.	MV	BY
Industriedichte[1]	81	39	106
Beschäftigte[2]			
– Land-/Forstw., Fischerei	2,1	3,7	2,9
– Prod. Gewerbe ohne Baugewerbe	19,9	14,5	23,2
– Baugewerbe	5,5	7,6	5,7
– Handel, Gastgewerbe, Verkehr	24,9	25,0	24,1
– Finanzierung, Vermietung, Unternehmensdienstleistungen	17,3	14,3	16,5
– öffentliche und private Dienstleister	30,3	34,9	27,6
Arbeitslosenquote[3]			
– Gesamt	10,4	18,0	5,3
– unter 25 Jahren	8,5	15,0	5,2
BIP pro Kopf (€)	29 487	21 463	34 722

[1] Sozialversicherungspflichtig Beschäftigte im Produzierenden Gewerbe je 1 000 Ew.
[2] Sozialversicherungspflichtig Beschäftigte in %
[3] Durchschnitt 2007 in %
Zusammenstellung aus verschiedenen Quellen, eigene Berechnungen

Mecklenburg-Vorpommern: Chancen für einen Entleerungsraum?

12 ***Einwohnerdichte der Ostseeanrainerstaaten 2007:***

Staat	*EW/km²*
Dänemark	*127*
Deutschland	*230*
Estland	*31*
Lettland	*37*
Litauen	*54*
Finnland	*17*
Polen	*122*
Russland	*9*
Schweden	*22*

Nach Europäische Kommission: Eurostat, unter: http://epp.eurostat.ec.europa.eu/portal/page/portal/eurostat/home (Zugriff vom 10.07.2009)

13 **Entwicklungstendenzen in Mecklenburg-Vorpommern**

Mit insgesamt 1,73 Millionen Einwohnern und einer Einwohnerdichte von 75 EW/km² ist Mecklenburg-Vorpommern im bundesweiten Vergleich dünn besiedelt, nicht jedoch im Vergleich zu den Ostseeanrainerstaaten. Bis zum Jahr 2020 wird die Bevölkerung voraussichtlich auf ca. 1,5 Millionen Einwohner zurückgehen. Hauptursache hierfür ist der Geburtenrückgang. Die Abwanderung insbesondere von Frauen zwischen 18 und 25 Jahren verschärft die Situation. [...]

Eine deutliche Verschiebung in der Altersstruktur ist zu erwarten. Der Anteil der jungen Bevölkerungsgruppen im Alter bis 20 Jahre wird auf ein Sechstel sinken, während die 60-Jährigen und ältere auf über ein Drittel ansteigen [...].

Der Übergang zur Marktwirtschaft hat einen tief greifenden Strukturwandel ausgelöst. Dieser drückt sich u. a. in einer untypischen Zusammensetzung und Entwicklung von Wirtschaftsbereichen aus:

- Die traditionell geringe Industriedichte ist weiter gesunken [...].
- Das Verarbeitende Gewerbe hat im gesamtdeutschen Vergleich [...] einen geringen Anteil an Beschäftigung und Wertschöpfung [...].
- Die Landesverwaltung als einer der größten Arbeitgeber hat einwohnerbezogen den höchsten Stellenbestand aller Flächenstaaten.

Der Prozess des Strukturwandels ist noch im vollen Gange. Zurzeit konzentriert sich fast das gesamte Wirtschaftswachstum auf die Stadt-Umland-Räume und auf die ländlichen Räume mit günstiger wirtschaftlicher Basis, hier insbesondere auf die touristisch relevanten Bereiche.

Ministerium für Verkehr, Bau und Landesentwicklung Mecklenburg-Vorpommern: Landesraumentwicklungsprogramm Mecklenburg-Vorpommern. Schwerin: ohne Verlag 2008, S. 8

15 **Mecklenburgische Seenplatte: Arbeitslosenquote und BIP pro Kopf 2007**

Gebiet	Arbeits-losenquote	BIP pro Kopf (€)
Neubrandenburg	19,5	30716
Landkreis Demmin	24,2	18260
Landkreis Meckl.-Strelitz	20,8	13495
Landkreis Müritz	17,9	18519

Mitteilung des regionalen Planungsverbandes Mecklenburgische Seenplatte vom 16. 12. 2008

17 ***Malchow: Mecklenburger Seenplatte***

16 **Planungsregion Mecklenburgische Seenplatte im Selbstporträt**

302000 Menschen auf 5810 km² machen die Lebenskraft der Region aus. Damit ist die Mecklenburgische Seenplatte zwar dünn besiedelt, dafür findet aber hier noch jeder seine grüne Wiese oder seinen blauen See – genug Freiraum für kreative Köpfe. [...]

Günstige Verkehrsanbindungen und kurze Wege zu in- und ausländischen Absatzmärkten über die Autobahnen A 19 und A 20 sind Standortvorzüge der Region. Die Mecklenburgische Seenplatte ist auch über den Regionalflughafen Neubrandenburg-Trollenhagen mit internationalem Flugsicherheitsstandard erreichbar. Der internationale Flughafen Berlin-Tegel liegt nur ca. eine Autostunde entfernt. [...] In unseren Gewerbegebieten halten wir maßgeschneiderte, voll erschlossene Grundstücke nach Ihren Vorstellungen bis hin zu Industrieflächen mit mehreren hundert Hektar vor. Vorteilhafte Bodenpreise erleichtern dabei ihr Investitionsvorhaben. [...]

Die Landwirte der Region sind längst nicht mehr nur Lebensmittellieferanten, sie entwickeln sich mehr und mehr zu Energiewirten, denn Bioenergie ist auch in unserer Region ein wichtiger Zukunftsmarkt und tragende Säule im Energiemix der Zukunft. [...]

Die Mecklenburgische Seenplatte ist das größte zusammenhängende Seengebiet Mitteleuropas. [...] Der Müritz-Nationalpark und die Naturparke Mecklenburgische Schweiz und Kummerower See, Feldberger Seenlandschaft und Nossentiner/Schwinzer Heide stehen für das Erlebnis einer unberührten Natur und einer reizvollen Kulturlandschaft. [...] Die Tourismusdestination Mecklenburgische Seenplatte hat sich [...] zu einem der beliebtesten Urlaubsziele der Deutschen entwickelt. Stetig steigende Gästeankünfte und Übernachtungszahlen zeugen von Vielfalt, Attraktivität und Qualität der vorhandenen Angebote. Die Tourismusbranche ist zu einem der wichtigsten regionalen Arbeitgeber geworden.

Regionaler Planungsverband Mecklenburgische Seenplatte (Hrsg.): Wirtschaftsbroschüre. Neubrandenburg: ohne Verlag o.J., unter: Regionalportal Mecklenburgische Seenplatte: www.region-seenplatte.de (Zugriff vom 20.08.2009)

ONLINE-Link
Surftipps zum Thema Entleerungsräume und strukturschwache Gebiete
29120X-0402

9 *Beschreiben Sie Wirtschaftsstruktur und Bevölkerungsentwicklung des Bundeslandes Mecklenburg-Vorpommern.*

10 *Erklären Sie die wirtschaftlichen Strukturprobleme dieses Raumes.*

11 *Beurteilen Sie die Aussagen im „Selbstporträt" der Planungsregion Mecklenburgische Seenplatte (Quellentext 16).*

18 **Köln im Jahr 1964: Begrüßung von Armado Rodrigues aus Portugal, des einmillionsten Gastarbeiters der Bundesrepublik Deutschland**

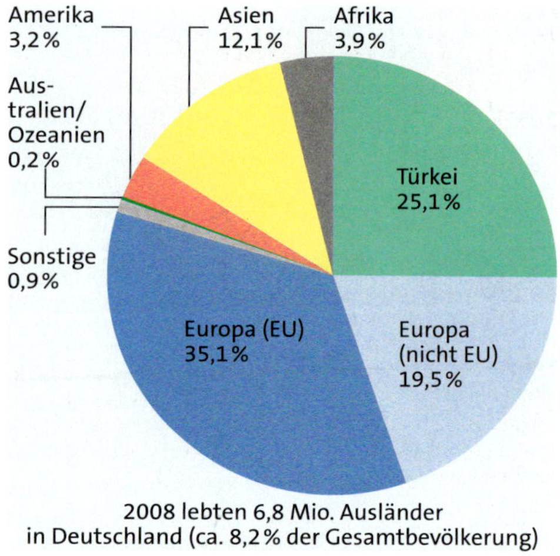

20 **Herkunftsländer/-regionen der Ausländer (nach ausgewählten Staatsangehörigkeiten) 2008**

Nach Statistisches Bundesamt 2009, GENESIS Online-Datenbank, unter: www.genesis.destatis.de

„[...] Mehr als die Hälfte [...] [aller] Ausländer [leben] schon zehn Jahre und länger in Deutschland, darunter ein Drittel sogar länger als 20 Jahre. Und jeder fünfte „Ausländer" ist gar kein Zuwanderer, sondern bereits in der Bundesrepublik geboren."

Bruno Zandonella: Zuwanderung nach Deutschland. Themenblätter im Unterricht, Nr. 31. Bonn: Bundeszentrale für politische Bildung 2003, S. 1

Einwanderungsland Deutschland?

19 **Vom „Gastarbeiter" zum Einwanderer**

Von 1955 bis 1973 wurden Millionen Arbeitskräfte aus den Mittelmeerstaaten angeworben, die maßgeblich zum sogenannten ‚Wirtschaftswunder' beigetragen haben. 1973 wurde im Zuge der Ölkrise ein Anwerbestopp verhängt. Dennoch nahm die Zahl der Ausländer zu. Die ausländischen Arbeitskräfte holten ihre Familien nach, denn bei einer Rückkehr in die Heimatländer schien der Weg nach Deutschland für immer abgeschnitten. Aus ‚Gastarbeitern' wurden Einwanderer.

Bruno Zandonella: Zuwanderung nach Deutschland. Themenblätter im Unterricht, Nr. 31. Bonn: Bundeszentrale für politische Bildung 2003, S. 1

Die Bevölkerung Deutschlands wird älter und schrumpft, einige Regionen leiden bereits unter einem Bevölkerungsrückgang. Kann eine verstärkte Zuwanderung diese Probleme lösen?

Die Zuwanderung von Ausländern in die Alten Bundesländer begann in der Zeit des „Wirtschaftswunders" der 1950er- und -60er-Jahre des vorigen Jahrhunderts. In dieser Aufschwungphase der Nachkriegszeit hatte die westdeutsche Wirtschaft einen hohen Bedarf an Arbeitskräften, der zunächst in vielen Bereichen durch Flüchtlinge aus der DDR gedeckt werden konnte. Der Bau der Mauer im Jahre 1961 stoppte diesen ständigen Zustrom. Verstärkt wurden nun Arbeitskräfte aus den weniger entwickelten Regionen Südeuropas und der Türkei angeworben. Die **regionalen Disparitäten** lösten **Migrationen** aus, die – im Sinne eines zukunftsfähigen Miteinanders – die Gesellschaft vor neue Herausforderungen stellen. Die Zuwanderer übernahmen als zunächst weitgehend ungelernte Arbeitskräfte die Stellen von besser ausgebildeten, aber teureren Deutschen. Vor allem dem Verarbeitenden Gewerbe gelang es so, unter Beibehaltung der Produktionsstrukturen die Lohnstückkosten zu senken und damit die internationale Wettbewerbsfähigkeit zu festigen.

Nach langwierigen, kontroversen Diskussionen in der Öffentlichkeit sowie im Bundestag und Bundesrat ist am 1. Januar 2005 für Deutschland ein Zuwanderungsgesetz in Kraft getreten. Es gibt den Rechtsrahmen vor, durch den die weitere Zuwanderung im Ganzen gesteuert und begrenzt werden soll. Gleichzeitig wurden Maßnahmen zur Integration der Zuwanderer gesetzlich verankert. Im Bereich der Arbeitsmigration sieht das Gesetz vor, die Zuwanderung entsprechend den Bedürfnissen des Arbeitsmarktes zu gestalten.

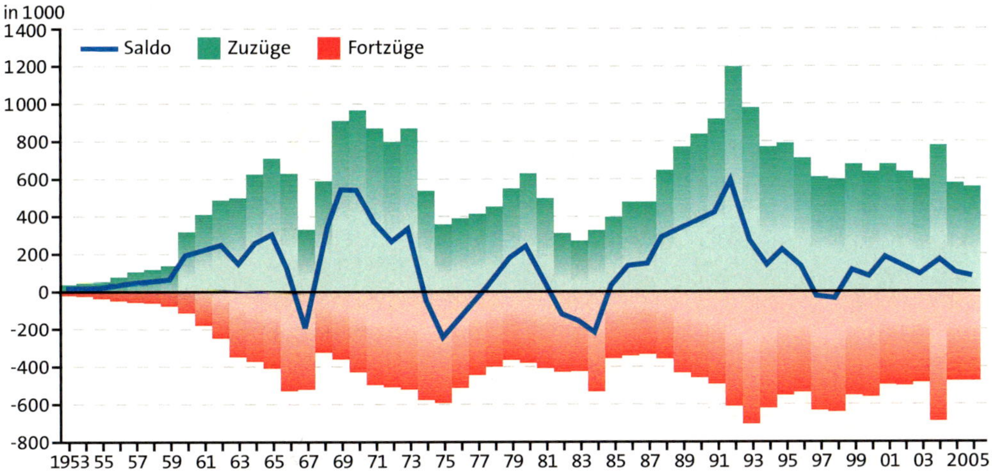

21 ***Wanderungen von Ausländern über die Grenzen Deutschlands***

Nach Statistisches Bundesamt 2009, unter: www.destatis.de

ab 1955
Anwerbung von „Gastarbeitern"
1973
Ölkrise und Anwerbestopp
ab 1988
größte Zuwanderungswelle: Aussiedler, Asylbewerber, Arbeitssuchende aus Osteuropa, nachziehende Familienangehörige
1993
strengeres Asylrecht
2005
Zuwanderungsgesetz

22 **Zugang zum Arbeitsmarkt (Zusammenfassung aus dem Zuwanderungsgesetz)**

Für Nicht- und Geringqualifizierte, aber auch für Qualifizierte wird der Anwerbestopp grundsätzlich beibehalten. Staatsangehörige der EU-Beitrittsstaaten erhalten Zugang zum Arbeitsmarkt bei qualifizierten Beschäftigungen unter Beachtung des Vorrangprinzips, das heißt, soweit für den Arbeitsplatz kein Deutscher oder Gleichberechtigter zur Verfügung steht. Staatsangehörige der EU-Beitrittsstaaten haben jedoch Vorrang gegenüber Angehörigen aus Drittstaaten. Für Hochqualifizierte ist eine Niederlassungserlaubnis von Anfang an vorgesehen.

Selbstständige können eine Aufenthaltserlaubnis erhalten, wenn ein übergeordnetes wirtschaftliches Interesse oder regionales Bedürfnis besteht, die Tätigkeit positive Auswirkungen auf die Wirtschaft erwarten lässt und die Finanzierung gesichert ist. Dies ist in der Regel gegeben, wenn mindestens 10 Arbeitsplätze geschaffen und mindestens 1 Million Euro investiert werden [...] Nach drei Jahren besteht die Möglichkeit zur Erteilung einer Niederlassungserlaubnis, wenn sich die geplante Tätigkeit erfolgreich verwirklicht hat und der Lebensunterhalt gesichert ist.

Ausländische Studenten können nach erfolgreichem Studienabschluss für die Suche eines ihrer Qualifikation entsprechenden Arbeitsplatzes ein Jahr in Deutschland bleiben.

Bundesministerium des Innern 2005, unter: www.zuwanderung.de/2_zuwanderungsgesetz.html

12 *Arbeiten Sie Push- und Pull-Faktoren des Migrationsprozesses heraus.*

13 *Erläutern Sie gesellschaftliche Probleme, die sich hinter den Statistiken 20 und 21 verbergen.*

14 *Vergleichen Sie die „Gastarbeiter"-Anwerbungen und die heutige Zuwanderungssteuerung anhand folgender Kriterien: gesamtwirtschaftliche Situation, Zielsetzung, Qualifikation der Arbeitsmigranten, Folgewirkungen.*

15 *„Weitere Zuwanderung löst die demografischen Probleme Deutschlands." Diskutieren Sie diese These.*

→ *Push-Pull-Modell siehe Seite 45*

ONLINE-Link
Informationen zum Thema Migration nach Deutschland
29120X-0403

23 **Deutsche und ausländische Schulabsolventen in Deutschland nach Schulart und Geschlecht 2005 (in %)**

Abschlussart	Deutsche Schulentlassene			Ausländische Schulentlassene		
	insges.	männl.	weibl.	insges.	männl.	weibl.
Hauptschulabschluss	23,2	26,5	19,7	41,7	43,0	40,2
Realschulabschluss	42,6	41,3	43,9	31,2	28,0	34,8
Hoch- und Fachhochschulreife	27,0	23,1	31,1	9,6	8,0	11,3
Ohne Abschluss	7,2	9,1	5,3	17,5	21,0	13,7

Nach 7. Bericht der Beauftragten der Bundesregierung für Migration, Flüchtlinge und Integration über die Lage der Ausländerinnen und Ausländer in Deutschland. Berlin: ohne Verlag 2007, S. 59

Probleme und Erfolge der Integration

„Die Beauftragte für Migration, Flüchtlinge und Integration wird von der Bundesregierung ernannt und unterstützt diese in unabhängiger und beratender Funktion bei der Weiterentwicklung der Integrationspolitik und der Förderung des Zusammenlebens von Ausländern und Deutschen. Diese Aufgabe ist [...] im Bundeskanzleramt angesiedelt."

Beauftragte der Bundesregierung für Migration, Flüchtlinge und Integration, unter www.integrationsbeauftragte.de (Zugriff am 20.01.2006)

Die Zuwanderung schafft Probleme der **Integration**, des Miteinanders von In- und Ausländern, führt zu Fragen nach der kulturellen und politischen Identität der Migranten. Besonders betroffen hiervon sind deren Kinder. Bei ihnen handelt es sich zum einen um junge Ausländer der sogenannten zweiten Generation, die im Rahmen der Familienzusammenführung seit den 1970er-Jahren von ihren Eltern in die Bundesrepublik Deutschland nachgeholt worden sind. Deren primäre Sozialisation hat also noch im Herkunftsland stattgefunden, im Gegensatz zur „dritten Generation", die bereits hier in Deutschland geboren worden ist.
Der Erfolg ihrer sozialen Integration hängt zu wesentlichen Teilen von der schulischen und beruflichen Eingliederung ab.

25 **Berufliche Bildung von Migrantinnen und Migranten**

In Deutschland lebende ausländische Jugendliche und junge Erwachsene und aus Zuwandererfamilien stammende junge Deutsche verfügen [...] noch immer über ein – im Vergleich zu deutschen Jugendlichen ohne Migrationshintergrund – niedrigeres berufliches Bildungsniveau. [...] Der seit Mitte der 1990er-Jahre ungebrochene Negativtrend in der Ausbildungsbeteiligung ausländischer Jugendlicher hat sich auch im Berichtszeitraum fortgesetzt. Die Vermittlungschancen ausländischer Jugendlicher auf dem Ausbildungsstellenmarkt sind weiter gesunken: Lag ihre spezifische Ausbildungsquote 1994 noch bei 34 %, so sank sie bis zum Jahr 2006 auf nur noch 23 % [...].
Ursache für den Rückgang der Ausbildungsbeteiligung ausländischer Jugendlicher ist einerseits die ungünstige Ausbildungsplatzsituation der letzten Jahre sowie die generell niedrigere schulische Qualifikation dieser Jugendlichen. Ihre Ausgangsposition bei der Suche nach einem Ausbildungsplatz ist aufgrund ihrer insgesamt schlechteren schulischen Vorbildung deutlich schlechter als die deutscher Jugendlicher. [...] Den steigenden Anforderungen der Betriebe [...] und somit der insgesamt härteren Konkurrenz sind Migrantenjugendliche offensichtlich weniger gewachsen.

7. Bericht der Beauftragten der Bundesregierung für Migration, Flüchtlinge und Integration über die Lage der Ausländerinnen und Ausländer in Deutschland. Berlin: ohne Verlag 2007, S. 47f.

24 **Udo Lindenberg: Ali**

Ali ist ein Türkenjunge aus Hamburg,
hier geboren, doch wo gehört er eigentlich hin?
Dauernd gibt man ihm so'n Gefühl, als müsste er sagen: Entschuldigen Sie, dass ich geboren bin.

Ali trifft sein Mädchen in dunklen Läden.
Sie nimmt ihn nie mit zu sich nach Haus.
Sie sagt: Mein Alter, mit dem kann man leider nicht reden, mein Alter, der hat so Müllsprache drauf, wie „Kanacken raus!"

Und er denkt an das Land seiner Eltern,
das er nur von Bildern kennt
und vom Fernsehen, das Land, das sein Vater
die echte Heimat nennt.

Istanbul, das Schwarze Meer,
am Bahnhof schaut er den Zügen hinterher,
doch wahrscheinlich in Ankara
hätt' er Heimweh nach Hamburg-Altona.

Udo Lindenberg, Universal/MCA Music Publishing GmbH, Berlin 1981

26 **Stand der Integration: Eine Zwischenbilanz**

Die Fremden haben Deutschland verändert. Das Land ist bunter geworden. Die Restaurant-Szene blühte auf, die Italiener, Griechen, Spanier, Portugiesen, Afghanen und Inder brachten ihre Küche mit. [...]

Pluraler ist Deutschland geworden, und – allen ausländerfeindlichen Ausschreitungen zum Trotz – auch duldsamer. [...]

Auch in der Wirtschaft haben viele reüssiert. Heute gibt es allein unter den Türken fast 60 000 Selbstständige, die 330 000 Mitarbeiter beschäftigen, darunter fast ein Drittel Deutsche. Alles ist dabei, vom Imbiss-Inhaber Erol Güner bis zum Aachener Umsatzmilliardär Kemal Sahin, dem anatolischen Bauernsohn, der mit 18 nach Deutschland kam und inzwischen ein ansehnliches Textil-Imperium aufgebaut hat. [...]

Die Fremden haben Deutschland verändert, doch hat die Fremde auch die Zugereisten verändert. Sie sind sesshaft geworden [...]. Die Anpassung, die Akkulturation, die Integration sind in vollem Gange. Nicht dass sie einfach wären [...]. Die Probleme sind nicht zu leugnen. Die Sprache, die Grundvoraussetzung erfolgreicher Integration – damit hapert es bei vielen [...]. Die Schule: Ausländische Kinder haben es milieubedingt und aus sprachlichen Gründen schwerer [...]. Doch darf man auch die positiven Seiten der Entwicklung nicht übersehen. Über die Hälfte aller ausländischen Kinder zwischen fünf und elf Jahren sprechen mit ihren Freunden Deutsch, 56 Prozent sogar mit ihren Geschwistern; Zweisprachigkeit wird in der zweiten und dritten Generation die Regel.

Theo Sommer: Wie man in Deutschland fremd ist. In: Die Zeit, Nr. 14 vom 25. März 2004. Hamburg: Zeitverlag 2004

27 ***Ausländische Selbstständige im Tertiären Sektor***

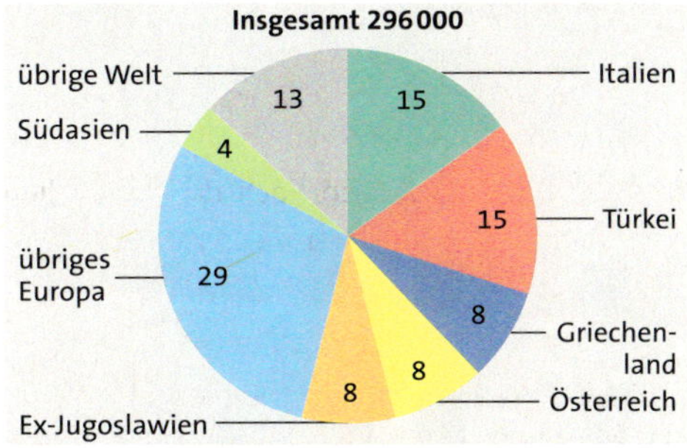

28 ***Verteilung der ausländischen Selbstständigen nach größten Herkunftsgruppen 2004 (in %)***

Nach Statistisches Bundesamt; Berechnungen ifm Mannheim

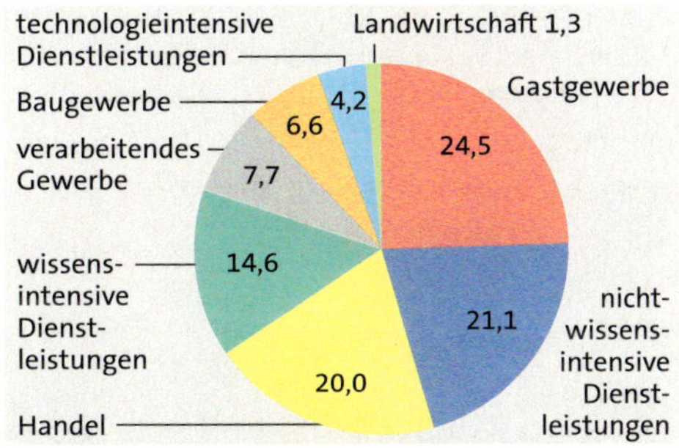

29 ***Verteilung der ausländischen Selbstständigen nach Wirtschaftsbereichen 2006 (in %)***

Nach Institut für Mittelstandsforschung, Uni Mannheim, April 2006

16 *Ali – ein deutscher Türke oder ein türkischer Deutscher? Erläutern Sie die in Udo Lindenbergs Song angesprochenen Integrationsprobleme.*

17 *a) Begründen Sie den Rückgang der Ausbildungsquote von ausländischen Jugendlichen.*

b) Benennen Sie mögliche Folgen.

18 *„Zuwanderer tragen zu einer größeren Vielfalt unseres alltäglichen und kulturellen Lebens bei.“ Erläutern Sie diese Aussage.*

19 *Beurteilen Sie die „Zwischenbilanz“ von Quellentext 26.*

ONLINE-Link

Informationen zum Thema Einbürgerung

29120X-0404

4.2 Entwicklung in städtischen Räumen

Segregation

Stadtumbau

Schrumpfende Stadt

Suburbanisierung

Gated Community

Tertiärisierung

① ***Städtische Räume im Wandel***

ONLINE-Link
Infoblatt Großstädte in Deutschland
29120X-0405

Unter dem Einfluss ökonomischer Rahmenbedingungen wie der Industrialisierung und Tertiärisierung verändern Städte ihre Funktionen und inneren Strukturen. Auch demografische Prozesse und Migrationen hinterlassen ihre Spuren im Stadtbild. Der Wandel der urbanen Räume lässt sich dabei durch folgende Prozesse und Probleme kennzeichnen:

- Herausbildung städtischer Viertel und deren Funktionswandel (z. B. Citybildung und Cityprobleme)
- Zunahmen des Tertiären Sektors mit der Ausbildung spezieller Standorte von Dienstleistungsunternehmen
- Ausgreifen der Städte ins Umland im Rahmen der Suburbanisierung
- Soziale Polarisierung und ethnische Segregation
- Schrumpfen von Städten und Stadtumbau

Neue Herausforderungen wie der wachsende Ressourcenverbrauch und Umweltbelastungen zwingen zur Entwicklung neuer Leitbilder. So bestimmen heute auch Strategien der Nachhaltigkeit wesentliche Bereiche der Stadtentwicklung.

2 **Bedeutung der urbanen Räume in Deutschland**

Der enge Zusammenhang zwischen Verkehrs- und Siedlungsentwicklung hat historisch zu großen, zusammenhängenden städtischen Siedlungsgebieten [...] geführt, die über Landesgrenzen [...] hinwegreichen. [...] Auf lediglich elf Prozent der Fläche des Bundesgebietes konzentrieren sich 49 % der Bevölkerung und sogar 57 % der sozialversicherungspflichtig Beschäftigten. Die durchschnittliche Bevölkerungsdichte beträgt hier ca. 1 000 Einwohner je km². Der Zentralraum [also der großstädtisch-urbane Raum] nimmt damit eine herausragende Stellung im Raumgefüge ein. Hohe Siedlungsdichte und starke Siedlungs- und Verkehrsdynamik führen aber auch zu besonderen Problemlagen innerhalb dieses Raumtyps.

Bundesamt für Bauwesen und Raumordnung (Hrsg.): Raumordnungsbericht 2005. Bonn: ohne Verlag 2005, S 19

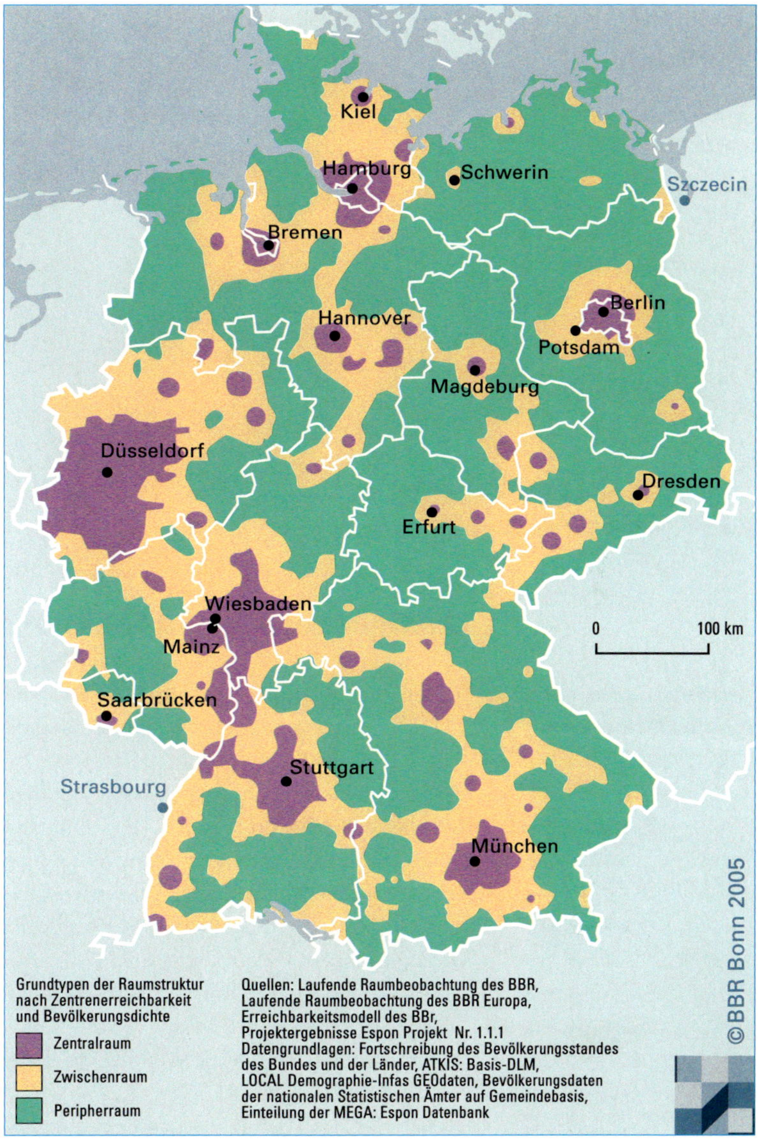

3 ***Grundtypen der Raumstruktur nach Zentrenerreichbarkeit und Bevölkerungsdichte***

Nach Bundesamt für Bauwesen und Raumordnung (Hrsg.) a. a. O., S. 19

1 *Beschreiben Sie die in Text 2 erkennbaren Prozesse und Probleme in städtischen Räumen.* → *Computerpräsentation anfertigen, siehe Seite 173*

2 *Erklären Sie diese Prozesse und Probleme mithilfe Ihrer Erkenntnisse aus den Kapiteln 2.4 und 2.5.* → *Informationen gewinnen, verarbeiten und dokumentieren, siehe Seite 174*

3 *Gestalten Sie mithilfe der Materialien und Fallbeispiele auf den Folgeseiten eine Präsentation zu einem ausgewählten Prozess oder Problem in städtischen Räumen.* → *projektorientiertes Arbeiten, siehe Seite 176*

4 **Regensburger Altstadt mit Dom und Steinerner Brücke**

6 **Moderne, innenstadtnahe Shopping-Mall**

Stadtgliederung und Funktionswandel: Beispiel Regensburg

5 ***Bevölkerungsentwicklung der Altstadt Regensburgs***

1996:	*11 700 Einwohner*
1997:	*11 650 Einwohner*
1998:	*11 300 Einwohner*
1999:	*11 200 Einwohner*
2000:	*11 800 Einwohner*
2001:	*12 100 Einwohner*
2002:	*12 300 Einwohner*
2003:	*12 500 Einwohner*
2004:	*12 600 Einwohner*
2005:	*12 800 Einwohner*

Toni Breuer: Wie viele wohnen wo? – Der Bevölkerungsschwerpunkt wandert in den Süden, in: Anton Sedlmeier / Joachim Vossen (Hrsg.) 2006, a. a. O, S. 50

In der Außenwahrnehmung wird Regensburg vielfach mit seiner historischen Altstadt identifiziert. Dies geschieht zu Recht, betrachtet man die dortige Vielzahl an altehrwürdigen Bauten wie die Steinerne Brücke, den Dom oder das Schloss. In vielen Städten ist die Wohnfunktion im Altstadtbereich in der Nachkriegszeit zugunsten von Dienstleistungsfunktionen stark zurückgegangen. Regensburg bildet hierbei eine Ausnahme: Mit knapp 13 000 Personen weist die Altstadt weiterhin einen relativ hohen Wohnanteil auf, die dortige Wohndichte ist allerdings rückläufig.

Im Rahmen der Stadtgliederung dominiert die Funktion „Wohnen" den Siedlungskörper der Stadt. Sie erstreckt sich von den bevorzugten Wohngebieten im Westen bis weit in den Osten Regensburgs. Die weitgehend geschlossene Wohnbebauung wird im Osten und Süden der Stadt durch einzelne Wohninseln (ehemalige Vorortkerne) abgelöst. Seitens der **Stadtplanung** greift man bewusst und durch gezielte Vorgaben in die **funktionale Stadtgliederung** beziehungsweise Stadtentwicklung ein, um das Stadtgefüge zu festigen und dessen Entwicklung als Ganzes zu fördern. So konnte die Wohnfunktion in Regensburg in den letzten Jahrzehnten durch neue Baugebiete erheblich gestärkt werden, was auch entsprechende Einwohnerzuwächse zur Folge hatte.

→ *Stadtmodelle siehe Seite 60/61*

→ *städtischer Wandel in Industrieländern siehe Seite 66/67*

Gewerbe- und Industriegebiete konzentrieren sich im Osten der Stadt. Deren Gestalt reicht hier von kleinteilig strukturierten Gewerbegebieten über die ausgedehnten Hafenanlagen bis hin zum Industriegelände im Süden. Ergänzend hierzu findet sich eine kleinere „Gewerbeinsel" im Stadtwesten.

Die Dienstleistungen mit einer Vielzahl an Einzelhandelsbetrieben, Kultur- und Bildungsstätten sind achsenartig angeordnet, wobei die Altstadt den Kern dieser Achse bildet. Die Freizeit- und Erholungsfunktion findet sich in erster Linie entlang der beiden Flüsse im Stadtgebiet (Donau und Regen), deren Natur- und Kulturlandschaftspotenzial seitens der Stadt gezielt durch das Motto „Stadt am Fluss" betont und gefördert wird. So verwundert es nicht, dass man im Schnittpunkt der Dienstleistungs- mit der Freizeit- und Erholungsachse Planungen für bedeutsame Regensburger Zukunftsprojekte unternimmt: ein Kultur- beziehungsweise Kongresszentrum, eine Kulturmeile und das Marina Quartier sollen hier entstehen.

7 **Regensburgs Blaue Banane**

In der „Dienstleistungs-Achse" ballen sich Einzelhandelsbetriebe, Büros, Kultur-, Bildungs-, Forschungs- und Wissenschaftseinrichtungen. Diese „blaue Banane" Regensburgs repräsentiert die moderne City, sie konzentriert die meisten und die wichtigsten Einrichtungen, die ein Oberzentrum ausmachen. Ausgangspunkt ist im Norden der Gewerbepark. Weiter in Richtung Südwesten schließt das Donau-Einkaufszentrum (DEZ) an, das mit seinen 50 000 m² Verkaufsfläche weit in die Region ausstrahlt. Die Altstadt [...] als essenzieller Teil der Innenstadt ist der administrative, kulturelle und wirtschaftliche Mittelpunkt. Mit der Eröffnung [einer Shopping-Mall] hat die Innenstadt 2002 eine Erweiterung über die Bahngleise nach Süden erfahren. Weiter geht diese Achse entlang der Universitätsstraße und der Galgenbergstraße. [...] Hier sind insbesondere die Hochschuleinrichtungen zu nennen [...].

Hans-Joachim Pfeiff: Regensburg im Überblick – Grundmuster der Raumnutzung, in: Anton Sedlmeier / Joachim Vossen (Hrsg.) 2006: Stadtatlas Regensburg. REWAG: Regensburg 2006, S. 30

8 **„Fürstliches" Wohnen**

1902 fanden auf dem Rennplatz, der 1907 ins Eigentum des Fürstlichen Hauses Thurn und Taxis gelangte, die ersten Pferderennen statt. Der Rennbetrieb wurde erst 1971 eingestellt. [...] Spätestens seit der Beendigung des Rennbetriebs stellte der Rennplatz somit eine „große Baulücke" innerhalb der städtisch besiedelten Fläche [...] dar. Im Flächennutzungsplan der Stadt von 1983 wurde diese Baulücke planerisch konsequent geschlossen und als Wohnbaufläche dargestellt [...]. Der Rennplatz ist [heute] ein gelungenes Beispiel für die sogenannte Innenentwicklung, d.h. die Umstrukturierung bzw. Wiedernutzung von brach gefallenen ehemaligen Gewerbeflächen sowie die Nutzungsverdichtung innerhalb des bestehenden Siedlungsgefüges. [...] Heute leben hier ca. 1 700 Einwohner in etwa 980 Wohnungen.

Joachim Buck: „Fürstliches Wohnen" – Der Rennplatz als gelungene Innenentwicklung. in: Anton Sedlmeier / Joachim Vossen (Hrsg.) 2006, a. a. O., S. 56

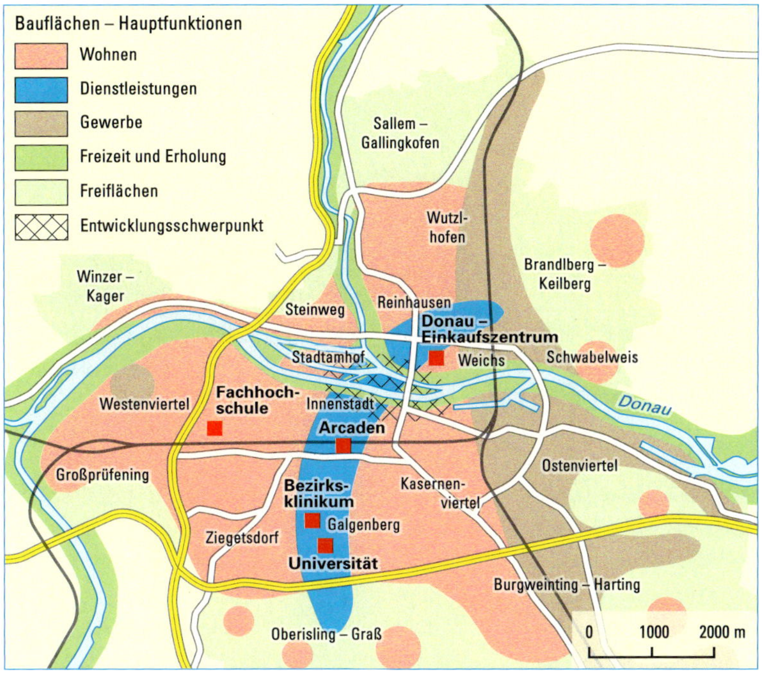

9 ***Funktionale Gliederung des Regensburger Stadtgebiets***

Nach Hans-Joachim Pfeiff, a. a. O., S. 31

10 ***Wohngebiet am Rennplatz***

4 *Charakterisieren Sie die funktionale Gliederung der Stadt Regensburg.*

5 *Erläutern Sie am Beispiel des Rennplatzes den innerstädtischen Funktionswandel und bewerten Sie die dort umgesetzten Maßnahmen kritisch.*

6 *Begründen Sie, weshalb man seitens der Stadtentwicklung bewusst und planerisch in das funktionale Gefüge einer Stadt eingreift.*

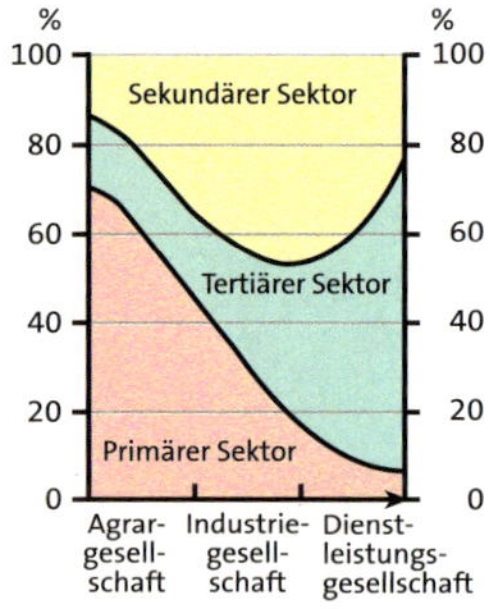

(11) ***Entwicklung der Beschäftigten nach Wirtschaftssektoren in Industrieländern***

Eine Volkswirtschaft lässt sich in drei Sektoren einteilen: den ***Primären Sektor****, der Urproduktion (Land- und Forstwirtschaft sowie Bergbau), den* ***Sekundären Sektor****, in dem diese Rohstoffe aufbereitet und verarbeitet werden (Handwerk und Industrie) sowie den* ***Tertiären Sektor****, der sämtliche Dienstleistungen umfasst. Aus letzterem wird neuerdings oft ein Quartärer Sektor ausgegliedert, mit dem meist Forschung, Entwicklung und andere hochwertigen Leistungen beschrieben werden.*

(13)

Büroturm Business Tower
- Grundstücksgröße: ges. 32 000 m²
- Geschossfläche: ges. 135 000 m²
- Büroflächen: 48 000m²/davon 13 000m² im Tower
- Raum für bis zu 4 000 Arbeitsplätze, davon 2 800 einer großen Versicherungsgruppe
- mit 135 m zweithöchster Büroturm in Bayern
- siebengeschossige Blockrandbebauung
- im Innenhof See und grüne Inseln
- Gästekasino mit Küche und Speiseräumen, Konferenzbereich im 32. Obergeschoss
- Verkehrsanbindung: Straßenkreuzung von überörtlicher Bedeutung (S-Bahn, Straßenbahn, Bus)

(14)

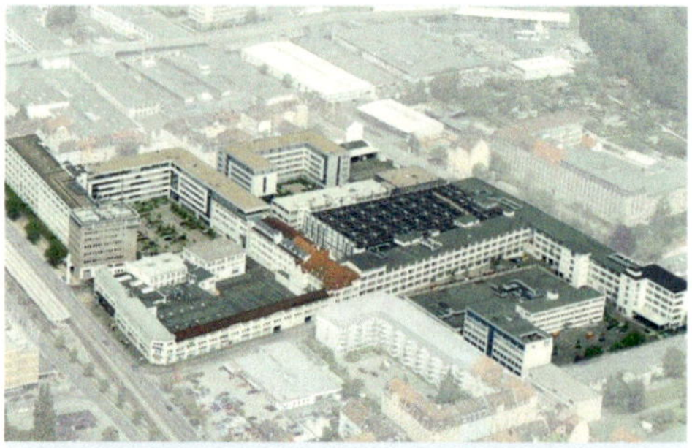

Mittelstandszentrum TA (Triumph-Adler)
- Grundstücksgröße: 53 000 m²
- Nutzfläche: 80 000 m²
- erfolgreiches Revitalisierungsprojekt eines ehemaligen Industriegeländes
- Anteil der Büroneubauflächen: ca. 40 %
- modernster technischer Standard
- ausgefeiltes Servicekonzept
- optimales Arbeitsumfeld für Dienstleistung, Bildung und Gewerbe
- Hotel mit Konferenzräumen und 232 Zimmern
- Verkehrsanbindung: am Stadtring gelegen und mit ÖPNV zu erreichen

Tertiärisierung und deren Folgen: Beispiel Nürnberg

Seit den 1970er-Jahren hat sich Nürnberg von einer Industriestadt zu einem dynamischen Dienstleistungszentrum entwickelt. Der Tertiäre Sektor nimmt sowohl in funktionaler Hinsicht (Art der Dienstleistungsberufe) als auch in seinem ökonomischen Gewicht (Anteil an der Wertschöpfung) zu. Der Wandel durch die **Tertiärisierung** ist im Stadtbild gut zu erkennen.

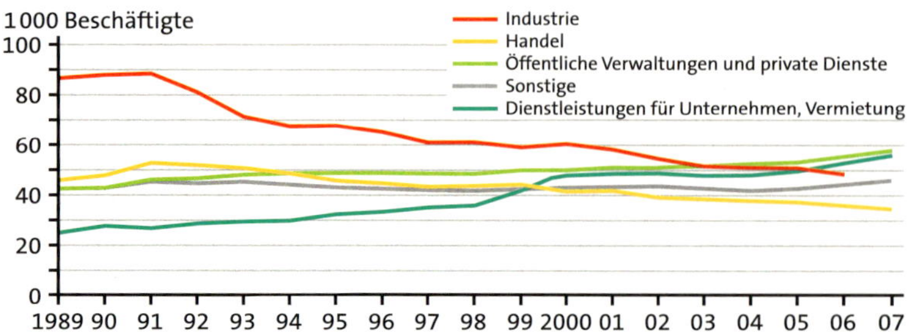

(12) ***Entwicklung der Anzahl der Beschäftigten nach Sektoren in Nürnberg***

Nach Stadt Nürnberg, Wirtschaftsreferat: Nürnberg – Wirtschaftsbericht. Nürnberg: ohne Verlag 2007, S. 6, 12

Auslagerung von Dienstleistungen

Der Trend von der arbeitsintensiven zur kapitalintensiven Produktion schlägt sich nicht nur statistisch im Rückgang industrieller Arbeitsplätze nieder. Vielmehr erfolgt der Anstieg im Tertiären Sektor, und hier vor allem in unternehmensbezogenen Dienstleistungen. Dies ist zum einen auf vollkommen neue Leistungen zurückzuführen, insbesondere der Software-Entwicklung und vielfältiger Finanz- und Beratungsleistungen. Zum andern werden viele Aufgaben, vom Hausmeisterservice bis zur Forschung und Entwicklung, aus den Produktionsunternehmen auf externe Dienstleister übertragen. Dieses „Outsourcing“ spart Fixkosten und kann die Nutzung neuester Entwicklungen sicherstellen. Stärken von Nürnberg sind unternehmensbezogene Dienstleistungen wie Ingenieurberatung, Forschung und Entwicklung, Rechts- und Wirtschaftsberatung.

15 

Gewerbezentrum Nordostpark Nürnberg, Businesspark

- Grundstücksgröße: 281 000 m²
- Nutzfläche: 130 000 m²
- internationaler Businesspark
- modernste Kommunikationsinfrastruktur, umfassendes Management- und Dienstleistungskonzept
- Parkambiente, Gastronomie, Konferenzzentrum, öffentliche Kindertagesstätte im Park
- Verkehrsanbindung: Innenstadt über zweispurig ausgebaute Straße sowie sehr gute ÖPNV-Verbindungen schnell zu erreichen, 4 km vom Flughafen entfernt, direkt an der Autobahn 3 gelegen

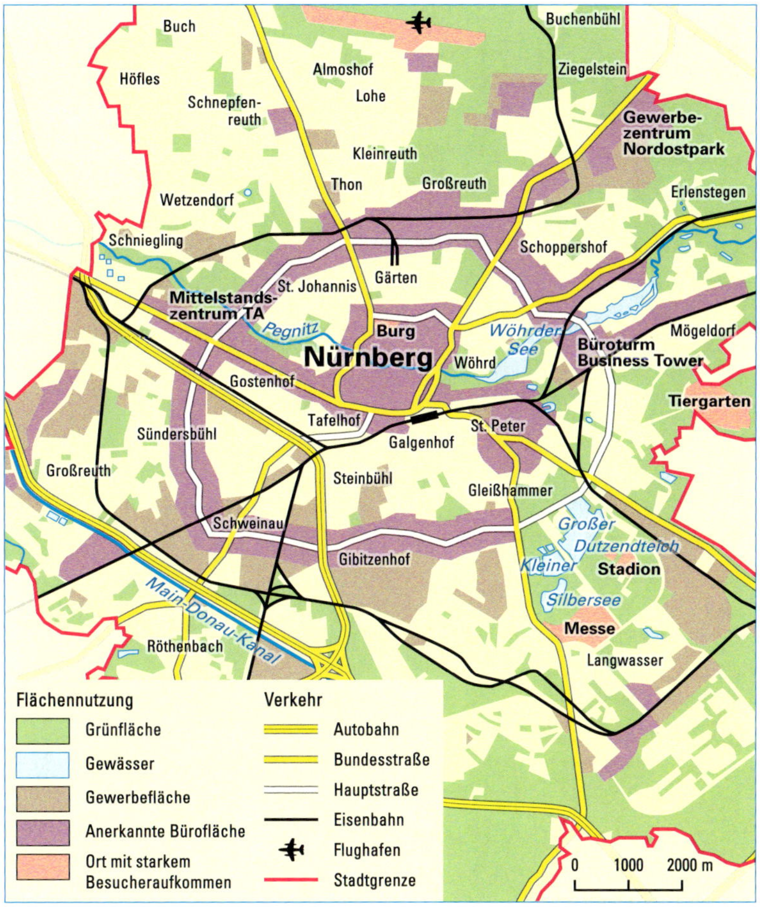

16 ***Büro- und Gewerbeflächen in Nürnberg nach dem Flächennutzungsplan***

Nach Stadt Nürnberg Amt für Wirtschaft: Büro-Immobilien, unter: www.nuernberg.de (Zugriff vom 01.08.2009)

Eine Spitzenstellung nimmt Nürnberg in der Marktforschung und bei Call Centern ein. Jeder dritte deutsche Marktforscher arbeitet in Nürnberg. Call Center mit Dienstleistungen wie Kundenbetreuung, Informationsdiensten, Telemarketing und Technikunterstützung sind junge Wachstumsbranchen, die sich aus dem rasanten Fortschritt der Telekommunikationstechnik entwickelt haben. Die Region Nürnberg verfügt inzwischen über 10 000 Arbeitsplätze in Call Centern.

Gewerbeflächen für Dienstleistungen

Mit dem **Flächennutzungsplan** wird angestrebt, dass für den Ausbau der Kompetenzfelder Verkehr, Logistik, Energie und Umwelt sowie Information und Kommunikation entsprechende Flächen zur Verfügung gestellt werden. Der hochwertigen, arbeitsplatzintensiven Nutzung für Dienstleistungen sind Flächen mit hervorragender Lage im Stadtgebiet vorbehalten. Neben der Umwidmung ehemaliger Industriegebäude spielen die Ausweisung neuer Flächen mit bester Verkehrs- und Kommunikationsinfrastruktur sowie ansprechende Nachbarschaften und Parks eine große Rolle.

7 *Beschreiben Sie die Entwicklungen im Sekundären und Tertiären Sektor in Nürnberg zwischen 1989 und 2006 (Diagramm 12).*

8 *Erklären Sie, was Sie unter einer „hochwertigen, arbeitsplatzintensiven Flächennutzung" verstehen.*

9 *Analysieren Sie die Karte 16 im Hinblick darauf, inwiefern sich die drei Typen von Standorten (Beispiele 13, 14 und 15) des Dienstleistungssektors in der Raumstruktur erkennen lassen.*

10 *Diskutieren Sie anhand der Karte die drei Standorttypen unter umweltpolitischen Gesichtspunkten (Flächenverbrauch, Verkehrsbelastung).*

Flächennutzungsplan:
Der Entwicklungsplan einer Gemeinde, in dem festgelegt ist, wie die Flächen der Gemeinde genutzt werden sollen. Er weist u. a. Wohnbauflächen, Grünflächen und die Flächen für die Land- und Forstwirtschaft aus. Für die im Flächennutzungsplan ausgewiesenen Baugebiete werden spezielle Bebauungspläne aufgestellt.

ONLINE-Link
Infoblatt Tertiärisierung 29120X-0406

17 **„Wir warten, bis die Stadt zu uns kommt …"**

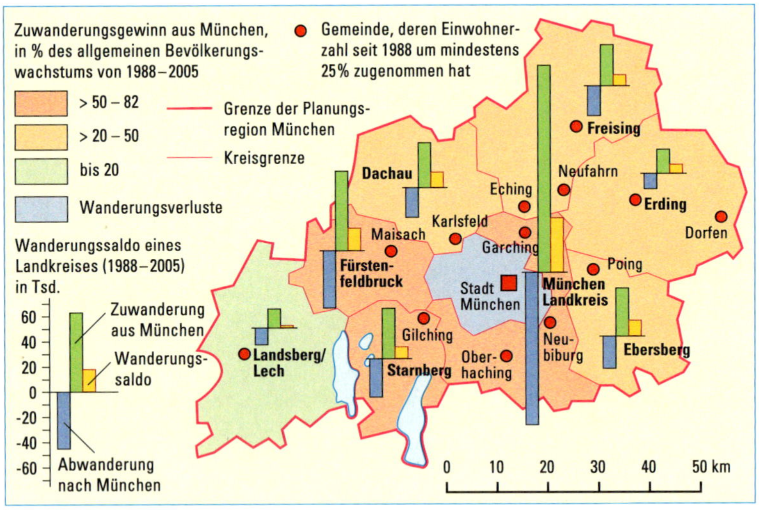

18 ***Suburbanisierung in der Stadtregion München***

Nach Haack Weltatlas. Gotha: Klett-Perthes 2007, S. 43

19 **Suburbanisierungstendenzen**

Gemessen an ihrer Fläche ist München eine sehr kleine Stadt. Auf nur 310 km² […] leben hier rund 1,3 Mio. Menschen. Mit ca. 4000 Einw./km² hat München die höchste Einwohnerdichte aller deutschen Städte. Flächenknappheit war vor diesem Hintergrund schon vor 30 Jahren ein brisantes Problem. Die Abwanderung von Einwohnern und Firmen ins Umland bzw. deren Zuzug von auswärts ins Umland ohne Umweg über die Stadt wurde auf diese Weise verstärkt. Obwohl die Stadt München Anfang der 1990er-Jahre durch Umstrukturierungen […] sowie durch die Verlagerung des Flughafens vom Stadtteil Riem ins Umland wieder neue Flächen schaffen konnte […], wies die Entwicklung im Umland ein deutlich höheres Tempo auf. Der Zuwachs an Siedlungs- und Verkehrsflächen betrug zwischen 1980 und 2000 in München knapp 11%, im Rest der Region dagegen fast 39%. Eine besonders hohe prozentuale Zunahme der Siedlungs- und Verkehrsflächen hatten in diesen 20 Jahren mit 47% die peripher (und zumeist fernab der S-Bahn) gelegenen kleinen Umlandgemeinden vorzuweisen.

Monika Popp: München – boomende Stadtregion mit „Schönheitsfehlern", in GR 58, H. 6. Braunschweig: Westermann 2006, S. 19

Suburbanisierung: Beispiel Stadtregion München

*Man spricht von einer **Stadtregion**, wenn zwischen einer Kernstadt und ihren Umlandgemeinden intensive funktionale Verflechtungen (Arbeitsplatz- und Versorgungsbeziehungen, Verkehrsströme) bestehen, die eine Zusammenfassung zu einem Gesamtraum rechtfertigen.*

→ *Wirtschaftsraum München siehe Seiten 152–155*

München kann als Paradebeispiel einer wachsenden Stadtregion angesehen werden. Die hohe Lebensqualität und der hohe Freizeitwert der Region festigen das positive Image der Stadt. In Städterankings ist München daher meist auf den vorderen Plätzen zu finden.

Hintergründe des Wirtschaftsbooms

Der Prozess des wirtschaftlichen Aufschwungs der Region München begann in der frühen Nachkriegszeit, als ehemals in Ost- und Mitteldeutschland ansässige Industrieunternehmen nach München umsiedelten, sodass in den folgenden Jahrzehnten ein industrieller Aufschwung vor allem in den Branchen Maschinen- und Fahrzeugbau, Elektrotechnik sowie Luft- und Raumfahrttechnik vonstatten ging. In der Gegenwart sind es die Vielzahl an sogenannten „weichen **Standortfaktoren**" – z. B. die hohe Freizeit- und Lebensqualität der Region – und die häufig als „Münchner Mischung" bezeichnete **Wirtschaftsstruktur**, die als wichtige Erfolgsfaktoren der wirtschaftlichen Entwicklung betrachtet werden können.

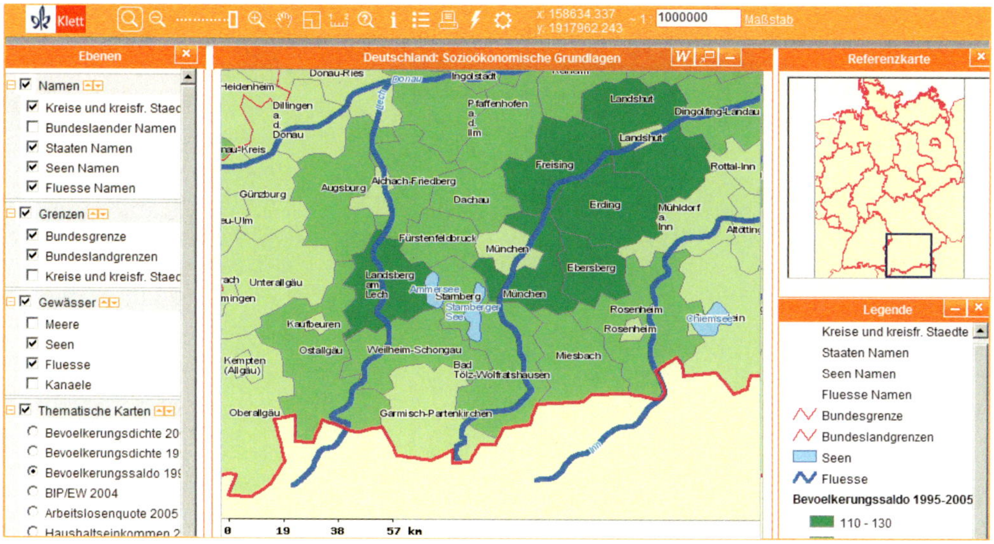

20 ***Screenshot zur Abfrage des Bevölkerungssaldos der Stadtregion München, unter: www.klett-gis.de***

Folgen der Suburbanisierung

Das veränderte Verhältnis zwischen Kernstadt und Umland hat weitreichende Folgen, die am ehesten in der ausgedehnten Zersiedelung der Landschaft und der weitgehenden Flächenversiegelung erkennbar sind. Auch haben sich viele Münchner Umlandgemeinden mittlerweile zu Einpendlergemeinden entwickelt, da sie in Relation zur Wohnbevölkerung deutliche Arbeitsplatzüberschüsse aufweisen. Wachsende Pendlerströme und längere Pendlerwege sind die Folge, wobei die traditionellen Pendlerströme – gekennzeichnet durch Arbeiten in der Kernstadt und Wohnen in Suburbia – mehr und mehr ihre Richtung ändern: Die Zahl der Auspendler aus München wuchs zwischen 1995 und 2000 um 22 %, wogegen die Zahl der Einpendler in die Kernstadt nur um 15 % anstieg. Der Verlust an Arbeitsplätzen in der Kernstadt geht einher mit Einnahmeverlusten und wachsender Schuldenlast für die Stadt München bei steigenden kommunalen Ausgaben. Viele Umlandgemeinden sind dagegen völlig schuldenfrei und können vielfach sogar hohe Rücklagen aufweisen.

21 **In Wachstumsregionen wird es eng**

Bei Baugrundstücken und Eigenheimen können Bau- und Kaufwillige zwar auf ein breites Angebot zurückgreifen. „Doch preiswerte Wohnbauflächen [...] sind knapp. [Viele] wandern dann oftmals ins günstigere Umland ab", heißt es in einer Studie [...]. Die Abwanderung insbesondere junger Familien bleibt – bei wieder anziehenden Mieten und Preisen in den letzten zwei Jahren – auch in München ein Thema, obwohl es kurzzeitig schon mal etwas besser aussah. Statt für die Vier- bis Fünf-Zimmer-Wohnung in der Isarmetropole entscheiden sich die „Stadtflüchtlinge" nicht selten für das Reihenhaus aus zweiter Hand in den Umlandgemeinden mit S-Bahn-Anschluss, das dann in Eigenleistung sukzessive renoviert wird, beobachtet der Immobilienverband Deutschland. Doch auch dort ist Wohnen teurer geworden. In Freising etwa reicht das Mietniveau an mittlere Wohnlagen von München heran.

Abendzeitung München, vom 05.07.2008, unter: www.abendzeitung.de

22 ***Verschuldung ausgewählter deutscher Großstädte (2007, in Euro pro Einwohner)***

München:	*2 170*
Köln:	*2 456*
Frankfurt a. M.:	*1 925*
Leipzig:	*1 772*
Essen:	*1 767*
Stuttgart:	*251*

Landeshauptstadt München, Stadtkämmerei 2008, unter: www.muenchen.de/cms/prod1/mde/_de/rubriken/Rathaus/90_ska/10_veroeffentlich/broschuere/findatvergl.pdf

11 *a) Beschreiben Sie anhand der Karte 18 die Suburbanisierung in der Stadtregion München.*
b) Erläutern Sie Ursachen und Folgen dieses Prozesses im Großraum München.

12 *Erstellen Sie auf der Grundlage einer Internetrecherche (z. B. www.klett-gis.de) eine Präsentation zu den Kennzeichen der Suburbanisierung im Großraum München.*

ONLINE-Link
Klett-GIS
29120X-0407

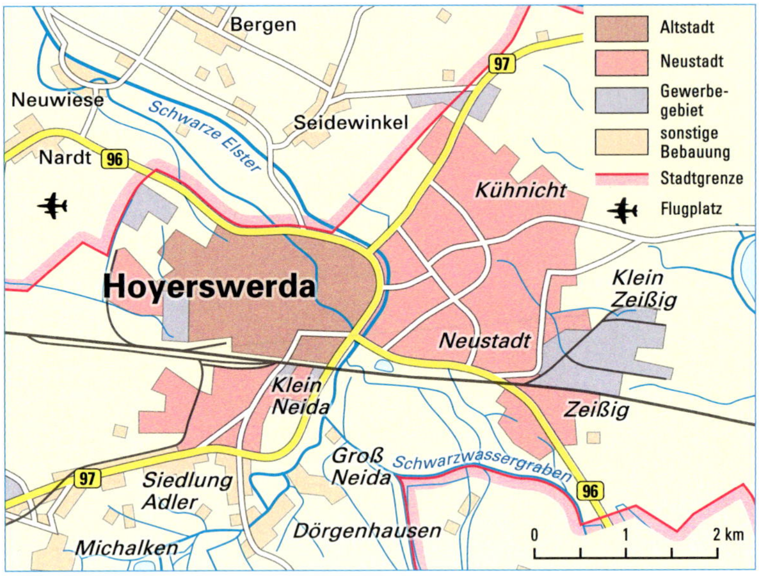

23 **Alt- und Neustadt von Hoyerswerda**

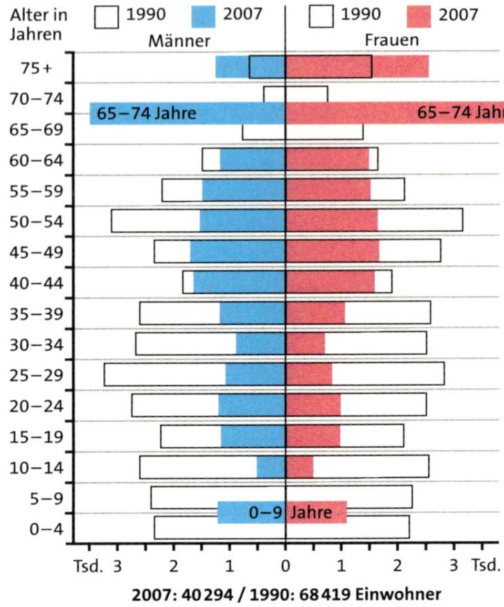

26 **Bevölkerung der Stadt Hoyerswerda 1990 und 2007**

Nach Statistisches Bundesamt 2009, unter: www.destatis.de

24 ***Entwicklung der Einwohnerzahl von Hoyerswerda***

1950:	*7365*
1960:	*24549*
1970:	*59144*
1980:	*70705*
1990:	*64888*
2000:	*50203*
2005:	*42607*
2007:	*41294*
2015 (Prognose):	*35000*

Statistisches Landesamt des Freistaates Sachsen, verschiedene Jahrgänge

→ *natürliche Bevölkerungsbewegung siehe Seite 36*

→ *Ursachen regionaler Wanderungen siehe Seite 44/45*

ONLINE-Link
Infoblatt Schrumpfende Städte – Shrinking Cities 29120X-0408

Schrumpfung und Stadtumbau: Beispiel Hoyerswerda

Der seit der Industriellen Revolution in allen entwickelten Staaten zu beobachtende Trend, dass Städte in Bezug auf Flächenausdehnung und Bevölkerung wachsen, beginnt sich in einigen Regionen umzukehren. In vielen, vorwiegend altindustriellen Regionen schrumpfen zahlreiche Städte. Besonders viele Klein-, Mittel- und Großstädte in den Neuen Bundesländern sind von diesem Prozess betroffen. Worin liegen die Gründe für diese Situation? Können die Städte diesen Herausforderungen mit Maßnahmen des **Stadtumbaus** begegnen?

25 **Hoyerswerda – eine schrumpfende Stadt**

Hoyerswerda, 1956 als „zweite sozialistische Wohnstadt der DDR" für die Kohle- und Energiearbeiter des „größten Braunkohle- und Steinkohleveredlungskombinats Europas", Schwarze Pumpe, errichtet, durchläuft seit der Wiedervereinigung einen dramatischen Deindustrialisierungsprozess: Tausende Arbeitsplätze sind verloren gegangen. Gleichzeitig nimmt die Bewohnerschaft der Stadt stetig ab [...]. In etwa zehn Jahren, so die Prognosen, wird die einst „jüngste Stadt" der DDR annähernd zur Hälfte von Pensionären bewohnt sein. [...] Hinzu kommt, dass die gesamte technische und soziale Infrastruktur der Stadt angesichts der sinkenden Einwohnerzahlen überdimensioniert ist.

Christine Hannemann: Schrumpfende Städte in Ostdeutschland, in: Politik und Zeitgeschichte, B 28. Bonn: bpb 2003, unter: www.bpb.de

27 **Fünf vor 12 in Sachen Stadtumbau**

Im Schrumpfungsprozess, der sich zurzeit in vielen ostdeutschen Städten abspielt, nimmt Hoyerswerda eine Vorreiterrolle ein. Gerade deshalb sind hier klare Konzepte gefragt, ist der Rückzug in den Kernbereich der Neustadt und dessen Aufwertung notwendig. „Die Kassen sind leer", also gibt es nur noch Abriss – das ist eine zu kurz gedachte Schlussfolgerung der handelnden Akteure. Die Stadt hat bereits wesentliche Teile ihres Image bildenden Baubestandes verloren, jeder kann sich davon im Stadtzentrum überzeugen. [...] Will man den Niedergang von Hoyerswerda-Neustadt verhindern, ist ein sofortiger Abrissstopp [...], besonders im Stadtzentrum notwendig.

Grit Obst et al. in: Lausitzer Rundschau, vom 09.07.2005, unter: www.sadk.de/stadtumbau.html

28 ***Hoyerswerda-Neustadt WK 8 und 9, gelb: realisierter Rückbau***

30 ***Nach dem Abbruch der Platte: neu errichtete Stadtvillen in Hoyerswerda***

29 **Stadtentwicklungskonzept INSEK**

Die Stadt Hoyerswerda hat ein Integriertes Stadtentwicklungskonzept – INSEK – erarbeitet, welches für die nächsten 10 bis 15 Jahre die Entwicklungsziele deutlich darstellt. [...] Es setzt sich aus mehreren Teilkonzepten (u.a. Wirtschaft, Tourismus, Infrastruktur, Wohnungsbau, Verkehr, Soziales usw.) zusammen [...]. Im wirtschaftlichen Bereich verfolgt die Stadt Hoyerswerda das grundlegende Ziel, bestehende Dienstleistungs- und Gewerbestrukturen zu erhalten [...]. Weitere Ziele sind:

- Erschließung innovativer Wirtschaftsfelder in den Bereichen der erneuerbaren Energien und der Angewandten Biotechnologien [...],
- Qualifizierung der vorhandenen touristischen Infrastrukturen und Schaffung von neuen touristischen Angeboten im Lausitzer Seenland,
- Schaffung von ca. 1000 neuen Arbeitsplätzen im verarbeitenden Gewerbe und im Bereich Handel/Dienstleistung bis 2010 [...],
- Erhalt des Status als Dienstleistungs- und Handelsstandort in der Region.

Stadt Hoyerswerda (Hrsg.): Hoyerswerda – eine Stadt im Wandel. Nordhorn: BVB-Verl.-Ges. 2005, S. 6

Maßnahmen des Stadtumbaus in Hoyerswerda

Bereits 1997 wurde ein Hochhaus um drei Geschosse zurückgebaut und zu altersgerechtem Wohnraum umgestaltet. Im Jahr 2000 begann der Abriss leer stehender Wohnungen. Durch den punktuellen Rückbau in den zentrumsnahen Wohnkomplexen entstanden Freiflächen für Parkplätze. Im Jahr 2005 wurde aus einem ehemaligen Bürohochhaus eine Seniorenresidenz geschaffen.

Der großflächige Abriss erfolgt von außen nach innen. Die Freiflächen sollen als Grünflächen das Wohnumfeld verbessern.

Durch den Rückgang der Bevölkerung verringerte sich auch die Schmutzlast in den Abwasserkanälen. Die Nachfrage nach Trinkwasser, Strom und Fernwärme ging zurück. So müssen einzelne Netzabschnitte stillgelegt, andere an den perspektivischen Bedarf angepasst werden.

13 *Vergleichen Sie die Alterstruktur der Bevölkerung Hoyerswerdas mit der von Deutschland im allgemeinen (siehe Seite 41).*

14 *Erläutern Sie die Ursachen und Auswirkungen des Bevölkerungsrückgangs in Hoyerswerda.*

15 *„Hoyerswerda – eine schrumpfende Stadt im Aufbruch." Nehmen Sie zu dieser Aussage Stellung (siehe dazu auch die Seiten 116–119 und 144).*

Schrumpfende Städte:

Aufgrund von wirtschaftlichen Strukturkrisen und den damit verbundenen Abwanderungsbewegungen sowie einer generell negativen natürlichen Bevölkerungsbewegung kommt es zu einem Bevölkerungsrückgang in den betroffenen Städten, der das Ausdünnen oder gar das Brachfallen ganzer Stadtgebiete zu Folge hat. Dieser Prozess ist seit dem ausgehenden 20. Jahrhundert in vielen altindustrialisierten Regionen entwickelter Staaten zu beobachten.

ONLINE-Link

Infoblatt Stadtumbau Ost am Beispiel Schwerin 29120X-0409

Nachhaltige Stadtentwicklung:
Darunter ist ein Ressourcen schonender und umweltverträglicher Städtebau zu verstehen. Ziel einer nachhaltigen Stadtentwicklung ist es, die städtischen Lebensverhältnisse zu verbessern und dabei den Schutz der Umwelt, stabile wirtschaftliche Entwicklungen und eine gerechte Verteilung der Lebenschancen der Bewohner in Einklang zu bringen.

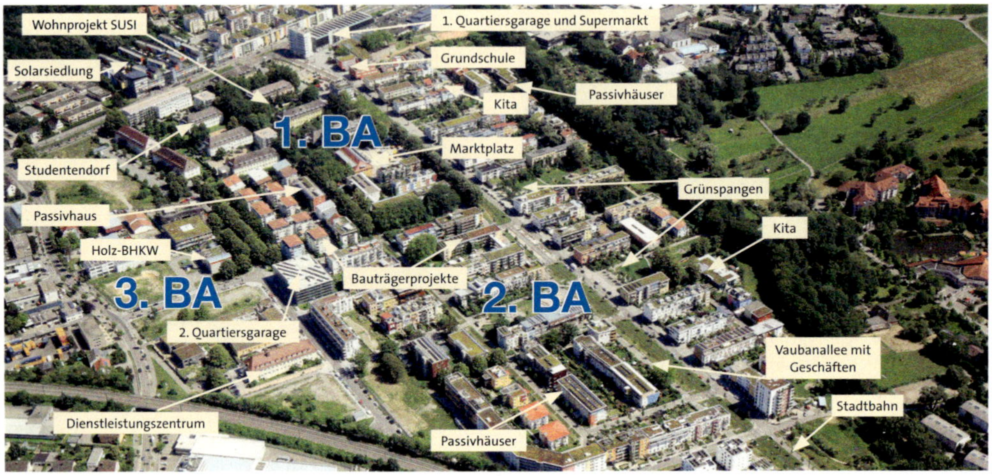

31 **Schrägluftbild des neuen Stadtteils Freiburg-Vauban**

BA = Bauabschnitt

Nachhaltige Stadtentwicklung: Beispiel Freiburg-Vauban

Das ehemalige Kasernengelände „Quartier Vauban" liegt etwa zweieinhalb Kilometer südlich des Freiburger Stadtzentrums. Bis 1992 lebten hier bis zu 6 000 französische Soldaten. Im Rahmen einer **nachhaltigen Stadtentwicklung** ist bis zum Jahre 2006 die Konversion (Umwandlung) des ehemaligen 41,6 ha großen Kasernenareals zu einem neuen Stadtteil für 5 000 Menschen mit 600 Arbeitsplätzen abgeschlossen worden.

In mehreren Forschungsprojekten wurde untersucht, ob das hochgesteckte Ziel einer nachhaltigen Stadtentwicklung erreicht wurde. Im Bereich der Ökologie wurde in einer aufwändigen Untersuchung Freiburg-Vauban mit einem nicht nachhaltigen Referenzstadtteil verglichen.

32 **Städtebauliche Ziele**

Die Stadt Freiburg hat als Eigentümerin des Geländes noch vor Erstellung des städtebaulichen Entwurfs die folgenden Ziele formuliert, welche den Rahmen für die Entwicklung des neuen Stadtteils setzen:

- Schaffung von innenstadtnahem Wohnraum,
- Mischung von Wohnen und Arbeiten [...],
- Schaffung von Wohnraum für verschiedene soziale Gruppen,
- Kleinteiligkeit der Parzellierung, Vielfalt in der Baustruktur,
- Erhaltung/Weiterentwicklung bestehender und Schaffung neuer Naturräume, Regenwasserversickerung,
- Förderung öffentlicher Verkehrsmittel [...] sowie des Fußgänger- und Fahrradverkehrs,
- Anschluss aller Gebäude an die Nahwärmeversorgung und obligatorische Niedrigenergiebauweise,
- Entwicklung eines Stadtteilzentrums mit Geschäften für den täglichen Bedarf,
- Familien- und Kinderfreundlichkeit u. a durch Errichtung einer Grundschule und Betreuungseinrichtungen für Kinder sowie [...]
- die Einrichtung einer erweiterten Bürgerbeteiligung.

Carsten Sperling: Stadtquartiere als Keimzelle, in: Carsten Sperling (Hrsg.): Nachhaltige Stadtentwicklung beginnt im Quartier. Freiburg i. Br.: Öko-Institut 1999, S. 19

ONLINE-Link
Infoblatt Stadtökologie
29120X-0410

16 *Beschreiben Sie die in Freiburg-Vauban durchgeführten Maßnahmen einer nachhaltigen Stadtteilentwicklung.*

17 *Erläutern Sie mögliche Vor- und Nachteile des Lebens im Quartier Vauban.*

18 *Diskutieren Sie: Kann Stadtentwicklung nachhaltig sein?*

33 **Veränderung des Mobilitätsverhaltens (%) der Bewohner Vaubans nach ihrem Umzug in den Stadtteil (Projekt läuft seit 2001)**

Nutzung	Fahrrad	zu Fuß	Kraftrad	Auto	Car Sharing	Taxi	Bus/Tram	Zug
häufiger als früher	38,4	27,1	10,5	16,1	55,8	32,3	36,7	20,2
genauso oft wie früher	53,5	58,2	69,5	38,1	36,8	59,1	42,0	68,8
seltener als früher	8,1	14,7	20,0	45,8	7,4	8,6	21,3	11,0
Gesamt	100,0	100,0	100,0	100,0	100,0	100,0	100,0	100,0

Patricia de Santiago: Umsetzungsbegleitung des Verkehrskonzeptes im Stadtteil Freiburg-Vauban, unter: www.forum-vauban.de/verkehrskonzept.shtml (Zugriff am 10. 09. 2008)

34 **Zwischenergebnisse des Projektes Vauban im sozialen und ökonomischen Bereich**

- Aufgrund des Mobilitätskonzeptes werden Straßen und [...] öffentliche Plätze zu sozialen Begegnungsräumen sowie zu Spielplätzen. [...]
- Zirka 40 Baugruppen und Wohnprojekte sind bis Mitte 2002 entstanden. Innerhalb dieser Gruppen haben auch Menschen mit geringeren Einkommen die Möglichkeit, Eigentum zu erwerben, weil hier Rabatte möglich sind, die Einzelbauherren nicht bekommen. [...]
- Mit der Einführung der erweiterten Bürgerbeteiligung 1995 und der sozialen Quartiersarbeit 1999 erhielten die Menschen eine Plattform, ihre Ideen und Wünsche auszudrücken, eigene Initiativen zu starten sowie Unterstützung durch hauptamtliche MitarbeiterInnen des Forum Vauban. Einige Beispiele sind die Aktivitäten rund um das Nachbarschaftszentrum, die Stadtteilfeste, Aktivitäten auf dem Marktplatz sowie das Stadtteilmagazin „Vauban actuel". [...]
- Aufgrund der demografischen Situation (ca. 20 % der Vauban-BewohnerInnen sind unter 10) werden Angebote für Kinder und Jugendliche stärker benötigt als ursprünglich angenommen [...]. Die Plätze in der Grundschule in Vauban werden von derzeit 240 auf über 550 im Schuljahr 2006/2007 ansteigen. [...]
- Laut Kalkulationen der Projektgruppe Vauban sind im Quartier bislang 170 Arbeitsplätze entstanden (Stand 2002).

Forum Vauban e. V.: Das Projekt „nachhaltiger Modellstadtteil Freiburg-Vauban" – Fakten und Hintergründe. Freiburg i. Br.: ohne Verlag 2002, unter: www.forum-vauban.de

35 **Interview mit einer Anwohnerin**

Hr. Falk: Frau Künstner, [...] warum sind Sie mit ihrer Familie ins Vauban gezogen?

Fr. K.: Aufgrund der vielen Kinder und in der Hoffnung, leichter mit anderen Menschen in Kontakt zu treten, auch mit Müttern. Wir haben davor auf dem Land gelebt.

Hr. F.: Inwiefern sind Ihre Erwartungen erfüllt worden?

Fr. K.: Es war wie erhofft. Es gibt viele Kinder und die Menschen im Vauban sind sehr aufgeschlossen und hilfsbereit.

Hr. F.: Gibt es Dinge, die Sie stören?

Fr. K.: Ja, vor allem die Dichte. Durch die enge Bebauung hat man kaum individuelle Freiräume.

Auszug aus einem vom Autor Gregor Falk am 20. 11. 2008 geführten Interview

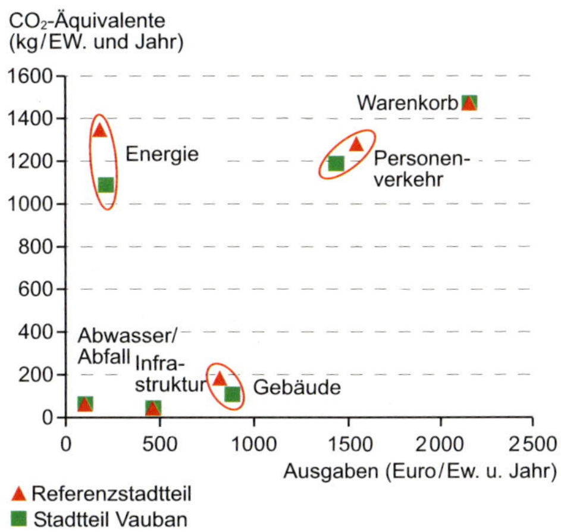

Lesebeispiel: Beim täglichen Einkauf (Warenkorb) werden in Freiburg-Vauban genau so viele Treibhausgase (gemessen als CO_2-Äquivalente) freigesetzt wie in einem nicht nachhaltigen Referenzstadtteil. Bei beiden sind auch die Ausgaben dafür gleich.

36 ***Vauban – Klimagas-Emissionen im Vergleich zu den jährlichen Ausgaben in einem nicht nachhaltig projektierten Referenzstadtteil***

Nach Ökoinstitut Darmstadt/Freiburg/Berlin: Forschungsprojekt: Nachhaltige Stadtteile auf innerstädtischen Konversionsflächen: Präsentation der Ergebnisse für Freiburg-Vauban, 08/2000, unter: www.oeko.de

ONLINE-Link

Aktuelle Informationen zum Modellstadtteil Freiburg-Vauban 29120X-0411

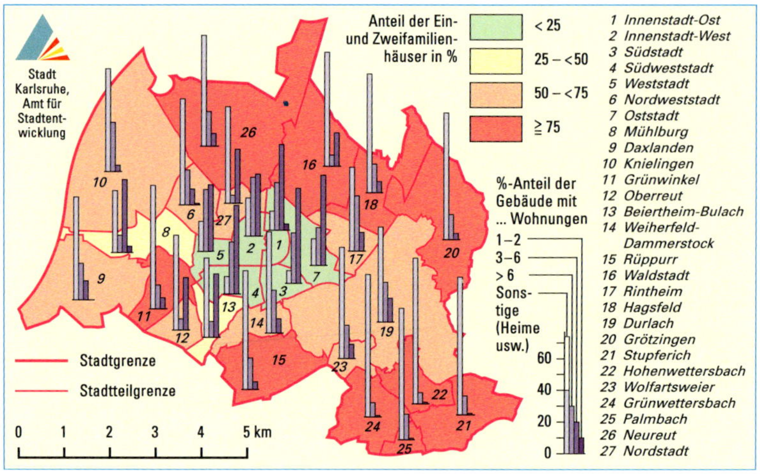

37 ***Größenstruktur der Wohngebäude in den Karlsruher Stadtteilen 2007***

39 ***Blockrandbebauung in der Südstadt***

Segregation und Integration: Beispiel Karlsruhe

Ausländeranteil Karlsruhes im Jahre 2006: 15,4 %

38 ***Entwicklung der Einwohnerzahl von Karlsruhe***

1970	*258 894*
1975	*270 448*
1980	*271 892*
1985	*268 211*
1990	*275 061*
1995	*275 690*
2000	*278 558*
2005	*285 263*
2007	*288 917*
2015 (Prognose)	*291 083*

Statistisches Landesamt Baden-Württemberg, verschiedene Jahrgänge

→ *ethnische und soziale Integration siehe Seite 58*

Bereits seit Jahren ist die Entwicklung Karlsruhes durch anhaltende Geburtendefizite der deutschen Einwohner gekennzeichnet. Aufgrund von Wanderungsgewinnen konnte die Wohnbevölkerung trotzdem wachsen, was nicht zuletzt auf die Zuzüge von ausländischen Bürgern zurückzuführen ist. Dabei stammen die meisten ausländischen Bewohner aus der Türkei, gefolgt von Italien, Kroatien, Serbien, Polen und Russland.

Der Blick auf die Verteilung der Wohnbevölkerung über die Stadt als Ergebnis von Angebot und Nachfrage von Wohnraum zeigt, dass bei der Wahl des Wohnstandortes durch die Wohnungssuchenden soziale und damit verbunden auch ethnische Abgrenzungskriterien mitwirken.

Ergebnis der **Segregation** ist ein differenzierter städtischer Sozialraum, auf den die Stadtplanung nur bis zu einem gewissen Grad Einfluss nehmen kann. Sie kann lediglich die rechtlichen Voraussetzungen für die Errichtung von Wohnraum für gemischte Bevölkerungsstrukturen schaffen. Allerdings kann die Stadtpolitik durch gezielte Förderung privates Engagement zur Verbesserung der Lebensbedingungen in den betroffenen Stadtteilen initiieren und so zu einer erfolgreichen Intergration der sozialen Randgruppen beitragen.

19 *Gliedern Sie das Stadtgebiet von Karlsruhe nach dem Kriterium „ethnische Segregation“.*

40 **Stadtteil Südstadt**

Ab der Mitte des 19. Jahrhunderts entwickelte sich südlich des damaligen Hauptbahnhofes ein Arbeiterwohngebiet. Noch heute ist die Südstadt durch enge Straßen mit gründerzeitlicher Mietshausbebauung geprägt. Ein hoher Anteil sanierungsbedürftiger Wohnungen sowie permanente Verkehrsprobleme schränken die Wohnqualität ein. Vor allem Einkommensschwache und häufig Migranten leben hier.

41 **Stadtteil Neureut**

Neureut wurde erst 1975 in das Stadtgebiet eingegliedert und ist heute einer der Siedlungsschwerpunkte der Stadt. Die Verfügbarkeit von Erweiterungsflächen, eine hervorragend ausgebaute Infrastruktur sowie eine Vielzahl öffentlicher und privater Dienstleistungseinrichtungen machen den Stadtteil zu einer bevorzugten Wohnlage für Vermögende.

20 *Begründen Sie Segregationserscheinungen am Beispiel der Stadtteile „Neureut“ und „Südstadt“.*

21 *Nennen Sie die Ziele, die mit den Projekten zur sozialen Integration verfolgt werden.*

22 *Bewerten Sie die Projekte.*

23 *Diskutieren Sie weitere mögliche Maßnahmen zur Eindämmung der Segregationsprozesse.*

42 ***Einfamilienhaus in Neureut***

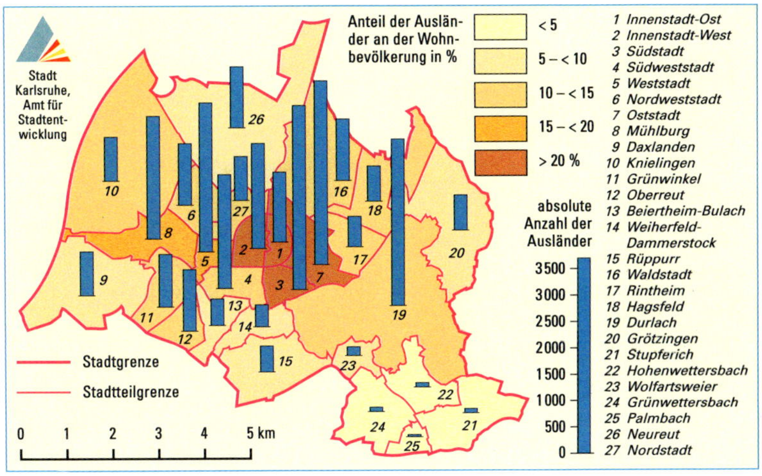

44 ***Ethnische Segregation in Karlsruhe 2007***

43 **Projekte zur sozialen Integration**

- Elternschule für Migrantinnen und Migranten im interkulturellen Müttertreff „Mamarazzi" im Bürgerzentrum Südstadt, ein Projekt des Vereins zur Förderung der Kinder- und Jugendarbeit im Bürgerzentrum mit 20 bis 25 Teilnehmerinnen, finanziert durch das Kinderbüro im Rahmen der Familienbildung. [...]
- Internationales Volkstanzfest [...] unter Beteiligung von Stadtteilbüro, Bürger-Gesellschaft, Türkischer Kulturverein, Karlsruher Volkstanzkreis, Türkische Tanzgruppe Arkadas.
- Bündnis für die Südstadt-Jugend: [...] [Hier wurden] in Kooperation mit Jugendeinrichtungen, Schulen und freien Trägern gezielte Projekte zur Förderung von Kindern und Jugendlichen entwickelt [...]. Für ehrenamtliches Engagement im Stadtteil erhielten Jugendliche ein Qualipass-Zertifikat, das sie ihren Bewerbungen beilegen können. [...]
- Bürgermentoren als interkulturelle Vermittler: Gefördert durch das Programm Mentorenausbildung des Sozialministeriums wurden zwischen Januar und Mai 2003 zehn Mentoren als interkulturelle Vermittler ausgebildet.

Stadt Karlsruhe, Amt für Stadtentwicklung: Stadtteilentwicklung Südstadt. 4. Abschlußbericht 2002–2004. Karlsruhe: ohne Verlag 2005, S. 30f., unter www1.karlsruhe.de/Stadtentwicklung/afsta/Stadtentwicklung/Stadtteilentwicklung/Suedstadt/download/suedstadt_abschlussbericht_2002-2004.pdf

45 **Sozialstruktur in den Stadtteilen „Südstadt" und „Neureut" 2007**

	Südstadt	Neureut	∑ Karlsruhe
Einwohnerzahl	15 028	16 359	288 917
Bevölkerungsdichte (Ew./ha)	68,2	8,5	10,0
Altersaufbau (in % der Gesamtbevölkerung)			
< 18 Jahre	13,1	15,5	15,4
18 bis 65 Jahren	72,9	63,9	65,0
> 65 Jahre	14,0	20,7	19,6
Zu-/Abnahme der Bevölkerungszahl (2002 in %) in den letzten			
5 Jahren	−0,2	2,5	1,3
10 Jahren	−10,5	4,1	−0,7
Arbeitslosenanteil an der Bevölkerung im Alter von 15 bis 64 Jahren (in %)	7,6	4,4	5,3
Haushaltsgröße (in %)			
Einpersonenhaushalte	63,5	41,6	51,4
Mehrpersonenhaushalte	36,5	58,4	48,6
Anteil an der Bevölkerung (2002 in %) in Haushalten mit Haushaltsnettoeinkommen von			
< 750 Euro	20,6	4,1	12,4
750 bis 1 500 Euro	39,1	17,5	23,0
1 500 bis 2 250 Euro	17,9	18,7	24,6
2 250 bis 3 000 Euro	15,4	17,7	16,8
> 3 000 Euro	7,1	41,9	23,2
Übergangsquote Klasse 4 auf weiterführende Schulen (2002 in %)			
Hauptschulen	39,2	22,8	30,2
Realschulen	32,3	26,5	24,8
Gymnasien	27,0	50,6	43,9

Stadt Karlsruhe: Statistisches Jahrbuch der Stadt Karlsruhe. Karlsruhe: ohne Verlag 2008, unter: www1.karlsruhe.de

ONLINE-Link
Surftipps
29120X-0412

Vor Ort arbeiten

Vor unseren Klassenzimmern, auf dem Schulweg, in unserer Heimatstadt und in ihrem Umland spielt sich „das wirkliche Leben“ ab und bietet Anlass für geographische Arbeit. Vor Ort geht es da um die Bearbeitung neuer Themen und um Arbeitsweisen, die im Unterricht nur selten praktikabel sind.
Solche Themen sind z. B.: Einkaufs- und Konsumverhalten, Arbeitsjahr, Wohnviertelstruktur, ein besserer Verkehrs- oder Entsorgungsplan, „Wir wollen einen anderen Schulbus-Bahnhof!“, zentrale Einrichtungen und ihre Reichweite, Pendlerbeziehungen, geographische Besonderheiten am Ort oder im Umland, „ein Dorf im Wandel“, etc.

„Forschendes Lernen“, das sich nicht nur auf abgespeichertes Wissen stützt, ist zeitaufwändig. Daher empfehlen sich kleine, eindeutig abgrenzbare Themen. Eine Gesamtdarstellung des Schulortes beispielsweise ist für ein einzelnes Projekt kaum möglich. Sinnvoll ist die Analyse einzelner Aspekte. Fächerübergreifendes Arbeiten ist oft möglich oder notwendig.
Umfangreichere Projekte können im Rahmen von Projekttagen und -wochen durchgeführt werden, kleinere sind innerhalb weniger Unterrichtsstunden möglich. Beobachtungsaufgaben (z. B. bei der Messung des Kleinklimas) müssen oft über einen längeren Zeitraum erfüllt werden.

1. Schritt: Durchführung

Für die Arbeit vor Ort sind zahlreiche Methoden geeignet oder notwendig, die im Klassenzimmer nur wenig genutzt werden können und die auf selbstständigem Arbeiten beruhen. Dabei empfiehlt sich, die für die einzelnen Aufgaben jeweils geeigneten Methoden von den Teilnehmern selbst wählen zu lassen. Einige Anregungen im Folgenden:

– Begehungen und Besichtigungen
eignen sich für kürzere Beobachtungsaufgaben. Dabei gilt: Ergebnisse/Beobachtungen festhalten, Protokolle vergleichen.

– Befragungen/Umfragen
müssen vergleichbare Ergebnisse bringen: also halte man sich an die vorher abgesprochenen Fragen; nach Möglichkeit sollte man zu zweit arbeiten, wobei jeder auf die Formulierungen des Anderen achtet; Strichlisten mit Standardfragen helfen vergleichbare Ergebnisse zu erzielen, die in eine Matrix aufgenommen werden; durch einfaches Abstreichen erleichtern vorbereitete Unterlagen für Zählungen und Messungen die Arbeit (z. B. Zeitraster bei Verkehrszählungen).

– Interviews
ermöglichen es, den Sachverhalt aus der Sicht der Interviewpartner kennenzulernen. Auch dabei ist ein vorbereiteter schriftlicher Fragebogen nützlich, auf dessen Beantwortung man bestehen sollte. Genehmigungen für Bild- und Tonaufnahmen sollten bei den betroffenen Personen oder Institutionen vorab eingeholt werden.

– Betriebserkundungen
veranschaulichen komplexe Themen, wie die Funktion und Arbeitsweise eines Industriebetriebes oder das Aufgabenfeld eines Bauernhofes, und geben Einblicke in die Arbeitswelt, die Unterricht allein nicht ermöglicht. Eine gezielte Vorarbeit mit dem Beschaffen einschlägiger Informationen und die Erstellung eines Fragenkataloges ist Voraussetzung. Bei der Besichtigung gilt die Regel: beobachten – wahrnehmen – fragen – festhalten (Fotos, Protokoll, Dokumentation). Mögliche Themenfelder bei der Betriebserkundung: Betriebsgeschichte, Branchenzugehörigkeit, Standortansprüche der Branche, Mikrostandort, Produktionspalette, Bedeutung der Arbeitsplätze und der Wirtschaftsleistung für Standort und Region, Umweltprobleme.

– Kartierung *ist ein Verfahren, das räumliche Verteilung, Lage- und Entfernungsverhältnisse anschaulich macht und das außerdem eine wichtige Rolle bei der Darstellung der Ergebnisse des Projektes spielt. So können Zählungen und Messungen (z. B. des Verkehrsflusses) kartiert werden oder die Resultate einer Begehung (Lage, Alter, Funktion bestimmter Einrichtungen – beim Thema Einkaufsverhalten z. B. Lage von Fachgeschäften oder Verbrauchermärkten, Einzelhandelsdichte, Passantenfrequenzen, Stockwerksnutzung der Geschäfte, Kundeneinzugsbereiche usw.).*

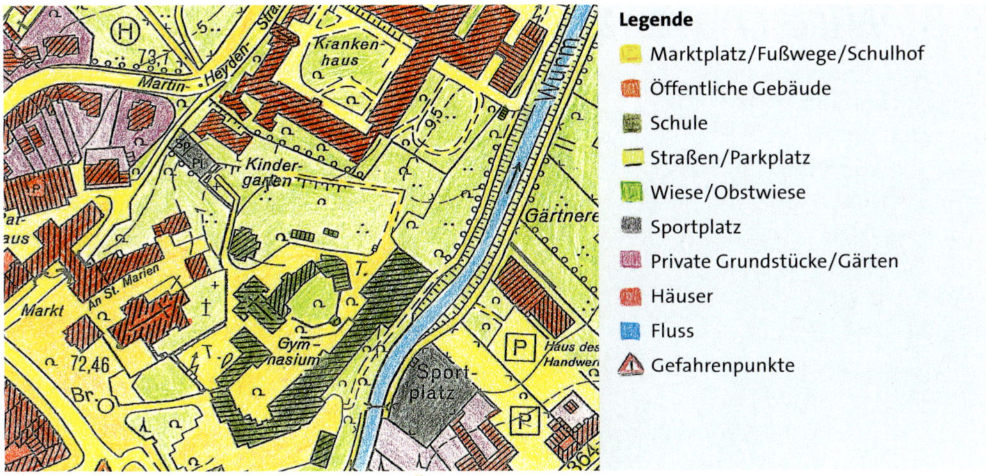

46 ***Arbeitsergebnisse festgehalten: Flächennutzung einer Schulumgebung, selbst kartiert***
(Kartengrundlage: Katasterkarte 1 : 5 000)

Schwerpunkte eines Fragenkataloges zur Betriebserkundung, z. B.
- *betriebliche Standorte*
- *Betriebsgeschichte*
- *Belegschaft*
- *Umweltbelastung durch den Betrieb*
- *Beziehungen zu räumlich benachbarten Betrieben*
- *Bedeutung des Betriebes für die Region/Stadt*
- *Einschätzung der betrieblichen Situation durch die Betriebsleitung*

Methode

2. Schritt: Auswertung

Mit der Ergebnissichtung der einzelnen Arbeitsgruppen oder Teilaufgaben beginnt die Auswertung; hier sollte bereits eine kritische Sichtung erfolgen und eine Festlegung dessen, was im Gesamtergebnis enthalten sein soll.
Nach der Betriebsbesichtigung können beispielsweise die eigenen Ergebnisse mit der Selbstdarstellung des Betriebes (z. B. in seinen Werbeschriften) verglichen werden. Oft ist eine grafische Umsetzung von Zahlenwerten angebracht.
Die Einzelergebnisse werden im Plenum zusammengeführt und kritisch betrachtet. Dazu können Darstellungen aus Fachliteratur oder Vergleiche mit anderen Untersuchungen (z. B. auch aus dem Internet) verwendet werden.

3. Schritt: Darstellung der Ergebnisse

Dies ist ein wesentlicher Teil der Projektarbeit und der Arbeit vor Ort. Projektarbeit ist mehr als ein Lernspiel. Sie ist das Bemühen, reale Fragen/Probleme aufzuarbeiten und nach Lösungen zu suchen. Deshalb sollten überzeugende Resultate auch an betroffene Bürger, an die Stadt- oder Kreisverwaltung und andere Entscheidungsträger, an Unternehmen, an die lokale Presse oder die Eltern weitergegeben werden. Dazu eignen sich Ausstellungen in der Schule oder in Räumen mit Publikumsverkehr, außerdem Leserbriefe oder Beiträge in der lokalen Presse. Wenn die Ergebnisse an die Öffentlichkeit gebracht werden, muss man sich auf deren Kritik vorbereiten.
Man sollte nicht vergessen, Möglichkeiten der Aufbewahrung zu suchen, denn möglicherweise können Ergebnisse später wieder verwendet oder ergänzt werden. Ähnliche Projekte einige Jahre später können im Vergleich Entwicklungen zeigen.

4. Schritt: Reflexion

Nach Abschluss der Arbeit sollte eine offene Nachbetrachtung erfolgen. Dabei sind die Themen und die angewandten Methoden zu hinterfragen und ggf. Alternativen zu erwägen.

24 *Arbeiten Sie in Gruppen und führen Sie eine Betriebserkundung in einem Unternehmen Ihres Heimatraumes durch.*

4.3 Wirtschaftsräumliche Disparitäten

Anteil der mit dem Leben am Wohnort oder in der Region zufriedenen Befragten 2005 in %

- unter 45
- 45 bis unter 70
- 70 bis unter 75
- 75 bis unter 80
- 80 und mehr

Anmerkung:
Angegeben ist der prozentuale Anteil der Teilnehmer der Befragung im Alter von 16 bis 69 Jahren, die auf die Frage "Wie denken Sie über die folgende Aussage zum Leben in Ihrer Region? – Alles in allem gesehen kann man an dem Ort oder in der Region, wo ich wohne, sehr gut leben". auf einer Skala von 1 = "Stimmt genau" bis 6 = "Stimmt gar nicht" mit 1 oder 2 geantwortet haben.
Raumgliederung nach Perspektive Deutschland, Stand 2006; auf Grundlage der Kreise, stand 31.12,2004;
Quelle:
Perspektive Deutschland – McKinsey&Company (Hrsg.): Projektbericht Perspektive Deutschland. Die größte gesellschaftspolitische Online-Umfrage, S.135
In: www.perspektive-deutschland.de/files/presse_2006/pd5-Projektbericht.pdf, vom 9.1.2007

0 20 40 60 80 100 km

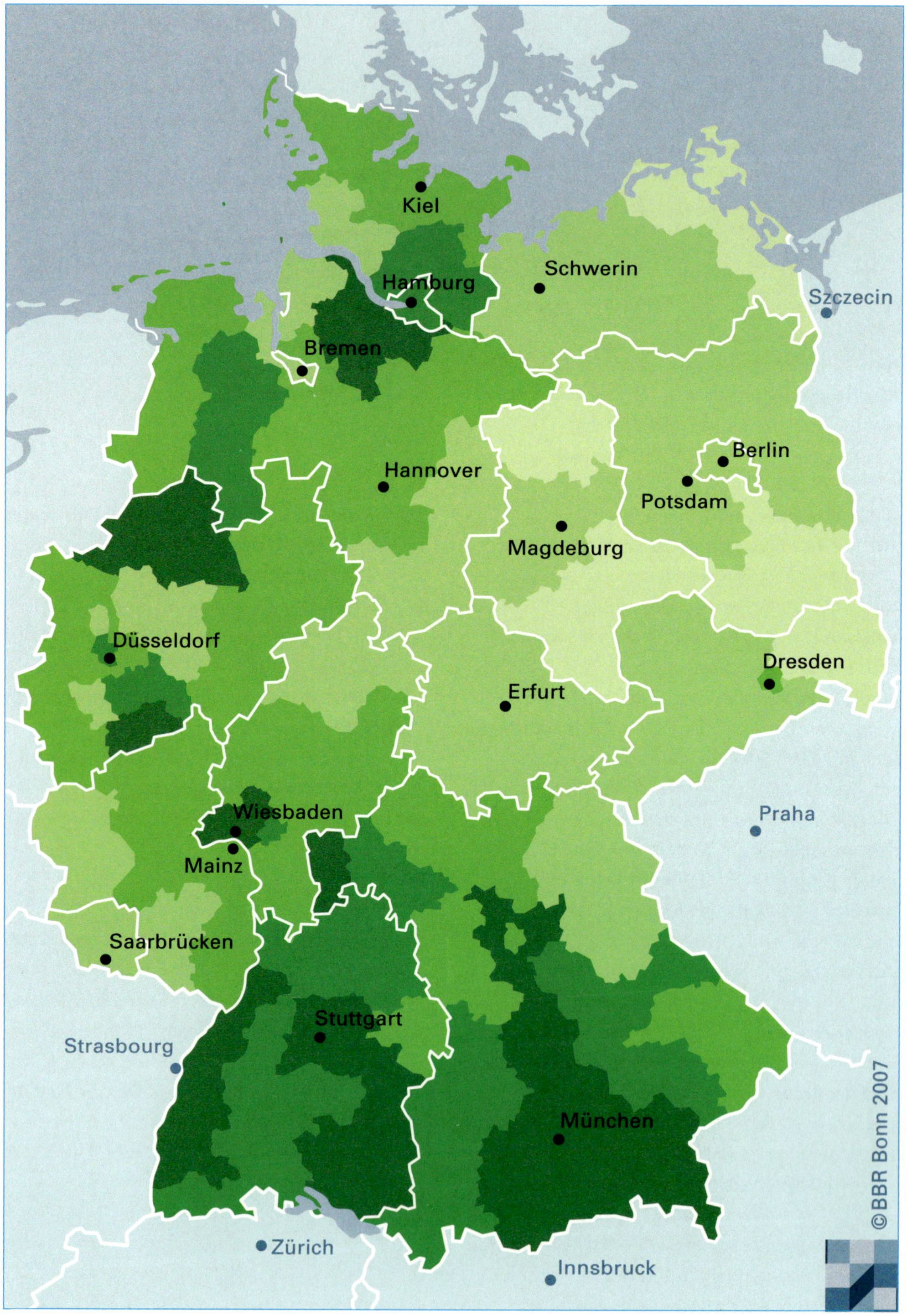

1 Lebenszufriedenheit in der Region

Bundesamt für Bauwesen und Raumordnung BBR (Hrsg.): Raumordnungsbericht 2005. Bonn: BBR 2005, S. 6

Lebenszufriedenheit in der Region?

Der Verfassungsauftrag ist eindeutig: Die Sozialstaatsklausel unseres Grundgesetzes verpflichtet unseren Staat, auf die „Herstellung gleichwertiger Lebensverhältnisse" (Art. 72,2) in allen Teilräumen des Bundesgebietes hinzuwirken. Wie weit wir vom Erreichen dieses Zieles entfernt sind, verrät nicht nur ein Blick auf aktuelle Regionalstatistiken zur Arbeitslosenzahl. Auch die Karte 1 gibt Auskunft darüber, welche Unterschiede in der Attraktivität einzelner Teilräume des Bundesgebietes in der Wahrnehmung durch ihre Bürger bestehen.

Wie zufrieden sind Sie persönlich mit den Bedingungen in der Region, in der Sie leben? Nach welchen Kriterien nehmen Sie diese Beurteilung vor? Wie lässt sich überhaupt eine Region in ihren Angeboten, Strukturen oder Entwicklungen analysieren und dann mit anderen Lebensräumen in Deutschland vergleichen? Halten Sie es persönlich für notwendig, dass der Staat für eine Gleichwertigkeit der Lebensverhältnisse in allen Teilräumen des Bundesgebietes hinwirkt? Ist dieses Ziel überhaupt erreichbar?

2 Der Strukturwandel Westdeutschlands zeichnet sich durch seine kontinuierliche Einbettung in die soziale Marktwirtschaft aus, in der in der Regel zeitversetzt einzelne Branchen und mit ihnen einzelne Schwerpunktregionen von Krisen betroffen sind. Der Strukturbruch Ostdeutschlands ist systemwechselbedingt im Zuge der Transformation von der Zentralverwaltungswirtschaft zur sozialen Marktwirtschaft. Er umfasst alle Branchen und Regionen der neuen Bundesländer gleichzeitig und vollzieht sich unter enormem Anpassungsdruck im Zeitraffer.

Die Wirtschaftsregionen der Bundesrepublik meistern insgesamt den Strukturwandel mit mehr oder weniger großem Erfolg. [...] Heute zeichnen sich in beiden Wirtschaftsräumen Verlierer- und Gewinnerregionen ab.

Marion Eich-Born: Deutschlands Regionen zwischen Strukturwandel und Strukturbruch, in: Praxis Geographie 2/2005, S. 4–7

Die Wiedervereinigung Deutschlands schuf für sämtliche Wirtschaftsregionen in den Alten wie in den Neuen Bundesländern völlig neue Markt- und Wettbewerbsbedingungen. Dieser Wandel erhielt eine zusätzliche Dynamik durch zwei tief greifende Veränderungen in den internationalen Verflechtungen. Die Vollendung des Europäischen Binnenmarktes erlaubt heute den unbegrenzten Austausch von Produktionsfaktoren, Gütern und Dienstleistungen innerhalb der Europäischen Union. Zugleich verschärft sich durch die fortschreitende Globalisierung und Internationalisierung wirtschaftlicher Aktivitäten der weltweite Wettbewerb (Kap. 3.2). Durch die genannten Prozesse sehen sich alle Branchen und Wirtschaftsregionen einem hohen Anpassungsdruck ausgesetzt. So kam es zum Beispiel in einigen Gebieten West- und Ostdeutschlands mit alten, nicht mehr wettbewerbsfähigen Produktionsbereichen und einem ungünstigen Standortfaktorenangebot zu einer Beschleunigung der Deindustrialisierungsprozesse. Andere Regionen dagegen zum Beispiel mit High-Tech-Standorten oder mit Clustern moderner Dienstleistungen erhielten zusätzliche Entwicklungsimpulse.

1 *Arbeiten Sie – in Kleingruppen – einen Katalog von Kriterien heraus, mit deren Hilfe Sie die Attraktivität einer Region messen wollen.*
2 *Vergleichen Sie die einzelnen Vorschläge im Rahmen einer Plenumsdiskussion.*
3 *Überprüfen Sie nun anhand eines – in der Plenumsdiskussion erarbeiteten – gemeinsamen Kriterienkatalogs Ihre persönliche Lebenszufriedenheit mit Ihrer Heimatregion.*
4 *Bearbeiten Sie die folgenden Aufgaben in arbeitsteiliger Gruppenarbeit oder erstellen Sie ein Referat:*
   a) Analysieren Sie die Fallbeispiele auf den Folgeseiten (Seiten 144 bis 159) im Hinblick auf die Entwicklung ihrer räumlichen Struktur und ihre aktuelle wirtschaftliche Dynamik.
   b) Bewerten Sie ihre Zukunftsperspektiven.
   c) Vergleichen Sie die Fallbeispiele im Hinblick auf die vom Grundgesetz geforderte Gleichwertigkeit der Lebensverhältnisse.

Standortfaktor:
Aus der Attraktivität eines Standortes herrührende Einflussgröße, die bei einem bereits ansässigen oder ansiedlungswilligen Unternehmen dessen Kostenkalkulation und damit Lokalisationsentscheidung maßgeblich mitbestimmt. Unterschieden wird zwischen „harten" (z. B. Verkehrslage, Infrastruktur) und „weichen Standortfaktoren" (z. B. Wohn- und Freizeitwert eines Standortes).

„[Der Bundespräsident Horst Köhler hatte] darauf verwiesen, dass es im ganzen Land unterschiedliche Wohlstands- und Lebensverhältnisse gebe. ‚Das geht von Nord nach Süd wie von West nach Ost. Wer sie einebnen will, zementiert den Subventionsstaat und legt der jungen Generation eine untragbare Schuldenlast auf.'
Köhler machte aber klar, dass Ostdeutschland weiter auf finanzielle Solidarität des deutschen Staates setzen könne, forderte aber die Menschen in den Neuen Ländern zu Beweglichkeit und Initiative auf."

Süddeutsche.de vom 12.09.2004, unter: www.sueddeutsche.de/politik/576/395364/text/

ONLINE-Link
Infoblatt regionale Disparitäten
29120X-0413

3

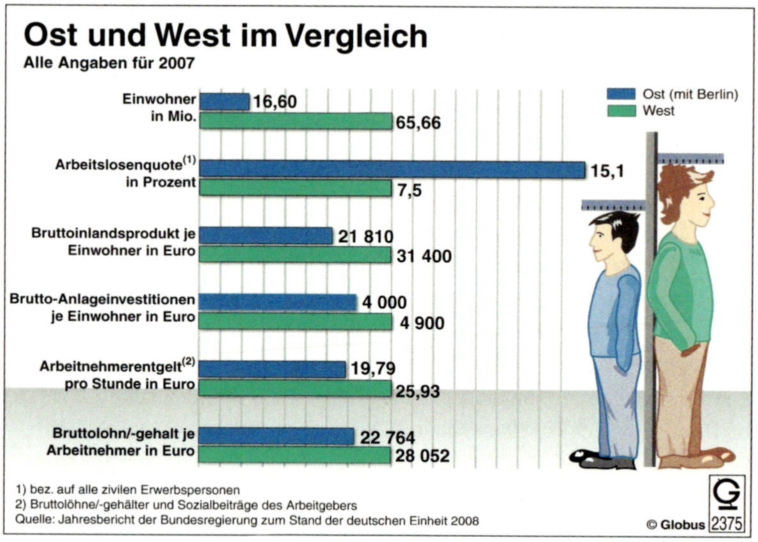

4

Wirtschaftliche Entwicklung in Ostdeutschland: Ursachen und Probleme

Zu Beginn der 1990er-Jahre erlebte die Wirtschaft der Neuen Bundesländer einen bis dahin beispiellosen radikalen Strukturwandel. Das nach dem Zweiten Weltkrieg unter dem Einfluss der sowjetischen Besatzungsmacht eingeführte System der sozialistischen Planwirtschaft wurde gleichsam über Nacht hin zur sozialen Marktwirtschaft transformiert. Es erfolgte eine Angleichung an die Währungs-, Eigentums-, Verwaltungs- und Steuerordnung der alten Bundesrepublik. Die durch die Währungsangleichung veränderten Wettbewerbsbedingungen bewirkten für die Exportwirtschaft mit einem Schlag den Verlust der Absatzmärkte in den ehemals sozialistischen Staaten. Aber auch innerhalb Deutschlands waren die meisten ostdeutschen Betriebe nicht mehr wettbewerbsfähig. Viele Unternehmen konnten nicht erfolgreich privatisiert werden und mussten schließen, andere in großem Ausmaß rationalisieren und Mitarbeiter entlassen.

Dennoch führten die Investitionen in die Wirtschaft und Infrastruktur der Neuen Bundesländer während der letzten zwei Jahrzehnte zu einer Aufwertung der Standortqualität und der Lebensbedingungen, gerade auch im Vergleich zu den übrigen ehemals sozialistischen Staaten.

5 **Ostdeutsche Wirtschaft konnte nicht aufholen**

Noch schneller als die Bevölkerung schrumpft im Osten [...] die Zahl der Erwerbsfähigen, nämlich derzeit um rund 150 000 Personen im Jahr, weil inzwischen langsam die geburtenschwachen Jahrgänge der Wendezeit auf den Arbeitsmarkt kommen. Das belastet die private Nachfrage erheblich. In der Regel konsumieren Berufstätige mehr als Ruheständler.

Bereits in den vergangenen Jahren hat dieser demografische Effekt den Arbeitsmarkt im Osten entlastet. [...] Doch abgesehen von dieser Aufhellung der Arbeitsmarktlage hat die ostdeutsche Wirtschaft nicht aufholen können – obwohl die exportorientierte Industrie [...] starke Erfolge verbuchte. „Das ostdeutsche verarbeitende Gewerbe hat in Deutschland weiterhin die Wachstumsführerschaft inne", sagte [Udo Ludwig vom Institut für Wirtschaftsforschung Halle (IWH)]. [Das] reicht aber nicht, die Schwäche der Wirtschaftszweige zu kompensieren, die von Staatsausgaben und lokalem Konsum abhängig sind. [...] Die staatliche Nachfrage geht im Osten derzeit jährlich um etwa ein Prozent zurück.

Hubert Beyerle: Ostdeutschland in 320 Jahren auf Westniveau. FTD vom 19. 06. 2008, S. 16

6 **Perspektiven für die Neuen Länder – eine gesamtdeutsche Aufgabe**

Es ist nicht von der Hand zu weisen, dass bei der Angleichung der Lebensverhältnisse in Ost- und Westdeutschland enorme Fortschritte erzielt worden sind: Die Innenstädte erstrahlen in neuem Glanz, Verkehrs- und Telekommunikationsinfrastruktur gehören zu den modernsten der Welt. Neue und Alte Bundesländer gleichermaßen können stolz sein auf das Erreichte.

Mit dem Aufbau Ost und dem Solidarpakt organisiert Deutschland für einen beträchtlichen Teil seines Landes den notwendigen Wiederaufbau, um die Folgen der jahrzehntelangen Teilung zu überwinden. [...] Dieser Kraftakt wird auch in Zukunft gemeinsame Anstrengungen kosten. Dabei gilt es, das Erreichte zu sichern, die bisherigen Anstrengungen konsequent fortzusetzen, die Herausforderungen der Zukunft anzunehmen und dabei auch neue Wege zu gehen.

Gleichzeitig wird deutlich, dass heute andere Prioritäten gesetzt werden müssen als zu Beginn der 90er-Jahre. Damals hatte der Aufbau einer modernen und funktionierenden Infrastruktur Vorrang und ein großer Teil dieser Aufgaben sind gemeistert.

Inzwischen stellen sich neue Herausforderungen: Der globale Wettbewerb mit seinen Anforderungen an innovative Unternehmen und Produkte, die schwierige Situation am Arbeitsmarkt oder die Veränderungen, die sich aus dem demografischen Wandel ergeben, stehen hier an oberster Stelle. Auch wenn diese Probleme Deutschland als Ganzes betreffen, schlagen sie in den Neuen Bundesländern aufgrund der dort herrschenden strukturellen Schwierigkeiten besonders zu Buche. [...]

Dabei steht eine verlässliche Fortsetzung und Optimierung der Förderpolitik für die Neuen Länder im Mittelpunkt. Dies geschieht in enger Zusammenarbeit mit den Neuen Ländern selbst und den anderen Bundesministerien.

Der Beauftragte der Bundesregierung für die neuen Bundesländer Wolfgang Tiefensee, Bundesministerium für Verkehr, Bau und Stadtentwicklung 2009, unter: www.bmvbs.de

7

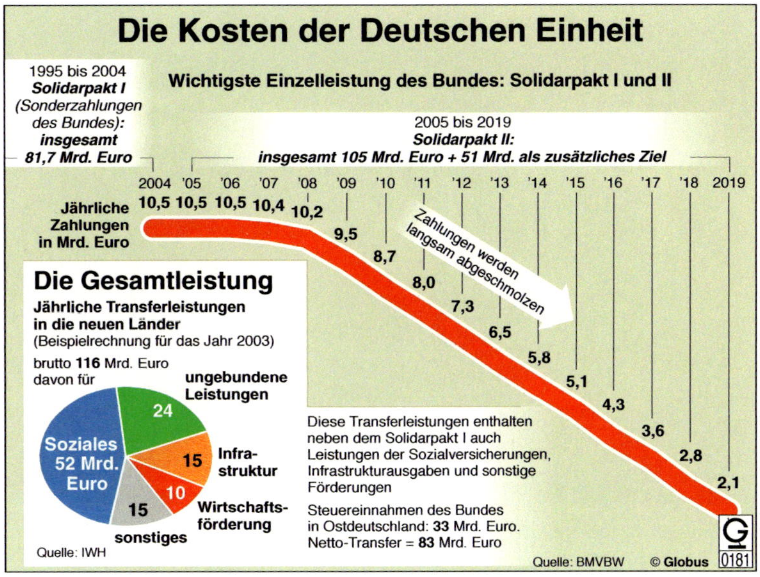

8

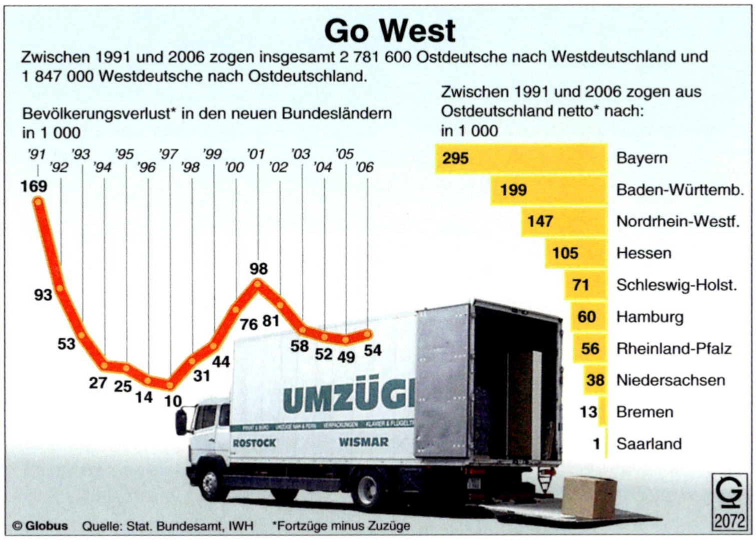

5 *Überprüfen Sie die Aussagen der Karikatur 4 mithilfe von Grafik 3 und Text 5.*

6 *Vergleichen Sie die in Text 6 ausgemachten Schwerpunkte der heute nötigen Förderung der Neuen Bundesländer mit den geltenden Transferleistungen (Grafik 7) von West nach Ost.*

7 *Diskutieren Sie die Konsequenzen aus den innerdeutschen Migrationsprozessen für die wirtschaftliche Entwicklung.*

→ *Demografische Probleme in den Neuen Bundesländern siehe Seite 119*

→ *Stadtumbau in den Neuen Bundesländern siehe Seite 134*

ONLINE-Link
Surftipps
29120X-0414

9 *Das Ende der Westfalenhütte*

11 Ein chinesischer Arbeiter räumt in Dortmund [...] Stahlbleche zusammen. In weniger als einem Jahr hatten zeitweise über 1000 Chinesen das einstige Vorzeigestahlwerk von ThyssenKrupp zerlegt, um es [...] nahe Shanghai wieder aufzubauen. Das ehemalige Stahlwerk war 2001 an den chinesischen Shagang-Konzern verkauft worden. Mit einem Gesamtgewicht von rund 250 000 Tonnen stand es in Dortmund auf einer rund 206 Hektar großen Fläche. Ab 2004 soll in Zhangjiagang wieder Stahl aus den Hochöfen fließen. Der chinesische Konzern könne dann seine Produktion nahezu verdoppeln.

Aachener Zeitung vom 13. 3. 2003, unter: www.az-web.de

Altindustrialisierte Räume in Europa (Auswahl)

- *Mittelengland (GB)*
- *Nord-Pas-de-Calais (F)*
- *Lothringen (F)*
- *Wallonie (B)*
- *GOP/Oberschlesisches Revier (PL)*
- *Limburg (NL)*
- *Ruhrgebiet (D)*
- *Saarrevier (D)*
- *Salzgitter (D)*

10 **Anzahl der Beschäftigten im Steinkohlenbergbau Deutschlands**

1950	538 000
1960	490 000
1970	252 000
1980	186 000
1990	130 000
2000	58 000
2008	30 000

Statistik der Kohlenwirtschaft e. V. 2009, unter: www.kohlen-statistik.de

ONLINE-Link

Infoblatt altindustrielle Gebiete

29120X-0415

Strukturwandel in einem altindustrialisierten Raum: Beispiel Ruhrgebiet

Das Ruhrgebiet steht stellvertretend für viele Montanreviere, die ab Mitte des 20. Jahrhunderts einem starken Verdrängungswettbewerb ausgesetzt waren und dadurch gezwungen wurden, die überkommenen wirtschaftlichen, sozialen, urbanen und ökologischen Strukturen grundlegend zu ändern.

Industrialisierung

Der industrielle Aufstieg des Ruhgebietes begann um die Mitte des 19. Jahrhunderts und beruhte im Wesentlichen auf folgenden Voraussetzungen:
Der Einsatz der Dampfmaschine erleichterte die Anlage und die Bewetterung der Schächte, die Hebung des Grundwassers sowie die Abraum- und Kohleförderung. So gelang es, die in großer Tiefe liegenden ergiebigen Steinkohlelagerstätten entlang der Ruhr zu erschließen und auszubeuten.
1847 wurde zwischen Duisburg, Oberhausen, Dortmund und Hamm die erste Eisenbahnverbindung durch das Revier eröffnet. Es folgten rasch weitere Strecken, so dass dem expandierenden Bergbau und der Eisen schaffenden Industrie ein leistungsfähiger und billiger Verkehrsträger für ihre Massenprodukte zur Verfügung stand, der gleichzeitig Großabnehmer war und zur räumlichen Ausweitung des Absatzmarktes beitrug.
1849 gewann man im Ruhrgebiet erstmalig Roheisen mithilfe von Steinkohlenkoks. Da man zur Verhüttung einer Tonne Erz wenigstens zwei Tonnen Koks benötigte, wurden die Steinkohlenvorkommen standortbestimmend für die Hüttenindustrie. Bergwerke und Hüttenwerke vereinigten sich zum industriellen Verbund Steinkohle-Koks-Roheisen-Stahl.
In einer zweiten Phase entwickelte sich das Ruhrgebiet zur Rüstungsschmiede des Dritten Reiches. An deren Ende stand allerdings auch die starke Zerstörung durch Luftangriffe.
Die dritte Phase vollzog das Ruhrgebiet nach dem Zweiten Weltkrieg. Die Jahre des Wiederaufbaus und des „Wirtschaftswunders“ (1950er- und 1960er-Jahre) waren die Glanzzeit von Bergbau und Stahlindustrie. Die Region wurde erneut zum Wachstumsträger der deutschen Wirtschaft.

Deindustrialisierung
Seit 1958 setzte im Ruhrgebiet ein tief greifender Strukturwandel ein, ausgelöst durch die Steinkohlenkrise mit dem Bedeutungsverlust des Standortfaktors Kohle und verstärkt durch die Ende der 1960er-Jahre folgende Stahlkrise.

Reindustrialisierung
Die Krise des Raums hatte schwerwiegende Folgen wie das Entstehen von Industriebrachen und eine massive Abwanderung. Die Schwäche des Ruhrgebiets lag in seiner einseitigen Ausrichtung auf die **Montanindustrie**. Als eine Möglichkeit der Krisenbewältigung war daher die Diversifizierung der Industrie anzusehen: Seit 1960 entwickelte man deshalb die Folgeindustrien von Kohle und Stahl weiter und holte bisher ortsfremde Branchen an die Ruhr, z.B. Elektroindustrie oder Fahrzeugbau (Opel in Bochum Anfang der 1960er-Jahre). Seit 1970 fand eine Umorientierung traditioneller Ruhrgebietsunternehmen statt; sie wandelten sich zu Technologiekonzernen. Die 1980er-Jahre brachten schließlich eine grundlegende Veränderung hin zu Industrie- und Gewerbeparks.

Perspektiven
Trotz aller Fortschritte fällt die Erfolgsbilanz der Maßnahmen zur Revitalisierung, also zur wirtschaftlichen Wiederbelebung des Raums, zu Beginn des 21. Jahrhunderts durchwachsen aus:
- Die sechs „Gewinnerbranchen" (alle aus dem Tertiären Sektor) schufen zwischen 1999 und 2007 zwar rund 75 000 neue Arbeitsplätze. Ihnen standen aber aus den sechs „Verliererbranchen" (davon vier aus dem Produzierenden Gewerbe) ca. 107 000 verloren gegangene Arbeitsplätze gegenüber.
- Die Arbeitslosigkeit liegt im Ruhrgebiet mit 11,2 % (03/2009) immer noch deutlich über dem Bundesdurchschnitt (8,6 %).

Dennoch ist das Ruhrgebiet – auch nach EU-Einschätzung – einer der Zukunftsräume Deutschlands und Europas; dies nicht zuletzt aufgrund seiner zentralen Lage, seiner Einwohnerzahl, seines Potenzials an qualifizierten Arbeitskräften, seiner guten Verkehrsinfrastruktur sowie seines Angebots an wichtigen Bildungseinrichtungen.

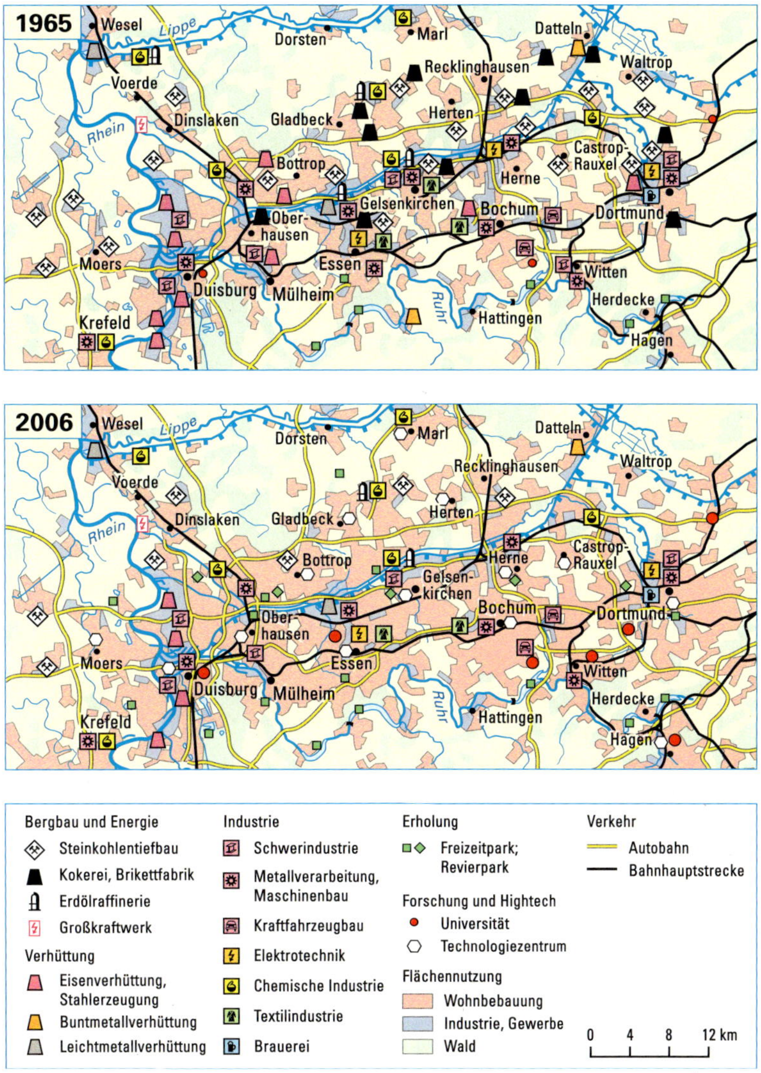

12 ***Industrieregion Ruhrgebiet in den Jahren 1965 und 2006***

Nach Haack Weltatlas. Gotha: Klett-Perthes 2007, S. 55

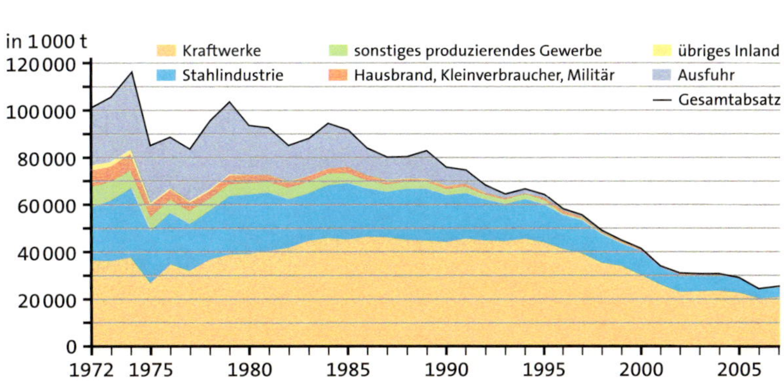

13 ***Veränderung der Absatzstruktur des deutschen Steinkohlenbergbaus***

Nach Statistik der Kohlenwirtschaft e.V. 2009, unter: www.kohlenstatistik.de

Bruttowertschöpfung:
Die Bruttowertschöpfung umfasst die innerhalb eines Wirtschaftsgebietes erbrachte wirtschaftliche Leistung (Produktionswert abzüglich Vorleistungen) der einzelnen Wirtschaftssektoren oder der Volkswirtschaft insgesamt.

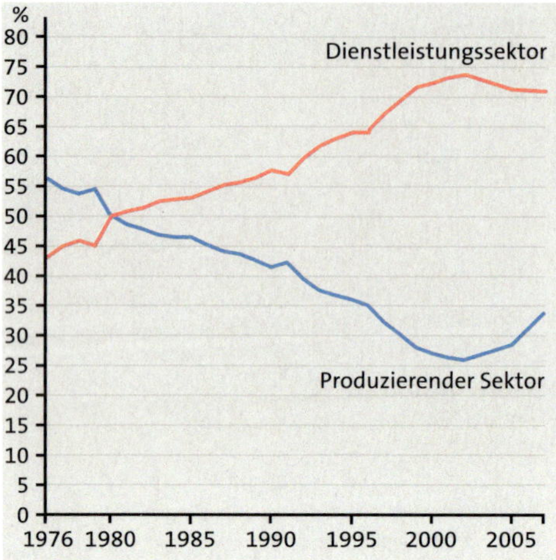

14 ***Entwicklung der Bruttowertschöpfung im Ruhrgebiet nach Wirtschaftssektoren 1976–2006***
Landesamt für Datenverarbeitung und Statistik NRW; RVR-Datenbank

15 ***Moderne Bürogebäude in Essen-Süd***

Gliederung des Dienstleistungssektors
- *Handel und Gastgewerbe*
- *Verkehr und Nachrichtenübermittlung*
- *Kredit- und Versicherungsgewerbe*
- *Grundstücks- und Wohnungswesen*
- *Gebietskörperschaften und Sozialversicherungen*
- *Erziehung und Unterricht*
- *Gesundheits-, Veterinär- und Sozialwesen*
- *sonstige öffentliche und persönliche Dienstleistungen*

ONLINE-Link
Infoblatt Ruhrgebiet
29120X-0416

Trend zur Tertiärisierung
Der strukturelle Wandel beschränkt sich keineswegs auf den Industriesektor. Noch umfassender und in seinen Auswirkungen tief greifender ist der allgemeine wirtschaftliche Wandel, wie er sich in der Entwicklung der Beschäftigten und der Bruttowertschöpfung widerspiegelt. Dem Rückgang der Beschäftigten und des BIP im Sekundären Sektor steht eine Zunahme im Tertiären Sektor gegenüber.
Dieser Wandel ist jedoch kein Spezifikum des Ruhrgebietes, sondern typisch für nahezu alle Ballungsräume in den Industrieländern, die sich im Zuge der Tertiärisierung auf dem Weg zur „postindustriellen Dienstleistungsgesellschaft" befinden. Für das Ruhrgebiet ist das Ausmaß dieses Wandels jedoch insofern außergewöhnlich, als man geradezu von einer Umkehrung der Verhältnisse sprechen kann. Während der Sekundäre Sektor von 58 % im Jahre 1970 auf 27 % im Jahre 2006 fiel (gemessen an der Zahl der Beschäftigten), stieg der Tertiäre Sektor im gleichen Zeitraum von 39 % auf fast 72 %.

Die räumliche Verteilung der Einrichtungen des Tertiären Sektors ist durch unterschiedliche Standortfaktoren bedingt. Ein besonders enger Zusammenhang besteht zwischen der Bevölkerungszahl und dem Grad der **Zentralität** einer Gemeinde. Je größer und bedeutsamer eine Stadt ist, desto größer und bedeutsamer ist in der Regel auch der Dienstleistungssektor. Dies erklärt, warum in Städten wie Dortmund, Bochum, Essen oder Duisburg der Tertiäre Sektor überproportional stark vertreten ist.
Die beiden herausragenden Zentren unternehmensbezogener **Dienstleistungen** innerhalb des Ruhrgebietes sind die Städte Essen und Dortmund. Essen gilt heute als „Schreibtisch des Ruhrgebietes". Einige der größten Unternehmen Deutschlands haben hier ihre Verwaltungszentrale. Essen ist darüber hinaus Sitz regionaler Wirtschafts- und Planungsunternehmen, zahlreicher Forschungsinstitute, mehrerer Gerichte und anderer Behörden, es ist Universitätsstadt und Bischofssitz. Mit seiner Universität und den zahlreichen Technologie- und Gründerzentren nimmt Dortmund den Titel „Hightech-Hauptstadt Nordrhein-Westfalens" für sich in Anspruch.

8 *a) Beschreiben Sie mithilfe der Karten auf Seite 147 sowie des Atlas die heutige räumliche und wirtschaftliche Struktur des Ruhrgebiets.*
b) Vergleichen Sie diese mit der Situation der 1950er-Jahre.
c) Erstellen Sie zur heutigen wirtschaftsräumlichen Struktur des Ruhrgebietes auf Folie eine generalisierte Übersichtskarte, die wichtige Teilräume verdeutlicht (Atlas und Karten 12).

16 ***Technologiezentrum Dortmund***

18 ***Ruhr-Universität Bochum***

17 **Aufbruch aus der Krise – Bewältigung des Strukturwandels**

Auch über die Wirtschaft hinaus hatte die Prägung auf die Schwerindustrie Folgen. So lag die Bildungslandschaft im Revier auch noch in den Jahren des Wirtschaftsaufschwungs weitgehend brach. Erst Mitte der 1960er-Jahre bekam die Region mit der Ruhr-Universität Bochum ihre erste Hochschule, nachdem die Krise des Bergbaus ein Umdenken erzwang. [...] Nur mithilfe milliardenschwerer Förderungen, die 1968 mit dem „Entwicklungsprogramm Ruhr" begannen, konnte in den vergangenen Jahrzehnten eine völlig neue Wirtschafts- und Bildungslandschaft enstehen, die beide den Strukturwandel gegenseitig befruchtet haben. [...] Seit den 1970er-Jahren wurde die Hochschullandschaft im Revier kontinuierlich ausgebaut. Heute gehört das Ruhrgebiet mit sechs Universitäten, neun Fachhochschulen und der Essener Folkwang-Hochschule für Musik, Theater und Tanz zu Deutschlands leistungsfähigsten Forschungs- und Ausbildungslandschaften [...].

Qualifizierte Hochschulabsolventen sowie Forschung und Entwicklung als Ideenlieferanten für neue Produkte, Werkstoffe und Produktionsverfahren trieben und treiben den Strukturwandel voran. Zusätzliche Impulse kamen seit den 1980er-Jahren durch die Einrichtung von Technologie- und Gründerzentren. Ihre Aufgabe ist es, jungen Firmen durch Beratung und Raumangebote die Startphase zu erleichtern. Heute beherbergen etwa 30 Technologiezentren mehr als 600 technologieorientierte Unternehmen. Als deutschlandweit führend gilt das Technologiezentrum Dortmund an der dortigen Universität mit den Schwerpunkten Biomedizin, Umwelttechnologie und Maschinenbau.

Frank Bretschneider: Das Ruhrgebiet im Umbruch – Strukturwandel einer Region, PRESSESTELLE Regionalverband Ruhr 2009, unter: www.rvr-online.de

19 ***Entwicklung der Studentenzahlen an den Hochschulen des Ruhrgebietes 1965 – 2008***

1965/66	*2 500*
1970/71	*16 250*
1975/76	*56 250*
1980/81	*86 250*
1985/86	*100 000*
1990/91	*142 500*
1995/96	*160 000*
2000/01	*163 000*
2005/06	*152 226*
2006/07	*150 907*
2007/08	*152 543*

RVR: Städte- und Kreisstatistik des Ruhrgebietes, verschiedene Jahrgänge

9 *Erklären Sie die auf Foto 9 und Text 11 dargestellte Entwicklung.*

10 *Arbeiten Sie aus den Materialien der Seite 146/147 die Ursachen für die Krise der Montanindustrie heraus.*

11 *Die wirtschaftliche Entwicklung des Ruhrgebietes nach 1960 lässt sich treffend mit den Schlagworten „Deindustrialisierung – Reindustrialisierung – Tertiärisierung" umschreiben. Erläutern Sie diese Prozesse.*

→ *Tertiärisierung siehe Seite 130/131*

20 *Wirtschaftsraum Dresden*

Größtes Mikroelektronik-Cluster Europas:
*Hightech-Unternehmen konzentrieren sich meist in räumlichen **Clustern**. Dabei handelt es sich häufig um Konzentrationen von Unternehmen desselben Wirtschaftszweiges. Sie nutzen das Vorhandensein von Zulieferern und einer für die Branche speziellen Infrastruktur, z.B. Hochschulen. Räumliche Branchencluster verstärken sich häufig selbst durch eine hohe Innovationsbereitschaft und eine hohe Attraktivität, die auch anziehend auf andere Unternehmen wirkt.*
Mit dem Netzwerk Silicon Saxony e.V. entstand das größte Unternehmensnetzwerk der Mikroelektronikindustrie Europas.

ONLINE-Link
Infoblatt Cluster als Instrument der Regionalpolitik 29120X-0417

Wirtschaftsdynamik in einem Wachstumsraum: Beispiel Dresden

Liegt die Zukunft Deutschlands wirklich im Süden, wie es die seit 2004 durchgeführten wissenschaftlichen Städte-Rankings berichten? Oder besteht für den Osten Deutschlands die Chance, den Entwicklungsvorsprung aufzuholen, den Bayern und Baden-Württemberg in einer Reihe sozioökonomischen Faktoren haben? In ihrer Studie zur Wettbewerbsfähigkeit der wichtigsten Standorte Deutschlands sehen die „Initiative Neue Soziale Marktwirtschaft“ (INSM) und die Zeitschrift „Wirtschaftswoche“ vor allem in der sächsischen Landeshauptstadt Dresden eine äußerst dynamische Entwicklung. Lag die Sachsenmetropole im Gesamtranking des Jahres 2004 noch auf Rang 40, hat sie sich in den letzten Jahren zu einem anerkannten Wirtschafts- und Wissenschaftsstandort entwickelt. Insbesondere sind es die dynamischen Kennziffern, wie das hohe Wirtschaftswachstum, die moderne Infrastruktur, die zweitniedrigste Verschuldung und die höchste Investitionsrate Deutschlands, die dazu beigetragen haben, dass die sächsische Landeshauptstadt das ehrgeizige Ziel erreicht hat, in die Reihe der Top Ten deutscher Wirtschaftsstandorte aufzusteigen.

Leuchtturmfunktion innerhalb des Ostens
Dresden zeichnet sich durch eine überdurchschnittlich hohe Zahl von Forschungs- und Entwicklungseinrichtungen (F+E-Einrichtungen) aus. Drei Max-Planck-Institute, fünf Institute der Gottfried Wilhelm Leibniz Wissensgemeinschaft, 11 Einrichtungen der Fraunhofer-Gesellschaft sowie die Einrichtungen der Technischen Universität führen dazu, dass die Beschäftigungsquote hochqualifizierter Mitarbeiter mit fast 20 Prozent mit am höchsten in Gesamtdeutschland ist.
Aufgrund der ca. 600 km langen Außengrenze zu den jungen EU-Mitgliedsstaaten Tschechische Republik und Polen hat die Region immer wieder Beschäftigungsverluste in arbeitsintensiven Branchen zu verkraften und durch Gewinne in technologie- und humankapitalintensiven Bereichen auszugleichen. Voraussetzung dafür war eine praxisnahe und hochqualifizierte Ausbildung der Fachkräfte.

Lange Wirtschafts- und Wissenschaftstradition
Bereits seit Mitte des 19. Jahrhunderts entwickelten sich in Dresden typische Industriezweige der Feinmechanik und Optik. Bis zum Zweiten Weltkrieg erwarb sich die sächsische Landeshauptstadt einen sehr guten Ruf in den Bereichen Schreibmaschinenherstellung, Fototechnik, elektronische Erzeugnisse und Verpackungsmaschinen. Trotz der Luftangriffe vom Februar 1945, bei denen 70 Prozent der Industrieanlagen zerstört worden sind, konnten nach Kriegsende die meisten traditionellen Industriezweige weitergeführt werden. 1969 erfolgte die Gründung des Kombinats Robotron, in dem mehrere Elektronik- und EDV-produzierende Firmen zum größten Computerhersteller der früheren DDR zusammengeschlossen wurden. Mit 68 000 Mitarbeitern war Robotron in den 1980er-Jahren das zweitgrößte Kombinat Ostdeutschlands. Im Zuge der Wiedervereinigung beider deutscher Staaten wurde das Kombinat aufgelöst, sodass nur noch einige wenige Nachfolgefirmen existieren.

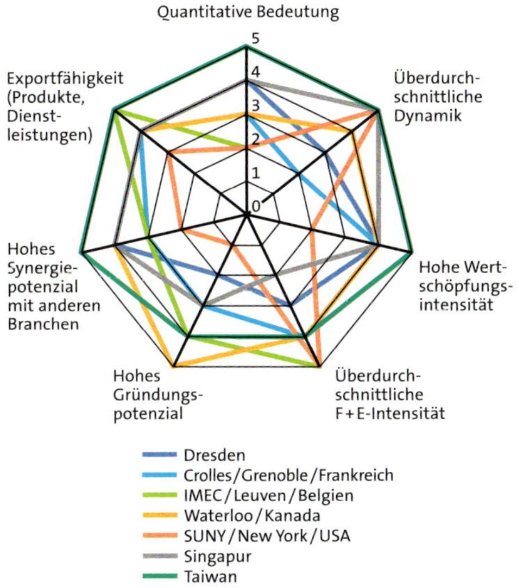

21 ***Analysespinne zur Bestimmung der Standortqualität***

Nach Landeshauptstadt Dresden, Amt für Wirtschaftsförderung (Hrsg.): Entwicklungsstand und Handlungserfordernisse zum weiteren Ausbau des Mikroelektronik-/IKT-Clusters in der Region Dresden. Dresden: ohne Verlag 2008, S. 5, unter: www.dresden.de

23 ***Chipfabrik der Foundry Company (ehemals AMD) in Dresden***

22 **Die Menschen sind das Entscheidende**

Anlässlich der Eröffnung der weltweit modernsten Chip-Fabrik in Dresden bekannte Herr Sanders begeistert:
„So gut ausgebildete Fachkräfte finde ich in Austin nicht." Ein Fakt, der wohl auch AMD-Chef Sanders dazu bewogen hat, mit dem Paradestück seines Konzerns an die Elbe zu ziehen: „Kein Halbleiterwerk, ganz egal wie großartig und beeindruckend, hat Nutzen oder Wert ohne gut ausgebildete, talentierte Mitarbeiter." Von den mittlerweile fast 1000 Mitarbeitern kommen 75 % aus Sachsen, weitere 13 % aus Thüringen und Brandenburg. Der Rest wurde aus aller Welt zusammengeholt. [...]
Dresden ohne die Universitäten, ohne die Institute in der Region, hätte AMD nicht dazu bewegen können, über den Ozean zu kommen. Denn Förderungen, Steuernachlässe und Subventionen gibt es weltweit.

Stephan Schön: Die Zukunft fängt erst an, in: Sächsische Zeitung, Nr. 246 vom 21.10.1999, S. 21

24 **Das Mikroelektronik-/IKT*-Cluster**

	Studie 2002		Studie 2007		
	Anzahl Betriebe	Mitarbeiter	Anzahl Betriebe	Mitarbeiter	Umsatz pro Mitarbeiter
Mikroelektronik	118	10226	182	18612	164747
Elektronik/ Gerätebau	194	4762	339	10525	132231
Telekommunikation	16	102	69	1454	63865
Software-entwicklung	437	4527	292	6499	111141
Multimedia	k.A.	k.A.	237	1381	84725
Allgemeine Dienst-leister	k.A.	k.A.	75	5039	91950

**Informations-Kommunikations-Technologie*
Nach Landeshauptstadt Dresden, Amt für Wirtschaftsförderung (Hrsg.), a. a. O., S. 7

12 *Nennen Sie für die Hightech-Industrie wichtige Standortfaktoren.*

13 *Charakterisieren Sie anhand der Karte 20 den Wirtschaftsraum Dresden.*

14 *Arbeiten Sie aus den Materialien Stärken und Schwächen des High-Tech-Standorts Dresden heraus.*

15 *Erklären Sie die Bedeutung des Begriffs „Silicon Saxony".*

16 *Bewerten Sie anhand der Analysespinne 21 die Standortqualität von Dresden.*

The Foundry Company
hat im Februar 2009 die Chipfabriken von AMD in Dresden unter mehrheitlicher Beteiligung von Investoren aus Abu Dhabi übernommen. AMD ist weiter in der Produktentwicklung und -vermarktung tätig. Foundry stellt nun nicht nur AMD-Chips, sondern auch Halbleiter für andere Unternehmen her.

25 ***Wirtschaftsraum München – Entwicklung und gegenwärtiger Stand***

26 ***München im Städtevergleich***

- *IW Consult im Auftrag der Initiative Neue Soziale Marktwirtschaft (INSM) und der Zeitschrift Wirtschaftswoche (9/2008): 1. Platz unter 50 deutschen Großstädten*
- *Bellevue Städtemagazin (3/2009): 1. Platz unter 10 deutschen Großstädten*
- *Monocle Magazine (6/2008): 2. Platz unter 25 Städten weltweit*

Landeshauptstadt München, Referat für Arbeit und Wirtschaft: Münchner Jahreswirtschaftsbericht 2009. München: ohne Verlag 2009, S. 9

Wirtschaftsdynamik in einem Wachstumsraum: Beispiel München

Spitzenplätze im Städteranking

Stadt und Landkreis München sowie die gesamte **Metropolregion** nehmen seit Jahren in Städte- bzw. Zukunftsrankings Spitzenpositionen ein. Obwohl solche Studien aus geographischer Sicht aufgrund ihrer bisweilen wenig reflektierten Indikatorenauswahl und -kombination auch kritisch zu beurteilen sind, kommen zahlreiche Untersuchungen zu auffallend ähnlichen Ergebnissen: Der Großraum München liegt sowohl bei den harten wirtschaftsstatistischen als auch bei den weichen sozialstatistischen Daten an der Spitze. Wirtschaftskraft und der Wohlstand der Bürger sowie die Wettbewerbs- und Innovationsfähigkeit der Unternehmen machen die Region München bundesweit zur erfolgreichsten Wirtschaftsregion. Um den Spitzenplatz zu halten, wurde im Jahr 2008 der Verein „Europäische Metropolregion München" gegründet, dessen Aufgabe es ist, durch gemeinsame Projekte die Kräfte der Region zu bündeln und die Attraktivität des Wirtschaftsraums zu sichern.

Die Entwicklung des Wirtschaftsstandorts

Die Entwicklung des Großraums München von einem industriell wenig bedeutsamen, stärker agrarisch geprägten Raum zu einer wirtschaftlich und technologisch überaus erfolgreichen Region hat verschiedene Ursachen:

- ab 1943 wurden technologieträchtige Anlagen mit qualifiziertem Personal zum Schutz vor Bombardierung nach Bayern verlagert.
- 1948 verlegte die Siemens AG ihren Hauptsitz von Berlin nach München. Die Fabrikationsstätte München wurde zum Zentrum der Schwachstromtechnik.
- 1956 gründete der Maschinenbauingenieur Ludwig Bölkow die Bölkow Entwicklungen KG in Ottobrunn. Nach seiner zukunftsweisenden Helikopterentwicklung fusionierte Bölkow 1968 mit den Messerschmidt Werken. Aus dem Zusammenschluss mit der Hamburger Flugzeugbau GmbH entwickelte sich das Unternehmen Messerschmidt Bölkow Blohm, das heute Teil des Luft- und Raumfahrtkonzerns EADS ist. In Ottobrunn haben nicht nur Teile der Konzernspitze ihren Sitz, sondern hier sind knapp 2 200 Ingenieure an technischen Weiterentwicklungen im Bereich der Luft- und Raumfahrt beteiligt. Unter anderem werden Schubkammern für die Rakete Ariane 5 und Solargeneratoren für Satelliten hergestellt.
- Eine sehr hohe Zahl von Zuwanderern, zunächst Flüchtlinge und Vertriebene, später ausländische Gastarbeiter und zuletzt hochqualifizierte Spezialisten, leisteten einen wichtigen Beitrag zur dynamischen Wirtschaftsentwicklung.
- Die Ausrichtung der Olympischen Spiele 1972 förderte den Ausbau Münchens zu einer modernen Metropole.
- Mit dem Umbruch in Europa konnten nach 1990 neue Märkte erschlossen werden.

27 **Der Wirtschaftsstandort München**

Die Landeshauptstadt hat sich in den letzten Jahrzehnten zum führenden Wirtschaftsstandort Deutschlands entwickelt, der auch in rezessiven Phasen für eine vergleichsweise ökonomische Stabilität sorgt. Die Vielfalt des Münchner Branchenmix ist hierfür die entscheidende Grundlage. Das Nebeneinander von unterschiedlichen Branchen sowie von großen und kleinen Betrieben – die vielfach zitierte Münchner Mischung – trägt wesentlich zum Erfolg Münchens bei. Außerdem bildet die Kraft der Münchner Wirtschaft, neue Wirtschaftscluster und Netzwerke dem ökonomischen Fundament der Stadt hinzuzufügen, ein wesentliches Element für die weitere Entwicklung des Wirtschaftsraums. Der Wirtschaftsstandort München ist mit seinen Unternehmen, seinen Branchen und Clustern bislang sehr gut positioniert. Um jedoch auch in Zukunft ein attraktiver und dynamischer Wirtschaftsstandort mit hervorragender Lebensqualität zu bleiben, muss München seine aktive Standortpolitik fortsetzen.

Landeshauptstadt München, Referat für Arbeit und Wirtschaft: Münchner Jahreswirtschaftsbericht 2009. München: ohne Verlag 2009, S. 70

28 **Arbeitslosenquoten im Vergleich (2008)**

Berlin	13,9 %
Hamburg	8,1 %
Stuttgart	4,8 %
München	4,4 %

Landeshauptstadt München, Referat für Arbeit und Wirtschaft: München. Der Wirtschaftsstandort. Fakten und Zahlen 2009. München: ohne Verlag 2009, S. 9

17 *Lokalisieren Sie auf der Grundlage von Karte 25 wichtige Branchen und Cluster im Wirtschaftsraum München.*

18 *Erstellen Sie ein Flussdiagramm, in dem Sie die Entwicklung Münchens zu einer der dynamischsten Wirtschaftsregionen Europas darstellen.*

19 *Charakterisieren Sie die wirtschaftliche Stellung Münchens im nationalen und internationalen Vergleich.*

20 *Begründen Sie, inwiefern die „Münchner Mischung" zur wirtschaftlichen Wettbewerbsfähigkeit des Standorts München beiträgt.*

29 ***Wichtige Branchen und Cluster in der Wirtschaftsregion München***

Nach Landeshauptstadt München, Referat für Arbeit und Wirtschaft: Der Wirtschaftsstandort München. München: ohne Verlag 2008, S. 12, unter: www.wirtschaft-muenchen.de/publikationen/pdfs/Wirtschaftsstandort_Muenchen_d_08.pdf

30 **München im internationalen Vergleich nach Regionen 2006**

	Barcelona	Dublin	München	Stockholm
Bevölkerung	5 309 400	1 186 860	2 593 700	3 024 650
BIP/Einwohner* (EU 27 = 100)	120,5	156,5	169,3	166,7
Flughafen (Passagier in Mio.)	30,01	21,00	30,80	21,17
Erwerbsbevölkerung	2 712 920	640 000	1 599 600	1 566 000
Erwerbstätigenquote	69%	68%	71%	75%
Arbeitslosenquote	6,8%	4,3%	5,9%	5,1%

** bezogen auf die NUTS-2-Regionen*
Landeshauptstadt München, Referat für Arbeit und Wirtschaft: München. Der Wirtschaftsstandort, a. a. O. S. 3

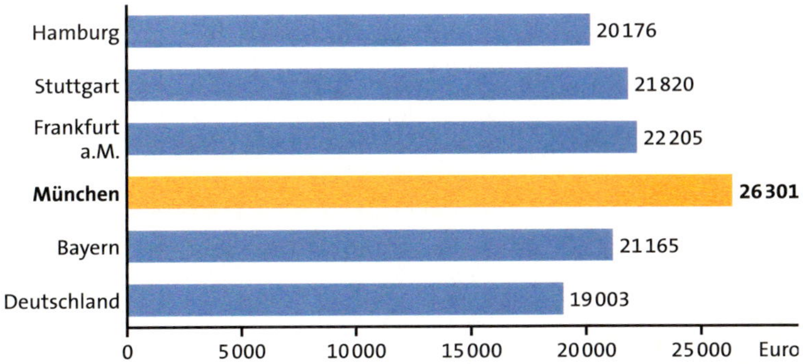

31 ***Kaufkraft je Einwohner 2008 (in €)***

Nach Axiom Deutschland/Neu Isenburg, in: Landeshauptstadt München, Referat für Arbeit und Wirtschaft: München. Der Wirtschaftsstandort, a. a. O. S. 4

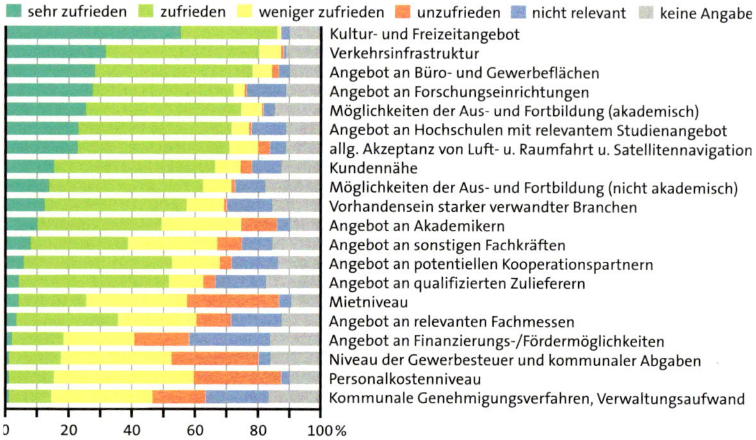

32 ***Zufriedenheit der Luft- und Raumfahrtunternehmen mit dem Standort München***

Nach Industrie- und Handelskammer für München und Oberbayern/Landeshauptstadt München, Referat für Arbeit und Wirtschaft: Luftfahrt, Raumfahrt, Satellitennavigation in der Wirtschaftsregion München. München: ohne Verlag 2007, S. 38, unter: www.muenchen.ihk.de/mike/presse/Anhaenge/Studie-Luftfahrt.pdf

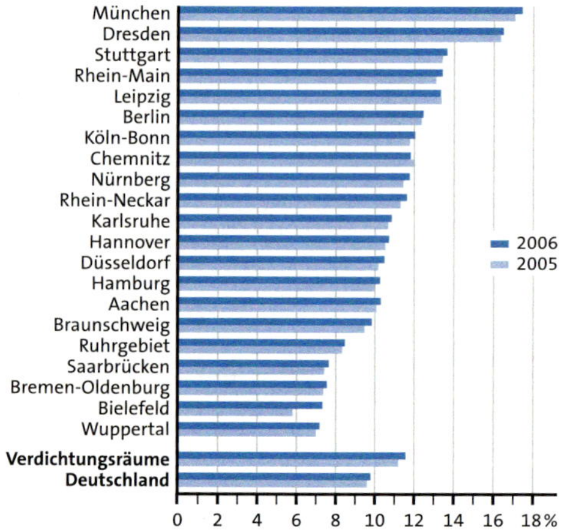

35 ***Anteil der Beschäftigten mit Hochschulabschluss in Verdichtungsräumen Deutschlands (in %)***

Nach Gero Stenke: Innovationsregion München. In: Geographische Rundschau 10/2008, S. 25

33 ***Start einer Ariane 5***

„Innovation made in Bavaria". Am 1. Juli 2009 bringt die Trägerrakete Ariane 5 vom europäischen Weltraumbahnhof in Kourou in Französisch-Guyana den Telekommunikationssatellit TerreStar-1 ins All.
Die Schubkammern für das Haupttriebwerk und das Oberstufentriebwerk werden bei der EADS-Tochter Astrium in Ottobrunn gebaut. Hier arbeiten 2 178 hochqualifizierte Mitarbeiter.

34 **Zukunftsfähige Standortfaktoren: Wissen, Kreativität und Innovation**

Eliteuniversitäten, außeruniversitäre Forschungseinrichtungen der Spitzenklasse und Forschungseinrichtungen von Unternehmen prägen die kreative Qualität des Standorts München.

[...] München übertrifft mit einem Forschungsanteil von rund 4,1 % des BIP bereits heute deutlich die 3 %-Vorgabe des sogenannten Lissabonziels, sind es auch die ansässigen Universitäten, die mit ihren Forschungsleistungen den Standort prägen. Dabei macht die Wissenschaft nicht an den Stadtgrenzen halt, wie der Campus Garching der TU München oder das Biotechnologiecluster in Martinsried, beide kurz vor den Toren der Stadt, zeigen. Die Münchner Wissenschaftseinrichtungen, so das Ergebnis einer Studie, sind regional, national und international stark vernetzt. Diese Aktivitäten der Wissenschaftseinrichtungen haben neben dem wissenschaftlichen Output auch gesellschaftliche und wirtschaftliche Auswirkungen auf die Region.

Landeshauptstadt München, Referat für Arbeit und Wirtschaft: Münchner Jahreswirtschaftsbericht 2009. München: ohne Verlag 2009, S. 37

36 **Luftfahrt, Raumfahrt, Satellitennavigation**

Die Wirtschaftsregion München zählt mit über 230 Unternehmen der Luft- und Raumfahrttechnik sowie der Satellitennavigation und 7 relevanten Forschungseinrichtungen zu den führenden Standorten in Europa. Im vergangenen Jahr erwirtschafteten die rund 15 000 meist hoch qualifizierten Mitarbeiter einen Umsatz von 4,7 Milliarden Euro. Zu diesem Ergebnis kommt die erste Studie zur Luft- und Raumfahrttechnik sowie Satellitennavigation in der Wirtschaftsregion München [...]. „Als klassische Hightech-Branche mit hoher Forschungsintensität liefert die Luft- und Raumfahrtindustrie auch regelmäßig wichtige Impulse für Unternehmen anderer Branchen", sagte IHK-Hauptgeschäftsführer Reinhard Dörfler anlässlich der Präsentation der Studie vor der Presse. „Diese Unternehmen sind damit eine sehr wichtige Industriesparte für die Region München und tragen erheblich zur wirtschaftlichen und technologischen Weiterentwicklung des Standortes bei", betonte auch Reinhard Wieczorek, Referent für Arbeit und Wirtschaft der Landeshauptstadt München.

Industrie- und Handelskammer für München und Oberbayern: Luft- und Raumfahrt forscht überdurchschnittlich, unter: www.muenchen.ihk.de/internet/mike/ihk_geschaeftsfelder/standortpolitik/Zahlen/Studien/name31663.html (Zugriff vom 02. 08. 2009)

37 **Medien, Informations- und Kommunikationstechnik (IuK)**

Die Ergebnisse einer Untersuchung aus dem Jahr 2007 [...] zeigen, dass der Wirtschaftsstandort München seine Spitzenposition in der IuK- und Medienwirtschaft weiter ausbauen konnte.

[...] Seit 2004 ist die Zahl der Unternehmen um über 20 % gewachsen. Damit sind heute 27 386 Unternehmen aus dem IuK- und Mediensektor in der Region tätig. Auch die Umsätze haben sich mit einem Plus von 5,7 % in den letzten drei Jahren sehr positiv entwickelt und sind auf 74 Mrd. Euro angestiegen. Die größten Umsatzzuwächse verzeichnet dabei der Medienbereich, der mittlerweile ein Drittel des Gesamtumsatzes der Branche ausmacht. Die Beschäftigungssituation weist mit rund 384 500 Personen insgesamt eine stabile Entwicklung auf, wenngleich der Trend zum Abbau fest angestellter zugunsten freier Mitarbeiter sich auch in den vergangenen Jahren fortgesetzt hat. [...]

Die ansässigen Unternehmen der IuK- und Medienbranche erteilen dem Standort München eine hervorragende Beurteilung. 95 % der befragten Unternehmen geben an, dass sie mit dem Standort München sehr zufrieden bzw. zufrieden sind. 90 % der Unternehmen denken deshalb auch nicht an eine Standortveränderung und 89 % würden als Unternehmensstandort wieder München wählen – München ist und bleibt ein Spitzenstandort der IuK- und Medienbranche nicht nur in Deutschland, sondern auch in Europa.

Landeshauptstadt München, Referat für Arbeit und Wirtschaft: Münchner Jahreswirtschaftsbericht 2009, München: ohne Verlag 2009, S. 33

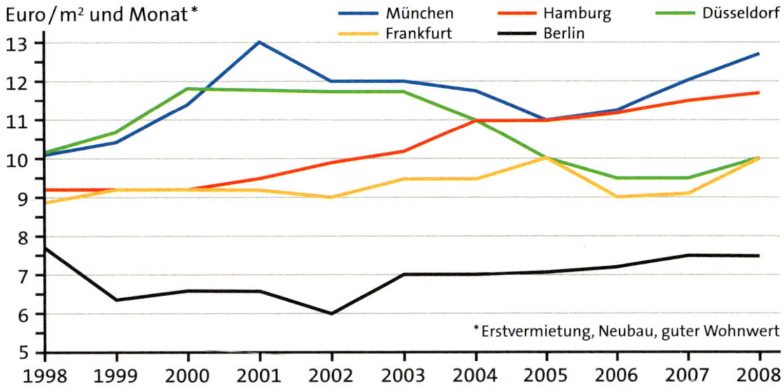

38 ***Wohnungsmieten im Städtevergleich***

Nach Landeshauptstadt München, Referat für Arbeit und Wirtschaft: Münchner Jahreswirtschaftsbericht 2009, a. a. O., S. 56

39 **Flächenknappheit und Suburbanisierung**

Bezogen auf die bebaute Fläche rangiert München mit einer Einwohnerdichte von zirka 10 300 Einwohner pro Quadratkilometer bebaute Fläche heute an zweiter Stelle im Bundesgebiet hinter Frankfurt am Main mit zirka 10 700 Einwohnern pro Quadratkilometer [...]. Der starke Arbeitsplatzzuwachs, große Wanderungsgewinne – mittlerweile aus der ganzen Bundesrepublik – und gleichzeitig die Verdrängung der angestammten Wohnbevölkerung insbesondere aus den Umwandlungs- und Modernisierungsgebieten der Innenstadt führten zu einer weiteren Zunahme der Wohnbevölkerung in den Außenbezirken. Der dadurch erforderliche Ausbau des Straßennetzes und der öffentlichen Verkehrsmittel verstärkte gleichzeitig eine Entwicklung, bei der die Stadtflucht begünstigt und die Innenstadt für Nutzungen des Tertiären Sektors freigegeben wurde.

Landeshauptstadt München, Referat für Gesundheit und Umwelt: Historische Stadtentwicklung, unter: www.muenchen.de/Rathaus/rgu/wohnen_bauen/boden/stadtentwicklung/102935/index.html (Zugriff vom 06.08.2009)

Die Kehrseite des Wachstums

Nicht die gesamte Bevölkerung profitiert im gleichen Maß vom Wirtschaftsboom. Nach dem „Armutsbericht" des städtischen Sozialreferats lebten im Jahr 2007 in München 178 600 Personen, die von Armut betroffen sind (= 13,4 %). Als arm wird dabei bezeichnet wer über weniger als 60 % des durchschnittlichen Nettoäquivalenzeinkommens verfügt. Die Armutsschwelle liegt für einen Ein-Personen-Haushalt bei 810 Euro. Wenn auch die Sozialhilfedichte in München im Vergleich zu anderen Großstädten sehr niedrige Werte aufweist, ist die Situation für die Betroffenen wegen der außergewöhnlich hohen Lebenshaltungs- und Mietkosten besonders prekär.

21 *Arbeiten Sie heraus, wie zufrieden die Luft- und Raumfahrtsparte mit dem Standort München ist.*

22 *Die Zentrale des europäischen Satellitennavigationssystems GALILEO ist in München angesiedelt. Beschreiben Sie auf der Grundlage einer Internetrecherche die Marktchancen des europäischen Satellitennavigationssystems GALILEO als Konkurrent zum US-System GPS.*

23 *Erläutern Sie, inwiefern Wissen, Kreativität und Innovationsfähigkeit als zentrale Grundlagen erfolgreicher Unternehmen anzusehen sind.*

24 *Bewerten Sie die Bedeutung der Informations- und Kommunikationsbranche am Standort München.*

25 *Erläutern Sie anhand der Mietpreisentwicklung und der Armutszunahme zwei Schattenseiten des Wirtschaftswachstums.*

ONLINE-Link

Infoblatt Wirtschaftsraum München
29120X-0418

40 ***Hochleistungslandwirtschaft in der Magdeburger Börde***

42 ***Rapsfeld bei Nienburg: Energierohstoffproduktion***

Im Unterschied zu städtisch geprägten Gebieten ist die Bevölkerungsdichte in ländlichen Räumen immer noch viel niedriger und es dominieren hier auch weiterhin dörfliche und kleinstädtische Siedlungsstrukturen. Der sozioökonomische Strukturwandel [...] und ihre fortschreitende Besiedlung haben aber dazu geführt, dass sie mehr und mehr einen städtischen Charakter annehmen. Zwar ist die Land- und Forstwirtschaft [...] prägend für das Landschaftsbild, die Sozial- und Wirtschaftsstruktur wird allerdings schon lange nicht mehr von ihr dominiert.

Bundesamt für Bauwesen und Raumordnung: Raumordnungsbericht 2005. Bonn: BBR 2005, S. 203

Bedeutungswandel ländlicher Regionen

Herkömmlich **ländliche Räume** mit einer weitgehend gleichartigen Struktur, wie sie noch vor einem halben Jahrhundert in weiten Teilen Deutschlands existiert haben, gibt es heute nicht mehr. Im Zuge des Strukturwandels in der Landwirtschaft und der veränderten gesellschaftlichen und wirtschaftlichen Rahmenbedingungen haben sich Tausende unterschiedlich geprägte Kulturräume entwickelt, sodass ländliche Gebiete immer mehr durch ihre Vielfalt als durch ihre Einheitlichkeit in Erscheinung treten. Die Tendenz zur individuellen Entwicklung wurde auch dadurch verstärkt, dass ländliche Räume in Deutschland einen weiteren Funktions- und damit auch Bedeutungswandel durchmachten. In einst überwiegend von der landwirtschaftlichen Produktion geprägten Räumen entstehen zunehmend veränderte Nutzungsweisen, die sowohl das Bild der Landschaft als auch das gesellschaftliche Leben in ländlichen Regionen verändern.

41 **Die Bedeutung der Agrarwirtschaft in Deutschland**

Deutschland	2000	2002	2004	2006	2008
Bevölkerung in 1 000	82 156	82 466	82 489	82 315	82 130
Erwerbstätige in 1 000	39 038	38 994	38 782	39 097	40 303
BIP in Mrd. Euro	2 063	2 145	2 216	2 322	2 495
Bruttowertschöpfung der Land-, Forst-, Fischereiwirtschaft in Mrd. Euro	22,5	22,1	22,1	17,8	k. A.
Erwerbstätige in der Lw. in 1 000	936	905	873	826	855
Zahl der Lw.-Betriebe in 1 000	421	395	372	353	339

Nach ZMP Agrarmärkte in Zahlen. Deutschland 2008. Bonn: ohne Verlag 2008, S. 1, ergänzt

Faktoren des wirtschaftlichen Wandels

Die Zielsetzung der landwirtschaftlichen Produktion war nach dem Ende des Zweiten Weltkriegs bis in die 1970er-Jahre auf die Steigerung der Nahrungsmittelerzeugung und die Sicherung der Lebensmittelversorgung ausgerichtet. Um höhere Produktionsmengen zu erreichen und Nahrungsmittel effizienter zu erzeugen, wurden neue Technologien und Organisationsformen verwendet, erheblich mehr Kapital eingesetzt, Kostenvorteile durch Spezialisierung genutzt und die Betriebseinheiten vergrößert. Auf der Grundlage der geänderten Produktionsformen und der Züchtungserfolge haben sich aber auch die Produkte selbst verändert. Von der europäischen Politik wurde eine auf Produktionsmaximierung fixierte Agrarwirtschaft gefördert mit der Ausrichtung auf eine mengenbezogene Subventionierung und Förderung von Rationalisierungen. Durch staatliche Interventionsmaßnahmen, Importzölle und Exporterstattungen wurden Preise gestützt und den Landwirten ein erträgliches Einkommen garantiert.

Nachdem die EU-Agrarpolitik zu einer Überschussproduktion führte, schwenkte die Förderung um auf Mengenregulierung, Flächenstilllegung und Anbindung der Tierhaltung an die dem Betrieb zur Verfügung stehende Fläche. Seit der Agrarreform von 2003 werden die Landwirte mit Direktzahlungen unterstützt (Entkoppelung), sodass sie ihre Entscheidung besser als bisher an den Marktverhältnissen ausrichten können.

43 ***Solarenergiegewinnung in Arnstein***

44 ***Gewerbefläche in Oy-Mittelberg***

Auswirkungen des demografischen Wandels

Durch das Sinken der Geburtenzahl in Deutschland, den Verlust an Arbeitsplätzen im Primären und Sekundären Sektor sowie die dadurch ausgelöste Abwanderung ist es in vielen ländlichen Gebieten zu Bevölkerungsschwund, Überalterung und Verödung der Dörfer gekommen. Da gerade gut ausgebildete junge Frauen überproportional aus ländlichen Gebieten abwandern, um Erwerbsmöglichkeiten außerhalb der Landwirtschaft wahrzunehmen, wird durch den Geburtenrückgang die Überalterung verstärkt.

Es gibt aber auch ländliche Regionen, in denen Zuwanderung und wirtschaftliches Wachstum stattfinden. Das gilt insbesondere für landwirtschaftliche Gunstgebiete beziehungsweise zentral gelegene ländliche Räume.

45 ***„Es ist schon vieles von hier weg, aber mein Herz ist halt immer noch hier.“***

Gesellschaftliche Faktoren

Über Jahrtausende haben Bauern die ländliche Kulturlandschaft geprägt. Heute sind sie aber selbst in kleinen Dörfern eine Minderheit. Andere Berufsgruppen und Auspendler prägen dagegen das Dorfbild. Ländliche Siedlungen haben einen Großteil ihrer ehemals typischen Infrastruktur verloren. Diesen Verlusten stehen Gewinne in anderen Bereichen gegenüber.

Eine besondere Chance ländlicher Gebiete liegt im Bereich **nachhaltiger Entwicklung**. Die Verbesserung ökonomischer und sozialer Lebensbedingungen soll auf natürliche Lebensgrundlagen Rücksicht nehmen, um künftigen Generationen gleichwertige Lebensbedingungen wie der heutigen zu ermöglichen.

26 *Arbeiten Sie aus Tabelle 41 die wirtschaftliche Bedeutung der Landwirtschaft heraus.*

27 *Beschreiben Sie charakteristische Merkmale des Strukturwandels in der Landwirtschaft Deutschlands.*

28 *Erläutern Sie Faktoren, die für den Bedeutungswandel ländlicher Räume verantwortlich sind.*

29 *Erörtern Sie ausgehend von der Karikatur 45 und der Bilderleiste die Zukunftsperspektiven ländlicher Gebiete.*

ONLINE-Link
Surftipps
29120X-0419

46 **Rettenbach im Ostallgäu**

Rettenbach am Auerberg – ein innovatives Dorf

47 **Rettenbach – ein Vorbild für andere ländliche Gemeinden**

Nach zähem Freiheitskampf wurde Rettenbach am 6. Oktober 1993 mit Beschluss des Landtags wieder selbständig. [...] Mit diesem frischen Wind im Rücken begann der Gemeinderat [...] die Strukturen des Dorfes aufzubauen und unser Dorf fit für die Zukunft zu machen. Trotz der gewaltigen Aufgaben schaffte es die Gemeinde dabei schuldenfrei zu bleiben.

Heute ist unser Dorf ein Vorbild für andere Gemeinden in Sachen regenerativer Energien. Rettenbach ist in der Solarbundesliga (Fotovoltaik und Solarthermie) deutschlandweit an 1. Stelle. Mit heimischem Rapsöl als Treibstoff fahren wir umweltfreundlich in die Zukunft und bieten Perspektiven für unsere Landwirtschaft. Beheizt werden unsere gemeindlichen, aber auch viele private Gebäude mit Scheitholz. Dies ist nicht nur kostengünstig und klimaneutral, auch bleibt das Geld für die Heizkosten so im Dorf.

Gemeinde Rettenbach am Auerberg: Unser Dorf stellt sich vor. Rettenbach: ohne Verlag o. J., S. 2

Ländliche Räume in Deutschland können durchaus wirtschaftskräftig und lebenswert sein, selbst dann wenn sie in benachteiligten peripheren Gebieten liegen. Die 766 Einwohner zählende Gemeinde Rettenbach im Ostallgäu zeigt, wie durch Innovation gepaart mit Engagement der Bevölkerung und der Gemeindeverantwortlichen Stärken des ländlichen Raumes genutzt und eine erfolgreiche nachhaltige Entwicklung initiiert werden können. Der Ostallgäuer Gemeinde ist es gelungen, die Abwanderung junger Leute zu bremsen, das Zusammengehörigkeitsgefühl zu stärken und damit intaktes dörfliches Leben zu stabilisieren.

Um diese Ziele zu erreichen, wurden viele Impulse aufgegriffen und weiterentwickelt. Zwar mussten ähnlich wie in den meisten ländlichen Gebieten im Zuge des Strukturwandels von 1950 bis heute etwa drei Viertel der landwirtschaftlichen Betriebe aufgegeben werden, doch rechnet der Bürgermeister der Gemeinde damit, dass von den heute 31 Landwirten etwa 20 sich den geänderten Bedingungen anpassen und mit dem Schwerpunkt auf einer gentechnikfreien biologischen Produktion dauerhaft konkurrenzfähig sein werden.

Bewusst wird durch soziale und kulturelle Initiativen und Projekte das dörfliche Leben gefördert. In einem vierteljährlich stattfindenden Jugendparlament können Jugendliche ihre Wünsche und Anregungen äußern, die anschließend mit dem Gemeinderat diskutiert werden. Diese Maßnahmen dienen der nachhaltigen Dorfentwicklung und sollen der Abwanderung und Verödung der ländlichen Region entgegenwirken.

30 *Arbeiten Sie anhand der Gemeindestatistik von Rettenbach Bereiche heraus, in denen es der Gemeinde nicht gelungen ist, Strukturschwächen zu überwinden.*

31 *a) Ermitteln Sie mittels einer Internetrecherche, in welchen gesellschaftlichen und wirtschaftlichen Bereichen Rettenbach positive Entwicklungen aufweist.*

b) Erklären Sie den Begriff Solarbundesliga.

32 *Vergleichen Sie auf der Grundlage interaktiver Karten (z. B. ONLINE-Link) eine ländliche Gemeinde in Ihrem Umkreis mit Rettenbach.*

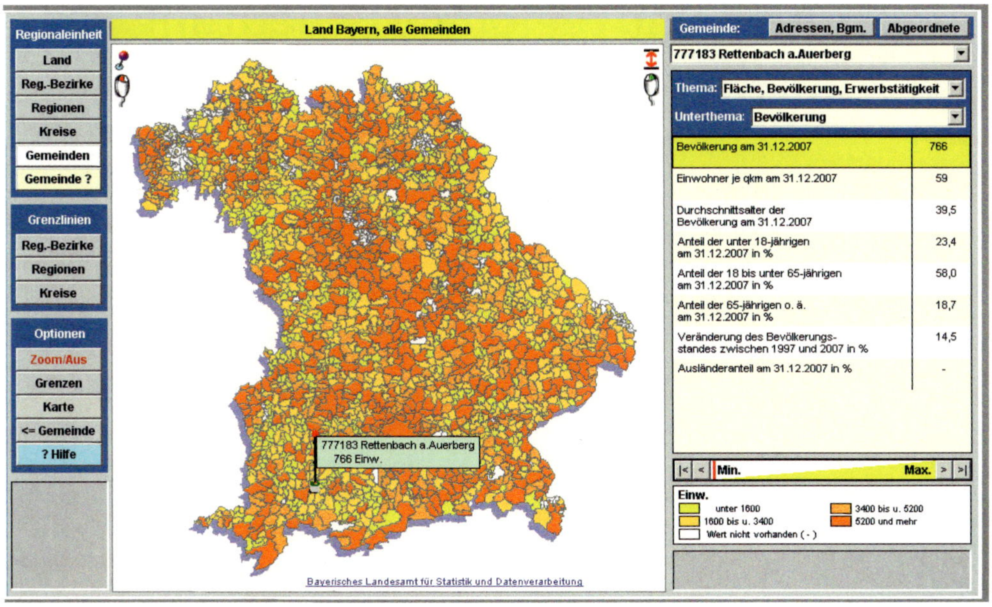

48 ***Screenshot der Seite www.statistik.bayern.de/daten/intermaptiv vom 14.08.2009***

Mit dem interaktiven Kartenverzeichnis „Statistik interMaptiv" bietet das Bayerische Landesamt für Statistik und Datenverarbeitung einen praktischen Online-Service. Zu jeder Gemeinde können Indikatoren der amtlichen Statistik auf interaktiven Karten abgerufen werden, wie z. B. Fläche, Bevölkerung, Erwerbstätigkeit. Mit diesem Angebot können Sie sehr schnell Daten auf Gemeinde-, Kreis-, Regionen-, Regierungsbezirks- und Landesebene recherchieren oder Vergleiche durchführen.

49 **Rettenbach verteidigt Deutsche Meisterschaft**

Die Allgäuer Gemeinde Rettenbach am Auerberg wird zum zweiten Mal Deutscher Meister in der Solarbundesliga. Das Dorf verfügt je Einwohner über die größte Solarstromleistung in Deutschland: 795,5 Watt/Einwohner. Zusätzlich nutzen die Rettenbacher je Einwohner mit fast einem halben Quadratmeter Kollektorfläche in Solarwärmeanlagen das Sonnenlicht. Die Sieger der Solarbundesliga sind heute (am 8. Juli 2005, 18.30 Uhr) bei der Meisterfeier in Neckarsulm geehrt worden. In der von der Deutschen Umwelthilfe e.V. und der Fachzeitschrift Solarthemen veranstalteten Solarbundesliga geht es um die höchste Dichte von Solarwärme- und Solarstromanlagen pro Kopf der Bevölkerung.

Durch einen weiteren enormen Zuwachs von 54 Prozent seiner Solarstromleistung pro Einwohner konnte Rettenbach erneut das stark gewachsene Verfolgerfeld deutlich abhängen.

Lars Schulz, in: Pressenews, Solarbundesliga, Presse am 7. Juli 2005, unter: www.solarthemen.de/?p=112

50 ***Traditionelle Scheunen mit modernen Solardächern***

51 **Solarbundesliga – Endstand Saison 2008/09**

Platz	Punkte	Ort	Bundesland
1	3319	Fr.-Wilh.-Lübke-Koog	Schles.-Holst.
2	1388	Schalkham	Bayern
3	1258	Rettenbach a. Auerberg	Bayern
4	1077	Frestedt	Schles.-Holst.
5	1019	Kaiser-Wilhelm-Koog	Schles.-Holst.
6	1015	Kronprinzenkoog	Schles.-Holst.
7	978	Gollhofen	Bayern

Nach Solarbundesliga, unter: www.solarbundesliga.de, (Zugriff vom 03.08.2009)

ONLINE-Link
Surftipps
29120X-0420

4.4 Formen und regionale Bedeutung des Tourismus

2 **Tourismusarten**

Freizeitverhalten und Fremdenverkehr lassen sich aus geographischer Sicht in vielfältiger Weise differenzieren: nach der Destination (Küste, Hochgebirge, Städte), der Aufenthaltsdauer (Tagesausflug, Wochenendreise, mehrwöchiger Urlaub), der Jahreszeit (Sommer-/Wintertourismus), dem Grad der Infrastrukturausstattung und -nutzung (sanfter/harter Tourismus), nach den Touristenzahlen (**Massentourismus**/Individualtourismus) und der Reichweite (von Naherholung bis Ferntourismus). In vielen [...] Tourismusstudien wird eine Kombination dieser Typisierungen vorgenommen u.a. in Seebäder, Badeorte an Binnenseen, Erholungsorte mit überwiegendem Wintertourismus, Destinationen mit starker Sommersaison, Kurorte, Heilbäder, Orte mit reinem Besichtigungsverkehr oder Tagesausflugsziele. [In der modernen Geographie] geht man sinnvollerweise von einer weiter gefassten ‚Geographie des Freizeitverhaltens' aus, die außer dem Tourismus grundsätzlich alle Freizeitaktivitäten und damit auch Naherholung oder Aktivitäten im Wohnumfeld einbezieht.

Nach Rüdiger Glaser u. a.: Geographie Deutschlands. Darmstadt: Wissenschaftliche Buchgesellschaft 2007, S. 191

***Marktvolumen**:*
Der Begriff beziffert die gesamte Nachfrage in einem bestimmten Sektor in einer Zeiteinheit (Jahr).

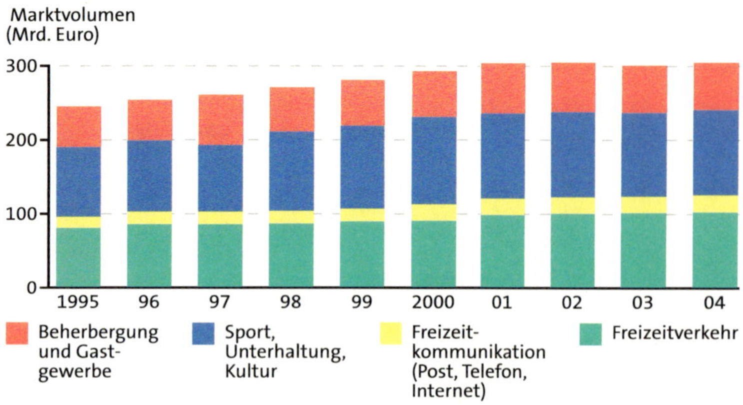

1 ***Entwicklung des Marktvolumens im Freizeitsektor in Deutschland***

Nach Rüdiger Glaser a. a. O., S. 194

Bedeutung des Tourismus

Nicht nur Hoteliers und andere Gastgeber leben von den Touristen. Viele weitere Branchen hängen direkt und indirekt vom Fremdenverkehr ab, z.B. Einzelhandel, Baugewerbe, Handwerk und Verkehrsunternehmen.

Tourismus wird häufig als natürliche Nutzung in peripheren und ländlichen Räumen angesehen. Für einige Regionen wie die Alpen, die Mittelgebirge und die deutschen Küsten stellt der Tourismus eine wichtige Wirtschaftsgrundlage dar.

Welchen Wandel erfahren traditionelle Fremdenverkehrsregionen, insbesondere die an der See und im Gebirge? Die Erlebnisgesellschaft von heute sucht weitere Attraktionen. Welche raumprägende Bedeutung ergibt sich aus diesen neuen Lebensorientierungen?

3 **Geändertes Reiseverhalten**

Der Trend zu [...] Kurzurlauben und Wochenendreisen im Inland hat zu einem Wandel der Angebotsstrukturen in Deutschland geführt. Neben den klassischen Urlaubsdestinationen und den Freizeitaktivitäten in der Natur sind künstliche Erlebniswelten und große Freizeitanlagen in den Blickpunkt gerückt. Bereits 7–8 % der Bevölkerung Deutschlands besuchen mehr oder weniger regelmäßig im Jahr einen Freizeitpark. *Nach Rüdiger Glaser a. a. O., S. 193*

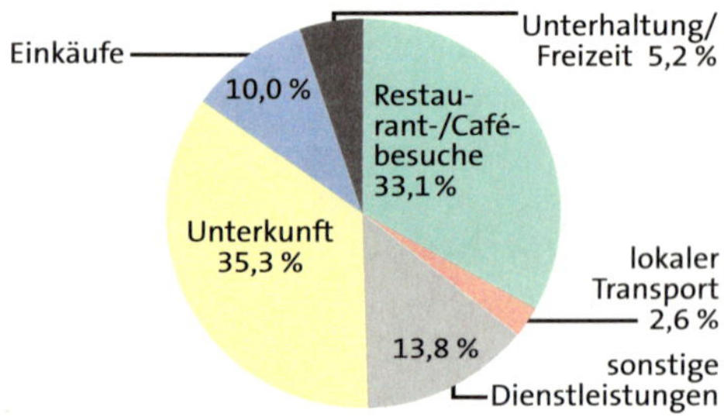

4 ***Ausgabenstruktur bei Übernachtungsgästen in Deutschland (2002)***

Eigene Berechnungen nach Deutsches Wirtschaftswissenschaftliches Institut für Fremdenverkehr (Hrsg.:). DWIF-Schriftenreihe H. 49, München: dwif 2002, unter www.dwif.de

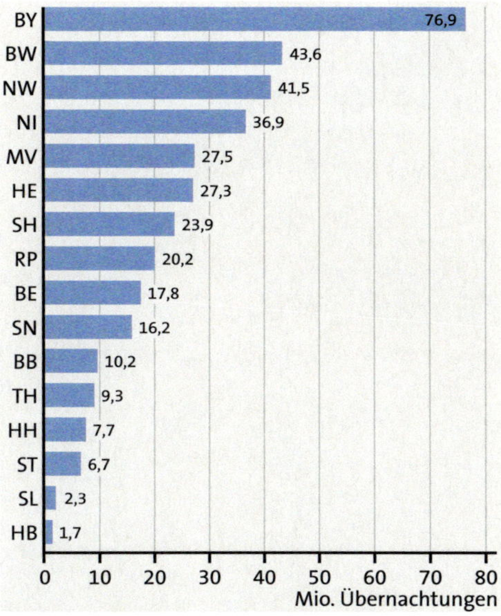

5 Übernachtungen in Beherbergungsstätten 2008

Statistisches Bundesamt, unter: www.destatis.de (Zugriff vom 13.07.09)

6 Regionales Fremdenverkehrsaufkommen in Deutschland

Vom Nordseestrand bis zum Watzmann, vom Industriedenkmal im Saarland bis zur Seenlandschaft in Mecklenburg-Vorpommern – Deutschland ist sehenswert und viel besucht. Zwei Wachstumsmotoren gab es im Jahr 2005: Zum einen boomte der Städtetourismus, zum anderen stiegen die Übernachtungszahlen der ausländischen Gäste deutlich an. [...] Der Ausbau der Angebots- und Servicequalität im Deutschlandtourismus zahlt sich im internationalen Wettbewerb aus.

Deutscher Tourismusverband e.V.: Tourismus in Deutschland 2005. Bonn: Deutscher Tourismusverband e.V. 2006, S. 2

1 *Ordnen Sie ausgewählten Haupttourismusregionen in Deutschland mögliche Tourismusarten zu.*

2 *Analysieren Sie die regionale Verteilung der Fremdenverkehrsgebiete in Deutschland (Karte 7).*

3 *Nach Angaben des Statistischen Bundesamtes sind in Deutschland nur etwa sieben Prozent aller Arbeitsplätze vom Tourismus abhängig. Beurteilen Sie die wirtschaftliche Bedeutung des Tourismus.*

7 Deutschland: Tourismus und Landschaftsschutz

Nach Haack Weltatlas. Gotha: Klett-Perthes 2007, S. 28

ONLINE-Link

Infoblatt Fremdenverkehrswirtschaft

29120X-0421

8 *Kinderkurklinik in Oberjoch*

11 *Blick auf Oberjoch 1950*

9 **Bevölkerungsentwicklung in Bad Hindelang**

Jahr	Einwohner
1960	5 147
1970	4 806
1980	5 089
1990	4 881
2000	4 840
2005	4 892

Nach Angaben der Gemeinde Bad Hindelang

10 **Entwicklung der Gästezahlen und Übernachtungen in Bad Hindelang**

Jahr	Gäste in Tsd.	Übern. in Tsd.
1960	56	593
1970	60	734
1980	88	1 068
1990	103	1 006
2000	132	1 077
2005	140	952

Nach Angaben der Gemeinde Bad Hindelang

Tradition und Wandel in Feriengebieten

Traditioneller Kurort und modernes Skisportzentrum:
Beispiel Bad Hindelang/Tannheimer Tal

Etwa eine Million Touristen verbringen jedes Jahr ihren Urlaub im südlichen Oberallgäu und im Tannheimer Tal. Ein besonders bevorzugter Ferienort ist die Gemeinde Bad Hindelang mit ihrem 1150 m hoch gelegenen Ortsteil Oberjoch. Mit weit über 100 000 Gästen bei steigender Tendenz ist der Tourismus das wichtigste wirtschaftliche Standbein des Ortes. Jüngste statistische Erhebungen belegen, dass die Gemeinde zu gut 70 % direkt und indirekt vom Fremdenverkehr lebt. Die Gäste kommen als Kurgäste oder als Skitouristen. Wie wirken sich diese beiden Nutzungsformen auf den Natur- und Kulturraum aus?

Entwicklung von Bad Hindelang

Die ersten Gäste entdeckten die Region bereits Ende des 19. Jahrhunderts. 1890 wies die Statistik von Hindelang schon 250 Gäste mit 3 500 Übernachtungen auf. Ein nennenswerter Tourismusboom setzte jedoch erst Mitte des 20. Jahrhunderts ein, nachdem die Gemeinde das Prädikat „heilklimatischer Kneippkurort" erhielt.

Besonders in den 1970er-Jahren nahm die Zahl der Zweitwohnungen rapide zu. Dies brachte für die Gemeinde ein erhöhtes Aufkommen an Grunderwerbssteuern, die Einheimischen verdienten am Grundstücksverkauf und durch die erforderlichen Baumaßnahmen. Doch schon bald zeigten sich die ersten negativen Auswirkungen des Booms. Das Bauland verteuerte sich und die Gemeinde musste einen immer größer werdenden finanziellen Mehraufwand für Infrastrukturmaßnahmen aufbringen, um keine Gäste an andere Fremdenverkehrsgebiete zu verlieren. Selbst für die Gastronomie und die Hotellerie blieben die Einkünfte aus dem Tourismus hinter den Erwartungen zurück, vor allem da die Mieter der Zweitwohnungen sich selbst versorgen und im Ort kaum Einkäufe tätigen. Auch deshalb kämpft die Gemeinde seit 1984 um die Einführung einer Zweitwohnungssteuer, wie es sie in einigen anderen Bundesländern gibt. Der Freistaat Bayern hat sich bislang jedoch diesem Begehren mit der Begründung widersetzt, keine „Bagatellsteuern" einführen zu wollen.
Die Monokultur Tourismus wird auch bei Einheimischen als riskant und eigentlich ungesund eingeschätzt. Ein Kalkwerk am westlichen Ortsrand genießt Bestandsschutz. Industrie anzusiedeln ist schwer zu verwirklichen: Die prekäre Verkehrslage, das fehlende Arbeitskräftereser-

12 **Blick auf Oberjoch 2007**

14 **Liftanlage in Oberjoch 2007**

voir und die schwierige Vereinbarkeit mit dem Hauptwirtschaftsfaktor Tourismus sind kaum zu überwindende Hemmnisse. Rund jeder fünfte Erwerbstätige ist Pendler. Um junge Bevölkerung im Ort zu halten, bietet die Gemeinde für Ortsansässige günstigen Baugrund an.

Raumwirksamkeit des Tourismus

Die Prägung der alpinen Landschaft durch den Tourismus ist zwiespältig. Einerseits wird eine touristische Infrastruktur in Form von Verkehrswegen, Gebäuden, Sport- und Freizeiteinrichtungen angelegt, welche die Ökologie und das Landschaftsbild beeinträchtigt. Ehemals agrarisch geprägte Alpendörfer entwickeln sich zu urbanen Siedlungen.

Andererseits kann der Tourismus zur Sicherung der Berglandwirtschaft beitragen und damit zur Erhaltung der traditionellen Kulturlandschaften. Mit der Direktvermarktung lokaler Produkte kann die Existenz der Höfe gesichert werden. „Urlaub auf dem Bauernhof" schafft ein zweites Standbein für die Familien.

Trotz der Chancen, die der Tourismus bietet, ist die landschaftliche Vielfalt gefährdet. Eine Lösung könnte darin bestehen, die Berglandwirtschaft nach schweizerischem Vorbild mithilfe von Agrar-Umwelt-Programmen zu subventionieren.

13 **Betriebsartenstatistik Bad Hindelang**

Betriebsart	Betten 2007	Übernachtung 2007	Auslastung 2007	
			in %	in Tagen
Kliniken/Kurhotels/-heime	932	237 046	69,69	254,34
Hotels	1 299	236 252	49,81	181,87
DAV-Alpenhof	85	15 827	50,65	186,20
Verbandshotel, -heime	368	48 498	36,06	131,79
Gasthöfe	173	13 863	21,87	79,98
Ferienwohnungen	2 681	275 438	28,15	102,74
Gästehäuser/Pensionen	907	80 454	24,31	88,70
Privatzimmer	604	42 818	19,43	70,89
Hütten	41	1 490	10,02	36,34
Campingplatz	–	358	–	–
Gesamt	7 090	952 017	36,79	134,28

Nach Gästeinformation Bad Hindelang: Tourismus-Bericht Bad Hindelang 2007, unter: www.bad-hindelang.info

4 *Vergleichen Sie die Fotos 11 und 12.*

5 *Arbeiten Sie aus Tabelle 10 heraus, welche Probleme sich aus der dargestellten Entwicklung für den Fremdenverkehrsort Bad Hindelang ergeben.*

6 *Erstellen Sie anhand der Materialien und des Internets ein Tourismusportrait des Ortes.*

7 *Erörtern Sie die Entwicklung der Gemeinde Bad Hindelang aus verschiedenen Perspektiven (z. B. Tourist, Bergbauer, Liftbetreiber, BUND-Vertreter).*

8 *Diskutieren Sie die Idee, die Berglandwirtschaft zum Zwecke des Erhalts der landschaftlichen Vielfalt zu subventionieren.*

ONLINE-Link
Surftipp
29120X-0422

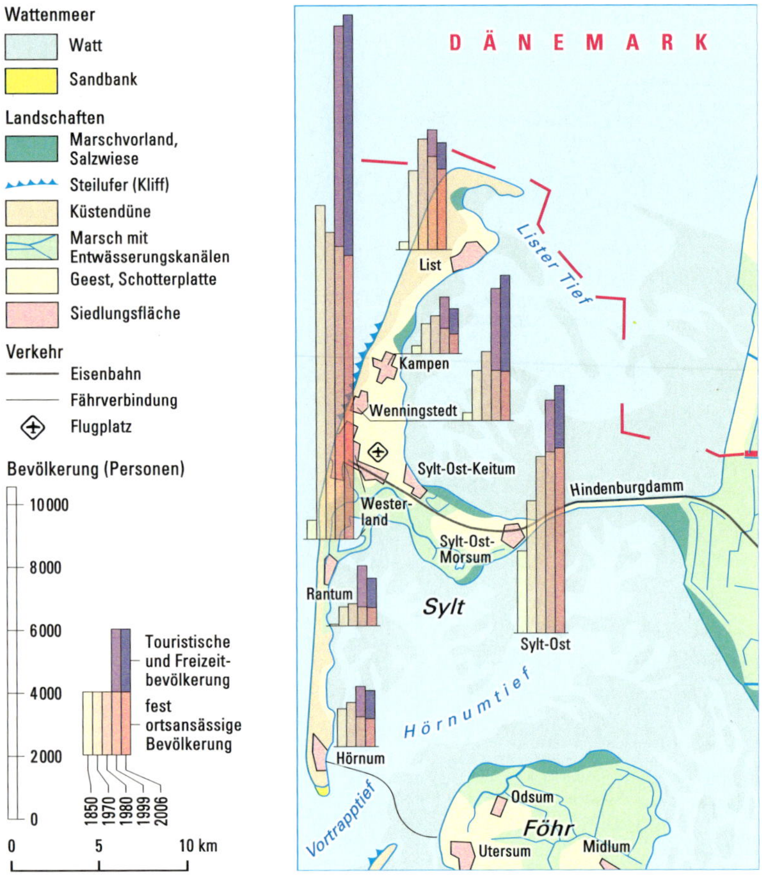

15 ***Sylt – Landschaftselemente, Bevölkerungsentwicklung und Entwicklung der touristischen Bevölkerung****; nach Christoph Becker et al. (Hrsg): Handbuch der Geographie der Freizeit und des Tourismus. München: Oldenbourg 2003, S. 543ff., ergänzt nach Auskünften der Stadt Westerland und der Sylt Marketing GmbH im Dezember 2007*

16 ***Satellitenbild von Sylt***

Zentraler Ort

Ein Ort, der für ein weites Umland im Hinblick auf Arbeitsplätze, Einkaufsmöglichkeiten, Dienstleistungen und sonstige Angebote einen Mittelpunkt darstellt. Je nach Bedeutung und Ausstattung eines Zentralen Ortes unterscheidet man Ober-, Mittel- und Unterzentren.

ONLINE-Link

Infoblatt Modell der Zentralen Orte
29120X-0423

Ein Nordseebad als Zentraler Ort: Beispiel Sylt

Die deutsche Nordseeküste hat einen besonderen Reiz durch das Wechselspiel von Ebbe und Flut sowie durch das Nebeneinander von Strand und Wattenmeer. Der Küste vorgelagert sind die Ost- und die Nordfriesischen Inseln, die heute weitgehend vom Tourismus leben. Das wohl bekannteste Ziel ist die Insel Sylt im äußersten Norden an der Grenze zu Dänemark.

Vor ungefähr 8000 Jahren wurde die 98 km² große Insel infolge einer Sturmflut vom Festland abgetrennt. Sie ist 38,5 km lang und zwischen 600 m und 12,5 km breit. Auf ihr leben heute gut 27000 Menschen.

Das Leben wurde Jahrhunderte lang vom Meer geprägt: im 15. und 16. Jahrhundert vom Heringsfang, im 17. und 18. Jahrhundert vom Walfang. Gleichzeitig betrieben Frauen und Kinder auf der Insel einen spärlichen Ackerbau und etwas Viehzucht.

Ein gravierender Wandel setzte im 19. Jahrhundert ein, besonders mit der Gründung des Seebades Westerland im Jahre 1855. Schon um 1890 hatte es Keitum als größten Ort abgelöst. Die Verbesserung der Verkehrsanbindung und weitere Stationen förderten die Ausweitung des Tourismus:

- 1925 Landung der ersten Flugzeuge auf Sylt
- 1927 Fertigstellung des Hindenburgdamms
- 1949 Eröffnung der Spielbank Westerland
- 1954 Einweihung des ersten FKK-Strands
- 1969 Fertigstellung des Kurzentrums
- 1994 Einweihung des Freizeitbades
- 2004 Eröffnung des Großaquariums

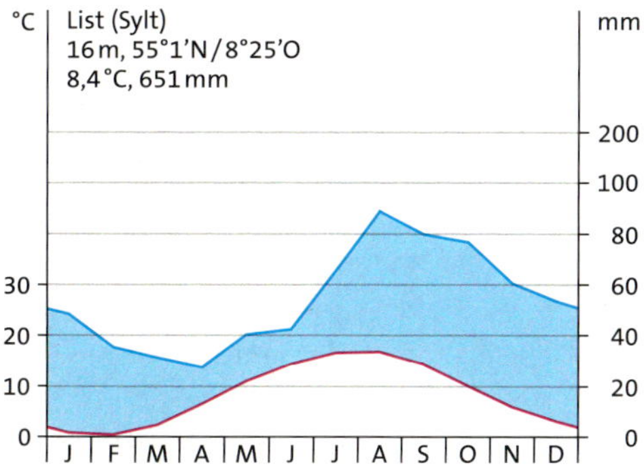

17 ***Klimadiagramm von List/Sylt***

19 ***Hörnum: Hafen mit Leuchtturm und Odde***

Fremdenverkehr stärkt die überörtliche Bedeutung eines Ortes. Gut erreichbare Ferienorte erleben einen zeitweisen Bevölkerungszuwachs durch Ferien- und Zweitwohnungen. Dadurch erlangen sie gegenüber Orten mit gleicher Bevölkerungszahl eine größere überörtliche Bedeutung. Dies äußert sich in höheren Bodenpreisen, stärkeren Pendlerströmen und in der Verdrängung von Branchen mit schlechter bezahlten Arbeitsplätzen. War das Wirtschaftsleben früher von starken saisonalen Schwankungen geprägt, so ist seither ein ganzjährig pulsierendes Leben zu beobachten.

Um die Bedeutung von Fremdenverkehrsorten als **Zentrale Orte** in der Raumplanung aufzuwerten, wurde zur statistisch als Einwohner erfassten Wohnbevölkerung eine „Freizeitbevölkerung" hinzugezählt. Dazu werden die Übernachtungszahlen eines ganzen Jahres rechnerisch auf einen Tagesdurchschnitt verteilt. Für Westerland ergibt sich dadurch für 2006 statt 9 013 Einwohnern eine Gesamtbevölkerung von 16 649 Bewohnern.

18 **Durchschnittliche Aufenthaltsdauer der Gäste in Westerland, 1988–2008 (in Tagen)**

1988	12,7	2000	9,5
1990	11,1	2002	9,2
1992	11,0	2004	9,0
1994	10,8	2006	8,4
1996	10,3	2008	8,4
1998	9,7		

Nach Sylt Tourismus-Service: Tourismus-Statistik 2008, unter: www.westerland.de

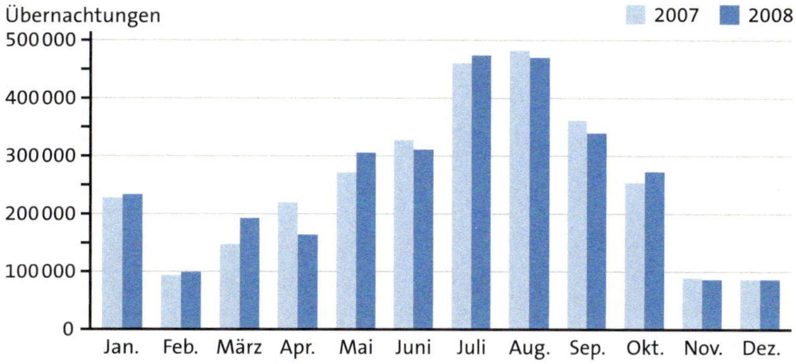

20 ***Übernachtungen in Westerland***

Ebenda

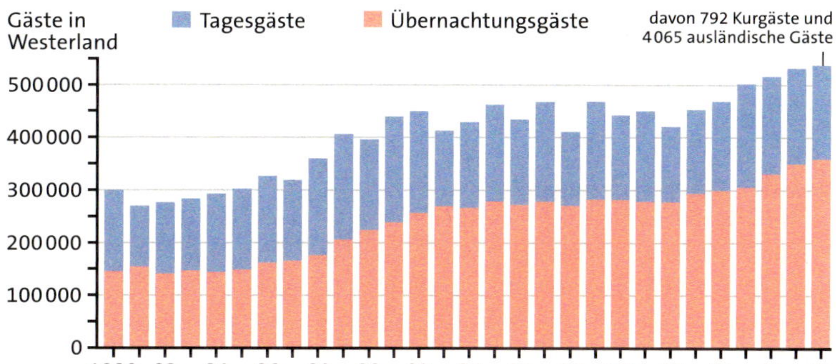

21 ***Entwicklung der Gästezahlen in Westerland***

Ebenda

9 *Beschreiben Sie die naturräumlichen Strukturen von Sylt als Grundlage für den Tourismus.*

10 *Erläutern Sie die Entwicklung des Fremdenverkehrs der Insel.*

11 *Erörtern Sie den Vorschlag, Touristen als „Freizeitbevölkerung" der Wohnbevölkerung hinzuzurechnen.*

12 *Werten Sie das Foto 19 im Hinblick auf Nutzungs- und Wirtschaftsformen aus.*

ONLINE-Link
Surftipp
29120X-0424

Nachhaltige Nutzung durch sanften Tourismus?

1980 veröffentlichte der Zukunftsforscher und Empfänger des Alternativen Nobelpreises Robert Jungk einen Aufsehen erregenden Aufsatz mit dem Titel „Wie viel Touristen pro Hektar Strand?" Darin warnt er vor den ökologischen und sozialen Auswirkungen des Tourismusbooms und stellt in einer Übersicht Charakteristika von „hartem Reisen" und „sanftem Reisen" gegenüber. Seitdem ist der Terminus **„sanfter Tourismus"** ein fester Bestandteil in der Diskussion um die negativen Folgen des ausufernden Freizeitverkehrs und bei der Suche nach alternativen Formen geworden.
Heute ist uns allen bewusst, welch gewaltige Ansprüche der Fremdenverkehr an Raum und Umwelt stellt. Verkehrsströme, Flächenverbrauch, Bodenversiegelungen durch Infrastruktureinrichtungen, aber auch die Freizeitaktivitäten selbst sind als ursächliche Faktoren zu nennen. Die Suche nach dem Außergewöhnlichen, nach dem Abenteuer im Urlaub erreicht immer neue Dimensionen, sodass auch die letzten Naturnischen erschlossen werden. Manche Regionen werden allein vom Tourismus geprägt mit fatalen Folgen für die Umwelt und das soziale und kulturelle Gefüge.

Angesichts dieser Entwicklung ist die Forderung nach alternativen Tourismusformen nur zu verständlich. Dabei stehen Umweltgesichtspunkte zwar im Mittelpunkt der Überlegungen, diese müssen aber mit den ökonomischen und gesellschaftlichen Interessen in Einklang gebracht werden. Wird aber nachhaltige Raumnutzung allein durch sanften Tourismus erreicht? Wird nicht vielmehr durch Einrichtungen für den **Massentourismus** an anderer Stelle der Erfolg für einen nachhaltigen Ökotourismus erst gesichert?

23 **Nachhaltiger Tourismus**

Nachhaltiger Tourismus ist von den Grundsätzen der Erklärung von Rio über Umwelt und Entwicklung und den Empfehlungen der Agenda 21 geleitet. Er muss soziale, kulturelle, ökologische und wirtschaftliche Verträglichkeitskriterien erfüllen. Nachhaltiger Tourismus ist langfristig, d.h. in Bezug auf heutige wie auf zukünftige Generationen, ethisch und sozial gerecht und kulturell angepasst, ökologisch tragfähig sowie wirtschaftlich sinnvoll und ergiebig.

Bundesamt für Naturschutz: Definition Nachhaltiger Tourismus, unter: www.bfn.de/0323_iye_nachhaltig.html (Zugriff vom 09.01.2010)

22 **„Harter" und „sanfter" Tourismus**

Harter Tourismus	Sanfter Tourismus
Die Touristen wirken „als Masse aufdringlich"	Touristen reisen einzeln oder in Kleingruppen
Touristen bringen Hektik und Lärm	Die Reisenden nehmen sich Zeit und genießen die Ruhe
Touristen sind in feste Programme eingebunden	Gäste entscheiden spontan vor Ort
Einrichtungen für den Tourismus bestimmen das Landschaftsbild nachteilig	Einrichtungen passen sich in die gewachsene Kulturlandschaft harmonisch ein
Die Reisenden kommen weitgehend unvorbereitet	Die Reisenden bereiten sich vor
Mögliches Fehlverhalten muss mit Sanktionen bedroht werden	Reisende nehmen Rücksicht auf die örtlichen Verhältnisse
Reisende hinterlassen „hässliche Spuren"	Reisende sind „allseits gerne gesehen"

24 ***Eckpunkte eines nachhaltigen Tourismus***

Nationalparks und nachhaltiger Tourismus

25 **Nationalparks und ihre Geschichte**

In Nationalparks soll sich die Natur auf großen zusammenhängenden Flächen weitgehend selbst überlassen bleiben.

Im ältesten deutschen Nationalpark Bayerischer Wald, 1970 gegründet, 1997 erweitert, gibt es noch immer ein Tauziehen um die Rückverwandlung in einen Urwald, der sich absolut selbst überlassen bleibt.

Die Zusammenführung der ökonomischen Interessen der einheimischen Bevölkerung mit den Anliegen der Ökologie und dem gesellschaftlichen Streben nach Bildung und Forschung ist im Bayerischen Wald durch riesige vom Borkenkäfer befallene Flächen auf eine harte Probe gestellt worden. „[...] Mit dem Nationalpark (sollte) die arme Region am Eisernen Vorhang gefördert werden. [...] Das Konzept wurde zum Rettungsanker, denn während der Tourismus boomte, gingen Arbeitsplätze in den Glashütten verloren. [...] Da trifft es doppelt hart, dass der Tourismus [...] einen Durchhänger hatte. [...] Wer will schon dort Urlaub machen, wo der Borkenkäfer den Wald zerstört", kritisiert die Bürgerbewegung [...] „Die Natur kommt gut mit Borkenkäfer und Windwurf klar" sagt Josef Wanninger von der Nationalparkverwaltung. Das beweist der Nationalpark am Lusen und Rachel. [...] Der Besucher sieht dort die grau verwitterten Skelette der Bäume. Doch längst wächst ein neuer, gesunder Wald nach. Genau um dieses Schauspiel der Natur zu erkunden, kommen die Besucher und lassen viel Geld in der Gegend.

Neue Züricher Zeitung vom 03. 09. 07, unter: www.nzz.ch

Der jüngste, 2004 eingerichtete Nationalpark Eifel war der erste in Deutschland, der von Anfang an mehrheitliche Zustimmung bei der Bevölkerung gefunden hat.

Aufgrund seiner naturräumlichen Vielfalt (naturnahe Laubwälder, Felslandschaften, Flusstäler, Stauseen, Heide-, Feucht- und Moorgebiete), seiner Lage im bevölkerungsreichen Bundesland Nordrhein-Westfalen sowie seiner guten Erschließung und Erreichbarkeit wird der Nationalpark besonders von Tages- und Wochenendausflüglern besucht. Entsprechend hoch sind die Besucherzahlen. Ökologisch ist der Nationalpark Eifel kein geschlossenes System, sondern er steht in vielfältigen Wechselbeziehungen zu seiner Umgebung. Auch deshalb ist es schwierig, stets eine Balance zwischen Naturschutz und öffentlicher Zugänglichkeit zu finden.

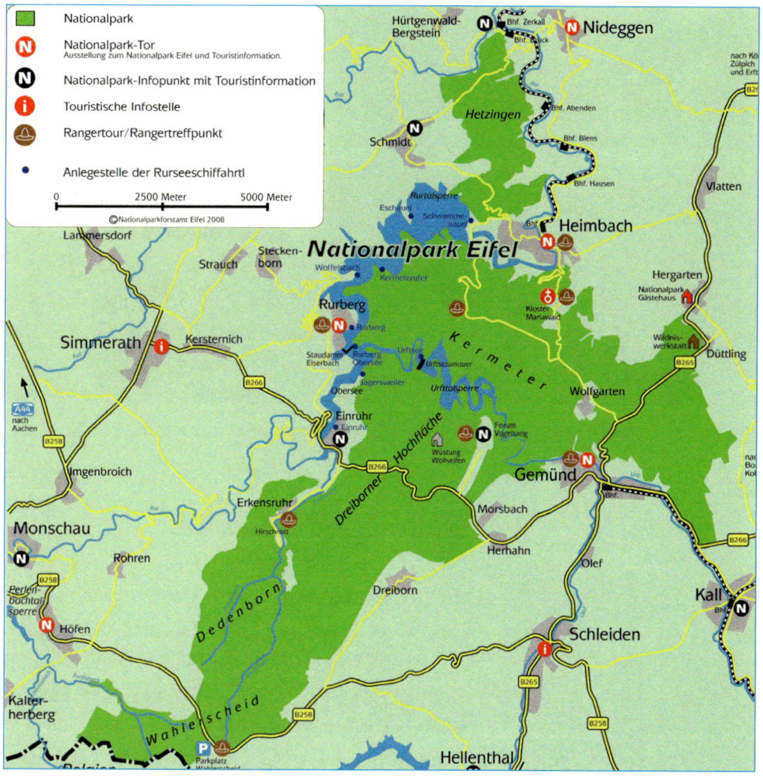

26 ***Nationalpark Eifel***

Nationalpark Eifel 2009, unter: www.nationalpark-eifel.de/go/eifel/german/Lage_und_Anreise/Lage.html

13 *Erklären Sie den Begriff „nachhaltiger Tourismus".*

14 *Erstellen Sie mithilfe der obigen Karte und des Internets (www.nationalpark-eifel.de) ein Portrait des Nationalparks Eifel.*

15 *Erörtern Sie Vor- und Nachteile des Massentourismus vor dem Hintergrund nachhaltiger Raumnutzung.*

16 *Diskutieren Sie die These „Ballermann-Tourismus ist notwendig".*

ONLINE-Link
Infoblatt Sanfter Tourismus
29120X-0425

27 ***Tropical Islands: Blick auf die „Südsee" von Deutschlands höchster Wasserrutsche***

29 ***Der Standort des Erlebnisparks im Großraum Berlin-Brandenburg***

28 ***Tropical Islands – Außenansicht***

Neue Erlebniswelten

Attraktive Konsum- und Freizeitwelten sind in Deutschland nahezu überall da entstanden, wo Menschen in größerer Zahl leben. Freizeit- und Urlaubswelten kommen quasi vor die Haustür: Was dem Münchener die Kiesbänke an der Isar von Natur aus bieten, schafft man in Berlin und Köln mit dem Aufschütten innerstädtischer Sandstrände an Spree und Rhein. Freiluftaktivitäten werden in Hallen ganzjährig angeboten. So selbstverständlich Schwimm- und Tennishallen schon lange sind, so könnten dies mancherorts auch Ski- und Kletterhallen werden. Veränderte Lebensweisen führen dazu, dass eine steigende Zahl von Menschen individuelle Fitness- und Wellnessaktivitäten dem organisierten Vereinssport vorziehen. Kunstwelten ergänzen die subjektiv als begrenzt empfundenen Naturwelten.

In besonderer Weise finden sich diese Kunstwelten in Großkomplexen in oder in der Nähe von **Verdichtungsräumen**; sie sind seit den 1990er-Jahren die größten Wachstumspole im Konsum- und Freizeitsektor.

Zu diesen Anlagen gehören die zur Zeit 83 deutschen Freizeitparks, aber auch Urban-Entertainment-Center wie das Sony Center in Berlin, Erlebnis- und Konsumwelten wie das CentrO Oberhausen, Factory-Outlet-Center, sogenannte Science-Center wie der Abenteuer-Wissenspark Odysseum in Köln, oder Themenparks von Unternehmen zu ihrem Produkt. Ihnen gemeinsam ist die Verknüpfung von Konsum und Freizeit.

ONLINE-Link

Surftipps zu neuen Erlebniswelten

29120X-0426

Beispiel Tropical Islands

Auf dem Areal des ehemaligen Militärflughafens Staaken erstellte eine Luftschiff AG im Jahr 2000 für den Bau von Lasten-Luftschiffen die größte stützenfreie Halle der Welt. Nach der Insolvenz des Unternehmens wurde die Halle an einen Konzern aus Malaysia verkauft. Der errichtete dort 2004 mit „Tropical Islands" ein künstliches Tropenparadies mit Hotelbetrieb, Regenwaldnachbildung, Tropendorf, Südseestrand, Shopping Boulevard, Minigolf, Ballonfahrt usw. – ganzjährig 24 Stunden am Tag geöffnet.

Kalkuliert hatte man im ersten Jahr mit rund 2,5 Mio. Besuchern, eine Kostendeckung wäre mit 1,25 Mio. Gästen erreicht worden. Bei den tatsächlichen Besuchern von knapp einer Million im Jahr 2005 entstanden dagegen Verluste von geschätzten 10–20 Mio. Euro. Als Hauptursachen betrachtete man die ungünstige Lage des Standorts sowie die enormen Energiekosten. Diese werden besonders durch das Aufheizen der Halle auf 30 °C hervorgerufen.

Um wirtschaftlicher zu sein, erfolgte 2006 ein Um- und Ausbau, u. a. mit einem 4 000 m² großen Kinderbereich und einer Wellness- und Saunalandschaft. Von den 23 Mio. Euro Kosten subventionierte Brandenburg vor dem Hintergrund des Erhalts von 500 Arbeitsplätzen 17 Mio. Euro.

17 *Erklären Sie das Entstehen von Freizeitwelten.*

18 *Erläutern Sie anhand von „Tropical Islands" Intentionen, Vorzüge und Probleme einer solchen Erlebniswelt.*

Beispiel Legoland

Legoland zählt mit 1,3 Mio. Besuchern pro Jahr zu den meistbesuchten Touristenattraktionen in Bayern.

Im Schnittpunkt der großen Verkehrsadern von Norddeutschland in die Alpen und von Frankreich nach Österreich ist die Attraktivität so groß, dass man von einem Einzugsbereich von über fünf Mio. Menschen ausgehen kann. Für Günzburg bedeutet der Park einen Glücksfall in mehrfacher Hinsicht: Eine ehemalige Militärfläche wird einer attraktive Nachfolgenutzung zugeführt. Der Park beschäftigt 130 Arbeitskräfte fest, dazu rund 1 000 saisonal. Und 1,3 Mio. Besucher, die zum Teil über Nacht bleiben, bringen Geld in die Region, nicht nur für Lego.

Resümee: Wohin geht die Reise?

Technischer Fortschritt und neue Lebensformen prägen das Freizeitverhalten. Der Tourismus mit dem Flugzeug in die Ferne wächst fast ungebrochen von Jahr zu Jahr. Neue Erlebniswelten ziehen insbesondere Familien mit Kindern und Jugendliche an. Doch täglicher Stress einerseits und Rückbesinnung auf Erholung andererseits sowie gewandelte Muster der Freizeitgestaltung brauchen die Vielfalt touristischen Angebots. Die traditionellen Fremdenverkehrsgebiete bleiben beliebt. Neue Erlebniswelten finden Zuspruch bei Unterhaltung suchenden Menschen. Es steht zu erwarten, dass viele Formen nebeneinander bestehen werden. So finden die Menschen das Angebot für ihre Form von Tourismus. Sie sichern damit die Lebensgrundlage für die steigende Zahl von Menschen, die in den Fremdenverkehrsregionen ihren Lebensunterhalt daraus beziehen.

19 *Vergleichen Sie die Verteilung der Fremdenverkehrsregionen in Karte 7 (Seite 161) mit der der Freizeitparks (Karte 30).*

20 *Erstellen Sie mit Ihrer Lerngruppe einen Katalog von Wünschen nach jugendgemäßen Freizeiteinrichtungen in Ihrem Heimatort.*

21 *Bewerten Sie die auf den Seiten 162 bis 169 vorgestellten Freizeitangebote.*

22 *Diskutieren Sie anhand des Beispiels Tropical Islands die Sinnhaftigkeit von Subventionen.*

30 **Freizeit- und Erlebnisparks in Deutschland**

Nach Rüdiger Glaser u. a.: a. a. O., S. 192

Wichtige Begriffe
Bevölkerungsstruktur
Flächennutzungsplan
funktionale Stadtgliederung
Integration
ländlicher Raum
Massentourismus
Migration
nachhaltige Stadtentwicklung
Primärer Sektor
regionale Disparitäten
sanfter Tourismus
schrumpfende Städte
Segregation
Sekundärer Sektor
Stadtplanung
Stadtumbau
Suburbanisierung
Tertiärer Sektor
Tertiärisierung
Wirtschaftsstruktur
Zentraler Ort
Zentralität

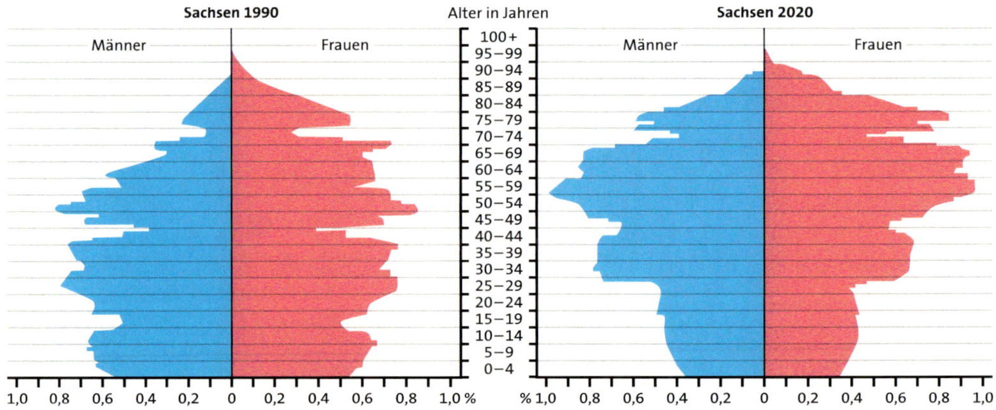

1 ***Altersstruktur der Bevölkerung des Bundeslandes Sachsen 1990 und 2020***

Charlotte Höhn: Demografischer Wandel und Familienpolitik in Sachsen. Demografiegipfel am 21.04.2004. Bundesinstitut für Bevölkerungsforschung beim StBA 2004, S. 3, unter: www.demografie.sachsen.de/download/demografiegipfel1_hoehn.pdf

2 **Bevölkerung, Geburten und Sterbefälle in den neuen Bundesländern 1992 bis 2006 (ohne Ostberlin)**

	1992	1994	1996	1998	2000	2002	2004	2006
Bevölkerung	14 391 417	14 230 379	14 137 078	14 015 805	13 849 877	13 617 013	13 433 358	13 244 227
Lebendgeburten	80 541	71 112	84 651	90 702	101 202	96 350	98 884	96 406
Sterbefälle	177 178	169 254	163 130	153 831	150 217	150 082	145 580	146 611

© Statistisches Bundesamt, Wiesbaden 2009

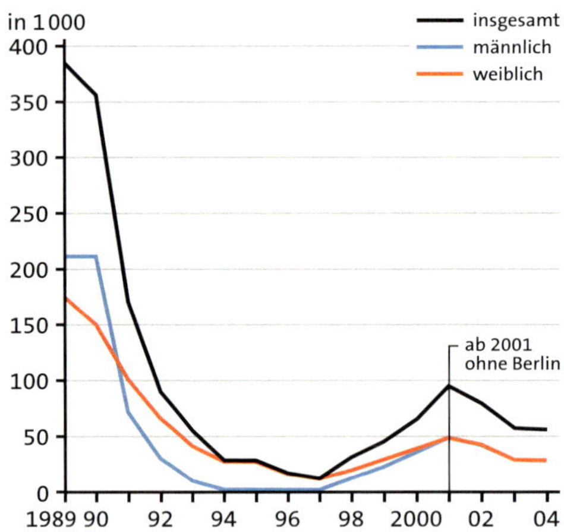

3 ***Ost-West-Wanderungssaldo***

Berlin-Institut für Bevölkerung und Entwicklung: Von Ost- nach Westdeutschland. demos Ausg. 27 vom 10.11.2006, unter: www.berlin-institut.org/newsletter/10Nov06.html.html

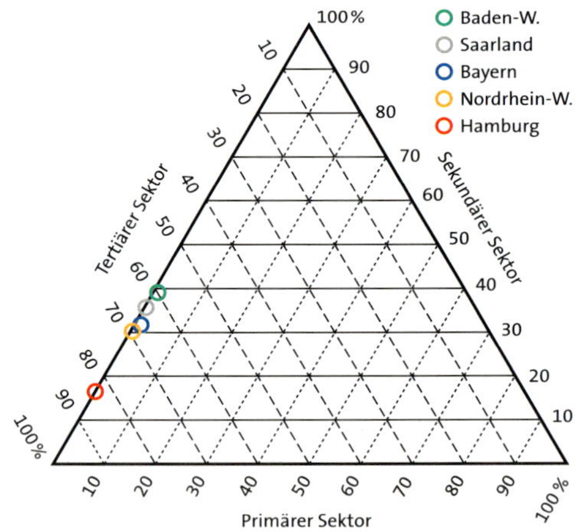

4 ***Bruttowertschöpfung ausgewählter Bundesländer im Jahr 2009 nach Sektoren***

Nach Statistische Ämter des Bundes und der Länder: Volkswirtschaftliche Gesamtrechnung – Bruttowertschöpfung, Berechnungsstand: August 2008/Februar 2009, unter: www.statistik-portal.de

1 *Bevölkerungsentwicklung in den neuen Bundesländern*

a) Beschreiben Sie die beiden Bevölkerungsdiagrame in Grafik 1 und leiten Sie daraus allgemeine Tendenzen der Bevölkerungsentwicklung in den neuen Bundesländern ab.

b) Erläutern Sie anhand der Tabelle 2 und der Grafik 3 die Bevölkerungsentwicklung in den neuen Bundesländern.

c) Erörtern Sie mögliche Folgeprobleme.

5 **Beschäftigte in der Montanindustrie in der Region SaarLorLux***

	Jahr	Saarland	Lothringen	Luxemburg
Kohlebergbau	1960	55752	43323	0
	1970	26930	26097	0
	1977	21937	23728	0
	1987	23815	18003	0
	1996	14231	8000	0
	2004	5300	0	0
Eisenerzbergbau	1960	0	22795	2350
	1970	0	10636	1341
	1977	0	7118	480
	1987	0	1541	0
	1997	0	0	0
Eisen/Stahlproduktion	1960	42076	93256	21824
	1970	39436	87246	23184
	1977	34715	70456	17089
	1987	17229	28203	12342
	2004	12000	10000	3300

** Die Region SarLorLux umfasst die Teilregionen Luxemburg, Lothringen, Saarland, Rheinland-Pfalz sowie Wallonien und beruht auf Verträgen der Staaten Frankreich, Belgien, Luxemburg und Deutschland mit dem Ziel, die wirtschaftliche, kulturelle, touristische und soziale Entwicklung dieser Region zu fördern.*
Gundula Scholz, Frank Ketter: Grenzerfahrungen, Leben in SaarLorLux, in: Christoph Becker (Hrsg.): Trierer Geographische Studien 28 (2005), S. 243
Nach Statec Luxembourg, Insee Nancy, Statistisches Amt des Saarlandes Saarbrücken

6 **Pflichtaufgabe Innovation**

Der wirtschaftliche Strukturwandel hat enorme Fortschritte gemacht. Nur noch jeder zehnte Arbeitnehmer gehört zur traditionellen Industrie. Von den modernen, technologieorientierten Produktionsbetrieben und den hochwertigen Dienstleistungen kommen jetzt die Wachstumsimpulse.

Die Investitionsgüterindustrie hat sich zur tragenden Säule von Konjunktur und Wachstum entwickelt. Speziell die Schwerpunkte Metall, Fahrzeug- und Maschinenbau sowie deren Zulieferindustrien stellen mit über 60 000 Beschäftigten einen hohen Anteil an Arbeitsplätzen und bieten ein erhebliches Innovationspotenzial. In einer Studie des [Institutes der deutschen Wirtschaft] Köln zur deutschen Automobilindustrie wurde das Saarland auf Platz 3 der Zulieferregionen gesetzt.

Der Dienstleistungssektor ist seit 1990 um über 30 000 Beschäftigte angewachsen.

Wir haben Innovation zum Markenzeichen des Saarlandes gemacht. Lebendige Hochschulen und Forschungsinstitute sorgen für Bewegung. Im Saarland gibt es zum Beispiel zwei Max-Planck-Institute, das Deutsche Forschungszentrum für Künstliche Intelligenz und das Institut für Neue Materialien – alles noble Adressen mit internationalem Renommee.

Das Spitzen-Know-how der Universität, der Hochschule für Technik und Wirtschaft sowie der Forschungsinstitute hat Schrittmacherfunktion. Die Forschungslandschaft, die im Saarland seit den 1980er-Jahren gezielt aufgebaut wurde, bildet eine gute Kulisse für den wirtschaftlichen Aufbruch.

Hanspeter Georgi: Pflichtaufgabe Innovation – wie das Saarland seinen Weg der Erneuerung geht, in: Wirtschaftsstandort Saarland – 2006 / 2007, unter: www.ebn24.com/index.php?id=26291

2 *Strukturwandel in einem altindustrialisierten Raum*

a) Erläutern Sie auf der Grundlage der Tabelle 5 sowie einer geeigneten Atlaskarte die Entwicklung der Montanindustrie in der SaarLorLux-Region.

b) Stellen Sie sich daraus ergebende Probleme dar.

c) Bewerten Sie den Weg des Saarlands, den Strukturwandel zu meistern (Grafik 4, Text 6).

Training

5.1 Methodenkompendium

Hier finden Sie wichtige Methoden aus den vorangegangenen Klassenstufen.

Bevölkerungsdiagramme auswerten

1. Schritt: Orientieren

Stellen Sie fest, für welches Land und für welches Jahr die Angaben gemacht werden. Bestimmen Sie die Einteilung der Achsen. Überprüfen Sie, ob die Bevölkerungsanteile in absoluten oder relativen Zahlen angegeben werden.

2. Schritt: Beschreiben

Lesen Sie die geschlechtsspezifischen Anteile in den einzelnen Altersgruppen ab.

Arbeiten Sie die Gesamtanteile für folgende Bevölkerungsgruppen heraus:

- *Kinder und Jugendliche (0–14 Jahre)*
- *Erwerbsfähige Personen (15–64 Jahre)*
- *Nicht mehr erwerbsfähige Personen (> 64 Jahre)*

Beschreiben Sie den Altersaufbau der Bevölkerung. Gibt es Auffälligkeiten bzw. Unregelmäßigkeiten?

3. Schritt: Erklären

Ermitteln Sie Hintergrundinformationen, die die Auffälligkeiten im Altersaufbau und bei den Geschlechteranteilen erklären.

4. Schritt: Einer Grundform zuordnen

Ordnen Sie das dargestellte Diagramm einer der vier Grundformen (Pyramidenform, Bienenkorbform, Glockenform, Urnenform) zu. Bedenken Sie dabei, dass es auch Mischformen geben kann.

5. Schritt: Prognose erstellen

Leiten Sie ab, wie sich die Bevölkerung eines Staates entwickelt. Formulieren Sie dann Aussagen zu Auswirkungen der Altersstruktur auf die Gesellschaft.

Bilder interpretieren

1. Schritt: Orientierung

- *Bildinhalt bzw. Bildgegenstand?*
- *Informationen durch eine Bildunterschrift?*
- *Hinweise auf den Aufnahmezeitpunkt (Jahr, Jahreszeit, Tageszeit)?*
- *Angabe einer Bildquelle? Zusammenhang von Bildquelle und Bildaussage (z.B. staatliche Agentur – politische Propaganda)?*
- *Verwendung von Objektiven mit extremen Brennweiten (z.B. bei Weitwinkelfotos schräge Hauswände, bei Teleobjektivaufnahmen geringe Tiefenschärfe)?*

2. Schritt: Beschreibung

a) Landschaft

- *Beschreibung erkennbarer Landschaftselemente mithilfe der Fachsprache;*
- *Abschätzung der Größe von Landschaftselementen, von Distanzen und Flächen (durch Vergleich mit geeigneten Objekten wie Bäumen, Häusern, Autos, Personen);*
- *Gliederung des abgebildeten Raumausschnitts, z.B. nach physisch-geographischen Gegebenheiten (Relief, Gewässer, Vegetation), nach anthropogeographischen Elementen (land- und forstwirtschaftliche Nutzungen, Siedlungen, Verkehrswege, Industrie- und Gewerbegebiete, Freizeiteinrichtungen), nach Vorder-, Mittel-, Hintergrund;*
- *Feststellen von deutlich erkennbaren Raumstrukturen (z.B. punktuell, linear, radial, kreisförmig, rechteckig), von funktionalen Zusammenhängen zwischen einzelnen Bildelementen, von landschaftsverändernden Prozessen;*
- *Zuordnung zu einem Landschaftstyp.*

b) Personen oder Objekte

- *Feststellen von Merkmalen und Tätigkeiten abgebildeter Personen;*
- *Rückschlüsse von diesen Merkmalen bzw. Aktivitäten auf das Umfeld (z.B. technisches Niveau einer Tätigkeit und wirtschaftliche Situation);*
- *Funktionsbestimmung einzelner Objekte (z.B. typischer Gebäudemerkmale, Beschriftungen).*

3. Schritt: Erklärung

- *genetische Deutung: Entstehung und Entwicklung der wichtigen natur- und kulturlandschaftlichen Bildelemente bzw. der erkannten Raumstrukturen klären;*
- *Ursachenanalyse: historische, wirtschaftliche, gesellschaftliche bzw. politische Faktoren und/oder physisch-geographische Kräfte untersuchen, die das Aussehen der abgebildeten Natur- und Kulturlandschaft beeinflusst haben (unter Hinzuziehung ergänzender Informationen über den Gesamtraum, aus dem das Bild*

stammt); dabei insbesondere auf die im Bild ggf. erkennbaren landschaftsverändernden Prozesse eingehen;
- *funktionale Deutung: Beziehungen zwischen einzelnen Bildelementen herstellen, die spezifische Lage einzelner Objekte aus ihrer Funktion sowie Aufgaben und Rolle dargestellter Personen erklären.*

4. Schritt: Wertung
- *Auswahl von Bildausschnitt, Kamerastandpunkt, Blickrichtung, Aufnahmezeitpunkt: Günstig im Hinblick auf Aussage und Information? Manipulativ?*
- *Informationen und Objekte im Mittelpunkt des Bildes: Tatsächlich wichtig? Unwesentliches (absichtlich) im Vordergrund?*
- *Abgebildete Landschaftselemente, Raumstrukturen, landschaftsverändernde Prozesse, Personen und ihre Tätigkeiten usw. wirklich typisch für diesen Raum? Weiterer Informationsbedarf?*
- *Position des Fotografen: Sein (vermutliches) Interesse an diesem Bildmotiv? Grund für Veröffentlichung dieses Bildes? Erkennbare Einflussnahme auf die Bildaussage (z. B. durch Auswahl eines besonderen Objektivs, durch Erzeugen einer bestimmten Atmosphäre mithilfe von Bildmotiven im Vordergrund o. Ä.)?*

Computerpräsentation anfertigen

1. Schritt: Vorbereiten
- *Bevor Sie die Computerpräsentation erstellen, müssen Sie klären, welche Inhalte Sie präsentieren wollen und wie Sie diese sinnvoll gliedern können. Beachten Sie die Zeitdauer, die Ihnen für die Präsentation zur Verfügung steht.*
- *Legen Sie die Anzahl und die Reihenfolge der geplanten Folien fest.*

2. Schritt: Erstellen

Wählen Sie im Präsentationsprogramm ein geeignetes Folienlayout und -design aus. Fügen Sie Texte und Materialien ein. Beachten Sie dabei Folgendes:
- *Jede Folie erhält eine treffende Überschrift. Formulieren Sie den Textinhalt in klaren Stichworten.*
- *Beschränken Sie sich auf wesentliche Informationen, denn eine Flut von unwichtigen Mitteilungen lenkt beim Zuhören ab.*
- *Geben Sie auf jeder Seite am unteren Rand die Quellen der verwendeten Materialien an.*
- *Wählen Sie einen ansprechenden Hintergrund für die Folien. Achten Sie dabei auf den Kontrast zwischen Text und Hintergrundfarbe.*
- *Wählen Sie Schrifttyp und Schriftgröße so, dass sie aus der Entfernung leicht lesbar sind. Durch dezente Hervorhebung (z. B. Markierung oder Farbe) wird jede wichtige Information gekennzeichnet. Aber: Eine zu bunte Präsentation lenkt eher ab.*
- *Gehen Sie sparsam mit Animationseffekten und Sounds um – sie sind nur dann sinnvoll, wenn sie dem Zuschauer beim Erfassen und Verarbeiten von Informationen helfen.*
- *Bestimmen Sie den Folienübergang: Soll er automatisch oder nach Bedarf durch Mausklick erfolgen?*
- *Zu jeder Folie können Sie ein Notizblatt mit Sprecherkommentaren erstellen.*
- *Fertigen Sie eine Sicherungskopie an.*
- *Üben Sie den kompletten Vortrag mehrmals. Eine „Generalprobe“, z. B. vor Freunden, gibt Ihnen Sicherheit.*

3. Schritt: Präsentieren
- *Prüfen Sie vor der Präsentation, ob die benötigte Technik (Computer, Laptop, CD-ROM, Beamer) funktioniert.*
- *Erläutern Sie Ihre präsentierten Folien, denn viele Informationen bedürfen einer Erklärung, da sie für die Zuhörer neu sind.*
- *Sprechen Sie langsam und möglichst frei in Richtung des Publikums. Nutzen Sie die Folien, um den roten Faden nicht zu verlieren.*
- *Beraten Sie sich anschließend mit der Klasse: Was hat gut geklappt? Was kann das nächste Mal verbessert werden?*

Gruppenpuzzle durchführen

1. Schritt: *Setzen Sie sich zuerst zu sogenannten Stammgruppen zusammen.*

2. Schritt: *Jedes Mitglied einer Stammgruppe bearbeitet den gemeinsamen Arbeitsauftrag. Dazu müssen Sie sich zunächst das notwendige*

Expertenwissen über die einzelnen Bereiche beschaffen. Bestimmen Sie dazu in jeder Stammgruppe je mindestens einen Experten für die Einzelthemen.

3. Schritt: *Lösen Sie die Stammgruppen auf und setzen Sie sich je nach dem von Ihnen übernommenen Thema in den Expertengruppen neu zusammen.*

4. Schritt: *Bearbeiten Sie in dieser Expertengruppe gemeinsam Ihr Spezialthema. Jeder Experte notiert für sich die erarbeiteten Ergebnisse z. B. als Text, Tabelle und Diagramm.*

5. Schritt: *Nachdem Sie nun zu Experten ausgebildet wurden, lösen Sie die Expertengruppen auf und kehren in Ihre ursprünglichen Stammgruppen zurück.*

6. Schritt: *Die Experten berichten der Reihe nach über die Lösungen, die in ihren Expertengruppen erarbeitet wurden. Sie stellen dabei auch die angefertigten Materialien vor und erklären diese.*

7. Schritt: *Erstellen Sie gemeinsam in der Stammgruppe eine Präsentation für Ihre Ergebnisse. Beachten Sie dabei den gemeinsamen Arbeitsauftrag.*

8. Schritt: *Präsentieren Sie der Klasse Ihre Arbeitsergebnisse. Diskutieren Sie mögliche Unterschiede zwischen den Ergebnissen der verschiedenen Stammgruppen.*

Höhenprofil zeichnen

1. Schritt: *Zeichnen Sie die Strecke von Ort A nach B in die Karte ein. Es ist die Querschnittslinie.*

2. Schritt: *Wählen Sie einen geeigneten Längenmaßstab und übertragen Sie diese Querschnittslinie AB auf Millimeterpapier.*

3. Schritt: *Legen Sie eine Höhenskala an. Beschriften Sie die Hochachse im Nullpunkt beginnend mit den Höhenangaben. Wählen Sie die Abstände so, dass Höhenunterschiede deutlich werden. Achten Sie dabei auf die tiefste und auf die höchste Stelle des Querschnitts. Nehmen Sie eine sinvolle Skaleneinteilung vor: 1 cm entspricht beispielsweise 100 m.*

Beachten Sie außerdem, dass Längenmaßstab und Höhenmaßstab durch ein sinnvolles Verhältnis der Überhöhung miteinander korrelieren sollten.

4. Schritt: *Übertragen Sie die Schnittpunkte P1, P2 usw. der Karte an richtiger Stelle auf das Millimeterpapier. P1, P2 usw. sind Schnittpunkte der Höhenlinien mit der Querschnittslinie.*

5. Schritt: *Verbinden Sie auf dem Millimeterpapier die Punkte A, P1, P2 ... B. So erhalten Sie die Profillinie des Geländeschnittes von A nach B.*

Informationen gewinnen, verarbeiten und dokumentieren

1. Schritt: Informationen gewinnen

Zunächst sollten Sie alles sammeln, was Sie zu dem Thema finden können. Im Internet, in Bibliotheken, Lexika, Fachzeitschriften oder Bildbänden werden Sie bestimmt fündig.

2. Schritt: Informationen sortieren und auswählen

Sie haben nun sicher eine große Menge an Informationen zusammengetragen, sodass man schnell die Übersicht verlieren kann. Daher müssen Sie jetzt herausfinden, mit welchen Informationen Ihre Fragen am besten zu beantworten sind.

Dokumentieren Sie die Quellen und prüfen Sie, ob diese zuverlässig und die Informationen richtig sind. Hierzu bietet es sich an, Informationen zum Thema aus verschiedenen Quellen zu vergleichen.

3. Schritt: Informationen verarbeiten

Die ausgewählten Informationen müssen Sie nun verarbeiten, um Ihre Fragen aussagekräftig zu beantworten. Überlegen Sie z. B.:

- *Lassen sich aus Texten, Grafiken oder Schemata anfertigen?*
- *Sollten Tabelleninhalte zu Diagrammen verarbeitet werden?*
- *Können Informationen eventuell durch ein Experiment bestätigt werden?*

4. Schritt: Informationen dokumentieren

Alle Aufgabenstellungen und Antworten werden nun übersichtlich angeordnet. Möglichkeiten dazu bietet z. B. eine Themenmappe.

- *Ist die Fragestellung damit beantwortet?*
- *Bleiben Fragen offen? Falls ja, begründen Sie, woran das liegt (z. B. Thema ist noch nicht ausreichend erforscht).*

Kartenskizze zeichnen

1. Schritt: *Suchen Sie im Atlas die entsprechende Landschaftskarte. Legen Sie Transparentpapier auf und heften Sie dieses mit Büroklammern fest. Auf dieses Transparent zeichnen Sie zunächst einen rechteckigen Rahmen, der den Kartenausschnitt Ihrer Skizze begrenzt.*

2. Schritt: *Zeichnen Sie nun das Flussnetz mit einem blauen Farbstift nach. Dabei können Sie großzügig den wichtigsten Flussläufen folgen. Kleinräumige Flussbiegungen werden einfach begradigt.*

3. Schritt: *Wählen Sie für Höhenzüge und Gebirge einen braunen Farbstift. Damit umfahren Sie die Gebirge grob und malen anschließend die umschlossene Fläche aus. Bei Mittelgebirgen benutzen Sie einen hellbraunen und bei Hochgebirgen einen dunkelbraunen Farbton.*

4. Schritt: *Markieren Sie mit einem roten Farbstift die Landesgrenzen und Städte. Am besten zeichnen Sie nur die größeren Städte ein.*

5. Schritt: *Beschriften Sie nun Ihre „stumme" Karte. Übertragen Sie dazu die Namen aus dem Atlas. Für Städte, Gebirge und Landschaften wählen Sie einen schwarzen Farbstift, für Flussnamen benutzen Sie einen blauen Farbstift.*

Kausalprofil erstellen

1. Schritt: Höhenprofil zeichnen

Orientieren Sie sich bei diesem Schritt an der Methode „Höhenprofil zeichnen" auf Seite 174.

2. Schritt: Landschaftseinheiten zuordnen

Ordnen Sie dem Profil die entsprechenden Landschaftseinheiten zu. Meist sind diese Naturräume durch annähernd gleiche Reliefmerkmale und Höhen gekennzeichnet. So können Sie z. B. nach Hochgebirgen, Mittelgebirgen und Tiefländern differenzieren.

3. Schritt: Tabelle erstellen und Merkmale zuordnen

Wählen Sie, abhängig von Fragestellung, Raumausschnitt und Materiallage, geeignete Merkmale (z. B. Klima, Vegetation, Boden, Bevölkerungsdichte) aus, die darzustellen sind. Legen Sie nun entsprechend der Oberflächengliederung eine Tabelle an.

Ordnen Sie den einzelnen Landschaften jeweils stichpunktartig typische Merkmale in der Tabelle zu. Nutzen Sie dazu den Atlas, Ihr Schülerbuch oder andere verfügbare Informationsquellen.

4. Schritt: Zusammenhänge beschreiben und erklären

Zwischen den dargestellten Merkmalen bestehen in der Regel Zusammenhänge, die Sie jedoch erst ableiten müssen. Häufig kann man einen engen Zusammenhang zwischen Relief, geologischem Bau und Bodenverhältnissen oder zwischen Relief, Klima, Vegetation und damit auch der landwirtschaftlichen Nutzung und der Bevölkerungsdichte beobachten.

Klimadiagramme auswerten

1. Schritt: *Lesen Sie den Namen, das Land, die Gradnetzangaben und die Höhenlage der Station ab. Suchen Sie diese auf der Karte und beschreiben Sie ihre topografische Lage (z. B. am Meer, in einem Gebirgstal, in einer weiten Ebene).*

2. Schritt: *Werten Sie die Temperaturkurve aus. Beachten Sie dabei den Jahresgang der Temperatur und vor allem die niedrigsten und höchsten Werte. Der Unterschied zwischen diesen beiden Werten – Fachleute nennen ihn die Temperaturamplitude – sagt Ihnen viel über die Ausprägung des Klimas an der Station und über dessen Auswirkungen. Große Temperaturamplituden weisen die Station als kontinental aus. Wenn die Wintertemperaturen unter 0 °C liegen, fällt Niederschlag meist als Schnee.*

3. Schritt: *Werten Sie die Niederschlagskurve aus. Lesen Sie aus dem Diagramm ab, in welchen Jahreszeiten besonders viel bzw. besonders wenig Niederschlag fällt.*

4. Schritt: *Stellen Sie fest, ob es aride Jahreszeiten gibt oder ob es das ganze Jahr humid ist.*

5. Schritt: *Fassen Sie Ihre Auswertung in kurzer schriftlicher Form zusammen.*

Klimadiagramme zeichnen

1. Schritt: *Verwenden Sie Millimeterpapier. Zeichnen Sie eine waagrechte, 12 cm lange Grundlinie. Teilen Sie diese für die Monate ein (1 Monat entspricht 1 cm) und schreiben Sie die Anfangsbuchstaben der Monatsnamen darunter.*

2. Schritt: *Zeichnen Sie an der linken Seite der Grundlinie eine senkrechte Achse für die Temperaturwerte (in °C, rote Zahlen, 1 cm entspricht 10 °C). Tragen Sie den Wert für 0 °C an der Grundlinie ein und beschriften Sie diese in Zehnerschritten bis 30 °C.*

Wenn es Monate mit Werten unter 0 °C gibt, muss die Achse nach unten entsprechend weit verlängert und mit Minuswerten benannt werden.

3. Schritt: *Zeichnen Sie am rechten Endpunkt der Grundlinie eine senkrechte Niederschlags-Achse (in mm, blaue Zahlen, 1 cm entspricht 20 mm). Beschriften Sie in 20 mm-Schritten bis zum höchsten Monatswert der vorliegenden Station.*

Beachten Sie: Ab 100 mm Niederschlag/Monat können Sie die Skala stauchen, d. h. 1 cm entspricht nun 100 mm Niederschlag. Auf diese Weise wird das Diagramm nicht zu hoch. Dabei sind die Werte über 100 mm Niederschlag pro Monat innerhalb der Niederschlagssignatur grafisch anzuzeigen.

4. Schritt: *Markieren Sie nun die Monatsdurchschnittstemperaturen mit einem Kreuz jeweils über der Monatsmitte und verbinden Sie die Kreuze mit einem roten Stift zu einer Kurve.*

Bilden Sie aus dem Dezember- und Januarwert den Mittelwert. Tragen Sie diesen an beiden senkrechten Achsen an. Verlängern Sie die Kurve nun nach beiden Seiten bis zu den Hochwertachsen.

5. Schritt: *Markieren Sie die Höhe der mittleren Niederschlagssummen der einzelnen Monate jeweils mit einem Kreuz und verbinden Sie diese mit einem blauen Stift zu einer Kurve.*

Verlängern Sie diese nun nach der gleichen Methode wie die Temperaturkurve zu den beiden senkrechten Achsen.

6. Schritt: *Liegt die Niederschlagskurve über der Temperaturkurve, müssen Sie die dazwischen liegende(n) Fläche(n) mit senkrechten blauen Linien schraffieren. Liegt sie jedoch unterhalb der Temperaturkurve, dann müssen Sie die Flächen mit einer roten Punktsignatur versehen.*

7. Schritt: *Beschriften Sie das Diagramm vollständig mit dem Namen der Station, dem Namen des Landes, der Höhe des Ortes über dem Meeresspiegel, den Gradnetzangaben sowie der Jahresmitteltemperatur und der Jahresniederschlagssumme.*

Mit Modellen arbeiten

1. Schritt: Orientieren

- *Ermitteln Sie, was im Modell dargestellt ist.*
- *Beschreiben Sie die Lage des im Modell dargestellten Sachverhalts.*
- *Ermitteln Sie, welcher Zeitpunkt dargestellt bzw. welcher Zeitraum abgebildet wird.*

2. Schritt: Modell beschreiben

- *Stellen Sie fest, ob es sich um ein statisches oder dynamisches Modell handelt.*
- *Beschreiben Sie den Ist-Zustand des Modells.*
- *Suchen Sie auffällige Strukturen und beschreiben Sie diese.*

3. Schritt: Modell analysieren

- *Finden Sie Regelhaftigkeiten und Prozessabläufe.*
- *Stellen Sie Zusammenhänge und/oder Gesetzmäßigkeiten fest und erklären Sie diese.*
- *Erstellen Sie bei dynamischen Modellen Prognosen über die zukünftige Entwicklung.*

4. Schritt: Modell kritisch bewerten

- *Untersuchen Sie, ob das Modell hinsichtlich seiner Aussagekraft ganz oder teilweise auf die Realität übertragbar ist.*
- *Bewerten Sie, inwiefern das Modell zur Veranschaulichung der wissenschaftlichen Theorie beiträgt.*

Projektorientiertes Arbeiten

1. Schritt: Themenfindung

- *Eingrenzung des Oberthemas auf einen aktuellen, problemorientierten und interessanten Themenbereich*
- *hilfreiche Techniken bei der Themenfindung: Erstellen einer Mindmap zum Oberthema, Durchführen einer Punkteabfrage*
- *Berücksichtigen der Materiallage und -verfügbarkeit*

2. Schritt: Gruppenfindung und Festlegen von Einzelthemen

Im Plenum:

- *Diskussion und Festlegen der zu untersuchenden Einzelthemen*
- *Zusammenfinden von Partnern für Arbeiten am gleichen Themenbereich (Gruppenfindung)*

In den Themengruppen:

- *Festlegen einzelner Arbeitsschritte und Untersuchungsmethoden*
- *Aufstellen des Arbeitsplans, Zeitmanagement*

Anschließend im Plenum:

- *Vorstellen der Ergebnisse der Gruppenplanung*

3. Schritt: Informationen beschaffen, sortieren, auswählen und verarbeiten

- *Sammeln von Informationen in Bibliotheken, Lexika, Fachbüchern, Internet, mit besonderem Augenmerk auf Grafiken, Bilder, Diagramme und Karten; Notieren von Quellennachweisen*
- *gegebenenfalls Durchführung von Befragungen oder Interviews*
- *Sortierung und Auswahl von Informationsmaterial; dabei auf Zuverlässigkeit überprüfen*
- *Verarbeitung der Informationen: Texte exzerpieren, Wirkungsgefüge anfertigen, Tabellen in Diagramme umwandeln, Kartenmaterial bearbeiten, Zeichnungen anfertigen etc.*

4. Schritt: Vorstellen und Diskussion der Ergebnisse in den Einzelthemengruppen

- *Verfassen von Zwischenberichten, mithilfe derer die einzelnen Arbeitsgruppen über Fortschritte und Probleme berichten*
- *Zusammenfassen der Ergebnisse für die Plenumsdiskussion*
- *Vorbereiten der Präsentation*

5. Schritt: Ergebnisse präsentieren und Projekt auswerten

- *Vorstellen der Ergebnisse in geeigneter Form: z. B. Ausstellung, Powerpointpräsentation, Videofilm, Foliendarstellung, Internetpräsenz*
- *Rückblick auf die geleistete Arbeit*
- *Erfahrungsaustausch*
- *Abschlussauswertung: Wurden die Ziele erreicht? Traten Probleme auf? Was kann für eine künftige Projektarbeit gelernt werden?*

6. Schritt: Rückbesinnung

Die selbstkritische Reflexion der einzelnen Projektphasen bildet den Abschluss des Projektes.

Rollenspiel durchführen

1. Schritt: Vorbereitung

- *Darstellung einer Problemlage*
- *Benennung eines Spiel- bzw. Diskussionsleiters (ggf. auch Lehrerin/Lehrer)*
- *Besetzung der Rollen und Rollenstudium*

2. Schritt: Spiel

- *entscheidende Bedeutung des Spielleiters für das Gelingen (sich selbst zurücknehmen, „Schweiger" aktivieren, Bezüge zwischen vorgebrachten Argumenten herstellen)*
- *Schülerinnen/Schüler ohne Rolle sind Zuhörer*

3. Schritt: Spielkritik

- *Spieler distanzieren sich von ihren Rollen, analysieren ihr eigenes Rollenverhalten und das der anderen, stellen Veränderungen oder Bestätigungen der eigenen Position fest*
- *Lerngruppe bewertet die Qualität der Argumente, die Glaubwürdigkeit der vertretenen Standpunkte und die Entscheidung*

Satellitenbilder interpretieren

1. Schritt: Bildbetrachtung und Orientierung

- *Betrachten Sie das Satellitenbild genau.*
- *Nehmen Sie eine erste Einschätzung zu der Lage des gezeigten Ausschnittes und der Bedeutung der Farben vor.*
- *Führen Sie eine exakte Lage- und Maßstabsbestimmung durch. Ziehen Sie dazu Hilfsmittel hinzu (z. B. einen Atlas).*
- *Bestimmen Sie die einzelnen Farbbedeutungen.*

2. Schritt: Bildbeschreibung

- *Gliedern Sie das Satellitenbild in einzelne Teilabschnitte. Hierzu können Folien über das Satellitenbild gelegt werden, auf die einzelne Strukturelemente übertragen werden.*
- *Beschreiben Sie den Inhalt. Erfassen Sie dazu markante Merkmale. Welche Farben zeigen welche Phänomene? Was ist besonders auffällig (z. B. Gewässer, Relief, Landnutzung)?*
- *Beschreiben Sie die Lage bestimmter Merkmale (Was sehe ich wo?).*

3. Schritt: Bildanalyse

Ermitteln Sie Zusammenhänge, Ursachen und Gründe (z. B. Gefährdungspotenziale, Landnutzung, Siedlungen) anhand von Analysefragen:

- *Wie geschah es? (Erörterung der Genese)*
- *Warum ist es dort? (Erfassung der Zusammenhänge/ Kontexte)*
- *Welchen Einfluss hat es? (Betrachtung der Wirkungen)*
- *Wie verläuft die künftige Entwicklung? (Entwicklung von Zukunftsszenarien)*

4. Schritt: Bilddiskussion

- *Bewerten Sie das Satellitenbild (Farbgebung, Ausschnitt, Aussagekraft, Lesbarkeit).*
- *Überprüfen Sie, welche Sachverhalte mithilfe des Satellitenbildes gut dargestellt werden können.*

Schriftlicher Leistungsnachweis

1. Schritt: Thema lesen

Lesen Sie das Thema und die Aufgabenstellungen genau durch. Die Liste der Arbeitsanweisungen bzw. Operatoren auf der vorderen Einbandseite gibt an, was von Ihnen in der entsprechenden Aufgabe verlangt wird.

2. Schritt: Überblick verschaffen

Sichten Sie die angegebenen Arbeitsmaterialien.

3. Schritt: Gliederung erstellen

Ordnen Sie den jeweiligen Aufgaben die entsprechenden Materialien zu und setzen Sie inhaltliche Schwerpunkte.

4. Schritt: Stichwortliste erstellen

Erstellen Sie eine Liste mit Stichworten zu den jeweiligen Aufgabenteilen, die Ihnen bei der Reinschrift als roter Faden dienen soll.

5. Schritt: Zeitplan festlegen

Erstellen Sie ein grobes Zeitraster.

6. Schritt: Arbeitsmaterial bearbeiten

Arbeiten Sie das Material den Aufgaben entsprechend gründlich durch; benutzen Sie Marker oder andere Hilfsmittel zur Kennzeichnung von Kernaussagen und bestimmten Sachverhalten.

7. Schritt: schriftliche Ausarbeitung anfertigen

- *Formulieren Sie eine kurze Einleitung, die in das Thema einführt und den Untersuchungsraum topografisch einordnet.*
- *Gliedern Sie Ihre Ausführungen sowohl inhaltlich als auch formal, z. B. durch Zwischenüberschriften, Unterstreichungen oder Absätze.*
- *Stützen Sie Ihre Ausführungen durch aussagekräftige Beispiele und bringen Sie dabei gezielt Ihr Vorwissen ein. Achten Sie darauf, dass nur themenbezogenes Vorwissen relevant ist!*
- *Benutzen Sie Fachtermini.*
- *Achten Sie darauf, dass Ihre Aussagen immer einen Materialbezug haben. Vermutungen sind sprachlich als solche kenntlich zu machen: Vermeiden Sie möglichst pauschale und absolute Aussagen.*
- *Kennzeichnen Sie wörtliche Übernahmen von Textpassagen als Zitate.*
- *Schließen Sie jede Teilaufgabe mit einem kurzen Fazit ab.*
- *Achten Sie insgesamt auf Logik, Rechtschreibung, Zeichensetzung und Grammatik.*

Thematische Karten auswerten

1. Schritt: Orientieren

- *Erfassen Sie das Thema der Karte.*
- *Ordnen Sie den dargestellten Raumausschnitt in eine größere Einheit ein.*
- *Lesen Sie die Legende und ermitteln Sie, was welche Farben oder Signaturen darstellen.*

2. Schritt: Beschreiben

- *Beschreiben Sie in Sätzen, was die Karte darstellt. Achten Sie auf die räumliche Verteilung und Häufigkeit der Signaturen oder darauf, ob Entwicklungsprozesse ablesbar sind. Wo befindet sich was? In welcher Verteilung oder Häufigkeit ist es dort?*
- *Prüfen Sie, inwieweit einzelne Erscheinungen in bestimmten Teilräumen konzentriert sind oder fehlen. Oft lässt sich der Kartenausschnitt dann in bestimmte Raumtypen gliedern.*

3. Schritt: Erklären

Ermitteln Sie Ursachen für die in der Karte dargestellten Erscheinungen und deren räumliche Verteilung. In der Regel müssen Sie dazu Ihr Vorwissen anwenden oder Informationen aus anderen Quellen entnehmen.

4. Schritt: Bewerten

Bewerten Sie Informationsgehalt und Aussagewert der Karte. Achten Sie auf Datenquellen, Aktualität, Farben, Symbole und Signaturen.
Überprüfen Sie Ihr eigenes Vorgehen. War die Auswertung systematisch angelegt und die Beschreibung ausführlich?

Topografische Karten interpretieren

1. Schritt: Formales/Orientierung

- *Was stellt die Karte dar?*
- *Wo liegt der dargestellte Raum?*
- *Welchen Maßstab hat die Karte?*
- *Wie groß ist der Raumausschnitt?*
- *Woher stammt die Karte (Quellenangabe)?*
- *Wann wurde die Karte aufgenommen?*
- *Wann erfolgte die letzte Berichtigung?*

2. Schritt: Beschreibung

Hier bieten sich zwei Möglichkeiten an:

a) Fensterprinzip: Gliederung in deutlich unterscheidbare Teilräume und deren Beschreibung (Beispiel: Tieflandebene oder Mittelgebirge),

b) Schichtenprinzip: Beschreibung des gesamten Kartenausschnitts gegliedert nach Geofaktoren bzw. Landschaftselementen mit anschließender Zusammenschau.

Leitfragen:

- *Welches sind die dominanten Geofaktoren?*
- *Sind auffällige Raumstrukturen erkennbar?*
- *Sind Entwicklungsprozesse festzustellen?*

Teilfragen für Detailuntersuchungen:

Beispiel Relief:

- *höchsten und niedrigsten Punkt suchen,*
- *Verlauf und Abstand der Höhenlinien feststellen,*
- *Geländeformen beschreiben,*
- *Dichte und Fließrichtung der Gewässer feststellen.*

Beispiel Bodennutzung:

- *Art und Verbreitung der Vegetation beschreiben,*
- *Verteilung von Ackerflächen, Wiesen, Sonderkulturen und Wald bestimmen.*

3. Schritt: Erklärung

- *Welche kausalen und funktionalen Zusammenhänge werden in der Karte sichtbar?*
- *Welche Erklärungsansätze stecken in Namen und sonstigen Beschriftungen?*
- *Je nach Thema der Karte sollte am Ende der Interpretation erörtert werden, welche Handlungsnotwendigkeiten im Sinne einer nachhaltigen Raumentwicklung bestehen.*

Vegetationsprofil erstellen

1. Schritt: *Zeichnen Sie ein Höhenprofil (siehe Seite 174).*

2. Schritt: *Bestimmen Sie die Grenzen der einzelnen Vegetationszonen bzw. Vegetationseinheiten.*

3. Schritt: *Übertragen Sie diese Vegetationsgrenzen in die Profillinie.*

4. Schritt: *Erstellen Sie eine Legende für die einzelnen Vegetationsbereiche und übertragen Sie die Signaturen in das Profil. Anstelle der natürlichen Vegetation kann man auch die Verteilung der Kulturpflanzen kartieren und in ein Profil der landwirtschaftlichen Nutzung übernehmen.*

Ein Wirkungsgefüge erstellen

1. Schritt: Texte und Materialien auswerten

Analysieren Sie die Texte und Materialien zum Beispielthema. Ergänzen Sie diese Informationen durch eine eigenständige Recherche (Medien, Internet).

2. Schritt: Schlüsselaspekte suchen

Benennen Sie Schlüsselaspekte zum Beispielthema.

Notieren Sie diese Schlüsselaspekte auf schmalen Papierstreifen (optimal sind Haftnotizzettel).

3. Schritt: Schlüsselaspekte ordnen

Ordnen Sie die Schlüsselaspekte nach Sach- und Problemfeldern.

4. Schritt: Schlüsselaspekte gewichten

Arbeiten Sie die zentralen Schlüsselaspekte heraus und ordnen Sie diese auf einem großen Blatt Papier oder Karton.

5. Schritt: Begriffe zuordnen

Ordnen Sie, gegliedert nach den unter 3. genannten Gesichtspunkten, die anderen Begriffe den zentralen Schlüsselaspekten zu; kennzeichnen Sie die entscheidenden Faktoren farblich.

6. Schritt: Verbindungen herstellen

Stellen Sie durch Pfeile die Beziehungen und Wechselwirkungen dar.

- *Was wirkt sich auf welchen Faktor aus?*
- *Wo bestehen Verflechtungen bzw. Rückkoppelungen (ggf. Doppelpfeile verwenden)?*
- *Welcher Faktor wirkt besonders stark auf andere (Pfeile mit unterschiedlicher Strichstärke verwenden)?*

5.2 Weiterführende Literatur

Themenblock 1: Merkmale und Ursachen unterschiedlicher Entwicklung

Monografien und Sammelwerke

Atlas der Globalisierung. Die neuen Daten und Fakten zur Lage der Welt. Paris: Le Monde diplomatique, Berlin: taz-Verlags- und Vertriebs GmbH 2007

Engelhard, Karl: Welt im Wandel. Stuttgart: OMNIA 2007

Korby, Wilfried: Arme Welt – Reiche Welt. TERRAglobal. Gotha: Klett-Perthes 2005

Kreus, Arno, Norbert v. d. Ruhren (Hrsg.): Entwicklungsländer im Wandel – Leben in der „Einen Welt". Leipzig: Klett 2007

Nohlen, Dieter (Hrsg.): Lexikon Dritte Welt. Reinbeck: Rowohlt 2002

Nuscheler, Franz: Lern- und Arbeitsbuch Entwicklungspolitik. Bonn: Dietz 2005

Scholz, Fred: Entwicklungsländer. Das Geographische Seminar. Braunschweig: Westermann 2007

Weltbank (Hrsg.): Weltentwicklungsbericht (erscheint jährlich zu speziellen Themen). Deutsche Ausgabe: bis 2004 Bonn: UNO-Verlag, ab 2005 Düsseldorf: Droste

Wolf, Jürgen H.: Entwicklungsländer und Entwicklungspolitik im Rahmen globaler Strukturen und Prozesse. Paderborn: Schöningh 2003

Zeitschriften

Bundeszentrale für politische Bildung (Hrsg.): Entwicklung und Entwicklungspolitik. Informationen zur politischen Bildung, Nr. 286. Bonn 2005

Geographie und Schule, 28. Jg., H. 161 (Juni 2006): Entwicklung durch Globalisierung? Köln: Aulis

Geographische Rundschau, 54. Jg., H. 10/2002: Globalisierung und Entwicklung. Braunschweig: Westermann

Geographische Rundschau, 59. Jg., H. 9/2007: Schwellenländer. Braunschweig: Westermann

Themenblock 2: Bevölkerungsentwicklung und Verstädterung der Erde

Monografien und Sammelwerke

Bähr, Jürgen: Bevölkerungsgeographie. UTB. Stuttgart: Ulmer 2004

Bronger, Dirk: Metropolen, Megastädte, Global Cities. Darmstadt: Wissenschaftliche Buchgesellschaft 2005

Deutsche Stiftung Weltbevölkerung (Hrsg.): DSW-Datenreport Weltbevölkerung. Hannover, erscheint jährlich

Gaebe, Wolf: Urbane Räume. UTB. Stuttgart: Ulmer 2004

Heineberg, Heinz: Stadtgeographie. UTB. Paderborn: Schöningh 2007

Hofmeister, Burckhard: Stadtgeographie: Das Geographische Seminar. 7. Aufl. Braunschweig: Westermann, 1999

Korby, Wilfried: Das Jahrtausend der Städte. TERRAglobal. Gotha: Klett-Perthes 2004

Korby, Wilfried, u. a.: Städtische Räume im Wandel. FUNDAMENTE Kursthemen. Gotha: Klett-Perthes 2005

Leisinger, Klaus M.: Die sechste Milliarde. München: Beck 2000

Walla, Wolfgang, u. a.: Der demographische Wandel. Stuttgart: Kohlhammer 2006

Zeitschriften

Geographie und Schule, 23. Jg., H. 129 (Febr. 2001): Suburbanisierungsprozesse in Megastädten. Köln: Aulis

Geographie und Schule, 29. Jg., H. 165 (Febr. 2007): Global Cities. Köln: Aulis

Geographie und Schule, 30. Jg., H. 172 (April 2008): Demographischer Wandel. Köln: Aulis

Geographische Rundschau, 57. Jg., H. 10/2005: Weltweite Verstädterung. Braunschweig: Westermann

Praxis Geographie, 32. Jg., H. 2/2002: Migration. Braunschweig: Westermann

Praxis Geographie, 37. Jg., H. 5/2007: Weltbevölkerung. Braunschweig: Westermann

Themenblock 3: Globalisierung

Monografien und Sammelwerke

Engelhard, Karl, Karl-Heinz Otto (Hrsg.): Globalisierung. Eine Herausforderung für Entwicklungspolitik und entwicklungspolitische Bildung. Münster: Waxmann 2005

Enquete-Kommission „Globalisierung der Weltwirtschaft“ (Hrsg.): Schlussbericht: Globalisierung der Weltwirtschaft – Herausforderungen und Antworten (Bundesdrucksache 14/9200). Berlin 2002, Leverkusen: Leske + Budrich 2002

Hoffmann, Thomas: Globalisierung. TERRAglobal. Gotha: Klett-Perthes 2005

Klohn, Werner: Weltwirtschaft und Globalisierung. Vechtaer Materialien zum Geographieunterricht, H. 10. 3. Aufl. Vechta: Vechtaer Druckerei und Verlag 2008

Stiglitz, Joseph: Die Schatten der Globalisierung. München: Goldmann 2004

Zeitschriften

Bundeszentrale für politische Bildung (Hrsg.): Globalisierung. Informationen zur politischen Bildung, Nr. 280. Bonn 2003

Geographie und Schule, 21. Jg., H. 122 (Dez. 1999): Globalisierung. Köln: Aulis

Geographie und Schule, 28. Jg., H. 161 (Juni 2006): Entwicklung durch Globalisierung? Köln: Aulis

Geographie und Schule, 30. Jg., H. 173 (Juni 2008): Welthandel. Köln: Aulis

Geographische Rundschau, 57. Jg., H. 2/2005: Welthandel und Globalisierung. Braunschweig: Westermann

Geographische Rundschau, 58. Jg., H. 7–8/2006: Globale Telekommunikation. Braunschweig: Westermann

Praxis Geographie, 31. Jg., H. 9/2001: Globalisierung. Braunschweig: Westermann

Praxis Geographie, 35. Jg., H. 7–8/2005: Welthandel. Braunschweig: Westermann

Praxis Geographie, 36. Jg., H. 1/2006: Der globalisierte Standort. Braunschweig: Westermann

Themenblock 4: Raumstrukturen und aktuelle Entwicklungsprozesse in Deutschland

Monografien und Sammelwerke

Bronny, Horst, Norbert Jansen, Burkhard Wetterau: Das Ruhrgebiet. Essen: Kommunalverband Ruhrgebiet 2002

Bundesamt für Bauwesen und Raumordnung: Stadtentwicklung und Städtebau in Deutschland. Ein Überblick (Berichte, Bd. 5). Bonn: BBR 2000

Bundesamt für Bauwesen und Raumordnung: Raumordnungsbericht 2005. Bonn: BBR 2005

Bundesamt für Bauwesen und Raumordnung: Informationen aus der Forschung des BBR. Bonn: BBR (erscheint mehrmals jährlich)

Bundesumweltministerum/Umweltbundesamt: Handbuch Lokale Agenda 21. Wege zur nachhaltigen Entwicklung in den Kommunen, Bonn, Berlin 1998

Goldberg, Andreas, u. a.: Die deutschen Türken. Münster u. a.: LIT Verlag 2004

Klohn, Werner, Andreas Voth: Die Landwirtschaft in Deutschland. Vechtaer Materialien zum Geographieunterricht, 5. Aufl. Vechtaer Druckerei und Verlag 2009

Glaser, Rüdiger, u. a.: Geographie Deutschlands. Darmstadt: WBG 2007

Zeitschriften

Geographie und Schule, 24. Jg., H. 135 (April 2002): Geographie des Tourismus. Köln: Aulis

Geographie und Schule, 25. Jg., H. 142 (April 2003): Geographie des Tertiären Sektors. Köln: Aulis

Geographie und Schule, 25. Jg., H. 145 (Okt. 2003): Landwirtschaftlicher Strukturwandel. Köln: Aulis

Geographie und Schule, 29. Jg., H. 166 (April 2007): Schrumpfende Städte – Shrinking Cities. Köln: Aulis

Praxis Geographie, 31. Jg., H. 6/2001: Das neue Ruhrgebiet. Braunschweig: Westermann

Praxis Geographie, 32. Jg., H. 2/2002: Migration. Braunschweig: Westermann

5.3 TERRA Lexikon

Altersstruktur: Altersmäßige Zusammensetzung der Bevölkerung eines Ortes oder Staates.

Ankerländer: Entwicklungsländer mit großen Volkswirtschaften, deren Dynamik die jeweilige Region maßgeblich prägt.

arbeitsintensive Produktion: Die Arbeitskosten haben einen hohen Anteil an den Gesamtkosten der Produktion.

ausländische Direktinvestitionen (ADI): Investitionen von Inländern im Ausland zur Gründung von Unternehmen oder zum Erwerb bzw. zur Beteiligung (mindestens 10 %) an Unternehmen mit dem Ziel, unternehmerische Aktivitäten zu kontrollieren. Wichtige Beweggründe sind u. a.: Erhalt von Absatzmärkten, Sicherung von Rohstoffen, niedrige Lohnkosten, geringere Umweltschutzauflagen, Steuervergünstigungen.

Bevölkerungsentwicklung: Unter diesem Begriff versteht man in erster Linie die Entwicklung der Bevölkerungszahl eines Landes. Diese ist abhängig vom → Bevölkerungswachstum. Bleibt die jährliche Zunahme der Einwohnerzahl in etwa gleich groß, so spricht man von linearem Wachstum; ist die Zunahme stetig steigend, so spricht man von exponentiellem Wachstum. Für die Höhe des Bevölkerungswachstums sind im Wesentlichen die Geburtenrate und die Sterberate in einem Land maßgebend. In Staaten mit hohem Bevölkerungswachstum versucht man, durch Familienplanung und/oder Geburtenregelung das Wachstum zu senken.

Bevölkerungspolitik: Politik eines Staates, mit der das → Bevölkerungswachstum beeinflusst werden soll (z. B. Maßnahmen zur Geburtenkontrolle).

Bevölkerungsstruktur: Komponente des Kulturraumes, die die Zusammensetzung und den inneren Aufbau der Bevölkerung beschreibt. Dazu werden Merkmale wie Alter, Geschlecht, Familienstruktur, Stellung im Beruf, Einkommen u. a. verwendet.

Bevölkerungswachstum: Die absolute Zunahme der Bevölkerung eines Gebietes. Man unterscheidet ein Wachstum der Bevölkerung durch Zuwanderung und das natürliche Bevölkerungswachstum, welches sich als Differenz der Geburten und Sterbefälle in einem Jahr ergibt.

BIP: → Bruttoinlandsprodukt

BNE: → Bruttonationaleinkommen

Bruttoinlandsprodukt (BIP): Gesamtwert aller produzierten Güter (Waren und Dienstleistungen) innerhalb eines Landes (Gebietes) während eines Zeitraumes (meist ein Jahr), einschließlich der von Ausländern erbrachten Leistungen (Inlandskonzept).

Bruttonationaleinkommen (BNE), auch Bruttosozialprodukt (BSP): Gesamtwert aller produzierten Güter (Waren und Dienstleistungen) innerhalb eines Landes (Gebietes) während eines Zeitraumes (meist ein Jahr), einschließlich der Einkommen, die aus dem Ausland bezogen werden, aber ohne die Einkommen, die an Ausländer gehen (Inländerkonzept).

Bruttosozialprodukt (BSP): → Bruttonationaleinkommen

BSP: → Bruttosozialprodukt

CBD: → Central Business District

Central Business District (CBD): der zentrale Geschäftsbereich nach dem Muster einer US-amerikanischen Stadt mit einer Ballung von Einrichtungen des → Tertiären Sektors, vor allem Büros, Versicherungen, Banken, Hotels und Dienstleistungseinrichtungen.

City: der zentral gelegene Teilraum einer größeren Stadt mit einer Konzentration von Einrichtungen, die hochrangigen kommerziellen und kulturellen Zwecken dienen.

Cluster: Geographische Konzentration von miteinander in Verbindung stehenden Unternehmen und Institutionen in einem bestimmten Wirtschaftszweig oder Technologiebereich.

demografischer Übergang: Modell, das die Gesetzmäßigkeiten der historischen Entwicklung von Geburten- und Sterberate verdeutlicht. Abgeleitet von der demografischen Entwicklung europäischer Länder im 19. und 20. Jahrhundert beginnt es mit hohen Werten für beide Raten. Eine sinkende Sterberate führt dann zu starkem Bevölkerungswachstum, bis auch die Geburtenrate sinkt und sich beide Werte auf niedrigerem Niveau einpendeln. Die Übertragbarkeit des Modells auf Entwicklungsländer heutzutage ist umstritten.

Dependenztheorien: Theorien, nach der die Ursache für die Unterentwicklung vieler Länder in deren Abhängigkeit von den Industrieländern zu sehen ist. Demnach ist Unterentwicklung hauptsächlich extern bedingt als Folge politischer und wirtschaftlicher Unterwerfung der → Dritten Welt.

Dienstleistungen: Es handelt sich um immaterielle Güter bzw. wirtschaftliche Leistungen, bei denen Produktion und Verbrauch zeitlich zusammenfallen und die deswegen nicht transportierbar oder lagerfähig sind.

Im Dienstleistungsbereich werden für andere Menschen Dienste geleistet, aber keine Waren hergestellt (z. B.: Verkäuferin sorgt dafür, dass die Güter zum Verbraucher gelangen). Zum Dienstleistungsbereich gehören Banken, Versicherungen, Anwaltspraxen, Frisier- und Kosmetiksalons, Hotels und Gaststätten, Krankenhäuser, Arztpraxen, Post, Fernsehen, Rundfunk, aber auch der Groß- und Einzelhandel, Verkehrsbetriebe, Strom- und Wasserversorgung, Schulen, Universitäten, Verwaltungen u. a.

Downtown: Amerikanischer Begriff für die im Stadtzentrum gelegene City einer US-Stadt. Sie umfasst die wichtigsten Einzelhandelsbetriebe, die zentralen Bürohochhäuser und Banken, öffentliche Verwaltungs-, Kultur- und sonstige Dienstleistungseinrichtungen.

Dritte Welt: Sammelbezeichnung für die wirtschaftlich unterentwickelten Staaten Afrikas, Asiens und Lateinamerikas. Der Begriff stammt aus der Zeit, als viele dieser Länder ihre Unabhängigkeit erlangten und sich neben den westlichen Industrieländern und den Staaten des Ostblocks als dritte Kraft in der Weltpolitik sahen.

Entwicklungsland: Mit diesem Begriff werden Staaten bezeichnet, die einen erheblichen Rückstand gegenüber den westlichen Industrienationen aufweisen. Dieser Rückstand spiegelt sich nicht nur in der wirtschaftlichen Leistungskraft, sondern auch in ihrer gesellschaftlichen Entwicklung wider. Bis heute existiert jedoch keine einheitliche Definition für diesen Begriff. Merkmale der Entwicklungsländer sind häufig u. a. niedriges Pro-Kopf-Einkommen, Unterernährung großer Teile der Bevölkerung, niedriger Ausbildungsstand, fehlendes Investitionskapital, gering entwickelte Infrastruktur sowie Dominanz des → Primären Wirtschaftssektors.

Flächennutzungsplan: Der Entwicklungsplan einer Gemeinde, in dem für einen längeren Zeitraum festgelegt ist, wie die Flächen der Gemeinde genutzt werden sollen. Er weist u. a. Wohnbauflächen, Grünflächen und die Flächen für die Land- und Forstwirtschaft aus. Aus dem Flächennutzungsplan heraus werden für die ausgewiesenen Baugebiete spezielle Bebauungspläne entwickelt.

Flüchtlinge: Flüchtlinge sind Menschen, die unfreiwillig ihre Heimat verlassen müssen. Ursachen sind meist Verfolgung aus politischen oder religiösen Gründen, wirtschaftliche Not oder Kriege. Oft müssen sie ihren Besitz vollständig zurücklassen.

Fünfte Welt: Sammelbezeichnung für Länder auf besonders niedriger Entwicklungsstufe und mit ungünstigen Voraussetzungen. Der Begriff wird weitgehend synonym für die → Least Developed Countries verwendet.

funktionale Stadtgliederung: Gliederung einer Stadt in verschiedene Stadtviertel mit vorherrschenden Funktionen, z. B. Wohn-, Geschäfts-, Banken-, Regierungsviertel und Gewerbegebiete.

Funktionswandel: Prozess, in dessen Verlauf sich die Funktion eines Stadtteils allmählich verändert. Typisches Beispiel ist die Citybildung mit Verdrängung der Wohnfunktion.

Gated Communities: umzäunte und gesicherte Wohnanlagen von sozial homogenen, in der Regel privilegierten Bevölkerungsgruppen, die sich in ihrem Lebensstil von sozial unterlegenen Schichten abgrenzen und vor kriminellen Übergriffen schützen wollen.

GATT (General Agreement on Tariffs and Trade): 1947 abgeschlossenes Allgemeines Zoll- und Handelsabkommen, das den grenzüberschreitenden Handel durch den Abbau von Handelshemmnissen erleichtern soll; seit 1995 ersetzt durch die → WTO.

Global City: eine Weltstadt mit besonders starker Integration in die Weltwirtschaft; Kriterien einer Global City: internationales Finanzzentrum, Standort von Hauptquartieren multinationaler Konzerne, Sitz großer internationaler Unternehmen, Knotenpunkt internationaler Transportnetze.

Global Governance: Der Begriff geht zurück auf die „UN-Commission on Global Governance". Sie fertigte 1995 einen Bericht, in dem zahlreiche Weltprobleme angesprochen werden. Die Kommission kommt zu der Erkenntnis, dass es zur Lösung dieser Probleme neuer Organisationsformen und neuer Regelwerke bedürfe: Staatenübergreifende Exekutiven, Nicht-Regierungsorganisationen (→ NGOs), Weltkonferenzen usw. sollen einen internationalen Ordnungsrahmen für die → Globalisierung schaffen. Globalisierungskritiker fordern in diesem Zusammenhang auch die Stärkung der Zivilgesellschaft als dritte Kraft neben der Politik und der Wirtschaft.

Globalisierung: Seit dem letzten Jahrzehnt des 20. Jahrhunderts besonders dynamisch verlaufender Prozess, bei dem die Produktion sowie der Handel mit Gütern, Dienstleistungen, Technologien und Kapital über nationale Grenzen hinweg zunehmend zu einem „Weltbinnenmarkt" zusammenwachsen. Grundlage sind der weltweite Informationsaustausch (z. B. Internet) und leistungsfähige Transportmöglichkeiten sowie der schrittweise Abbau von Handelshemmnissen.

Global Player (Multinationaler Konzern): große Unternehmen, die ihre Produkte an verschiedenen Standorten in mehreren Ländern entwickeln, produzieren und vermarkten. Die Ausrichtung der Unternehmenspolitik richtet sich nach den Vor- und Nachteilen der Standorte in den verschiedenen Staaten (z. B. Lohn- und Steuerniveau, Infrastruktur, Rechtssicherheit, Umweltauflagen, Zugang zu Märkten).

Grundbedürfnisstrategie: Entwicklungsstrategie, deren primäres Ziel nicht Wirtschaftswachstum, sondern die Befriedigung der Grundbedürfnisse (Nahrung, Kleidung, medizinische Versorgung etc.) möglichst der ganzen Bevölkerung ist.

Handelsströme: Räumliche Darstellung von Handelsbeziehungen zwischen einzelnen Staaten oder Regionen.

HDI: → Human Development Index

Hidden Champions: → Verborgene Weltmarktführer

Human Development Index (HDI): Maßzahl für den Stand der menschlichen Entwicklung. Drei Indikatoren sind maßgebend: Lebenserwartung, Bildungsgrad und → Pro-Kopf-Einkommen der Menschen.

Informeller Sektor: jener Zweig/Sektor der Wirtschaft, der weder von der Steuer erfasst noch von anderen gesetzlichen Vorschriften geregelt wird; als ‚Schattenwirtschaft' kommt der informelle Sektor besonders häufig in den → Entwicklungsländern vor (z. B. Schuhputzer, Kinderarbeit in der Teppichindustrie).

Integration: Einbindung von Einzelnen oder Gruppen in die Gesellschaft. Ziel ist es, niemanden aus den verschiedensten Bereichen des Lebens (z. B. Schule, Arbeit) auszuschließen.

Internationale Arbeitsteilung: Zerlegung von komplexen Arbeitsprozessen in Teilprozesse. Jedes Land erzeugt dabei möglichst die Waren, für die es aufgrund der geographischen Lage, der Rohstoffvorkommen und unterschiedlicher historisch-sozialer Gegebenheiten die günstigsten Produktionsbedingungen hat.

kapitalintensive Produktion: Produktion, bei der der Anteil der Kosten für Anlagen und Maschinen, sehr hoch ist. Es werden im Verhältnis dazu wenige Arbeitskräfte beschäftigt.

Kapitalströme: Räumliche Darstellung von Kapitalflüssen zwischen einzelnen Staaten oder Regionen.

Kaufkraftparitäten: Um wirtschaftliche Indikatoren wie beispielsweise das → Bruttoinlandsprodukt international vergleichbar zu machen, reicht eine einfache Umrechnung der Währung nach den aktuellen Wechselkursen nicht aus, da die Kaufkraft in den einzelnen Wirtschaftsräumen trotzdem stark variieren kann. Vergleicht man die Indikatoren nach Kaufkraftparitäten, so ist diese Abweichung in der Berechnung berücksichtigt.

Kettenmigration: Modell zur Beschreibung der räumlichen Konzentration von Migranten aus einer eng umgrenzten Herkunftsregion in einer ebenfalls eng umgrenzten Zielregion. Der Impuls für die → Wanderungsbewegung erfolgt dabei durch schon in der Zielregion lebende Bekannte oder Verwandte, die eine Art Anlaufstation für weitere Migranten bilden.

ländlicher Raum: Von Landwirtschaft und ländlichen Siedlungen geprägter Raum abseits der Ballungsräume.

LDC: → Least Developed Countries

Least Developed Countries (LDC): Von der UNO 1971 eingeführte Bezeichnung für die am wenigsten entwickelten Staaten der Erde. Grundlage der damaligen Zuordnung waren drei Merkmale: → BIP pro Kopf < 100 US-$, Anteil des → Sekundären Sektors am BIP < 10 %, Analphabetenquote > 80 %.

Marginalisierung: Abdrängung von Bevölkerungsgruppen an den Rand der Gesellschaft, in ein Leben am Rande des Existenzminimums.

Massentourismus: Form des Fremdenverkehrs, an dem eine große Anzahl von Touristen teilnimmt (z.B. Badeferien am Mittelmeer oder Wintersporturlaub in den Alpen).
Durch den Massentourismus entstehen große Umweltprobleme:

- Anwachsen der Siedlungs- und Verkehrsflächen,
- Zunahme der Verkehrsbelastung (Lärm, Luftverunreinigung),
- Anstieg der Müll- und Abwasserbelastung.

Megalopolis: aus mehreren Großstädten zusammengewachsene Riesenstadt mit hoher Bevölkerungsdichte, ausgeprägt als weitgehend zusammenhängend bebaute Stadtlandschaft mit zwischengelagerten Metropolen.

Megastadt (Megacity): Großstadt bzw. Metropole mit einer Bevölkerung von mehr als 5 Mio. Einwohnern, einer hohen Bevölkerungsdichte (über 2 000/km²) sowie einer monozentrischen Struktur.

Metropolisierung: Verstädterungsprozess, besonders in den → Entwicklungsländern, der auf eine Stadt, meist die Hauptstadt, ausgerichtet ist, sodass diese zur beherrschenden Metropole wird.

Metropolregion: Ein Agglomerationsraum mit mindestens 1 Mio. Einwohnern, der sich, gemessen an wirtschaftlichen Kriterien wie Wettbewerbsfähigkeit, Wertschöpfung, Wirtschaftskraft und Einkommen, besonders dynamisch entwickelt und international besonders heraushebt. In Deutschland zählen laut Beschluss der Ministerkonferenz für Raumordnung (MKRO) folgende elf Räume als Metropolregionen: Hamburg, Bremen-Oldenburg, Berlin-Brandenburg, Hannover-Braunschweig-Göttingen, Rhein-Ruhr, das sogenannte „Sachsendreieck" (Dresden, Chemnitz, Halle/Leipzig), Frankfurt/Rhein-Main, Nürnberg, Rhein-Neckar, Stuttgart und München.

Migration: → Wanderungsbewegungen

Millennium-Entwicklungsziele: Im Jahre 2000 wurden auf dem Millenniumsgipfel der → Vereinten Nationen acht Ziele beschlossen, die bis zum Jahre 2015 zu erreichen sind. Danach sollen sich reiche und arme Staaten verpflichten, alles mögliche dafür zu tun, um Armut und Hunger zu bekämpfen, Menschenwürde sowie Gleichberechtigung zu fördern, die Kindersterblichkeit zu senken, die Gesundheitsversorgung der Mütter zu verbessern, schwere Krankheiten zu bekämpfen, ökologische Nachhaltigkeit zu verbessern und eine weltweite Partnerschaft für Entwicklung zu verwirklichen.

Modernisierungstheorie: Theorien, die die heutige Situation der → Entwicklungsländer mit einem früheren Entwicklungsstand der Industrieländer vergleichen und als Ausweg aus der Unterentwicklung die Modernisierung sehen, also den wirtschaftlichen Aufbau (Industrie und Infrastruktur).

Montanindustrie: Als Schwerindustrie ist sie Teil der Grundstoffindustrie, die den Bergbau sowie die Eisen- und Stahlindustrie umfasst.

Most Seriously Affected Countries (MSAC): Veraltete, im Zuge des Ölpreiskrise von 1973 von den Vereinten Nationen eingeführte Bezeichnung für extrem arme und von der Ölkrise besonders betroffene Staaten.

nachhaltige Entwicklung: Entwicklungsstrategie, mit der die Lebenschancen der heutigen Generation verbessert werden sollen, ohne die Chancen künftiger Generationen einzuschränken. Durch Schutz, Pflege und schonende Nutzung soll darauf geachtet werden, dass die natürlichen Lebensgrundlagen (Boden, Vegetation, Gewässer usw.) auch für künftige Generationen verfügbar sind.

nachhaltige Stadtentwicklung: Darunter ist ein Ressourcen schonender und umweltverträglicher Städtebau zu verstehen. Ziel einer nachhaltigen Stadtentwicklung ist es, die städtischen Lebensverhältnisse zu verbessern und dabei den Schutz der Umwelt, stabile wirtschaftliche Entwicklungen und eine gerechte Verteilung der Lebenschancen der Bewohner in Einklang zu bringen.

natürliche Bevölkerungsbewegung: Veränderung bzw. Entwicklung der Bevölkerung eines Gebietes, die sich aus dem Saldo von Geborenen und Sterbefällen ergibt.

NGOs (non-governmental organizations): Nichtstaatliche Organisationen oder Vereine, die Einfluss auf Politik, Wirtschaft und Gesellschaft nehmen, um von ihnen als ungerecht oder falsch empfundene Entwicklungen zu verbessern, z. B. im Umweltschutz, in der Entwicklungshilfe oder bei der → Globalisierung. Oft handelt es sich um Zusammenschlüsse, die von öffentlichen Trägern (wie z. B. Kirchen) geführt oder unterstützt werden.

NIC (Newly Industrialized Countries): → Schwellenland

non-governmental organizations: → NGOs

OPEC: Organisation of Petroleum Exporting Countries. Diese verfügen über 40 % der weltweiten Erdölproduktion und drei Viertel der weltweiten Erdölreserven. Das Ziel der OPEC ist eine gemeinsame Ölpolitik, um den Ölpreis abzusichern.

PPP: → Kaufkraftparitäten

Primärer Sektor: Wirtschaftssektor, der die Bereiche Agrarwirtschaft, Forstwirtschaft, Fischerei, Bergbau und Energieerzeugung umfasst. Letztere werden in der neueren Statistik (z. B. der EU) zumeist dem Produzierenden Gewerbe zugerechnet (→ Sekundärer Sektor).

Pro-Kopf-Einkommen (PKE): Quotient aus dem → Bruttoinlandsprodukt und der Einwohnerzahl eines Landes. Dieser statistische Mittelwert wird häufig verwendet, um den Entwicklungsstand eines Landes bzw. den Lebensstandard der Bevölkerung zu erfassen. Dabei ist jedoch die Einkommensverteilung nicht erkennbar.

Pull-Faktoren: Gründe, die für die Bevölkerung oder Wirtschaft anziehend wirken und damit eine Wanderbewegung auslösen; im engeren Sinne die Anziehungskraft der großen Städte in den → Entwicklungsländern auf die Bevölkerung in den → ländlichen Räumen.

Push-Faktoren: Gründe, die die Bevölkerung oder die Wirtschaft zum Abwandern bewegen, vor allem die unzureichenden Lebensumstände und Einkommensmöglichkeiten in den → ländlichen Räumen der → Entwicklungsländer.

Push-Pull-Modell: Theorie zur Erklärung von Migrationserscheinungen zwischen Regionen. Es wird dabei zwischen → Pull-Faktoren und → Push-Faktoren unterschieden.

regionale Disparitäten: Ungleichheit zwischen verschiedenen Regionen oder auch innerhalb einer Region. Sie zeigt sich vor allem dadurch, dass Räumen besonders guter wirtschaftlicher Entwicklung und guter Lebensbedingungen, sogenannte Aktivräumen, rückständige und oft schlecht ausgestattete Gebiete, sogenannte Passivräume, gegenüberstehen. Aufgabe der Raumordnungspolitik ist es, der Entwicklung dieser Disparitäten entgegenzuwirken.

sanfter Tourismus: Eine Form des → Tourismus, bei der die Touristen nicht stören sollen – weder die Natur noch die einheimischen Menschen. Dies ist heute besonders wichtig, da immer mehr Touristen zur gleichen Zeit in attraktive Urlaubsgebiete reisen und dadurch oft genau das zerstören, was sie anzieht: die Natur.

Schrumpfende Städte: Aufgrund von wirtschaftlichen Strukturkrisen und den damit verbundenen Abwanderungsbewegungen sowie einer generell negativen → natürlichen Bevölkerungsbewegung kommt es zu einem Bevölkerungsrückgang in den betroffenen Städten, der das Ausdünnen oder gar das Brachfallen ganzer

Stadtgebiete zu Folge hat. Dieser Prozess ist seit dem ausgehenden 20. Jahrhundert in vielen altindustrialisierten Regionen entwickelter Staaten zu beobachten.

Schwellenland: Entwicklungsland bzw. NIC (Newly Industrialized Country), das in seiner wirtschaftlichen Entwicklung weit fortgeschritten ist und sich „an der Schwelle" zum Industrieland befindet.

Segregation: Freiwillige oder erzwungene gesellschaftliche, oft auch räumliche Absonderung eines Personenkreises mit gleichen Merkmalen (z. B. rassisch, religiös) von der Gesellschaft wie z. B. die zum Teil bestehende Absonderung der Afroamerikaner in den USA.

Sekundärer Sektor: Wirtschaftssektor, der das produzierende Gewerbe mit Handwerk und Industrie, die Aufbereitung von Bergbauprodukten sowie die Energie- und Wasserwirtschaft umfasst.

Sickereffekt (Trickle-Down-Effekt): die in der Entwicklungspolitik erhoffte Wirkung, dass einmal vorgenommene Investitionen sich auf andere Zweige auswirken und schließlich auch den schwächeren Bevölkerungsgruppen zugutekommen.

Slum: Elendssiedlung, meist in den Großstädten der → Entwicklungsländer; man unterscheidet die innerstädtischen Elendssiedlungen (Slums im engeren Sinne) und die randstädtischen Elendssiedlungen (Marginalsiedlungen).

Stadtmodelle: Modellhafte Darstellungen, die die Struktur einer Stadt verdeutlichen. Die bekanntesten Stadtmodelle sind das Kreismodell von Burgess, das Sektorenmodell von Hoyt und das Mehr-Kern-Modell von Harris und Ullman.

Stadtplanung: Im weitesten Sinne die Raumplanung auf Gemeindeebene. Aufgabe der Stadtplanung ist es, für das Stadtgebiet einen → Flächennutzungsplan aufzustellen, d. h. es in bestimmte Funktionsbereiche aufzuteilen (Wohnen, Gewerbe, Verkehr, Naherholung) und in einem zweiten Schritt verbindliche Bebauungspläne festzuschreiben.

Stadtregion: Modell, mit dem die Verflechtungen zwischen einer Stadt und ihrem Umland erfasst und dargestellt werden; in dem Begriff soll vor allem zum Ausdruck kommen, dass im Zuge der Landflucht bzw. → Suburbanisierung die ehemals klaren Gegensätze zwischen Stadt und Land heute verwischt sind.

Stadtstruktur: Innere Gliederung einer Stadt, die sich aus der historischen Entwicklung und dem Prozess der inneren Differenzierung ergibt.

Stadtumbau: Maßnahmen im Umgang mit bestehenden Stadtteilen, z. B. zur Neuordnung oder dem Rückbau nicht länger benötigten Wohnraums.

Standortfaktoren: Eigenschaften, welche die Attraktivität eines Ortes bzw. einer Region für ein Unternehmen bestimmen bzw. einen Kostenvorteil darstellen. In der Regel werden harte und weiche Standortfaktoren unterschieden.
Harte Standortfaktoren sind messbare Strukturdaten über einen Ort und dessen Umgebung wie beispielsweise die Verkehrsinfrastruktur, soziodemografische Merkmale, politisch-administrative Vor- und Nachteile oder Lagebeziehungen zu anderen Orten. Sie haben einen starken Einfluss auf die Unternehmertätigkeit.
Weiche Standortfaktoren sind nur schwer messbar. Ihre Bedeutung ist im Wesentlichen von subjektiven Einschätzungen geprägt, sie können jedoch von großer Bedeutung für die Ansiedlungsentscheidung eines Unternehmens sein.

Suburbanisierung: flächenhaftes Wachstum der Städte am Stadtrand, vor allem durch Abwanderung der Wohnbevölkerung aus dem inneren Stadtgebiet, häufig über die Stadtgrenzen hinaus ins nahe Umland.

Terms of Trade: Verhältnis des Preisindexes für Importgüter zum Preisindex für Exportgüter; ein Rückgang dieser Maßgröße infolge steigender Preise für Importgüter und sinkender bzw. stagnierender Preise für Exportgüter hat eine Verschlechterung der Terms of Trade zur Folge.

Tertiärer Sektor (Dienstleistungssektor): Wirtschaftssektor, der alle Berufsgruppen umfasst, die → Dienstleistungen erbringen, z. B. Handel, Verkehr, Verwaltung, Bildungswesen sowie die freien Berufe wie Ärzte, Rechtsanwälte.

Tertiärisierung: Es handelt sich um die Reduzierung von Arbeitsplätzen im → Sekundären und → Primären Sektor und die Zunahme von Arbeitsplätzen im → Tertiären Sektor. Im engeren Sinne versteht man darunter auch die Übernahme von Dienstleistungsaufgaben in Betrieben des Sekundären Sektors.

Tourismus: Wie der Fremdenverkehr bezeichnet Tourismus alles, was mit dem Reisen von Menschen an einen Ort zu tun hat, wo sie sich erholen, vergnügen, etwas besichtigen oder auch bei einem Kuraufenthalt gesund pflegen lassen wollen. Zum Tourismus werden nur Reisen mit Übernachtungen gerechnet. In Tourismusgebieten sind die meisten Orte auf die Touristen wirtschaftlich angewiesen.

Transformationsländer: Ehemals sozialistische Länder des Ostblocks mit zentral gelenkter Planwirtschaft, die sich im Übergang zu einem marktwirtschaftlichen System befinden.

UNCTAD (United Nations Conference on Trade and Development): Alle vier Jahre stattfindende Welthandelskonferenz der UN-Mitgliedsstaaten zur Forderung der Entwicklungsländer nach einer neuen Weltwirtschaftsordnung. Sie wurde 1964 als Organ der UN-Vollversammlung mit Sitz in Genf gegründet.

United Nations Conference on Trade and Development: → UNCTAD

UNO: → Vereinte Nationen

UNWTO: → World Tourism Organization

Urbanisierung: häufig synonym verwendeter Begriff zu → Verstädterung; im engeren Sinne meint Urbanisierung die Ausbreitung städtischer Lebens- und Bauformen in ehemals ländliche Gebiete.

Verborgene Weltmarktführer: Auch als „heimliche Gewinner“ oder „HiddenChampions“ bezeichnete wenig bekannte mittelständische Firmen, die in ihren Märkten eine weltweit führende Position errungen haben.

Verdichtungsraum: Gebiet, das größer als 100 km² und dicht besiedelt ist. Die Zahl der Einwohner muss über 150 000 liegen und die Bevölkerungsdichte mehr als 1 000 Einwohner/km² betragen. Außerdem müssen genügend Arbeitsplätze innerhalb des Raumes vorhanden sein. Das Gebiet weist somit viele Industrie- und Gewerbebetriebe, Siedlungs- und Verkehrsanlagen auf engen Raum auf.
Ein Verdichtungsraum kann monozentrisch (eine Kernstadt) oder polyzentrisch (mehrere Kernstädte) strukturiert sein. Die Kriterien für eine Abgrenzung sind regional sehr unterschiedlich. Häufig wird auch der Begriff Ballungsraum bzw. Ballungsgebiet dafür verwendet.
Die größten Verdichtungsräume in Deutschland sind Rhein-Ruhr, Berlin, Rhein-Main, Hamburg, Mittlerer Neckar (Stuttgart) und München.

Vereinte Nationen (UNO): Die UNO wurde 1945 gegründet, im Jahre 2009 sind 192 Staaten Mitglied. Ihre Hauptaufgaben bestehen in der Sicherung des Friedens und der Beseitigung von Friedensbedrohungen, der Verständigung der Völker untereinander, der internationalen Zusammenarbeit zur Lösung wirtschaftlicher, kultureller, sozialer und humanitärer Probleme u. a. m. – dies alles auf der Grundlage der Gleichberechtigung der Staaten und der Selbstbestimmung der Völker (Art. 1 UN-Charta).

Verstädterung: 1. Wachstum der Städte eines Landes hinsichtlich ihrer Einwohnerzahl und/oder Fläche, 2. Vermehrung der städtischen Siedlungen eines Landes, 3. Wachsen des Anteils der Menschen, die in Städten leben, an der Gesamtbevölkerung eines Landes.

Wachstumspole: Teil einer Entwicklungsstrategie, die davon ausgeht, dass aufgrund der begrenzten Investitionsmittel eine erfolgreiche Gesamtentwicklung des Staates am einfachsten erreicht werden kann, indem die Förderung auf regionale Schwerpunkte und einzelne Schlüsselindustrien konzentriert wird. Die in den Zentren erreichten Entwicklungsimpulse sollen von diesen auf umliegende Regionen ausstrahlen.

Wachstumsstrategie: Das Konzept beruht auf der Annahme, dass „Unterentwicklung" primär auf Kapitalmangel zurückzuführen sei und dass genügend Kapital (u.a. in Form finanzieller Entwicklungshilfe) zu Wachstum und Entwicklung führe. Ganz im Sinne der → Modernisierungstheorie erwartete man von einem starken Wachstum der Wirtschaft und einer modernisierten Infrastruktur auch eine Verbesserung der gesamten Lebensverhältnisse der Bevölkerung.

Wanderungsbewegungen (Migration): Wohnsitzverlagerung über die Grenzen der jeweiligen statistischen Einheit (z. B. über Gemeinde- oder Ländergrenzen) hinaus.

Wirtschaftsstruktur: Zusammensetzung der Wirtschaft eines Landes oder einer Region nach Sektoren oder Branchen. Eine einseitige Wirtschaftsstruktur oder gar Monostruktur ist sehr krisenanfällig, Ziel ist daher immer Vielseitigkeit.

World Tourism Organization (UNWTO): Die Einrichtung ist eine Sonderorganisation der → Vereinten Nationen. Die Organisation verfolgt das Ziel, den → Tourismus nachhaltig und allgemein zugänglich zu gestalten. Sie möchte die ökonomische Entwicklung und internationale Verständigung fördern.

World Trade Organization (WTO): Welthandelsorganisation, arbeitet seit 1995 als Nachfolgerin des → GATT (General Agreement on Tariffs and Trade). Sie soll eine zunehmende Liberalisierung des Welthandels erreichen, ein Gesprächsforum zur Vorbereitung von multinationalen Handelsabkommen bieten, sowie verbindliche Regeln für den Austausch von Waren und Dienstleistungen festlegen. Das Ziel ist die Verbesserung der wirtschaftlichen Lage der beteiligten Staaten sowie deren Chancengleichheit im Welthandel.

WTO: → World Trade Organization

Zentraler Ort: Ein Ort, der für ein weites Umland im Hinblick auf Arbeitsplätze, Einkaufsmöglichkeiten, Dienstleistungen und sonstige Angebote einen Mittelpunkt darstellt. Je nach Bedeutung und Ausstattung eines Zentralen Ortes unterscheidet man Ober-, Mittel- und Unterzentren. W. Christaller entwickelte 1933 ein Modell, nach welchem sich die Zentralen Orte unterschiedlicher Rangordnung in einem abstrakt gedachten Raum zu einem sechseckigen Muster anordnen.

Zentralität: Bedeutung eines Ortes oder einer Stadt für das Umland, welche sich aus der Ausstattung mit zentralen Einrichtungen und dem mit ihnen verbundenen Bedeutungsüberschuss (Quantität und Qualität von Diensten und Gütern) ergibt.

Zentrum-Peripherie-Strukturen: Modell, das die Beherrschung und Ausbeutung der Peripherie durch das Zentrum darstellt. Im globalen Maßstab stellt die → Dritte Welt die Peripherie, die Industrieländer stellen das Zentrum dar. Auf nationaler Ebene fungieren vor allem in Entwicklungsländern Primate cities als Zentren, während das ländlich geprägte Hinterland die Peripherie bildet.

5.4 Strukturdaten ausgewählter Staaten

Land	Fläche in 1000 km[2]	Einwohner 2007 in Millionen	Jährliches Bevölkerungswachstum	Geburtenrate 2006 in %	Sterberate 2006 in %	Lebenserwartung 2007 in Jahren	Anteil der Bevölkerung unter 15 Jahren 2006 in %	Anteil der Bevölkerung über 65 Jahren 2006 in %	Städtische Bevölkerung 2006 in %	Wirtschaftsleistung je Einwohner 2006 in US-$[2]	Erwerbstätige in der Industrie[3] 2005 in % der Erwerbstätigen insgesamt	Erwerbstätige in Dienstleistungen[3] 2005 in % der Erwerbstätigen insgesamt	Anteil der Industrie[3] am BIP 2007 in %	Anteil der Dienstleistungen[3] am BIP 2007 in %	Arbeitslose 2008 in %	Energieverbrauch je Einwohner 2005 in kg Öleinheiten[1]	Analphabeten 2006 in %	Kalorienversorgung je Einwohner und Tag 2006	Einwohner je Arzt 2006	Internet-Nutzer 2006 je 1000 Einwohner
Europa																				
Albanien	29	3,2	0,6	1,0	0,5	78	23,5	13,4	49	3021	14,0	28,0	20,0	59,0	12,6	k.A.	1	2920	845	147
Belgien	31	10,8	0,2	1,1	0,9	79	16,8	23,0	97	35445	24,4	73,5	23,2	76,0	7,0	6650	k.A.	3720	244	670
Bosnien-Herzegowina	51	3,8	0,0	0,9	0,9	78	15,4	18,7	46	2327	k.A.	k.A.	22,0	68,0	k.A.	1136	1	3030	716	344
Bulgarien	111	7,6	-0,4	1,0	1,4	73	13,4	24,2	71	4545	32,8	57,1	30,5	62,1	5,6	2620	1	2640	283	310
Dänemark	43	5,5	0,2	1,2	1,0	78	18,2	23,0	72	49314	23,8	73,2	26,1	72,7	3,3	3170	k.A.	3510	285	849
Deutschland	357	82	-0,2	0,8	1,0	79	13,5	25,7	73	36646	29,9	67,8	30,1	69,0	7,8	3930	k.A.	3620	269	757
Estland	45	1,3	0,0	1,2	1,2	72	15,1	22,4	69	11437	32,5	61,3	29,0	68,5	5,5	k.A.	0	3170	320	640
Finnland	338	5,3	0,2	1,1	0,9	79	16,7	24,0	63	38249	25,9	69,2	32,4	64,9	6,4	4880	k.A.	3270	317	790
Frankreich	544	62,6	0,4	1,3	0,9	81	18,4	22,7	77	33901	24,2	71,9	20,5	77,6	7,8	4310	k.A.	3670	294	512
Griechenland	132	11,3	0,0	1,0	1,0	79	14,2	24,0	60	20754	22,4	65,1	19,7	77,0	7,7	3020	2	3790	211	325
Großbritannien	243	61,8	0,4	1,3	0,9	79	17,4	22,4	80	36240	22,1	76,5	23,7	75,6	5,6	3770	k.A.	3460	457	799
Irland	70	4,5	1,0	1,6	0,6	78	20,7	15,9	60	61245	27,8	66,3	33,8	64,1	6,3	3580	k.A.	3710	363	646
Italien	301	60,3	0,0	1,0	1,0	80	14,2	26,4	68	29542	30,7	65,3	27,0	71,0	6,8	3140	1	3700	159	494
Kroatien	57	4,4	-0,2	1,0	1,2	75	15,1	23,1	56	8672	28,5	54,2	28,5	65,0	8,4	1976	1	2800	542	427
Lettland	65	2,3	-0,3	1,0	1,4	72	13,8	22,5	68	7953	27,0	59,2	22,7	74,2	7,5	1881	0	2860	344	550
Litauen	65	3,3	-0,2	1,1	1,3	74	14,9	21,3	67	8489	27,8	57,4	32,2	63,4	5,8	2430	0	3390	256	527
Luxemburg	3	0,5	0,4	1,1	0,7	79	17,8	18,9	83	80040	21,4	77,2	15,9	83,6	4,9	9472	0	3550	361	780
Montenegro	14	0,6	0,3	1,3	1,0	k.A.	19,4	17,5	64	k.A.	34,2	58,4	20,0	69,0	9,0	k.A.	k.A.	2800	518	490
Niederlande	42	16,5	0,3	1,1	0,8	79	17,8	21,4	66	37464	20,6	76,1	25,5	73,0	2,8	5800	k.A.	3320	317	868
Norwegen	324	4,8	0,4	1,3	0,9	80	19,0	20,8	80	61255	20,7	76,0	46,1	52,6	2,5	9740	k.A.	3410	289	850
Österreich	84	8,4	0,0	0,9	0,9	79	14,9	22,9	67	37033	27,8	66,8	30,9	67,3	3,8	4200	k.A.	3820	243	590
Polen	313	38,1	0,1	1,1	1,0	75	15,0	18,8	61	8091	29,7	53,2	31,1	64,5	7,1	2400	0	3420	436	440
Portugal	92	10,6	0,0	1,0	1,0	78	15,3	23,3	55	17883	30,5	57,7	24,0	73,6	7,7	2180	3	3750	298	418
Rumänien	238	21,5	-0,1	1,0	1,2	72	15,2	20,0	55	3653	30,8	36,5	37,4	55,5	5,8	1840	2	3430	505	240
Russland	17098	141,8	-0,3	1,2	1,5	66	14,8	17,8	73	4673	29,4	61,9	38,0	57,0	6,3	4720	0	3050	210	318
Schweden	450	9,3	0,2	1,2	1,0	81	16,6	24,7	84	41553	21,9	75,8	28,0	70,5	6,2	5500	k.A.	3190	334	800
Schweiz	41	7,8	0,2	1,0	0,8	81	15,3	23,0	73	50532	23,0	73,0	28,3	70,5	2,6	3760	k.A.	3460	266	764
Serbien	88	7,3	-0,5	0,9	1,4	75	17,7	19,4	56	k.A.	34,2	58,4	28,0	59,0	18,8	1991	k.A.	2800	381	396
Slowakei	49	5,4	0,1	1,1	1,0	75	15,4	17,3	56	9703	38,3	55,8	36,8	59,8	9,5	3380	k.A.	3160	270	514
Slowenien	20	2,0	0,2	1,1	0,9	77	13,8	21,9	48	19510	37,5	53,7	34,0	63,9	4,4	3518	0	3210	427	557
Spanien	506	46,9	0,3	1,1	0,8	80	14,8	22,2	77	27810	296	65,1	28,9	68,4	11,3	3400	1	3371	227	587
Tschechische Republik	79	10,5	0,1	1,1	1,0	76	14,1	21,8	74	14823	39,5	56,4	37,6	60,1	4,4	4340	k.A.	3220	288	585
Ukraine	604	46	-0,5	1,1	1,6	68	13,9	20,8	68	1666	30,0	51,0	37,0	55,0	6,4	2980	0	3040	212	222
Ungarn	93	10	-0,3	1,0	1,3	73	14,8	22,1	65	13453	32,4	62,8	29,2	66,4	7,8	2470	1	3570	300	550
Weißrussland	208	9,7	-0,3	1,1	1,4	70	14,7	18,1	74	3101	34,1	54,6	42,0	49,0	0,8	2430	0	2990	217	348
Amerika																				
Argentinien	2780	40,3	1,0	1,8	0,8	76	25,1	14,6	91	5549	19,9	78,8	29,0	62,0	7,9	1720	2	3200	316	281
Bolivien	1099	9,9	2,1	2,9	0,8	66	36,2	7,1	65	1260	19,7	76,9	36,0	51,0	7,5	504	9	2300	2806	105
Brasilien	8515	191,5	1,0	1,7	0,6	72	25,9	9,9	84	4145	20,9	58,4	28,0	65,0	7,9	1040	10	3060	378	352
Chile	756	17,0	1,0	1,5	0,5	77	22,7	12,8	87	7065	23,6	63,0	47,0	49,0	7,7	1660	3	2910	770	328

Ecuador	284	13,6	1,8	2,3	0,5	77	31,1	9,2	63	2777	21,4	69,3	37,0	56,0	7,3	640	6	2460	626	98
Guatemala	109	14,0	2,8	3,4	0,6	70	41,9	6,4	47	2206	20,0	38,0	26,0	63,0	3,2	608	21	2340	1322	147
Haiti	28	9,2	2,1	3,1	1,0	57	36,3	6,4	43	468	k.A.	k.A.	17,0	55,0	k.A.	270	k.A.	2190	k.A.	96
Honduras	112	7,5	2,2	2,7	0,5	69	37,4	6,1	49	1204	21,0	41,0	28,0	59,0	3,0	522	16	2450	3865	93
Kanada	9985	33,7	0,4	1,1	0,7	80	16,5	19,5	81	33011	22,3	75,0	24,9	73,0	6,2	9840	k.A.	3240	475	730
Kolumbien	1139	45,1	1,4	2,0	0,6	72	29,2	8,3	75	2746	19,7	59,3	35,0	56,5	12,4	620	7	2630	729	366
Kuba	110	11,2	0,3	1,1	0,8	77	17,7	16,8	76	2586	20,0	53,0	20,0	76,0	1,8	1000	0	2580	161	128
Mexiko	1964	109,6	1,6	2,0	0,5	76	28,5	9,1	77	7344	24,8	58,8	36,0	60,0	4,7	1410	7	3180	836	216
Peru	1285	29,2	1,5	2,1	0,6	70	30,3	8,5	76	2741	20,6	78,7	37,0	56,0	8,7	470	5	2630	820	253
USA	9629	306,8	0,6	1,4	0,8	78	20,3	17,9	79	45172	20,8	77,6	22,0	77,0	5,8	7790	k.A.	3800	334	712
Venezuela	912	28,4	2,0	2,4	0,4	73	29,8	8,4	88	5152	20,0	69,0	58,0	38,0	7,1	2590	5	2360	692	255
Afrika																				
Ägypten	1002	78,6	1,9	2,5	0,6	72	32,3	7,3	43	1164	21,0	52,0	36,0	50,0	9,1	770	33	3420	1605	164
Algerien	2382	35,4	1,9	2,3	0,4	74	27,3	6,8	63	3640	26,0	53,3	61,0	31,0	12,9	1030	25	2960	876	103
Äthiopien	1104	82,8	2,7	3,9	1,2	49	43,5	5,0	16	180	22,5	69,6	13,0	41,0	16,7	299	63	1880	k.A.	4
Burkina Faso	274	15,8	3,2	4,6	1,4	49	46,3	3,3	16	429	k.A.	k.A.	22,0	45,0	k.A.	k.A.	70	2560	k.A.	5
Ghana	239	23,8	2,1	3,1	1,0	59	38,4	5,7	48	512	14,0	31,0	26,0	40,0	k.A.	400	35	2750	k.A.	43
Kenia	580	39,1	2,7	3,9	1,3	55	42,8	4,1	19	554	k.A.	k.A.	18,0	56,0	12,7	494	k.A.	2213	7427	87
Kongo, Dem. Rep.	2345	68,7	3,1	4,4	1,3	57	46,7	4,2	33	94	k.A.	k.A.	28,0	28,0	40,0	293	k.A.	1550	k.A.	5
Libyen	1760	6,3	2,0	2,4	0,4	77	30,1	6,5	77	6515	k.A.	k.A.	68,1	27,3	30,0	3191	14	3350	k.A.	52
Mali	1240	13,0	2,8	4,3	1,5	50	44,2	3,8	31	510	k.A.	k.A.	24,0	39,0	k.A.	k.A.	k.A.	2390	k.A.	16
Marokko	447	31,5	1,4	2,1	0,6	71	28,4	7,9	56	1575	20,2	35,9	24,0	63,0	9,6	378	44	3070	1961	326
Niger	1267	15,3	3,9	5,3	1,4	44	49,9	3,5	17	310	k.A.	k.A.	k.A.	k.A.	k.A.	k.A.	71	2130	35806	2
Nigeria	924	152,6	2,6	4,1	1,5	47	42,5	4,9	47	856	k.A.	k.A.	39,0	34,0	14,6	777	28	2790	k.A.	73
Ruanda	26	9,9	2,5	4,1	1,6	49	42,3	3,8	18	290	k.A.	k.A.	14,0	46,0	k.A.	k.A.	57	2110	k.A.	5
Sambia	753	12,6	2,9	4,5	1,6	38	46,2	4,8	37	560	k.A.	k.A.	38,0	40,0	k.A.	592	k.A.	1920	k.A.	20
Südafrika	1221	50,7	0,8	2,3	1,5	42	30,5	7,1	59	6189	24,5	65,2	31,0	66,0	21,7	2510	12	2920	1355	87
Tansania	945	43,7	2,3	3,8	1,5	51	44,7	4,8	25	402	3,0	15,0	17,0	38,0	k.A.	465	27	2020	k.A.	13
Tunesien	164	10,4	1,2	1,7	0,6	75	23,2	9,5	66	3399	32,0	49,0	30,0	60,0	14,2	837	k.A.	3330	1202	274
Asien																				
Bangladesch	144	162,2	1,6	2,3	0,7	63	31,5	6,0	25	462	10,0	24,0	26,0	58,0	4,2	110	46	2210	3714	3
China, VR	9597	1331,4	0,5	1,2	0,7	73	20,2	11,9	46	1972	22,7	20,7	49,0	40,0	4,2	1200	7	3120	708	223
Indien	3287	1171,0	1,6	2,3	0,7	69	31,3	7,4	29	769	k.A.	k.A.	29,0	53,0	3,1	340	34	2550	1708	69
Indonesien	1905	243,2	1,5	2,1	0,6	70	27,0	8,8	43	1293	13,2	43,5	53,0	33,0	8,4	510	8	2960	7368	108
Irak	438	30,0	2,3	3,2	0,9	69	41,1	4,7	67	1272	31,2	45,3	k.A.	k.A.	k.A.	943	k.A.	2180	1648	10
Iran	1648	73,2	1,5	2,0	0,5	71	24,1	7,1	67	2954	k.A.	k.A.	45,0	45,0	11,0	2330	18	3020	2192	319
Israel	22	7,6	1,6	2,1	0,5	80	27,7	14,2	92	24792	22,6	75,6	20,0	78,0	6,0	3086	k.A.	3580	263	292
Japan	378	127,6	0,0	0,9	0,9	82	13,3	29,7	86	43249	28,4	67,0	30,1	68,4	4,0	4100	k.A.	2790	485	689
Kasachstan	2725	15,9	1,3	2,3	1,0	67	23,7	10,1	53	3233	17,0	47,8	41,0	53,0	7,6	3630	0	2560	274	148
Korea, Republik	100	48,7	0,4	0,9	0,5	77	16,8	15,1	82	16428	27,5	64,3	39,0	58,0	3,2	4690	k.A.	3090	588	689
Malaysia	330	28,3	1,6	2,1	0,5	73	29,5	7,5	68	7316	30,1	55,1	46,0	44,0	3,8	2390	8	2960	1377	625
Pakistan	796	180,8	2,3	3,0	0,7	64	36,9	6,1	35	702	21,0	37,0	26,0	54,0	7,4	350	51	2490	1314	111
Philippinen	300	92,2	2,1	2,6	0,5	71	33,9	6,5	63	1097	15,6	47,0	32,0	54,0	6,8	300	7	2410	2762	60
Saudi-Arabien	2150	28,7	2,6	2,9	0,2	76	32,4	4,5	81	10914	21,0	74,0	65,0	32,0	11,5	6340	16	2870	699	285
Singapur	0,7	5,1	0,6	1,0	0,4	82	16,3	15,2	100	25216	23,0	76,0	31,0	69,0	2,3	11120	5	3160	645	734
Syrien	185	21,9	2,5	2,8	0,3	71	35,0	4,8	54	1760	27,0	43,0	35,0	47,0	9,0	986	k.A.	3080	699	178
Taiwan	36	23,1	0,2	0,8	0,6	78	k.A.	k.A.	78	17246	33,1	61,1	25,2	73,2	4,1	4420	k.A.	3120	666	658
Thailand	513	67,8	0,6	1,5	0,9	73	21,7	11,2	36	3028	20,5	37,2	44,0	45,0	1,2	1360	5	2520	3569	210
Türkei	784	74,8	1,2	1,8	0,6	73	26,8	8,8	63	5041	23,0	43,0	26,9	64,4	9,4	1240	11	3380	725	323
Vietnam	332	87,3	1,2	1,7	0,5	71	25,7	8,6	28	636	17,4	24,7	42,0	38,0	5,0	544	k.A.	2580	1637	205
Australien																				
Australien	7692	21,9	0,7	1,4	0,7	81	19	19,1	83	31334	21,2	75,0	25,8	71,7	4,4	5840	k.A.	3160	391	568
Neuseeland	270	4,3	0,8	1,5	0,7	79	20,4	17,8	86	26086	22,7	69,8	27,0	68,0	4,1	4333	k.A.	3250	456	700

[1] 1 kg Öleinheit = Energie von 1 kg Erdöl (etwa 10000 Kalorien). Mit dieser Maßeinheit kann man verschiedene Energiearten untereinander vergleichen. [2] Gemeint ist das Bruttoinlandsprodukt (BIP) = Maß für die wirtschaftliche Leistung eines Landes; misst den Wert der im Inland hergestellten Waren und Dienstleistungen, soweit diese nicht vorher für die Produktion anderer Waren und Dienstleistungen verwendet werden. [3] Der Anteil der Landwirtschaft ergibt sich, indem man die Anteile der Industrie und Dienstleistungen addiert und von 100 subtrahiert. – k.A. keine Angaben.

Quellen: Statistisches Bundesamt, Statistisches Jahrbuch 2009; Fischer Weltalmanach 2010; Human Development Report 2009; World Population Data Sheet 2009; CIA – The World Factbook

5.5 Sachverzeichnis

Alle **fett** gedruckten Begriffe sind im TERRA Lexikon erläutert.

5.6 Bildnachweis

Umschlag Congress- und Tourismus-Zentrale Nürnberg, Nürnberg
2.1 Getty Images (AFP/D´Souza), München; **2.2** Jürgen Pöhlitz, Freiburg; **2.3** laif (Contrasto), Köln; **2.4** Picture-Alliance (epa/Qilai Shen), Frankfurt; **3.1** VISUM Foto GmbH (euroluftbild.de), Hamburg; **4.1** Getty Images, Astrofoto; **5.1** vario images GmbH & Co.KG (Baumgarten), Bonn; **5.2** Getty Images (AFP/D´Souza), München; **6.1** SASI Group (University of Sheffield) and Mark Newman (University of Michigan) 2006; **6.2** Jürgen Pöhlitz, Freiburg; **6.3** Klett-Archiv (Geiger), Stuttgart; **7.1** Copyright 2009 SASI Group (University of Sheffield) and Mark Newman (University of Michigan); **7.2** Bricks, Erfurt; **7.3** BMW AG MediaPool, München; **15.19** aus: Welthungerhilfe, IFPRI, Concern; **17.24** CCC, www.c5.net (G. Mester), Pfaffenhofen a.d. Ilm; **20.1** Murschetz/DIE ZEIT, München; **21.7** Geisen, Johann Wolfgang, Bellinzona; **22.8** Picture Press (Stern/Ihrt), Hamburg; **22.9** MISEREOR, Aachen; **24.15** Alice Smeets Photography, MEMBACH; **25.19** CCC, www.c5.net (Klaus Stuttmann), Pfaffenhofen a.d. Ilm; **26.1** The Times and Peter Brookes/nisyndication.com; **27.6** Suresh Sawant, Mumbai; **27.7** Jürgen Pöhlitz, Freiburg; **27.8** Originalquelle: Nach Franz Nuscheler: Lern- und Arbeitsbuch Entwicklungspolitik Bonn: Dietz 2004, S. 247; **28.1** laif (Contrasto), Köln; **28.2** Cambridge University Press, Figure page 105 "The burdens of Earth", from David Lambert, Society Pieces, 1993; **30.1** 2006 SASI Group (University of Sheffield) and Mark Newman (University of Michigan); **30.2** UNEP, Nairobi; **30.4** nach: Jürgen Bähr: Bevölkerungsgeographie © 2004: Verteilung und Dynamik der Bevölkerung in globaler, nationaler und regionaler Sicht. Eugen Ulmer KG, Stuttgart, S. 57; **31.5**NASA - National Aeronautics and Space Administration; **31.8** NASA, Washington, D.C.; **31.7** Deutsche Zentrum für Luft- und Raumfahrt (DLR)/GLCF/EarthSat; **32.9** Klett-Archiv, Stuttgart; **34.1** Nach UN (Hrsg.): World Population Prospects, The 2008 Revision. New York: 2009/DSW-Grafik; **34.2** Nach (US-) Population Reference Bureau, Data Sheet 03.2003, Washington, D.C./DSW-Grafik; **35.7** nach DSW Datenreport 2007; **35.9** Nach Deutsche Stiftung Weltbevölkerung (DSW): DSW-Datenreport 2008: Soziale und demographische Daten zur Weltbevölkerung; **37.11** Andrea Künzig PHOTOGRAPHY, Berlin; **37.13** nach: Oswald Klappacher/Gerhard Karl Lieb: GW kompetent 1. Veritas Linz, 2. Aufl. 2007, S. 36; **38.16** nach: Jürgen Bähr: Bevölkerungsgeographie © 2004: Verteilung und Dynamik der Bevölkerung in globaler, nationaler und regionaler Sicht. Eugen Ulmer KG, Stuttgart, Abb. 62, Grafik; **40.20** imago, Berlin; **40.21** Klett-Archiv, Stuttgart; **40.22** CCC, www.c5.net (Mohr), Pfaffenhofen a.d. Ilm; **41.24** Nach Bundesinstitut für Bevölkerungsforschung und Statistisches Bundesamt (Hrsg): Bevölkerung - Daten, Fakten, Trends zum demographischen Wandel in Deutschland, Wiesbaden: Statistisches Bundesamt 2008, S. 25; **41.25** Klett-Archiv, Stuttgart; **42.26** Klett-Archiv (Dr. Wilfried Korby, Korb), Stuttgart; **42.28** Picture-Alliance, Frankfurt; **43.30** nach: Population Action International (2005). "The Shape of Things to Come" (Graph). Washington, DC: Population Action International 2007, S. 26; **43.32** Klett-Archiv, Stuttgart; **43.34** Nach Deutsche Stiftung Weltbevölkerung (DSW): DSW-Datenreport 2008: Soziale und demographische Daten zur Weltbevölkerung; **44.1** www.americandream.de, Berlin; **44.3** Picture-Alliance (dpa), Frankfurt; **45.6** Klett-Archiv, Stuttgart; **45.7** nach Deutsche Stiftung Weltbevölkerung (Hrsg.), unter: www.weltbevoelkerung.de/pdf/aufnahme_migranten.pdf; **46.8** nach Le Monde diplomatique: Atlas der Globalisierung. Berlin: taz-Verlag; **47.13** nach Statistisches Amt des Kantons Zürich in Zusammenarbeit mit der Zürcher Kantonalbank (Hrsg): Kanton Zürich in Zahlen 2006, Zürich 2006; **48.14** Picture-Alliance (dpa/Biggins), Frankfurt; **48.15** Corbis (Christopher Morris), Düsseldorf; **48.17** Picture-Alliance (dpa), Frankfurt; **49.19** CCC, www.c5.net (Haitzinger), Pfaffenhofen a.d. Ilm; **49.21** nach: Wissenschaftlicher Beirat der Bundesregierung Globale Umweltveränderungen - WBGU (2007): Welt im Wandel - Sicherheitsrisiko Klimawandel.; **50.1** Deutscher Entwicklungsdienst (Deutscher Entwicklungsdienst, Bonn), Bonn; **52.4.a** Corbis (Corbis, Düsseldorf Ball), Düsseldorf; **52.4.b** Klett-Archiv (Maurice Haas, Zürich), Stuttgart; **53.7** nach Brigitte Adam/ Antonia Blach: Räumliche Arbeitsteilung in Großstadtregionen - interkommunale und raumordnerische Konfliktskategorien. In: Informationen zur Raumentwicklung, Jg. 1996, H. 4/5. Bonn: Bundesanstalt für Landeskunde und Raumordnung 1996, S. 188; **54.8** Corbis (Gareth Brown), Düsseldorf; **57.12** Jürgen Kubelke, aus: Klaus Zehner, Stadtgeographie, Klett-Perthes, Gotha 2001, S. 137; **58.13** Picture-Alliance (Maindpa), Frankfurt; **59.17**; **59.18** Corbis (David Butow), Düsseldorf; **60.1** Bilderberg (Russian Look/Alexei Boitsov), Hamburg; **62.2** Rother, Lothar, Prof. Dr. (Rother (Schwäbisch Gmünd)), Schwäbisch Gmünd; **62.4** Corbis (Frédéric Soltan/Sygma), Düsseldorf; **62.5** Klett-Archiv (Wilfried Korby, Korb), Stuttgart; **63.9** AKG, Berlin; **64.10** Mauritius Images (Walter Bibikow), Mittenwald; **65.15** Klett-Archiv, Stuttgart; **66.16** Stadtarchiv, Dortmund; **67.18** Klett-Archiv (Markus Aunkofer), Stuttgart; **69.23** iStockphoto (RF/Francisco Burga C.), Calgary, Alberta; **70.1** VISUM Foto GmbH (Ruef), Hamburg; **71.2.a** epd (Lohnes), Frankfurt; **71.2.b** Still Pictures (Sprague), Berlin; **72.5** terre des hommes Deutschland e.V. (Elliesen), Osnabrück; **73.7** Corbis (Corbis, Düsseldorf Garg), Düsseldorf; **75.9** vario images GmbH & Co.KG, Bonn; **76.1** CCC, www.c5.net (Mester), Pfaffenhofen a.d. Ilm; **76.2**; **76.3**; **76.4** nach: Population Action International (2005). "The Shape of Things to Come" (Graph). Washington, DC: Population Action International; **77.5** nach: Bill Rankin, www.radicalcartography.net; **77.6** VISUM Foto GmbH (Aufwind-Luftbilder), Hamburg; **78.1** Picture-Alliance (epa/Qilai Shen), Frankfurt; **78.2** Picture-Alliance (Picture-Alliance GmbH, Frankfurt a.M. dpa/Dan Levine), Frankfurt; **79.1** Caro Fotoagentur (Kaiser), Berlin; **79.2** Agenda (Joerg Boethling), Hamburg; **81.2** CCC, www.c5.net (Schopf), Pfaffenhofen a.d. Ilm; **81.4** nach www.zeitbild.de; **82.3** laif (Wolf), Köln; **83.5** Ullstein Bild GmbH (Still Pictures), Berlin; **83.7** Evonik Services GmbH (Foto: Evonik Industries, Standort Herne, Isophoronanlage), Frankfurt/M.; **85.10** nach iw-trends Virteljahresschrift des Instituts der deutschen Wirtschaft Köln, Nr. 04/2008 © Deutscher Instituts-Verlag GmbH; **85.11** nach iw-trends Virteljahresschrift des Instituts der